EXPLORATION

SCIENTIFIQUE

DE L'ALGÉRIE

PENDANT LES ANNÉES 1840, 1841, 1842

CHEZ

VICTOR MASSON,

LANGLOIS ET LECLERCQ,

LIBRAIRES,

A PARIS.

EXPLORATION

SCIENTIFIQUE

DE L'ALGÉRIE

PENDANT LES ANNÉES 1840, 1841, 1842

PUBLIÉE

PAR ORDRE DU GOUVERNEMENT

ET AVEC LE CONCOURS D'UNE COMMISSION ACADÉMIQUE

———

SCIENCES HISTORIQUES ET GÉOGRAPHIQUES

X

PARIS

IMPRIMERIE NATIONALE

—

M DCCC XLVIII

MODE DE TRANSCRIPTION

DES

MOTS ARABES EN CARACTÈRES FRANÇAIS

ADOPTÉ POUR LA PUBLICATION
DES TRAVAUX DE LA COMMISSION SCIENTIFIQUE D'ALGÉRIE.

———

On a cherché à représenter les mots arabes de la manière la plus simple et en même temps la plus conforme à la prononciation usuelle.

Il a paru convenable de rejeter les lettres purement conventionnelles, dont l'emploi augmente les difficultés de l'orthographe, sans retracer plus exactement l'expression phonique.

Il a été reconnu que, sauf deux exceptions, tous les caractères arabes rencontrent des caractères ou identiques ou analogues dans l'alphabet français. On a donc rendu par les lettres françaises simples ceux des caractères arabes qui leur sont identiques pour la prononciation, et par les mêmes lettres, accompagnées d'un accent[1], ceux qui leur sont analogues.

Les deux lettres qui n'ont, dans notre langue, ni identiques, ni analogues, sont le ع et le غ. La pre-

---

[1] Cet accent est celui qui, désigné en algèbre sous le nom de *prime*, y est employé comme signe de l'analogie entre les quantités.

mière est partout remplacée par une apostrophe, accompagnée des voyelles que la prononciation rend nécessaires; la seconde, par la double lettre *kh*, conformément à l'usage.

Trois autres caractères, qui n'ont pas, dans la langue française, d'identiques ou d'analogues simples, ont été rendus par des lettres doubles, savoir : le ﺝ par *dj*, le ﺵ par *ch*, le ﻭ par *ou*. La prononciation arabe se trouve ainsi fidèlement reproduite.

Les avantages qu'a paru offrir ce mode de transcription sont surtout :

1° De ne point exiger la fonte de caractères nouveaux, et de pouvoir être ainsi adopté, sans aucune dépense, dans tous les établissements typographiques;

2° De fournir un moyen facile de rétablir les mots dans leurs caractères primitifs.

Lettres.	Valeur.	
١	A, È, I, O.	L'emploi de ces divers caractères est déterminé par la prononciation et l'accentuation de la lettre arabe.
ﺏ	B.	
ﺕ	T.	Ces deux lettres sont généralement confondues dans la prononciation.
ﺙ		
ﺝ	Dj.	
ﺡ	H'.	
ﺥ	Kh.	
ﺩ	D. . . . . Généralement confondues.	
ﺫ		
ﺭ	R.	
ﺯ	Z.	

Lettres.	Valeur.	
س	S, C, Ç...	L'emploi de ces trois lettres sera réglé de manière à conserver le son sifflant de l'S.
ش	Ch.	
ص	S', C', Ç'....	Même observation que pour le س.
ض ظ	D'........	Ces deux lettres sont confondues par tous les Barbaresques dans la prononciation et dans l'écriture.
ط	T'.	
ع	'..........	Apostrophe précédée ou suivie de celle des voyelles dont la prononciation nécessite l'emploi.
غ	R'.	
ف	F.	
ق	K', G, Gu..	Le g et le gu seront employés dans les mots où l'usage attribue au ق la prononciation gutturale du g; ex.: *Gafs'a, Guélma*.
ك	K.	
ل	L.	
م	M.	
ن	N.	
ه	H.	
و	Ou, Ô.	
ى	Î, I.	

OBSERVATIONS.

1° Dans les mots qui, étant précédés de l'article, commencent par une lettre solaire, on se conformera à la prononciation en redoublant la lettre initiale. Ainsi on écrira *'Abd-er-Rah'mân, Nâc'er-ed-Dîn*, et non *'Abd-el-Rah'mân, Nâc'er-el-Dîn*.

2° Les mots terminés par la lettre ة, qui ne prend alors que le son de l'*a* sans aspiration, seront terminés, dans la transcription française, par la lettre *a* simple, et non par *ah*. On écrira donc *Miliâna*, *Blida*, et non pas *Miliânah*, *Blidah*.

3° Les consonnes placées à la fin d'une syllabe ne seront jamais suivies de l'*e* muet. Toutefois il ne faut pas oublier que dans la langue arabe les consonnes se prononcent toutes distinctement, et qu'aucune ne prend le son nasal ni ne s'élide. Ainsi *Bibân* doit se prononcer *Bibâne*; *Mans'our*, *Manns'our*; *Tôzer* se prononce *Tôzere*; *Kouînin*, *Kouînine*; *Zâr'ez*, *Zâr'ezz*; *Gâbes*, *Gâbess*.

APERÇU PRÉLIMINAIRE.

I.

La loi musulmane, dans tous ses détails, dans sa partie
religieuse aussi bien que dans sa partie civile, est pour nous
d'un intérêt immense à connaître.

Il s'agit de l'étude des institutions sociales d'un peuple
qu'une loi immuable, depuis douze siècles et demi, travaille, retourne et remet dans le moule. Car ici, le peuple,
la population, la nation n'a pas fait la loi ; c'est la loi qui
a fait, qui a fondu et moulé la nation, la population, le
peuple.

Un seul cachet est imprimé profondément dans les entrailles et à la surface de cette loi, c'est le mot Religion.
Toute la loi est là. Et celui qui ne connaît que la jurisprudence civile des Arabes ne les connaît pas, pas même
à demi ; car il n'en a essayé l'étude que par les points secondaires, par les dérivations et déductions dont il ignore les

A

origines, les bases et l'esprit..... L'homme civil, surtout dans une société comme celle des Arabes, n'est-il pas la consé-quence de l'homme religieux? dualisme logique qui est, en termes aristotéliciens, la représentation d'un enthymème.

Dans l'islamisme il n'y a qu'une loi, il n'y a que la Loi, et c'est la Loi RELIGIEUSE, désignée par le mot de *Chéria'*. En d'autres termes, c'est la seule loi suprême, imprescrip-tible; car elle est l'émanation de Dieu, qui en a écrit les bases sommaires dans le K'oran. Aussi la Loi, chez les mu-sulmans, est également un dogme.

Toute autre loi, quelle qu'elle soit, est d'origine hu-maine, est dans la catégorie des lois périssables, des ordres susceptibles d'être abrogés par la volonté ou le caprice des circonstances ou des hommes, et rentre dans les *k'ânoûn* ou règlements, ou dans le *aouâmir*, les ordres, ou dans les *aouâmir es-siâcieh*, les ordres gouvernementaux, politiques, civils, émanés de l'autorité temporelle, sous quelque forme qu'elle dirige et commande. Ces ordres ou règlements, ou ces lois gouvernementales ou politiques, doivent, en principe rigou-reux, toujours respecter les dispositions et les intentions exprimées par la Loi ou *Chéria'*, c'est-à-dire, pour les mu-sulmans, ne jamais sortir du cercle dans lequel sont renfer-més et circonscrits le sens et la volonté de la Loi.

II.

Il n'y a que la Loi, disons-nous. Toutefois, pour l'appli-cation, il a été établi deux grandes divisions qui corres-pondent aux deux faces prédominantes de la vie humaine, comprenant la vie présente et la vie future. Ces deux faces sont la face religieuse et la face civile.

La première division comprend les *i'bâdât* ou pratiques religieuses, les principes qui règlent la vie religieuse du musulman; c'est la liturgie proprement dite, ou ce qui peut être appelé de ce nom dans l'islamisme; c'est le culte. Et le culte est presque tout entier dans des pratiques personnelles de détail; il se mêle, dans ses préceptes d'ablutions, de lotions, etc. aux prescriptions de l'hygiène, aux idées d'excitations des sens; il se trouve amalgamé de police générale, de droit administratif, de morale de détail, de science astronomique, etc.

La deuxième division comprend les *maâ'melât* ou actes, c'est-à-dire les actes civils, les principes qui règlent la conduite du musulman dans sa vie sociale et qui définissent ses devoirs envers les autres membres de la société. C'est la loi civile proprement dite, c'est la morale de pratique, toujours dominées et inspirées par la pensée religieuse ou le principe religieux.

Mais un point de la plus sérieuse gravité est d'étudier et de savoir les circonstances dans lesquelles la loi religieuse régit et gouverne la validité de nombre d'actes civils. La liturgie, dans une religion qui est toute l'affaire de la société, qui embrasse toute la loi, commande, pour ainsi dire, aux tribunaux; ainsi, une vente, une location qui serait conclue à l'heure de la prière solennelle du vendredi, est, par cela seul, déclarée nulle par la Loi (Voy. chap. II, *De la prière*, sect. XV, § 4.)

Les deux divisions indiquées composent essentiellement la jurisprudence musulmane. L'une et l'autre donnent les dispositions légales qui consacrent et déterminent la partie matérielle des actes religieux et les actes civils. Il y a tant de matière dans la loi et dans la pensée des musulmans que l'on y aperçoit à peine l'esprit, ou, en d'autres termes, presque tout l'esprit s'est dépensé en prévisions matérielles pour la fixation des devoirs religieux. Dans les distinctions casuistiques, rien de plus quintessencié, et souvent de plus puéril que l'esprit qui a inventé les minuties légales et les a appliquées à une foule de circonstances des plus infimes de la vie.

III.

En tête, et cependant en dehors de toutes les dispositions, prescriptions, prévoyances, décisions, blâmes, défenses et approbations de la Loi, il y a le dogme, c'est-à-dire l'exposé des bases de la foi, les principes formulés qui constituent l'orthodoxie de l'islamisme considéré comme révélation. C'est ce que les musulmans appellent proprement *ed-Dîn*, la Religion, pour le distinguer du *Chéría'*. Mais ce dogme n'est point circonscrit dans des limites nettes et précises. Les articles ou propositions qui le composent touchent et conviennent, pour la plupart, et à la loi et au dogme. De même encore pour la morale : elle est disséminée dans la jurisprudence religieuse et dans la jurisprudence civile; et il semble que cet arrangement de choses ait voulu dire : La morale est la loi appliquée à tous les détails de la vie sociale et de la religion.

Le dogme est une série de cinquante-huit propositions dont quelques-unes n'offrent aucune déduction importante pour le croyant, ou rentrent dans de simples prescriptions légales, ou ne présentent qu'une instruction à peu près indifférente, ou indiquent une formule de logique aristotélicienne, ou se rejettent dans des croyances secondaires du judaïsme, ou rappellent des principes du dogme chrétien.

En un mot, toute la base de l'islâm présente une incohérence inconcevable.

D'après ce que nous venons de dire, la loi musulmane est une loi-dogme, et la première partie renferme les injonctions et les prohibitions qui établissent les conditions indispensables à la validité des pratiques imposées ou conseillées au fidèle, à titre de devoirs imprescriptibles ou à titre d'œuvres méritoires.

Quant à la valeur des manques volontaires ou involontaires dans les détails des actes religieux, et à la valeur intrinsèque de chaque détail de ces actes, tout est apprécié sous le point de vue de culpabilité ou de non-culpabilité. Et encore ici se caractérise l'esprit arabe.

La loi indique : les pratiques d'obligation divine ou indispensables, les pratiques d'obligation canonique ou réglées par les premières autorités de la science religieuse, les pratiques d'obligation imitative, c'est-à-dire consacrées par l'exemple du Prophète. Ce sont là les trois divisions capitales. Ensuite il y a les pratiques permises, les pratiques de convenance ou méritoires, les pratiques blâmables ou, si l'on veut, les pratiques qui seraient des fautes vénielles ou légères, les pratiques *empéchées* ou défendues bien qu'elles n'entraînent pas une violation de la loi, les pratiques bonnes, etc.

IV.

Rien n'est indifférent dans l'étude et l'analyse d'un peuple, corps et âme; rien n'est indifférent dans l'examen de ses institutions sociales, des principes qui renferment le secret ou l'explication de ce qu'il a été, de ce qu'il est et de ce qu'il peut devenir. Les moindres détails de la Loi islamique

sont des traits physionomiques du musulman, de ses pensées, de ses jugements de ses croyances, de sa vie indivi-
duelle et publique, de sa constitution politique.

Là où l'on s'y attend le moins, la loi de l'islâm trahit
l'état de sa société. Ainsi, à propos des inhumations dans
les grandes mortalités, la liturgie catégorise les valeurs humaines et caractérise un point important de philosophie
sociale, le classement relatif des capacités physiques et morales devant Dieu et devant les hommes. (Voy. chap. II, *De
la prière*, sect. xx, § 9.)

Après ce qui concerne la réglementation des cérémonies
funèbres, des inhumations, des sépultures, se trouve placée
la loi des *zékât*, prélèvements ou impôts sur les biens. Cette
question est grave, sérieuse et pratique pour l'Algérie; elle
fournira, je l'espère, des données importantes, détaillées,
spéciales, pour asseoir les impôts dans la colonie. Pour cette
raison, j'ai attribué à cette question une certaine étendue,
en extrayant des commentateurs les élucidations relatives à
tous les cas prévus, soit dans le mode d'application de l'impôt, soit dans le mode de perception. On peut parfaitement
se servir des bases et des dispositions de détail établies par
la Loi pour coter et prélever l'impôt ou zékât. Et sous ce
terme de zékât est compris l'*o'chr* ou *a'chour*, qui est spécialement le zékât des grains et des fruits et qui exprime
exactement notre mot *dîme*.

Sur d'autres questions qui, au premier coup d'œil, semblent être indifférentes pour nous, il y aura cependant à
faire réagir la loi française. Ainsi, la loi musulmane prononce la peine de mort, même par les mains du peuple et
sans l'intervention de l'autorité, contre celui qui doit le talion d'un meurtre, contre l'apostat, même à l'âge de puberté,

contre celui qui, de propos délibéré, ne s'acquitte pas d'une des prières obligatoires du jour; la loi défend, en terme général, l'exhumation et l'autopsie des morts; elle permet l'inhumation dans les demeures particulières, et, chose singulière, cette inhumation est parfois une raison rédhibitoire après la vente de la maison; elle recommande d'enterrer promptement les morts, de ne donner qu'une médiocre profondeur aux fosses, etc. Or, dans toutes ces circonstances et dans bien d'autres encore, exposées, pour la plupart, dans la loi liturgique, la loi française devra interposer son autorité, raisonner, aux yeux des musulmans, ses intentions de sagesse, d'humanité, de bien-être général, de justice distributive et de sécurité publique, maintenir les droits et les exigences de la justice criminelle et de la législation médicale dans les cas d'empoisonnement ou de mort violente.

Dans toute cette jurisprudence religieuse ou liturgique, dont la connaissance paraît inutile sous le point de vue d'application, on rencontrera des indications importantes ou à respecter, ou à modifier, ou à détruire, pour le bien de la colonie, pour l'initiation des Arabes à un développement d'idées plus en harmonie avec le monde civilisé.

V.

Les dispositions légales qui forment toute la jurisprudence musulmane sont réunies dans quatre recueils reconnus orthodoxes, parce que les bases premières, acceptées par les quatre auteurs de ces recueils, sont parfaitement d'accord avec le dogme et le K'oran. Toutefois, de nombreux détails d'application diffèrent, soit dans la liturgie, soit dans la conduite morale, soit dans les lois purement civiles.

Les pandectes musulmanes ou *fatoua*, c'est-à-dire décisions jurisprudentielles converties en articles de loi, ou, selon l'idée plus nettement musulmane, les décisions qui sont l'expression de la volonté et du sens de la Loi, ne composèrent un corps, un ensemble, un code, qu'à dater du IIe siècle de l'hégire. Jusque-là le texte du K'oran, et les conseils, ou préceptes, ou pratiques, ou décisions et jugements du Prophète, servaient uniquement de guides dans toutes les questions de dogme, de liturgie, de jurisprudence civile.

Les données légales primitives émanées du Prophète et conservées dans l'esprit de ses *as'h'âb*, compagnons ou disciples directs, et transmises par ceux-ci aux *tâbio'ûn*, les *suivants* des disciples directs, ou disciples des disciples directs, restèrent dispersées dans la mémoire des premiers musulmans. Les *tâbio'ûn* ne virent pas le Prophète.

Du temps d'Abou-Bekr, la Loi, disons-nous, n'était point écrite ; les *as'h'âb*, ou disciples directs, étaient, pour lui, les juges consultants, les conseillers juridiques, les jurés, dans les affaires qui se présentaient à son tribunal, et, lorsque ces juges manquaient d'indications positives à lui fournir, il prenait l'esprit du K'oran pour guide, ou jugeait par analogie ou par induction. A l'avénement d'O'mar au khalifat, les conquêtes des Arabes commencèrent à prendre une extension considérable. Les as'h'âb se trouvèrent disséminés et, avec eux, les bases et les principes de la jurisprudence. Les disciples des disciples directs remplacèrent ensuite leurs maîtres dans les différentes localités tombées au pouvoir de l'islamisme.

Mais, lorsqu'ils commencèrent à disparaître, on songea à recueillir et à consigner par écrit les traditions législatives qu'ils avaient apprises, gardées et transmises. On en fit un sujet d'études spéciales, et le premier recueil qui en fut réuni fut l'œuvre de Moh'ammed-ibn-Chéhâb-ez-Zoheïrî. Presque immédiatement les pandectes recueillies ainsi furent mises en ordre et distribuées par chapitres. Ce travail s'accomplit presque en même temps dans le H'edjâz, dans l'Iémen, à K'oûfa, à Bas'ra et ensuite au Khoraçâñ.

Dès lors l'étude de la Loi put se répandre, et des juris-consultes se formèrent et élucidèrent les principes jurispru-dentiels, en étendirent la portée et les applications, distin-guèrent le réel du spécieux et tracèrent, pour ainsi dire, les limites de l'orthodoxie religieuse et civile. Plusieurs tà-bio'ûn et plusieurs jurisconsultes firent de longs voyages pour rechercher ou recueillir une tradition qui devait être une base ou un principe de jurisprudence.

Au II⁰ siècle de l'hégire, le khalife Hâroûn-er-Rachîd s'occupa scrupuleusement d'établir la justice; et, à partir de l'an 170, lorsqu'il eut investi de la judicature Abou-Ioûcef Ia'k'oûb-ibn-Ibrahîm, disciple d'Abou-H'anîfa, l'auteur du premier des quatre recueils orthodoxes suivis aujourd'hui, il ne confia la fonction de juge, dans quelque partie que ce fût de l'empire, qu'à des hommes instruits que lui désignait et choisissait Abou-Ioûcef.

En Espagne, sous le règne d'El-H'àkem, Iah'ia, qui, dans son pèlerinage, avait entendu les leçons de Mâlek, l'auteur du troisième recueil jurisprudentiel orthodoxe, et qui avait été l'élève d'Ibn-Ouahb (mort en 197 de l'hégire) et d'Ibn-el-K'àcem (mort en 191), revint en Espagne, nourri de la science des lois. Il s'entoura d'une telle considération qu'El-H'âkem n'accordait de judicature à qui que ce fût, que sur le choix et l'approbation de Iah'ia. On abandonna alors, en Espagne, la jurisprudence h'anafite d'El-A'ouzâï (mort en 157), et les tribunaux ne décidèrent et ne jugèrent plus aucune question que sur les principes du rite de Mâlek ou rite mâlékite.

En Afrique, le rite d'Abou-H'anîfa était alors le seul suivi. Seh'noûn (qui vécut de l'année 160 à l'année 240) y substitua le rite mâlékite. Depuis cette époque, la jurisprudence mâlékite seule eut autorité dans tout le Mar'reb et chez tous les musulmans d'Afrique, jusqu'au Soudan; il n'y a d'excepté que l'Égypte, où les Châféï'tes prédominent et où cependant les tribunaux se dirigent selon les préceptes du rite h'anafite suivi en Turquie, en Tartarie et dans une grande partie de l'Inde. Le rite h'anafite gouverne les tribunaux en Égypte, parce que le grand k'âd'i, séant au Kaire, est envoyé tous les ans de Constantinople. Cette fonction de k'âd'i d'Égypte est accordée, à Constantinople, au plus protégé, et est adjugée, pour ainsi dire, à l'enchère. Conséquemment le k'âd'i expédié chaque année en Égypte n'a que douze mois pour réaliser une somme assez belle au Meh'kémeh ou tribunal du Kaire. Pas un k'âd'i ne manque son affaire.

VI.

Les quatre rites ou *mezheb* orthodoxes qui ont survécu à tous les autres dans l'islamisme sont désignés et qualifiés par les noms des quatre *imâm* ou chefs de doctrine qui les ont compilés et les ont disposés en ordre. Ce sont : le rite h'anafite, le rite châféï'te, le rite mâlékite, le rite h'anbalite.

Abou-H'anîfa-No'mân-ibn-Tâbit, surnommé le grand imâm, est l'instaurateur du rite h'anafite. Il naquit à K'oûfa, en 80 de l'hégire, et mourut à Bagdad, à l'âge de soixante et dix ans. Le résumé des principes qu'il a rassemblés a été établi en forme de code par plusieurs autres imâm. Mais celui des imâm dont la rédaction et la coordination ont paru préférables et ont été acceptées est Ibrahîm-ibn-Moh'ammed-ibn-Ibrahîm-el-H'alébî (d'Alep); il intitula son livre *Moultak'a el-abh'our*, le confluent des mers, par allusion au nombre de sources auxquelles l'auteur a puisé les données dont il composa son recueil.

En 150 de l'hégire, l'année même de la mort d'Abou-H'anîfa, naquit l'imâm Châféï le fondateur du rite châféï'te. Il était de R'âzé en Syrie, et il mourut en Égypte en 204 (ère chr. 819) 8~~9~~ 8 21

L'imâm Mâlek est l'auteur du *Moouat't'a*, ouvrage dans lequel il consigna, en les appuyant sur les traditions reçues du Prophète, tous les principes fondamentaux du rite mâlékite. Mâlek, fils d'Anas, naquit à Médine en 94 de l'hégire et y mourut en 179 (ère chr. 795), sous le khalifat de Hâroûn-er-Rachîd.

L'imâm H'anbal, qui donna son nom au rite h'anbalite, fut célèbre par sa science et par sa piété; mais son rite est presque sans assesseurs aujourd'hui. H'anbal mourut à Bagdad en 241 (ère chr. 855), âgé de quatre-vingts ans.

VII.

L'imâm Mâlek, le fondateur du rite dont nous devons nous occuper uniquement, était disciple des tâbio'ùn et se rendit célèbre par les connaissances profondes qu'il acquit dans la science des lois, par les développements et les applications qu'il leur donna, par les déductions jurisprudentielles qu'il en tira.

Mâlek resserra les résultats de ses recherches, de ses

études, de ses réflexions, dans un ouvrage qu'il appela *El-Moouat't'a* ou *l'aplani, le mis en évidence.* Cet ouvrage était terminé que Mâlek n'en avait pas encore, dit-on, fixé la dénomination. Mâlek vit en songe le Prophète qui lui dit : « *Ouat't'ata ed-Dîna*, tu as aplani, posé, à la portée de tous, les principes de la Loi, » et de là Mâlek intitula son livre *El-Moouat't'a*, l'aplani, ce qui est aplani, *explanatum.*

Les principes exposés assez brièvement dans le Moouat't'a, furent les thèmes de l'enseignement de Mâlek. Les leçons que Mâlek fit pendant si longtemps sur la jurisprudence furent recueillies par ses disciples, dont quelques-uns les commentèrent, ou construisirent, sur ces bases, des digestes spéciaux, qui furent les codes des tribunaux jusqu'au VIIIe siècle de l'hégire, époque à laquelle Khalîl, si connu dans tout le Mar'reb et dans tout le Soudan musulman, sous la dénomination simple de Sidi-Khalîl, composa son *Moukhtaç'ar* ou *précis* de jurisprudence, d'après le rite ou les principes et les opinions de l'imâm Mâlek.

Les recueils des docteurs mâlékites des premiers temps de l'islamisme sont au nombre de sept, dont quatre sont considérés comme les plus importants ; ce sont : le Moudaouéneh, le Méouâzîeh, l'O'tbîeh, le Ouâd'ih'a, puis le Moukhtalét'a, le Mabçoût', et le Medjmoûa'. Tous ces ouvrages sont des exposés très-étendus ; les matières y sont longuement traitées ; aussi les ulémas ou docteurs des siècles suivants les réduisirent et les abrégèrent [1].

Le Moudaouéneh, auquel Khalîl renvoie souvent, est le principal des quatre recueils premiers que nous venons d'indiquer. Il est accepté comme l'autorité la plus respectable

---

[1] Voyez Études sur la loi musulmane (*rite de Mâlek*). Législation criminelle, par M. B. Vincent. Brochure intéressante de 127 pages. Paris, 1842.

et la plus sùre, et, à ce titre, il est placé avant tous les digestes anciens. Le Moudaouéneh, dont le sens est « les enre-
gistrées, » c'est-à-dire les propositions ou institutions disposées en recueil, est attribué à Seh'noùn.

Le Méouâzieh est ainsi appelé du nom de l'auteur Mo-
h'ammed-ibn-el-Méouâz qui mourut en Égypte, en 281 de
l'hégire. Méouâzieh signifie les méouâziennes ou institutes
méouâziennes, institutes de Méouâz.

L'O'tbieh, ou les o'tbiennes, ou les institutes o'tbiennes,
est le livre d'El-O'tbî dont le nom complet est Moh'ammed-
ibn-Ah'med-ibn-A'bd-el-A'zîz-el-O'tbî, célèbre jurisconsulte
de Cordoue, élève de Iah'ia et de Seh'noûn. Il mourut en
254 de l'hégire.

Le Ouâd'ih'a, ou les évidentes, c'est-à-dire les propositions ou institutes évidentes, est l'œuvre d'un jurisconsulte
de Cordoue, Abou-Mérouân-A'bd-el-Mélik-ibn-H'abîb- es-Sé-
lémî. L'époque de sa mort est placée par El-Macarî, en 238,
et par El-Chât'ibî, en 232.

Le Moukhtalét'a, ou les mêlées (propositions mêlées),
semble être le même que le Moudaouéneh. Il ne reçut ce dernier titre qu'après qu'il fut remanié, augmenté, retravaillé par
Seh'noùn, auquel, par suite, on en attribua la composition.

Le Mabçoût', l'étendu, l'étalé, est, à ce qu'il paraît, d'après
M. B. Vincent, l'œuvre d'Abou-Ish'âk'-Isma'îl-ibn-Ish'âk'-ibn-
Isma'îl, k'âd'i de Bagdad, et qui mourut en 282, à l'âge de
quatre-vingt-trois ans.

Le Medjmoùa', ou les rassemblées (les propositions rassemblées, réunies en recueil), paraît devoir être attribué à
Abou-A'bd-Allah-Moh'ammed-ibn-Ibrahîm-ibn-A'bdoûs, jurisconsulte de K'airaouân, et qui mourut en 260. Il était
né en 202.

Jusqu'à l'époque de Sidi-Khalîl, au viiiᵉ siècle de l'hégire, quelques autres jurisconsultes mâlékites se firent un nom. Ce sont : Ibn-el-H'âdjeb, né dans la haute Égypte, en 570; il mourut au Kaire en 646; —Abou-Moh'ammed-A'bd-Allâh-ibn-Abou-Zeîd, de K'aïraouàn, où il mour̃ut en 390. Sa science comme légiste le fit surnommer le petit Mâlek; — Ibn-Farh'oùn, de Médine, auteur du *Tebs'ira fî édeb el-k'od'â*, ou Aperçu des connaissances que doivent avoir les k'âd'i et des règles de conduite qu'ils doivent observer, ou, en d'autres termes, Aperçu de procédure pour les k'âd'i. Ibn-Farh'oùn mourut en 779 de l'hégire.

Mais les juristes les plus révérés et dont Khalîl invoque souvent l'autorité sont : El-Lakhmî, Ibn-Ioûnès, Ibn-Rouchd, et El-Mâzerî. (Voy. les notes 3, 4, 5 et 6 à la fin de ce volume.)

VIII.

Khalîl-ibn-Ish'âk'-ibn-Iak'oûb, l'auteur du Précis de jurisprudence qui fait la matière de ce livre, est, dans certains ouvrages appelé Khalîl-ibn-Ish'âk'-ibn-Choa'ïb. Selon Ibn-H'adjar ou plutôt Ibn-H'odjr, il s'appelait Moh'ammed, et Khalîl n'est qu'une dénomination qualificative qui signifie l'ami.

Khalîl, ou comme on dit dans tout le Mar'reb, Sidi-Khalîl, le maître Khalîl, fut surnommé D'îâ-ed-Dîn, l'éclat de la religion, de la loi religieuse. Il enseigna, au Kaire, la jurisprudence, la tradition, et la langue arabe. Par son enseignement, et par le jugement et la sagacité dont il fit preuve dans les questions de législation, il s'acquit une haute renommée et s'éleva au premier rang des ulémas d'Égypte. Sa piété lui mérita la vénération de tous, et ses études profondes et constamment suivies avec ardeur, donnèrent à sa parole une autorité puissante. Depuis trois siècles le respect attaché à son nom et à sa science est toujours vivant, toujours le même ; et dans le Mar'reb entier, les Arabes ne jurent que par deux noms, le célèbre El-Boukhârî, le collecteur et commentateur des paroles traditionnelles reçues du Prophète, et le Sidi-Khalîl.

Khalîl est auteur de plusieurs écrits. Il composa six volumes de commentaires sur Ibn-el-H'âdjeb à qui l'on doit plusieurs précis de jurisprudence autrefois classiques. Il fit un autre commentaire sur Ibn-A'bd-es-Sélâm ; un rituel du pèlerinage ; une biographie de son professeur El-Menoufî, qui mourut en 749 ; un commentaire d'une partie du Moudaouéneh. Khalîl est encore auteur du *Taûd'îh'*, ou élucidation. Cet ouvrage se répandit en Orient et en Occident, et fut longtemps le guide et l'inspirateur unique des jurisconsultes mâlékites.

Mais l'ouvrage le plus répandu et le plus révéré qui soit sorti de la main de Khalîl est le *Moukhtaç'ar*, ou précis de jurisprudence, dont ce livre renferme la traduction. Khalîl mit vingt-cinq ans à le composer. « Le Moukhtaç'ar, dit Ibn-R'âzî qui en fit un commentaire, est une chose précieuse entre les choses précieuses ; c'est un des livres les plus dignes d'être lus avec assiduité et il est devenu l'objet de l'étude des hommes sagaces ; car le fond en est riche et l'expression féconde. Il fait connaître la jurisprudence selon laquelle se donnent les fétouas, et, entre les opinions différentes qui peuvent être puisées aux arguments, la plus fondée ; il résume avec la concision la plus stricte et la plus correcte, et une grande puissance de talent s'y fait remarquer dans l'enchaînement et l'ordre de l'exposition. Il est

unique dans son genre, et qui que ce soit n'en a composé un
autre qui lui puisse être comparé [1]. »

Lorsque Khalîl mourut (en 776 de l'hégire, environ
1422, ère chrétienne), son Mouktaç'ar n'était mis au net
que jusqu'au chapitre du Mariage, à peu près le tiers de
l'ouvrage. « Le reste fut trouvé dans sa succession, sur des
feuilles détachées, à l'état de brouillon. Les disciples de
Khalîl les recueillirent et les ajoutèrent à ce qui déjà avait
été mis au net, et de la sorte le livre fut complet [2]. »

IX.

Aucun traité de jurisprudence musulmane n'a encore
été, que je sache, traduit entièrement ni en français, ni
en une autre langue européenne, abstraction faite, bien
entendu, de la langue turque. L'ouvrage le plus étendu qui
ait été produit sur cette matière et qui semble, au premier coup d'œil, renfermer un ensemble complet des lois
musulmanes religieuses et civiles, est dû à de Mouradgea
d'Ohsson qui l'intitula : *Tableau général de l'empire othoman.*
Mais d'Ohsson a cru devoir bouleverser l'ordre du traité du
rite h'anafite qu'il traduisit, en retrancher les parties ou les
passages qui lui semblèrent inutiles, et, dans le cours de la
traduction, ajouter de lui-même, et, malheureusement, souvent à contre-sens, ce qu'il jugea nécessaire à l'intelligence
ou au développement du texte original [3].

---

[1] Extrait de la brochure déjà citée de M. B. Vincent, pag. 55.
[2] Voyez B. Vincent, pag. 57.
[3] Voyez le jugement porté sur d'Ohsson, dans les Recherches sur la constitution de la propriété, etc. par M. Worms, pag. 11, 12, etc. un vol. Paris,
1846.

La traduction anglaise (Londres, 1791, 4 vol. in-4°) du *Hédâïa fi l-foroú'*, ou guide dans les branches de la loi, c'est-à-dire, guide dans les dispositions légales tirées, par opinions ou déductions, des arguments ou bases primitives, cette traduction, dis-je, du Hédâïa, qui d'ailleurs est selon le rite h'anafite, est bien au-dessous de la valeur que présente le travail, du reste si riche et si intéressant, de M. d'Ohsson. Comme l'a parfaitement fait remarquer M. Worms, le travail de Hamilton est un chaos de prolixité et de confusion. De plus, le traducteur, Hamilton, qui n'a fait que compléter le travail déjà commencé par Anderson, n'a voulu donner qu'un livre acéphale. Il a décapité le Hédâïa, en en retranchant toute la partie liturgique, sauf le chapitre des Prélèvements ou impôts sur les propriétés. Le chapitre des Successions est aussi éliminé.

Quant au travail de M. de Hammer sur la constitution politique et administrative, l'auteur n'a point eu pour but de présenter les textes de la Loi dans leur ordre et dans leur intégrité. Ensuite, dans la table des matières qui constituent le Moultak'a-el-Abh'our, et que M. de Hammer a donnée dans son livre, il y a plusieurs erreurs graves que M. Worms a justement relevées.

Nous pourrions encore citer un volume de M. Chauvin-Beillard, première partie d'un ouvrage intitulé : *De l'empire ottoman, de ses nations et de sa dynastie.* (Paris, 1845.) Les indications jurisprudentielles données dans ce travail sont simplement extraites du livre de M. d'Ohsson, qui lui-même les a singulièrement abrégées; car il n'a voulu que faire comprendre l'esprit général de la Loi dans ses dispositions principales et d'après le rite h'anafite. M. Chauvin a pour pensée dominante de montrer que les principes de la loi musulmane et du dogme islamique ne s'opposent point au développement civilisateur des peuples musulmans.

Ces différents ouvrages, les plus considérables qui aient été publiés sur la jurisprudence musulmane, se bornent exclusivement au rite h'anafite qui domine seul dans l'empire turc proprement dit. Sur la jurisprudence mâlékite, rien ou presque rien n'a été fait; et même dans les écrits relatifs à l'Algérie, toutes les fois qu'il s'agit de dispositions ou d'études législatives, on s'appuie toujours ou presque toujours sur la loi présentée par le rite h'anafite, qui cependant n'est suivi nulle part dans le Mar'reb. Le rite h'anafite d'ailleurs est bien moins explicite et bien moins étendu que le rite mâlékite dans ses prévisions, dans ses détails fondamentaux. Je n'en veux pour comparaison que le chapitre des Prélèvements qu'a traduit M. Worms dans son intéressant ouvrage sur la constitution de la propriété territoriale chez les musulmans, et le chapitre de Khalîl sur le même sujet.

X.

Le Gouvernement, en ordonnant la traduction du Précis de jurisprudence de Khalîl, aura donc donné lieu à la production en français du premier ouvrage de législation musulmane complet et pour le contenu des matières, et pour le nombre des dispositions et décisions jurisprudentielles. Jusqu'à présent ce travail n'a pas été tenté, ou du moins rien n'en a paru encore; et certes il ne faut pas s'en étonner. L'incroyable difficulté du texte a probablement repoussé ou interrompu toutes les tentatives. Il est impossible de s'imaginer à quel degré d'obscurité, à quelle tournure énigmatique et pour ainsi dire hiéroglyphique, l'auteur s'est étudié à parvenir et est parvenu. S'il a mis vingt-cinq ans à la composition de son traité, il a passé certainement la moitié de ce temps à se rendre difficile, obscur, serré, à limer la phraséologie la plus coupée, la plus inattendue, la plus déchiquetée qu'il soit possible d'inventer. Les mots semblent ne pas suffire au sens, qui partout les déborde, qui leur reproche sans cesse leur étroite parcimonie, qui, sans cesse, pour se retrouver et rattacher ses membres épars, se fatigue, se tourmente à attraper les mots qui lui appartiennent et dont dépend sa physionomie reconnaissable et admissible. Tacite, Perse et vingt autres noms de l'antiquité, qui se sont fait une réputation de concision dans le style, d'obscurité même, ne sont que des enfants auprès de Khalil.

« En Afrique, dit M. Worms, on ne craint pas de nous laisser entre les mains le *Moukhtasser* ou abrégé de Khalyl, certain que l'on est que celui qui n'est pas initié aux secrets de la loi et de la société musulmanes ne pourra, tout seul, en déchiffrer une phrase, quelque versé qu'il puisse être dans la connaissance de la langue arabe. »

Il n'y a qu'une excuse qui disculpe Khalil du reproche d'une concision aussi exagérée, aussi avare de mots ; c'est que le livre est fait pour être appris de mémoire et pour fournir à ceux qui se livrent à l'étude de la Loi, les principes fondamentaux de cette Loi. « Car rien de ce qui concerne le droit et le culte n'y est omis. Ce livre est l'autorité la plus révérée et le guide unique que reconnaissent les tribunaux et les mosquées en Barbarie ; les étudiants en droit et en théologie l'apprennent de mémoire, et ce n'est que quand ils le savent par cœur, qu'ils en étudient les nombreux commentaires, parmi lesquels celui qui est, à juste titre, le plus renommé pour le mérite et la clarté de la rédaction, est celui de Moh'ammed-el-Kharchî... »

XI.

Le succès du Précis de jurisprudence de Khalîl fut immense; et, comme dit Ibn-R'âzi : « Khalil recueillit le fruit de ses vœux et Dieu lui mit la bénédiction dans sa vie. »

D'après un document inséré dans la brochure de M. B. Vincent sur la législation criminelle de l'islamisme, document reçu du savant et vénérable Moust'afa-ibn-Moh'ammed, mufti d'Alger, « Le Précis de Khalîl renferme environ cent mille propositions explicites de jurisprudence et environ cent mille propositions implicites, total deux cent mille. Et quand on vit rassemblées ainsi, dans un cadre étroit, un grand nombre de propositions, et qu'il pouvait être facilement retenu, on l'accueillit avec satisfaction, avec faveur; on l'agréa, et les ulémas s'occupèrent de le commenter, d'en résoudre les difficultés, d'en expliquer les passages obscurs, si bien que le nombre des commentaires dont il fut l'objet s'éleva à plus de vingt. Ainsi Bohrân en fit trois commentaires, un grand, un petit et un moyen; El-Adjoury en fit aussi trois, un grand, un petit et un moyen; El-Kharchî en fit deux, un grand et un petit; El-Tétây en fit de même deux, un grand et un petit; El-Hettâb en fit un grand commentaire; le cheikh Sâlem-es-Senhoûry, el-Mé-wâk et Abd-el-Bâky-ez-Zourkâny le commentèrent; Ahmed-ez-Zourkâny y mit des annotations; El-Cheberakhyty le commenta ainsi que le cheikh Ed-Derdîr; Ibn-Gâzy y mit des annotations; Abd-el-Bâky-el-Bénâny (il faut dire Abd-es-Sélâm-el-Bénâny), du Mar'reb, et le cheikh El-emyr, d'Égypte, y mirent des annotations, et d'autres dont il serait trop long d'offrir la liste. »

«...Mais à raison de la difficulté qu'offre le Précis de Khalîl, il n'est donné d'en saisir le sens qu'à l'homme doué de pénétration, d'un haut degré d'intelligence et versé dans les sciences arabes; et celui qui, à l'aide d'une étude assidue, en y consacrant ses jours et ses nuits, est parvenu à le posséder, a le droit d'en être fier, et il a pris rang parmi les ulémas de premier ordre. »

«En un mot, le Précis de Khalîl est aujourd'hui le livre classique dans toutes les contrées; et c'est en Dieu qu'est l'assistance. »

Plus loin M. B. Vincent ajoute, d'après une autre autorité : «Les commentaires, les livres d'annotations sur le Moukhtaç'ar sont devenus nombreux, à ce point que l'on en compte plus de soixante. »

XII.

Il n'est pas besoin de dire que c'est à l'aide de commentaires que j'ai entrepris la traduction du Précis ou abrégé de jurisprudence de Khalîl. Dès que j'eus reçu du ministère de la guerre la lettre officielle qui me chargeait de ce travail, je cherchai à me procurer à la Bibliothèque royale les commentaires qui m'étaient indispensables; et sur un ordre du ministre, il me fut permis d'emprunter à la Bibliothèque tous les livres et manuscrits que je désirerais, pour remplir mes engagements. Je dois à l'obligeance extrême et empressée de M. Reinaud la note de ce que possède le département des manuscrits, en fait de livres arabes relatifs au traité de jurisprudence de Khalil.

Mais malheureusement la Bibliothèque est d'une pauvreté extrême en ouvrages sur le rite mâlékite, je veux dire en ouvrages complets. J'y trouvai un excellent texte du Moukhtaç'ar de Khalil, manuscrit en caractères mar'rébins et daté de Grenade en 877 de l'hégire. Ce manuscrit (n° 539) est bien écrit et d'une grande correction. Mais que faire du texte de ce précis, quelque correct, quelque beau qu'il puisse être? Il m'en fallait des commentaires; et la Bibliothèque n'en possède pas un seul complet. Je trouvai seulement : — le premier des quatre volumes (n° 250, supplément arabe), grandeur in-folio, du petit commentaire manuscrit de Moh'ammed-el-Kharchî, caractères mar'rébins, mais d'une exécution inculte, inégale, confuse, incorrecte; — le premier volume, grand in-8° (n° 249, supplément arabe), du commentaire ou plutôt des annotations d'Abou-A'bd-er-Rah'mân-ez-Zourk'ânî, dont le nom complet est Abou-A'bd-er-Rah'mân-Chéhâb-Ah'med-ibn-Moh'ammed-ibn-Nâc'er-ed-Dîn-ez-Zourk'ânî le mâlékite, professeur et mufti (ce volume renferme des annotations sur le tiers environ du Précis de Khalil); — les quatre derniers volumes du commentaire d'A'bd-el-Bâk'i-ez-Zourk'ânî, d'une écriture assez mauvaise. C'est là tout ce que je pus avoir de ressources et de secours; car c'est tout ce qu'en possède la division des manuscrits de la Bibliothèque royale. Néanmoins je me mis à l'œuvre, en attendant que je reçusse d'Égypte les manuscrits arabes que j'y avais laissés lors de mon départ, et ceux dont je demandais que l'on me fît l'acquisition.

Enfin m'arrivèrent ces livres, au nombre desquels est un

beau commentaire manuscrit en six gros volumes de format
in-8°, et d'une écriture nette, égale, facile, régulière. Ce
commentaire est celui d'A'bd-el-Bâk'î-ez-Zourk'ânî; il est
considéré, après celui d'El-Kharchî, comme l'ouvrage le
plus important sur la jurisprudence mâlékite. A'bd-el-Bâk'î
vivait au x° siècle de l'hégire. Je reçus en même temps le
petit commentaire d'El-Kharchî, manuscrit en quatre volumes de forme in-8°, d'une écriture régulière et ordinaire.
Lorsque me furent arrivés ces manuscrits, mon travail mar-
cha avec plus de rapidité et de sûreté.

Enfin M. le comte Léon Delaborde eut la bonté de me
communiquer un volume des commentaires du cheikh
Ibrahîm-el-Chabrakhîtî. Ce manuscrit, de forme in-4°, en
caractères mar'rébins est d'une grande correction. Il est
malheureux qu'il soit avarié et que, dans beaucoup d'endroits, les têtes des pages soient effacées. De plus le commencement de l'ouvrage manque jusqu'à la section de la
prière solennelle du vendredi.

Malgré le secours de tous ces commentaires, l'intelligence
du texte et de la portée des dispositions légales est parfois
une affaire difficile, surtout dans les détails des pratiques religieuses et à cause de certaines technologies adoptées pour
ces seules applications religieuses, technologies que n'expliquent pas les dictionnaires.

XIII.

D'autre part, la concision anormale du texte arabe exclut de force une traduction littérale. L'audace des ellipses,
l'insolite des rapports linguistiques des mots et surtout des
phrases, repousse toute forme de traduction calquée sur

l'original, à moins de demeurer inintelligible. Comment, après des lignes, après une page, après nombre de questions intermédiaires, continuer la fin d'une proposition dont l'antécédent est ainsi passé depuis longtemps et tient sous sa dépendance d'autres phrases, d'autres propositions? De plus, la traduction la plus exacte et la plus juste laisse trop souvent encore dans l'obscurité, l'intention de la loi, surtout à cause de la distance et de la différence qui séparent nos mœurs, nos croyances, nos idées, nos connaissances, nos lois, notre jurisprudence, de celles des musulmans...Et puis la précision est un principe dans l'énoncé des dispositions légales générales; *jubeat lex, non suadeat*. La loi n'a pas à faire et ne doit pas faire de longues paroles pour s'expliquer; elle doit être aussi brève que le permet l'intelligence de son intention.

Mais, pour saisir plus vite et plus nettement toute l'étendue et toute la portée des principes et des volontés d'une loi qui nous est aussi étrangère que la loi islamique, il est indispensable de joindre à l'énoncé textuel quelques éclaircissements et quelques exemples d'applications, d'y introduire les élucidations données par les commentateurs musulmans aux musulmans eux-mêmes, explications nécessaires, à plus forte raison, aux chrétiens.

Aussi, toutes les fois qu'il m'a semblé utile d'ajouter à la traduction du texte, même plusieurs lignes, ou seulement quelques mots extraits des commentaires arabes, je les ai intercalés dans le corps de la phrase, de manière que le tout, texte et intercalations, composât des phrases régulières et comme émanées d'un seul texte. Cependant afin de distinguer ce qui appartient aux commentaires, je l'ai toujours enfermé entre deux crochets, laissant le texte en dehors. Ces crochets n'interrompent nullement le cours de la phrase, car il ne s'agit pas d'incidence ; et il faut presque toujours lire la proposition coupée de crochets, comme si ces crochets n'existaient pas. Seulement, il arrive parfois que le premier crochet tient lieu aussi d'une ponctuation, d'une virgule, ou d'un point et virgule et même parfois de deux points.

Du reste j'ai tâché d'être aussi sobre qu'il convenait de l'être, des intercalations explicatives ; je les ai économisées surtout dans les sections ou dans les questions qui m'ont paru moins importantes, pour nous, à connaître dans leurs détails. J'en ai donné davantage ailleurs, par exemple dans la section des Impôts ou prélèvements, et dans toutes les questions de droit civil.

XIV.

Plusieurs explications étaient encore nécessaires, je crois, pour rendre compte de certaines allusions de la loi aux mœurs, aux habitudes, aux croyances musulmanes, aux faits historiques anciens acceptés par les Arabes, à l'exécution de pratiques consacrées, aux relations et aux devoirs qui lient entre eux les individus, au mode selon lequel s'accomplissent certains actes, aux connaissances scientifiques dont les musulmans sont en possession, aux droits du pouvoir gouvernemental et des tribunaux ; ces explications, je les ai abrégées autant que possible. De plus je les ai reléguées, sous le titre général de *Notes et éclaircissements*, à la fin de chaque volume, pour ne pas rompre, par leur présence dans les pages auxquelles elles se rapportent, la suite du texte et l'enchaînement des propositions légales.

Quant à la transcription française des termes techniques arabes que des termes français ne peuvent traduire assez brièvement, je la figure le plus simplement possible, évitant le grand nombre de consonnes qu'il serait peut-être nécessaire d'écrire pour reproduire, selon les conventions graphiques générales, les articulations spéciales à la langue arabe. D'ailleurs, un mode de transcription a été admis pour tous les travaux de la Commission scientifique d'Algérie, et j'ai dû m'y conformer. Il est suffisant et pour ceux qui sont versés dans la connaissance de la langue arabe et qui retrouveront assez facilement le mot sous son enveloppe française, et pour ceux qui n'ont pas d'études de la langue originale.

Dans ces transcriptions, j'ai suivi l'exactitude de prononciation que doit avoir le mot, en le supposant prononcé par un Arabe instruit, non en le supposant articulé selon l'accent vulgaire du Mar'reb ou d'Égypte, ou du H'edjâz, ou de Syrie. Et puis, de tous ces accents, celui du Mar'reb ou de Barbarie est le plus répréhensible, le plus dévié, le plus offensif à la construction régulière et fondamentale des mots.

Pour l'articulation des mots arabes tracés en caractères français, il faut prononcer et faire sonner toutes les consonnes. Comme forme particulière, le *kh* indique une prononciation gutturale dure, semblable à celle de la *jota* espagnole ; il ne faut excepter que le mot *fikh*, le savoir en jurisprudence, dans lequel on prononce le *k* séparément, et l'*h* comme notre *h* aspirée en français. L'*r'* est pour l'*r* grasseyée. — Quand se présentent écrites ensemble les trois voyelles *oua*, il faut n'en faire qu'une diphthongue ; ainsi *oua* se prononce comme *oi* dans *loi*, et la voyelle qui se trouve avant cette sorte de diphthongue se prononce isolément.

Du reste j'évite, autant qu'il m'est possible, de citer les mots arabes ; je préfère une expression française même assez longue, à la figuration d'un seul mot arabe, quelque court qu'il puisse être.

Quant à la distribution du livre de Khalîl, je l'ai conservée dans son ensemble. Je n'ai fait qu'ajouter aux chapitres et aux sections des en-tête qui manquent dans le texte. J'ai partagé aussi les chapitres en sections, que n'indique pas toujours l'auteur, et les sections en autres sections, puis la plupart des sections en paragraphes, et j'ai mis en titre le contenu de ces divisions et subdivisions. Cet arrangement, qui n'ajoute rien au fond du livre, m'a semblé convenable pour établir une table des matières, et faciliter, par conséquent, la recherche des questions dont on veut prendre connaissance en particulier, ou des passages que l'on désire consulter.

PERRON.

Paris, 1847.

PRÉCIS

DE

JURISPRUDENCE MUSULMANE

OU

PRINCIPES DE LÉGISLATION MUSULMANE

CIVILE ET RELIGIEUSE

SELON LE RITE MALÉKITE

PAR KHALÎL IBN-ISH'ÂK'

TRADUIT DE L'ARABE

PAR M. PERRON

CHEVALIER DE LA LÉGION D'HONNEUR, MEMBRE DE LA SOCIÉTÉ ASIATIQUE DE PARIS, ETC.

I

PRÉCIS

DE

JURISPRUDENCE MUSULMANE,

SELON LE RITE MALÉKITE.

PREMIÈRE PARTIE.

JURISPRUDENCE RELIGIEUSE.

EXPOSITION PIEUSE. — AVANT-PROPOS.

AU NOM DE DIEU CLÉMENT ET MISÉRICORDIEUX.

Que Dieu répande ses bénédictions et ses grâces sur notre Seigneur Mahomet, sur sa famille et sur ses disciples!

Le serviteur de Dieu, celui qui a besoin de la miséricorde du Seigneur, celui qui voit avec une douleur profonde le peu qu'il a de bonnes œuvres et de vertus, Khalil, le mâlékite, fils d'Ish'âk', fils de Iak'oûb, que Dieu lui pardonne ses fautes! a dit :

Louanges à Dieu, louanges qui égalent ses innombrables bienfaits! Reconnaissance pour les biens [les qualités du corps et les qualités de l'esprit] que m'ont accordés sa générosité et sa munificence! Non, je ne puis énumérer et célébrer dignement les merveilles de sa puissance et de sa grandeur, car lui seul les connaît et peut les exalter.

Nous invoquons tous sa bonté et le secours de ses grâces, pour toutes les vicissitudes de la vie, et pour le moment où l'homme descend au tombeau.

Bénédiction, salut pour Mahomet, le Seigneur des Arabes et des autres peuples, l'envoyé de Dieu à toutes les nations! Que Dieu le comble de ses faveurs, lui, sa famille, ses disciples, ses femmes, sa postérité, sa nation, la plus noble des nations!

Or, plusieurs personnes, que Dieu leur montre, ainsi qu'à moi, la voie de la vérité pure, et les dirige, elles et moi, dans les sentiers du bien! plusieurs personnes, dis-je, m'ont demandé de leur composer un Précis de la jurisprudence suivie dans le rite institué par Mâlek, fils d'Anas, sur lui soit la miséricorde du Seigneur! précis qui comprendrait les principes fondamentaux sur lesquels doivent se baser les jugements et décisions juridiques en matière religieuse et civile. J'ai acquiescé à cette demande, après que j'eus consulté, par les voies pieuses, la volonté de Dieu et invoqué le secours de ses grâces [1] (1).

Dans le cours de ce livre, j'indique, par l'expression *fiha*, l'autorité du *Moudaouéneh* (2); par le mot *ouwîl*,

---

[1] Par les chiffres placés entre parenthèses, je renvoie aux notes réunies à la fin du volume.

il a été interprété, il a été expliqué [et par le dérivé *táouíl*, explication], j'indique l'autorité des divers commentateurs qui ont élucidé ce Recueil; par le mot *ikhtïár*, j'indique les opinions qu'a préférées El-Lakhmî [3]; mais lorsque j'ai pris la forme verbale *ikhtár*, il a choisi [ou le dérivé *moukhtár*, choisi], j'ai voulu dire que le principe ou l'avis énoncé était propre et personnel à El-Lakhmî; par le mot *ikhtïár*, qui est la forme substantive, j'ai voulu, dis-je, spécifier qu'El-Lakhmî avait préféré tel avis ou principe, au milieu de plusieurs autres; par le mot *terdjïh* [4], prépondérance d'opinion, j'ai indiqué les opinions auxquelles Ibn-Ioûnès a accordé l'autorité de son assentiment; quand j'ai donné la forme verbale *reddjah*, j'ai voulu spécifier qu'Ibn-Ioûnès parlait de sa propre autorité. Par le mot *zouhoúr*, apparence, ce qui a paru, j'ai indiqué le dire qui avait paru le plus acceptable à Ibn-Rouchd [5]; par la forme verbale, j'ai exprimé que le dire était personnel à Ibn-Rouchd. Là où j'ai mis *k'aûl*, parole, énoncé, j'ai voulu indiquer ce qu'El-Mâzerî a accepté des dires des jurisconsultes, et par le verbe *k'ál*, j'ai indiqué ses propres dires [6].

Lorsque après un énoncé je dis *khiláf*, divergence, différence, je veux seulement faire remarquer que là il y a dissemblance, divergence sur cet énoncé donné par des hommes de réputation différente; là où je mets *k'aûlán*, deux dires, ou *ak'ouál*, plusieurs dires, je veux signifier que, sur la proposition en question, je n'ai pu, par moi-même, m'assurer de certaines dispositions légales puisées aux autorités appuyées sur les principes k'oraniques. Quant aux points facilement saisissables et incontestés, je les expose simplement, dans leurs conditions d'accomplissement voulu par la loi [7].

Par le mot *s'ouh'ih*, a été vérifié, rectifié [et par le dérivé *aç'ah'*, vérifié, juste], ou par le mot *istouh'sin*, a été jugé meilleur, plus exact, plus rationnel, j'ai fait allusion à un cheikh juriste, autre que les quatre dont j'ai cité les noms tout à l'heure, et qui a élucidé, rectifié et décidé les questions auxquelles le mot *s'ouh'ih* ou le mot *istouh'sin* se trouve accolé. Par *téreddoud*, opposition d'opinions, discussion contradictoire, j'ai désigné les dispositions légales encore en litige ou en doute sous le rapport de leur conformité rigoureuse avec les données primitives dont les ont extraites les juristes les plus récents, ou par rapport au manque de textes d'autorités anciennes [8]. Enfin, par *laou*, si, j'indique les propositions différentes des principes du rite mâlékite que j'ai embrassé.

Et maintenant je demande à Dieu de faire retirer utilité et avantage de ce livre à qui l'écrira pour soi ou pour d'autres, à qui l'expliquera comme enseignement [ou le lira pour l'étudier ou seulement pour le collationner], à qui le possédera [comme simple possession ou pour l'apprendre], à qui s'en servira dans des vues de bien; puis je prie Dieu de nous préserver de toute erreur et faute, de nous diriger, par une crainte salutaire, dans nos paroles et nos œuvres.

Ensuite, je prie les hommes d'intelligence et de savoir de ne point juger trop sévèrement les manques et imperfections qui peuvent se trouver dans ce livre. Je demande, d'une voix de supplication et d'humilité, d'un accent de soumission et de respect, que l'on regarde cette œuvre d'un œil de bonté et de bienveillance. Ce qu'il y aura d'obscur et d'inexact, en paroles et en style, qu'on l'éclaircisse et l'explique ; de fautes, qu'on les corrige [9] : car peu d'écrits sont purs de taches, peu d'auteurs n'ont pas bronché et fait de faux pas.

CHAPITRE PREMIER.

DES PURIFICATIONS.

SECTION Ire.

DE LA PURETÉ ET DE L'IMPURETÉ DE L'EAU, RELATIVEMENT AUX PURIFICATIONS.

Les souillures matérielles [10] et les souillures non matérielles [les souillures et les impuretés] s'enlèvent par le
moyen général, c'est-à-dire au moyen de ce que, avec
droit et raison, l'on appelle communément eau non adultérée, eau pure ordinaire, — soit qu'elle ait été recueillie
de la rosée ou qu'elle vienne d'un solide passé à l'état
liquide [tels sont la grêle, la glace, la neige, même le
sel qui s'est liquéfié de lui-même, ou qui se trouve naturellement liquéfié, comme dans l'eau de la mer. Aussi
l'eau de la mer est propre aux ablutions. Mais le sel jeté
dans l'eau pour y fondre est considéré comme aliment];
—soit qu'elle reste de ce qu'a bu ou un animal [dont la
chair est permise], ou une femme en menstrues, ou un
homme qui ne s'est pas purifié après la copulation [que
cette femme et cet homme soient musulmans ou non];—
soit qu'elle reste d'une quantité d'eau que cet homme ou
cette femme a employée pour se purifier [lorsque rien
d'impur ne paraît être tombé dans le vase qui contient

l'eau];—soit que l'eau étant surabondante [pour une ablution, ou une lotion, etc.] ait été mélangée de quelque substance impure qui ne soit pas en suffisante quantité pour changer et altérer les qualités naturelles [la couleur, l'odeur et le goût] de cette eau;—soit même que l'on doute que réellement ce qui a pu changer l'une des qualités de l'eau, la rende impropre aux purifications;—soit que le goût de l'eau ait été changé par l'influence de quelque corps voisin [tel que des odeurs parfumées ou bien des corps en putréfaction; dans ce cas, le principe de l'odeur transmise à l'eau existe dans les corps voisins, et non dans l'eau];—soit que l'odeur de l'eau lui vienne d'un corps gras attaché et fixé au vase, ou vienne du goudron dont on imprègne les outres ou tout autre ustensile à porter de l'eau en voyage;—soit que l'eau ait subi une modification dans ses qualités par le fait de quelques productions nées de l'eau même [telles que les mousses légères, les lentisques, même des conferves, etc.];—soit que ce changement ou cette différence dans les qualités naturelles de l'eau vienne du fond où sol sur lequel elle se trouve, tel qu'un fond salin, par exemple [ou ferrugineux, ou cuivreux, ou aluné, etc.]; soit que ce changement vienne de terre ou de sel qui ait été jeté, même à dessein, dans l'eau.

Mais lorsque l'on a jeté exprès du sel dans l'eau, elle perd, selon l'avis d'Ibn-Ioûnès, la propriété de pouvoir servir aux purifications [car alors, de propos délibéré, on en a changé une des qualités naturelles, le goût]. Quant à l'opinion qui déclare l'eau impure si

l'on y a jeté du sel préparé [ou sel de cuisine, sel ordinaire du commerce], il y a, sur ce point, divergence
d'avis et discussion (*téreddoud*) parmi les juristes modernes. [Le sel, disent-ils, doit-il être considéré comme
une terre? alors il ne change pas la nature de l'eau; ou
bien le considère-t-on comme nourriture, condiment? ou
bien le sel nettoyé est-il une sorte de terre préparée
comme une nourriture? alors il change la nature de l'eau
dite eau commune, ordinaire, y introduit un aliment;
et cette eau, ayant caractère, plus ou moins éloigné, de
nourriture, ne doit pas être employée aux purifications.]

Il ne faut point employer à se purifier [d'aucune
souillure, matérielle ou non matérielle], l'eau dont la
couleur, ou le goût, ou l'odeur aurait changé par la
présence de substances qui d'ordinaire ne se trouvent
pas naturellement dans l'eau, que ces substances soient
pures ou impures, tels seraient un corps gras [bien que
non impur], une huile qui serait mêlée à l'eau, ou des
vapeurs de mastic [ou du safran, ou de la myrrhe]. Du
reste, l'état légal de l'eau est en raison de la nature de
la substance qui l'altère.

Il est mal, — d'employer l'eau d'une *sakî* [11] [d'un
puits, d'un bassin], qui est visiblement changée ou al-
térée par la corde à tirer l'eau; — d'employer de l'eau
non courante dans laquelle sont tombés, en trop grande
quantité, des excréments d'animaux; — de se servir de
l'eau d'un puits où se trouvent des feuilles d'arbres, de
plantes, ou bien de la paille. Mais, d'après Ibn-Rouchd,
il est permis d'user de l'eau où se trouvent des feuilles

ou de la paille, dans les lieux écartés et les déserts [à défaut d'autre eau].

Maintenant, si un individu mélange à l'eau une substance étrangère pure ou impure qui se rapproche plus ou moins des trois qualités naturelles de l'eau [et qui n'altère pas sensiblement les qualités de cette eau], l'état de pureté ou d'impureté légale est un fait à examiner, et il varie selon les cas [c'est-à-dire selon la nature et la quantité de la substance étrangère].

Relativement à la question de savoir si l'eau mise dans la bouche devient impure, il y a deux dires (k'aûlâ). [L'un est pour l'affirmative, l'autre pour la négative ; le premier soutient que l'eau se mêle à la salive et ne s'en sépare pas ; le second prétend que s'étant mêlée à la salive, l'eau s'en sépare ensuite, et que même l'eau qui n'a pas demeuré quelque temps dans la bouche ne se mêle pas sensiblement de salive].

Il est blâmable, pour les purifications, d'employer [excepté à défaut d'autre] une eau qui a déjà servi à enlever quelque souillure matérielle ; mais si elle a servi pour quelque souillure non matérielle, il y a divergence d'opinion [téreddoud], relativement à la parfaite convenance de son emploi.

On ne doit encore employer que malgré soi, — une eau qui est en trop petite quantité, telle que la contenance d'un simple vase à ablution ; — une eau ayant servi à un lavage de souillure matérielle qui, cependant, n'aurait pas rendu l'eau impure ; — de même encore l'eau où un chien aurait lappé ; — l'eau non courante [comme celle des réservoirs des bains], où l'on vient se laver ; — un reste d'eau dont aurait goûté un individu qui, auparavant, aurait bu du vin ; — un reste où cet individu aurait introduit la main ; — ou bien un reste d'eau qu'aurait touché un animal de l'espèce de ceux qui, par instinct, recherchent sans cesse les corps impurs [ces animaux sont, par exemple, les bêtes sauvages et voraces, les oiseaux de proie].

Mais on fera usage, sans répugnance et sans blâme, d'un reste d'eau qu'il est presque impossible de garantir de toute impureté [par exemple, de l'approche des chats, des rats, des souris, etc.]. Il n'y a non plus ni répugnance, ni blâme, à user d'une nourriture qui serait dans le même cas, pas plus qu'à user encore d'une eau laissée ou exposée au soleil, au grand air [et où peuvent venir quelques oiseaux]. Si l'on a reconnu que l'animal, quel qu'il fût [et qui a touché l'eau], avait au museau ou au bec quelque substance ou pure, ou impure, ou souillée, lorsqu'il a touché et goûté l'eau, on agit dans cette circonstance, pour l'emploi du liquide, en raison de la nature de cette substance et du degré de son impureté.

Si un animal terrestre, à circulation active, est mort dans une eau non courante [celle d'un puits, d'une fontaine, d'une citerne], mais n'en a pas changé ou altéré les qualités naturelles, il faut retirer une quantité d'eau égale au volume de l'animal et de l'eau elle-même [12]. Si l'animal, après être mort, est tombé dans l'eau, il n'est pas nécessaire de retirer d'eau. Si le changement opéré dans les qualités de l'eau, par une substance impure, disparaît par l'addition d'une modique quantité d'eau pure, on regarde alors cette eau comme bonne pour les purifications; néanmoins Ibn-Ioûnès est d'avis contraire.

On accepte la déclaration d'un individu sur l'état de pureté ou d'impureté d'une eau, quand il désigne comment cette eau a été ou n'a pas été adultérée et souillée, et quand cet individu [libre ou esclave, homme ou femme, et au moins pubère] est du même rite que celui ou ceux à qui il fait la déclaration [et quand aussi l'individu est regardé comme consciencieux et probe]. S'il n'est pas du même rite, dit El-Mâzerî, il est mieux de négliger son information [car il n'est pas compétent pour juger dans un rite qui n'est pas le sien].

Enfin, l'eau qui arrive sur une substance impure, en reçoit les mêmes effets d'altération et de souillure que lorsque la substance impure arrive dans l'eau.

SECTION II.

SUBSTANCES ET CORPS PURS, ET IMPURS. — VÊTEMENTS, PARURES ET ORNEMENTS PERMIS, ET NON PERMIS.

Du nombre des substances pures sont : — le corps mort de tout animal privé de sang [tel que les insectes, les mouches, les blaps, les fourmis, les sauterelles, les scorpions, etc.]; — le corps mort de tout animal aquatique ou marin, qui même puisse vivre assez longtemps sur terre [comme la grenouille, la tortue de mer ou d'eau douce, l'écrevisse, le crocodile]; — tout animal égorgé, et toutes les parties de son corps, excepté les

animaux dont il est défendu de manger la chair ; — la
laine, le poil de chameau, les barbes de plumes et les
plumes, les fourrures, poils et crins, même les soies
de porc quand elles ont été coupées, non arrachées de
la peau ; — les corps solides inertes ou sans vie et qui
ne sont point rejetés de l'intérieur d'un animal vivant
[et à circulation active. Ainsi l'œuf, comme étant rejeté
du corps d'êtres vivants, n'est pas mis dans la classe des
solides inertes sans vie]. Les substances solides eni-
vrantes sont exclues de la liste des substances pures.
[On comprend dans la catégorie des solides, les corps
mous, comme le miel, le beurre, bien que le beurre
vienne d'animaux vivants et à circulation active ; mais le
beurre ne fait pas partie intégrante de l'animal.]

Du nombre des substances pures sont aussi : — les
êtres vivants [non impurs ; car la vie est une condition
de pureté qui se perd par la mort] ; — leurs larmes,
leur sueur, leur salive, leurs mucosités nasales, leurs
œufs, quand même les animaux qui les ont pondus se
nourrissent de substances impures, excepté toutefois les
œufs gâtés. Sont exceptés aussi des substances pures,
les œufs et les matières des sécrétions précitées, lorsque tout cela est sorti ou sort d'un corps mort [mais
l'œuf venant d'un animal égorgé n'est pas impur].

Sont encore au nombre des substances pures : — le lait
humain, excepté s'il vient d'un corps mort ; — le lait des
animaux [est ou pur, ou impur, ou blâmable], selon la
nature de leur chair [c'est-à-dire, selon qu'elle répugne,
ou est blâmable, ou est permise, ou est défendue].

Parmi les substances non impures sont : — l'urine et les matières stercorales [qui sont dans le corps] des animaux dont la chair est permise et qui ne se nourrissent point de nourritures impures [13] ; — les matières vomies, à moins que leur caractère de nourriture et d'aliment ne soit changé et dénaturé ; — la bile rejetée par la bouche ; les excrétions pituiteuses ; — la bile et sa vésicule, venant des animaux dont la chair n'est pas prohibée ; — le sang qui [dans l'immolation] n'est pas sorti des vaisseaux qui le contiennent ; — le musc et la poche où il se sécrète ; — les produits de la terre qui ont été fumés ou arrosés avec des substances impures [car le végétal, par la germination et par le fait du développement, se purifie, se constitue pur] ; — le vin qui [desséché dans les futailles et les autres vases] est passé à l'état solide ; — le vin transformé en vinaigre [et n'ayant plus alors la propriété d'enivrer].

Les substances impures sont celles qui se trouvent hors des catégories que nous venons de présenter : — les corps morts ou restes d'animaux autres que ceux qui sont indiqués précédemment, fût-ce même un pou [c'est-à-dire, ne sont ni purs, ni d'usage permis, ni de contact sans souillure, — les corps d'animaux à circulation active et morts de mort naturelle ; — le corps et la chair d'animaux qui n'ont été ni égorgés, ni tués à la chasse, selon la manière indiquée par la loi musulmane ; tels sont les animaux égorgés par les chrétiens, par les juifs, ou immolés aux idoles par les idolâtres, ou égorgés par un fou, un idiot, un homme ivre, un renégat..... Quant au pou, il est regardé comme un animal à circulation active; car on lui aperçoit, même à l'œil nu, un mouvement sanguin dans des vaisseaux. Mais la puce, la mouche, etc. ne sont pas à circulation courante, active; leurs restes morts ne sont pas impurs et ne souillent pas].

On regarde aussi comme impur le cadavre humain; toutefois, selon l'opinion de nombre de légistes, tels que Ibn-Rouchd (*azhar*) et autres [opinion fondée sur l'appréciation de la dignité de la créature humaine et sur certaines paroles traditionnelles du Prophète], le cadavre humain n'est pas immonde [le cadavre d'un musulman surtout, d'après plusieurs casuistes, n'est pas impur].

Sont impures aussi les parties qui ont été retranchées ou séparées d'un animal vivant, ou d'un animal mort ou tué [et les parties qui, bien que n'étant pas entièrement séparées du corps vivant, n'y tiennent que par quelque lambeau de chair ou de peau, de manière que ces parties ne puissent plus rester vivantes et se rattacher ainsi au corps; de même, et par suite de ce principe, la dépouille dont se débarrasse chaque année le serpent, c'est-à-dire l'épiderme qu'il abandonne, est également impure].

Les parties retranchées ou coupées et qui, pour cela, deviennent impures, sont: — les cornes, les os, les sabots, ou les ongles des bisulques [des solipèdes]; — l'ivoire; — les ongles en général [les ongles des chameaux, des autruches, des oies, des canards, des gallinacés]; — les tuyaux de plumes; — la peau, fût-elle même tannée. Toutefois l'usage des peaux, excepté celle du porc [excepté aussi la peau humaine], est généralement permis, mais après le tannage avec une matière sèche et de l'eau. Le Moudaouéneh considère comme blâmable le contact de l'ivoire, mais il n'a pas décidé de l'état pur ou impur, ou blâmable, de la peau d'âne tannée [on en fait, surtout en Perse, des fourreaux de sabre].

Au nombre des substances impures [lorsqu'elles viennent d'êtres dont la chair est défendue], sont encore : — le sperme; — la liqueur limpide qui suinte des organes génitaux du mâle et de la femelle dans l'excitation des désirs vénériens; — la liqueur aussi qui s'échappe de ces organes après l'évacuation de l'urine; — le pus, les matières puriformes et sanieuses; — l'humidité vaginale; — le sang qui coule, fût-ce même de poissons, de mouches; — la mélanie ou sang noir; — la cendre et même la fumée qui proviennent de matières impures; — l'urine et les stercora sortis de l'homme [non des prophètes], de tout animal dont la chair est d'un usage ou défendu, ou blâmable.

Une nourriture ou un mets liquide, en grande abondance, est rendu impur par une petite quantité d'un corps même solide, impur ou souillé qui y tombe, si ce corps y reste un certain temps, ou peut s'y disséminer ou s'y dissoudre; sinon, la quantité de la masse rendue impure est en proportion de ce qu'a touché le corps étranger et du temps qu'il est resté dans cette masse.

Ne sont jamais purs : — les corps gras auxquels a été mêlée une substance impure; — la viande cuite [ou bien laissée en contact] avec une substance souillée ou impure; — les olives confites ou salées avec ou dans une substance non pure; — les œufs cuits avec ou dans une substance impure, une eau impure; — les vases de terre non vernis dans lesquels on a mis un liquide impur [du vin, une eau souillée, une graisse immonde, etc.], qui en a facilement pénétré les pores.

On peut tirer avantage et se servir des choses souillées [par le contact de substances impures], mais jamais des choses impures par elles-mêmes, pour les lieux autres que les mosquées, et pour les besoins de l'homme autres que son alimentation.

Il est défendu de prier couvert du vêtement d'un infidèle [ou d'un individu qui boit du vin]. Il n'en est pas de même d'un tissu fabriqué ou travaillé par un infidèle [ou un idolâtre]. On n'accomplira pas non plus la prière : — couvert d'un vêtement ou de toute étoffe quelconque, sur lesquels aura dormi un autre musulman, qui même est exact à faire ses prières; — ou couvert d'un vêtement venant d'un individu qui ne fait point [ou ne fait qu'inexactement] ses prières; mais on peut prier en ayant sur la tête les pièces de coiffure dont il se coiffe [car ces pièces de coiffure sont éloignées des parties du corps par lesquelles s'échappent des causes d'impureté]; — ou couvert des vêtements qui avoisinent les parties inférieures du tronc d'un homme autre qu'un homme instruit et religieux [et

capable alors de savoir et d'indiquer si tous ses habits
sont en état de pureté comme il le faut pour la prière].

Aux hommes [depuis l'âge de puberté] est défendu l'usage des parures d'or ou d'argent; il leur est
même défendu d'avoir de l'or ou de l'argent mêlé au
tissu de la ceinture, ou appliqué comme ornement aux
armes et harnachements de guerre [et l'on entend ici,
par ces deux derniers mots, les lances, les poignards,
les boucliers, les selles, les étriers, les éperons, la
bride et la têtière des chevaux]. Toutefois, il est permis de parer d'or et d'argent l'enveloppe ou la reliure
d'un K'oran [non l'écriture de ce saint livre; il est blâmable de mêler cette écriture de lettres ou enjolive-
ments d'or ou d'argent, et même d'y mêler des lettres
rouges]. Il est permis également de parer d'or et d'argent la garde et le fourreau d'un sabre [car le sabre
est la première et la plus noble des armes]. Il est
encore permis de se faire en or ou en argent [comme
étant un moyen de médication], un nez, des attaches
ou liens pour les dents. Enfin, sont aussi permis les
seings et les anneaux en argent [employés pour signer],
à moins que l'argent ne contienne de l'or, ne fût-ce
qu'en petite quantité.

Il est défendu à la femme aussi bien qu'à l'homme,
— de faire usage d'ustensiles d'or ou d'argent, et aussi
d'acheter et d'employer de ces ustensiles, lors même
qu'ils seraient déguisés à l'extérieur [par un plaqué en
plomb ou autre métal]; — d'acheter et d'employer des
vases et ustensiles [de la vaisselle] plaqués en or ou

en argent, et aussi des vases [ou de la vaisselle] dont les fêlures ou les fragments sont maintenus par des fils ou des rubans d'or ou d'argent. Mais relativement aux objets en forme d'anneaux [en argent ou en or, comme des anneaux de tiroirs de meubles, ou des anneaux attachés à une porte, etc.], et relativement aussi aux vases en matières minérales précieuses [telles que l'émeraude, le cristal], il y a deux dires ou opinions (*k'aûlán*) [des juristes en permettent l'usage, d'autres le proscrivent].

Est permis aux femmes, sans restriction, sur leurs personnes, l'usage des parures et des ornements d'or ou d'argent, même dans l'embellissement de leurs chaussures. Mais l'or ou l'argent [comme objet de parure ou d'ornement] ne sont pas permis, même aux femmes, pour leurs lits [leurs miroirs, leurs peignes, leurs éventails, leurs boîtes à keuh'l [14], et autres instruments de toilette].

SECTION III.

OBLIGATION D'ÊTRE PURIFIÉ POUR PRIER. — SOUILLURES ACCIDENTELLES. — TOLÉRANCES. — CIRCONSTANCES PARTICULIÈRES DE PURIFICATION DES OBJETS.

L'obligation de faire disparaître toute souillure, — des vêtements [et armes] que porte le fidèle qui va prier, même de l'extrémité de son turban, et aussi toute souillure et impureté que ce fidèle peut avoir sur le corps, — et de la place même où il va se mettre pour prier, mais non du reste de la natte [ou du tapis en dehors de la place où il va exécuter sa prière], est-elle une obligation imitative ou consacrée par la *soannah* [15], ou bien une obligation canonique, toujours à la condition que le fidèle pense à se purifier et puisse se purifier? [L'obligation est précise et positive. Il n'y a de divergence que sur ceci : est-elle obligation canonique ou imitative? C'est là seulement ce qui divise les juristes.]

Si le fidèle n'a pas pensé à se purifier, ou bien s'il n'a pas pu se purifier avant de prier, il doit recommencer, par exemple, les deux prières méridiennes [celle de midi et celle de l'*a's'r* ou de l'après-midi], au plus tard pendant le temps du *crépuscule* qui précède le coucher du soleil. [Les deux prières du soir, c'est-à-dire, celle du mar'reb ou coucher du soleil, et celle de l'éché ou environ une heure et demie après la disparition du soleil, seraient recommencées dans l'espace de temps qui reste de la nuit jusqu'au lever de l'aurore; celle du matin serait recommencée avant le lever du soleil.]

Une souillure qui atteint le fidèle priant invalide et annule la prière. Si, pendant qu'il prie, il se rappelle avoir quelque souillure, sa prière est également invalidée. Il n'en est pas de même si, avant de prier, le fidèle a pensé qu'il n'était pas en état de pureté légale et qu'ensuite il l'ait totalement oublié, ou bien, si la substance souillante se trouvait sous sa chaussure, et s'il s'est déchaussé pour faire la prière.

Mais [toujours relativement à l'accomplissement de

la prière], il y a toute tolérance accordée pour les souillures qu'il est difficile ou impossible d'éviter, telles que :
— la souillure par matières qui, à intervalles rapprochés ou presque continuellement, s'échappent des parties génitales ou de l'anus [comme dans l'incontinence d'urine, etc.]; — le suintement hémorrhoïdal qui souille la main obligée de faire rentrer fréquemment [même pendant la prière] les saillies des hémorrhoïdes, ou qui souille le vêtement [ou la peau des environs du lieu de suintement].

Il y a tolérance pour les souillures qui atteignent les habits de la femme qui allaite un enfant, lorsqu'elle s'efforce de se préserver du contact des excrétions de son nourrisson. Toutefois il convient que la femme qui nourrit mette un autre habit pour prier.

Il y a toute tolérance encore : — pour une souillure de sang quel qu'il soit [fût-ce même de porc]; — pour une souillure de pus, de matière puriforme ou sanieuse, venus du dehors sur les vêtements ou sur le corps du fidèle, pourvu que la quantité de ces matières soit de moins d'une drachme; — pour une souillure par l'urine [ou le crottin] d'un cheval [d'un âne, d'un mulet], sur le champ de bataille, ou dans les camps [ou en voyage, ou même en quelque lieu que ce puisse être, lorsque l'individu qui reçoit la souillure est obligé, par condition et par devoir, de soigner les animaux ou de les harnacher]; — pour les traces que laissent [sur le corps ou sur les vêtements du fidèle] les [pattes ou le suçoir des] mouches qui se sont reposées sur des excréments;

— pour les parcelles de sang qui restent coagulées sur la place où l'on a pratiqué des scarifications pour des ventouses [ou pratiqué une saignée], quand cette place a été préalablement bien essuyée ; mais dès que les scarifications [et la piqûre de la saignée] sont guéries et cicatrisées, il faut en laver parfaitement la place [et en enlever tout le sang qui y est resté], sinon, le fidèle [qui priera sans les avoir bien lavées] devra recommencer sa prière pendant l'intervalle de temps indiqué par la loi. [Au commencement du chapitre *De la Prière,* sont indiquées les heures et les durées de temps, pendant lesquelles on peut faire ou renouveler la prière.]

Les commentateurs du Moudaouéneh excusent le fidèle qui a oublié de laver la place des ventouses [il n'est tenu de recommencer sa prière que s'il a prié d'abord, sachant qu'il devait se laver]. D'autres ont interprété qu'il fallait, dans tous les cas possibles, recommencer la prière.

Il y a tolérance pour les souillures de boue occasionnées par la pluie, quand même des matières impures ou des excréments sont mêlés à la boue qui atteint le fidèle, à moins, toutefois, que les matières impures ou les excréments n'y soient en assez grande quantité [visible ou non visible ; alors il faut faire disparaître les souillures par le lavage, avant de prier]. Il y a tolérance lorsqu'il n'y a que l'apparence de matières impures ou d'excréments [fussent-ils ou non en même quantité que la boue], mais non lorsque les matières impures atteignent directement l'individu [et sans être confondues avec la boue].

Il y a tolérance pour les souillures de la partie [non humide] flottante et traînante des vêtements longs qui sert à couvrir la femme [non à la parer], ainsi que pour les souillures du pied mouillé, lorsque le pied et la partie traînante du vêtement passent sur une matière impure sèche, et qu'ensuite on les purifie suffisamment [et au degré que comporte la tolérance de la Loi], en les passant sur de l'eau ou dans de l'eau [au moment de prier].

Lorsque des souillures d'excréments et d'urine d'animaux domestiques [ânes, chevaux, mulets, etc.] atteignent les souliers, les sandales et toute espèce de chaussures, la loi accorde toute tolérance [pour faire la prière, pour marcher dans les mosquées, mais non sur les nattes], à condition que l'on essuie et frotte la chaussure [par terre, ou sur du sable, ou avec un tesson ou une pierre]; mais cette tolérance n'est que pour les deux sortes de souillures indiquées [si les souillures étaient produites par du sang, ou par de l'urine d'homme, ou par un excrément de chien, etc. il faudrait laver les chaussures]. Celui qui, n'ayant pas assez d'eau, ne peut faire que la madéfaction, doit retirer sa chaussure de ses pieds et pratiquer la purification pulvérale. (Voy. ci-après, sect. VIII et IX.)

Quant aux pauvres [qui marchent pieds nus], El-Lakhmi est d'opinion (*ikhtâr*) qu'il y a aussi pour eux tolérance, relativement aux deux sortes de souillures indiquées, lorsqu'elles leur souillent les pieds [mais toujours à condition de les frotter par terre, ou sur du sable, ou de la poussière]. Pour tout autre que le malheureux, les juristes modernes ont énoncé deux avis ou dires (k'aûlán). [Les uns veulent qu'il y ait aussi tolérance pour ceux qui peuvent avoir des chaussures; les autres sont d'opinion contraire et les obligent à se laver.]

Il y a tolérance relativement à toute substance qui vient à tomber sur un fidèle passant dans la rue, par exemple; et s'il s'informe de la pureté ou de l'impureté de cette substance, il n'en croira que la déclaration d'un musulman éclairé [et au moins pubère]. On peut également ne pas laver une arme polie [sabre, poignard, coutelas, le verre même] qui a reçu des taches de sang non impur [tel que le sang d'un animal égorgé pour être mangé, d'animaux tués à la chasse comme gibier, le sang d'un coupable mis à mort, etc.]. La tolérance a pour but ici de permettre d'éviter toute dégradation d'une arme par le lavage [il suffit de l'essuyer].

Il y a encore tolérance pour des boutons éruptifs [tels que légers furoncles, gale, etc.], dont on ne fait point échapper la matière purulente ou séreuse [au moment de se mettre à prier].

Il est de devoir, d'ailleurs, de laver toutes les souillures tolérées dont nous venons de parler, lorsqu'elles sont en quantité suffisante pour paraître inconvenantes ou repoussantes; telles sont aussi les ordures des puces, à moins, toutefois, que l'on n'aperçoive ces diverses souillures que pendant la prière; à ce moment, il n'est pas permis de les laver [car elles sont tolérées].

On purifie un endroit du corps ou d'un vêtement, etc.
des diverses souillures, sans qu'il soit nécessaire de
sentir l'intention de se purifier légalement. On purifie,
en le lavant, l'endroit souillé, lorsqu'il est déterminé
et connu [ou seulement présumé]; sinon [c'est-à-dire
s'il y a doute absolu], on lave en entier les parties analogues du vêtement sur lesquelles porte le doute; ainsi
on lavera les deux manches d'un vêtement [en dehors et
en dedans, si l'on sait seulement que la souillure a atteint l'une ou l'autre]. Il n'en est pas de même de deux
vêtements qui couvrent l'individu : si le fidèle soupçonne qu'une souillure ait atteint l'un des deux, il s'ef-
forcera de reconnaître quel est celui qui a été souillé,
et il purifiera l'endroit pollué, en lavant cet endroit avec
de l'eau sans impureté, et jusqu'à ce que l'eau en sorte
avec toutes les qualités de pureté requises.

Il n'est pas nécessaire alors de presser avec la main
l'endroit lavé; il est pur lorsque le goût de la souillure
a disparu. Relativement à la couleur et à l'odeur de la
souillure, la loi n'en exige pas la destruction, s'il y a
difficulté à les faire disparaître.

L'eau qui a servi à laver une souillure et qui est
changée dans une de ses qualités naturelles, est devenue impure. Lors même que l'on n'a pas employé l'eau
pure ordinaire [mais que l'on s'est servi, par exemple,
de vinaigre], pour enlever la substance souillante, ce
qui vient à toucher ensuite la place où était cette substance n'en devient pas pour cela impur [la place fût-
elle encore mouillée].

Si l'on a lieu de soupçonner qu'une souillure a atteint un vêtement [une chaussure], il est de règle canonique de le nettoyer. Négliger cette circonstance de devoir implique toujours l'obligation de recommencer la prière tout comme dans le cas où l'on néglige de laver une souillure reconnue. Le nettoyage dont il est question se fait en prenant de l'eau avec la main et en arrosant, en forme de pluie, mais sans qu'il soit besoin d'intention sentie de se purifier. La règle canonique n'a plus force, si l'on doute de l'impureté de la substance qui a atteint, ou si l'on doute des deux circonstances, de l'impureté de la substance qui a atteint et de celle de la chose atteinte. Mais dans le cas où l'on soupçonne qu'une souillure a souillé le corps même du fidèle, est-il de règle de se comporter [c'est-à-dire de nettoyer en jetant de l'eau avec la main sur la peau] de même que dans le cas précédent où un vêtement a été atteint de souillure? ou bien doit-on laver, par un lavage réel, l'endroit du corps que l'on soupçonne souillé? Il y a, à cet égard, divergence d'opinions (*khiláf*). [Mais l'opinion le plus généralement acceptée est celle qui admet l'obligation du lavage.]

Lorsque plusieurs purifications [ablutions ou autres] ont été faites les unes avec de l'eau pure, les autres avec de l'eau souillée ou avec un liquide impur, on recommence les prières qui ont suivi les purifications faites avec l'eau souillée ou le liquide impur, mais en pratiquant, pour chaque prière à recommencer, une nouvelle ablution, puis une ablution et une prière en sus. [Ainsi, lorsqu'il y a eu quatre purifications avec l'eau pure et deux avec l'eau non pure, on doit répéter trois fois une ablution et une prière, une ablution avant chacune de ces trois prières. Il est bien entendu qu'il faut alors que le temps légal soit suffisant pour refaire ces prières.] (Voy. chap. *De la Prière*, section I.)

Il est de devoir religieux de jeter l'eau d'un vase où un chien aura lappé, de laver sept fois ce vase et d'en rejeter l'eau sept fois aussi, et cela comme acte de religion et de piété. Mais on ne fera pas ces lavages, — pour un vase où il y a de la nourriture dont un chien a pris quelque chose [car la loi ne veut causer aucune perte ou dommage au fidèle]; — ni pour un bassin lorsqu'un chien y a lappé. On ne lave pas le vase, lorsqu'un autre animal [un petit chien même, une hyène, même un porc] a bu de l'eau que contenait ce vase. [Si le vase dans lequel le chien a promené sa langue était vide, il n'est pas nécessaire de laver ce vase.] Dans le cas où le lavage est ordonné, on le fait au moment de se servir du vase, sans qu'il soit besoin de sentir d'intention pieuse de purification, et sans employer de terre pour nettoyer. Il n'est pas nécessaire de considérer le nombre de fois que le chien a lappé dans le vase, ou le nombre de chiens qui y ont lappé [ni de considérer si le chien a mis la patte dans le vase, ou s'il y a laissé tomber de la bave, etc.].

SECTION IV.

DES ABLUTIONS. — DÉTAILS DES PRATIQUES D'EXÉCUTION, LES UNES D'OBLIGATION DIVINE, LES AUTRES D'OBLIGATION IMITATIVE.

Les détails rigoureusement obligatoires et de précepte divin pour procéder à l'ablution sont les suivants :

1° Se laver, — la face depuis une oreille à l'autre, jusqu'à l'origine naturelle et ordinaire des cheveux ; — le menton [pour les individus imberbes ou rasés] ; — la surface de la barbe ; — ensuite la cloison du nez ; — les plis ou rides du front ; — l'extérieur des lèvres. En se lavant la barbe, on doit [par le moyen des doigts écartés en peigne] faire pénétrer l'eau à travers les poils jusqu'à l'épiderme. Mais il n'est point obligatoire de faire arriver l'eau au fond d'un creux résultant de la guérison d'une plaie profonde, ou aux cavités naturelles de la face [telles que les fosses nasales, les conduits auriculaires, l'intérieur des paupières ; car l'ablution n'a pour but que de purifier les parties extérieures du visage, de la tête, des mains, etc.] ;

2° Se laver, — les deux mains jusqu'aux coudes, — ou bien le moignon du poignet ou du bras, si le membre a été amputé ; — ou bien la main qui [dans le cas de défectuosité congéniale] tient à l'épaule ou à peu près. Il faut, en se lavant les mains, garder les doigts assez éloignés les uns des autres [les plier, les ouvrir, les étendre, les frotter à l'aide les uns des autres], sans toutefois qu'il soit nécessaire de faire tourner l'anneau [16] que l'on aurait à un doigt. Mais on doit enlever ou ôter des doigts ou des bras tout autre objet [tels que parures [16], bijoux en or ou pierreries].

3° Pratiquer le *mesh'* ou la madéfaction, c'est-à-dire passer les mains mouillées d'eau, — [sur les cheveux ou la peau], depuis le haut du crâne; — sur les deux tempes et sur les cheveux qui y tombent, mais sans qu'il soit besoin pour l'homme ni pour la femme, de défaire les nattes de cheveux; seulement l'homme et la femme doivent introduire la main mouillée sous ces nattes et pratiquer ainsi le mesh direct sur les parties de la peau qu'elles recouvrent. Laver [par le lavage ordinaire] l'extérieur du crâne à partir d'en haut [même par dessus les cheveux], tient lieu de la simple madéfaction.

4° Se laver les deux pieds jusque sur les deux saillies de chaque cheville des pieds, et les deux articulations inférieures des jambes. Il est nécessaire, dans le lavage des pieds, d'écarter et d'étendre autant que possible les orteils à l'aide des doigts de la main, que l'on interpose entre ceux des pieds.

Se couper les ongles ou se raser la tête après l'ablution ou la madéfaction n'implique nullement l'obligation de répéter ou l'ablution, ou la madéfaction de la tête. Mais si l'on se taille la barbe, les moustaches, il y a pour ce cas deux dires. [L'un veut que l'on recommence l'ablution de la face ; l'autre en dispense.]

5° Passer les mains, en frottant, sur les parties qui reçoivent l'eau de l'ablution.

6° [Il est d'obligation de suivre, sans interruption ni intervalles, toutes les opérations lustrales qui composent l'ablution.] Mais est-il d'obligation canonique, ou seulement d'obligation imitative, d'exécuter sans interruption ces opérations lustrales, dans les cas suivants, savoir : — lorsque le fidèle pense réellement qu'il fait ses ablutions et lorsque, ayant tout ce qu'il lui faut pour cela, il peut les accomplir ; — lorsque le fidèle revient, avec intention de s'abluer convenablement, à laver quelque endroit que ce soit qu'il a oublié de laver [lorsque, par exemple, il revient à laver un endroit des bras qu'avant la fin de la lustration il se rappelle n'avoir pas lavé]; — enfin lorsque le fidèle, par circonstance imprévue, n'a plus ce qu'il lui faut pour laver un endroit oublié ou pour terminer sa lustration, et qu'il ne s'est pas passé assez de temps pour que les portions déjà lavées se soient séchées, la chaleur de la saison et du tempérament de l'individu étant d'ailleurs à un degré ordinaire et moyen ? Dans ces trois circonstances, il y a diversité d'opinions. [Certains juristes prétendent que la succession non interrompue est d'obligation canonique ; d'autres qu'elle est simplement d'obligation imitative et, par conséquent, moins rigoureuse. Quant à la durée de temps indiquée dans le dernier cas, elle montre que le délai accordé pour qu'il n'y ait pas interruption dans une ablution à laquelle il manque encore une pratique, par exemple, ou une affusion d'eau, ne doit être qu'une pause assez courte pour ne pas permettre au dernier organe lavé de se sécher, en supposant la température de l'atmosphère et la chaleur naturelle de l'individu à un degré moyen. Les nègres, disent les Arabes, ont une chaleur naturelle plus grande que celle des autres hommes, et l'eau sur leur peau se sèche plus vite, toutes choses égales d'ailleurs.]

7° La septième obligation [de précepte divin] est l'intention [17] ; et cette intention, qui doit pénétrer la pensée du fidèle au moment où il se lave la face [c'est-à-dire au moment où il commence l'ablution], sera de faire disparaître de sa personne toute souillure, ou d'obéir au précepte divin qui lui prescrit de se purifier ou de se rendre permis tout ce qu'il lui est défendu de faire étant en état d'impureté [comme de prier, de toucher le K'oran, de s'acquitter des tournées pieuses autour de la Ka'bah dans le pèlerinage, etc.]. Il peut aussi, en même temps, avoir l'intention de se rafraîchir par l'ablution.

L'ablution est également valide,—même si l'intention du fidèle fait abstraction de plusieurs des actes pour l'accomplissement desquels il doit être en état de pureté [et qu'il n'ait en vue, par exemple, de se purifier que pour la prière seulement];—ou bien encore s'il ne précise pas l'intention de se purifier d'une souillure dont il ne se rappelle plus être atteint. Mais l'ablution n'est pas valable si, d'intention, il exclut de son désir de se purifier, une impureté qu'il se rappelle [par exemple, s'il a touché une femme et qu'il dise en lui-même : « Il n'est pas besoin de me purifier pour ce contact »]. L'ablution n'est pas non plus valide si le fidèle n'a que l'intention vague et générale, — de se purifier, — ou bien seulement de se rendre permis ce que les simples convenances religieuses et la piété lui recommandent de faire, mais à condition d'être en état de pureté [tel que de lire le K'oran, de le toucher, de se livrer au sommeil, etc.]; — ou encore s'il se borne à dire : « Si j'ai quelque souillure, c'est pour m'en purifier que je fais cette ablution; » — ou encore s'il renouvelle son ablution dans la seule intention de la recommencer; le fidèle alors n'en reste pas moins tel qu'il était avant de recommencer [car il a eu l'intention seulement d'avoir le mérite d'une seconde ablution, et n'a pas eu l'intention réelle de se purifier, selon l'expression de la loi]; — ou bien s'il omet dans la première affusion de l'ablution [laquelle première affusion seule est d'obligation canonique, tandis que les autres ne sont que d'obligation imitative], s'il omet, dis-je, d'abluer d'abord quelque endroit des portions du corps qui doivent être soumises à l'ablution [c'est-à-dire la face, le crâne, les mains, etc.], et qu'ensuite [à la seconde ou troisième ablution] il lave cet endroit avec une intention seulement de satisfaire à l'obligation imitative [d'avoir par conséquent le mérite seul de remplir un devoir imposé par la sounnah, non un devoir d'obligation divine]; — ou bien s'il divise son intention en d'autres intentions spéciales pour chaque partie, à mesure qu'il en fait l'ablution particulière [en disant, par exemple, lorsqu'il se lave la face : « J'ai intention de me purifier la figure, » sans généraliser l'intention de se purifier tout entier, selon la loi de l'ablution]. Selon Ibn-Rouchd, dans ce dernier cas de division de l'intention pour chaque partie, l'ablution est valable.

La cessation de l'intention et son oubli même complet [sous le rapport de piété et de dévotion, lorsque, par exemple, l'individu qui a eu l'intention de se rafraîchir par l'ablution, conserve cette pensée intentionnelle, même encore] après l'ablution de la face, sont choses que pardonne la loi.

Relativement à la validité de l'intention sentie par le fidèle, quelque peu avant le moment de s'abluer, il y a diversité d'avis [selon les uns, elle est valable, et, selon les autres, elle ne l'est pas. Mais si l'intention précède de trop longtemps l'ablution, cette intention est nulle, sans validité].

Les circonstances d'obligation imitative ou indiquée par la sounnah [pour une ablution entière et parfaite] sont :—de se laver d'abord les deux mains, jusqu'à trois reprises successives, par esprit de piété et de religion, en se servant d'eau pure ordinaire, et avec l'intention voulue, lors même que les mains sont propres ; — de laver chaque main séparément, lorsqu'une souillure a atteint l'une d'elles pendant l'ablution ; — de se rincer la bouche et de gargariser ; — d'aspirer de l'eau dans le nez et de l'aspirer le plus loin possible ; — de se rincer la bouche le plus loin possible, si l'on ne jeûne pas ; le mieux est de se rincer la bouche trois fois, coup sur coup [par trois fois une pleine main d'eau introduite

dans la bouche], et d'aspirer aussi trois fois dans le nez
[de l'eau mise dans le creux de la main]. Toutefois il
est permis de faire ces deux opérations lustrales, ou
seulement l'une d'elles, avec une seule pleine main
d'eau [c'est-à-dire de se rincer la bouche et d'aspirer
de l'eau dans le nez, une seule fois pour chacune des
deux opérations, ou trois fois pour l'une d'elles et une
seule fois pour l'autre]; — d'expulser du nez, avec effort d'expiration, ce qui reste d'eau aspirée [en saisis-
sant l'extrémité du nez avec le pouce et l'index de la main
droite]; — de passer la main mouillée sur chaque face
de chaque oreille, et de prendre une nouvelle eau ou
changer d'eau pour chaque oreille [18]; — de répéter la
madéfaction de la tête ou d'y passer plusieurs fois la
main mouillée [surtout si les cheveux ne sont pas rasés];
— d'observer l'ordre de succession des pratiques obligées
et de précepte divin pour une ablution parfaite [ainsi, de
se laver d'abord la face, puis les mains, ensuite de faire
la madéfaction du crâne, puis de passer à l'ablution des
pieds]; et, dans le cas d'interversion, l'on ne reprend
que du lavage de la partie qui a été abluée hors de son
tour d'ordre, s'il y a déjà assez de temps passé pour que
les organes lavés soient secs; si le temps n'a pas été
assez long [et que l'on soit encore en présence de l'eau],
on lave cette partie avec celle qui doit régulièrement
la suivre [dans la succession voulue des opérations lustrales. Si l'interversion a lieu, par oubli ou par inadvertance, tel est le procédé de rectification; mais si
l'ordre a été interverti de propos délibéré ou par igno-

rance, il faut renouveler toute l'ablution]; — de réparer, dès que l'on s'en aperçoit, l'omission d'une des
pratiques qui sont de précepte divin dans l'ablution, et
de recommencer la prière [qui a été faite à la suite
de l'ablution imparfaite et nulle]; — de réparer aussi
l'omission d'une des pratiques qui sont d'obligation imitative [telles que l'aspiration de l'eau dans le nez, le
rincement de la bouche, etc.], et cela, ne fût-ce qu'au
moment où l'on se dispose à prendre la direction
légale pour prier, c'est-à-dire prendre la k'ibla [19].

SECTION V.

CIRCONSTANCES MÉRITOIRES DANS LES ABLUTIONS.

Il est bon et méritoire [20], — de procéder à l'ablution
dans un lieu pur [et convenable pour les purifications];
— d'employer le moins d'eau possible, non pas cependant qu'il y ait à cet égard, de même que pour la lotion
générale, une limite de quantité fixée; — [de se placer
sur quelque chose d'élevé au-dessus du sol, afin de ne
pas recevoir les éclaboussures de l'eau qui tombe à terre
pendant l'ablution; pour la lotion générale, il répugne
de se laver dans une rivière, par exemple; — de faire
les ablutions la face tournée à la k'ibla; — de verser
l'eau peu à peu sur les parties à abluer; — de ne point
parler pendant l'ablution]; — de commencer l'ablution
par le côté droit [pour les mains, par la main droite;
pour les pieds, par le pied droit; excepté à la face et à
la tête]; — de placer à la droite du fidèle le vase où

est l'eau de l'ablution, si ce vase est ouvert et large [afin que l'on puisse y plonger la main droite d'abord; si le vase est étroit comme un *ibric'*, c'est-à-dire en forme de grande burette à tube extérieur attaché au flanc, on le place à gauche, afin que l on puisse verser de l'eau d'abord sur la main droite, au moyen de la main gauche]; — de commencer l'ablution de la tête par le devant ou la face — [de commencer, pour l'ablution des mains et des pieds, par l'extrémité antérieure ou les doigts]; — de renouveler une seconde fois l'ablution, et encore une troisième fois [ces pratiques surérogatoires étaient observées par le Prophète, et c'est en qualité d'œuvres imitatives qu'elles sont méritoires].

Mais est-il méritoire aussi de se laver les pieds une seconde fois et même une troisième fois? ou bien est-il exigé simplement de les avoir très-propres et bien nettoyés [par la raison qu'ils sont le plus exposés à la malpropreté? Il est admis, comme convenance religieuse, que l'on fera bien de les laver deux et même trois fois]. Un quatrième lavage [ou plus encore] est-il blâmable comme faisant partie de l'ablution, ou bien est-il défendu? Il y a, à cet égard, dissemblance d'opinions. [Mais ce lavage est permis, s'il n'a d'autre but que de se nettoyer ou de se rafraîchir, ou de se réchauffer les pieds.]

Il est méritoire : — de bien se conformer à l'ordre de succession des pratiques imitatives entre elles et avec les pratiques de précepte divin [de se laver, par exemple, les mains et les bras jusqu'aux coudes, avant de se rincer la bouche; de se rincer la bouche avant d'aspirer de l'eau dans le nez, etc.]; — de se nettoyer les dents et la bouche avec le *miçouâk* ou cure-dent [avant de se rincer la bouche et de gargariser]; — à défaut de mi-çouâk [21], de quelque nature que ce soit, de se servir d'un doigt [en même temps que l'on agite l'eau dans la bouche pour la rincer ou pour gargariser]; on se nettoie ainsi la bouche et les dents, par exemple, avant une prière pour l'accomplissement de laquelle il y a encore quelque peu de temps à attendre; — d'invoquer le nom de Dieu [au commencement de l'ablution. On ne dit que ces mots : « Au nom de Dieu! » *Bism Illâh*].

Cette invocation initiale est méritoire encore, — quand on va se laver, faire une purification pulvérale, manger, boire, livrer l'impôt religieux, monter une monture, s'embarquer; — quand on entre dans une demeure, dans une mosquée, et quand on en sort; — en commençant à s'habiller [à se déshabiller]; — en fermant une porte [et en l'ouvrant]; — en éteignant une lumière, un flambeau [et en l'allumant]; — en entrant en cohabitation légitime avec une femme; — de même pour le prédicateur qui monte en chaire; — en fermant les yeux à un mort, et en le déposant dans le tombeau; — [en commençant une lecture; — en se mettant au lit; — en un mot, en commençant toute action, quelle qu'elle soit, mais non coupable].

Il n'est pas d'obligation: — de prolonger le lavage de chaque organe soumis à l'ablution; — de passer, avec la main, de l'eau sur le cou; — de ne pas essuyer avec un linge, pour les sécher, les organes que l'on vient d'abluer.

Si le fidèle n'est pas sûr que le troisième lavage qu'il va faire soit le troisième ou le quatrième, il y a, relativement au blâme que l'on a à craindre pour un quatrième lavage, deux dires opposés. El-Mâzerî est d'opinion que le doute dans lequel est le fidèle est semblable au doute qui parfois laisse incertain le jeûne du jour des cérémonies du mont A'rafah dans le pèlerinage, lorsque l'on ne sait si l'on est réellement au jour d'A'rafah ou au jour de la fête même [22].

SECTION VI.

DES BESOINS NATURELS. — PRÉCAUTIONS ET PRATIQUES NÉCESSAIRES.

Il est de convenance, et selon l'esprit de la religion, que le musulman, pour satisfaire à ses besoins naturels, se tienne accroupi [ne fût-ce que pour uriner; le Prophète n'urina debout qu'une seule fois dans sa vie]. Mais il est défendu de s'accroupir lorsque l'on est dans un endroit où il y a des substances molles impures, [telles que de la boue, de l'eau, mêlées d'urine, etc.]. On doit s'appuyer et se porter principalement sur le pied gauche, et se laver ensuite les pudenda, la verge et l'anus, avec la main gauche. On doit prendre de l'eau dans cette main, avant qu'elle n'aille toucher la matière fécale ou urinale; puis on doit essuyer et nettoyer cette main avec quelque substance sèche, par exemple, avec de la terre ou du sable.

Il est de devoir aussi : — de cacher les parties d'où s'échappent les matières excrémentitielles ; — d'avoir toutes préparées les choses nécessaires [de l'eau et des pierres ou cailloux], pour enlever les restes des matières ; [on préfère pour cette opération les pierres qui ont des parties saillantes, des angles, mais, en général, on ne se sert de pierres qu'à défaut d'eau] ; — de s'essuyer et nettoyer un nombre de fois impair [trois, ou cinq, ou sept fois, surtout quand on s'essuie avec des pierres] ; — de commencer par s'essuyer et se nettoyer les parties antérieures ; — de se tenir [pendant l'évacuation], les cuisses et les jambes assez éloignées [afin de se mieux garantir des éclaboussures et de tout contact ultérieur des matières] ; — de relâcher le plus possible le sphincter de l'anus [afin de pouvoir nettoyer plus parfaitement toute la partie] ; — de se cacher et envelopper la tête [fût-ce même avec une manche du vêtement [23], pendant tout le temps de l'évacuation et du nettoyage] ; — de ne point détourner la tête ou regarder le ciel ; — de prononcer, avant et après les besoins satisfaits, les paroles pieuses connues par la tradition [et qu'en pareil cas le Prophète prononçait toujours] ; quand on ne les prononce pas auparavant, on doit les prononcer au moment où l'on se met en fonction, si le lieu où l'on s'est placé n'est pas un lieu destiné et construit *ad hoc* [24] [si l'on est, par exemple, en pleine campagne] ; — de garder le silence, à moins que quelque circonstance grave n'oblige à le rompre [telle que le besoin d'eau, si la quantité que l'on en a prise n'est pas suffi-

sante]; — de se dérober, [en se mettant, par exemple,
dans un lieu bas, un fossé, etc.] aux regards de tous,
lorsque l'on est en plein air, en pleine campagne; — de
se placer à l'écart et à distance; — de se mettre en garde
contre le voisinage d'un trou, d'une caverne [d'où pourrait sortir quelque insecte venimeux, ou un reptile, ou
tout autre animal dangereux, ou un ennemi, ou un
djin]; — d'éviter de s'exposer au grand vent [de peur
qu'il ne jette çà et là l'urine sur les vêtements ou sur la
personne];— d'éviter aussi de se placer dans un endroit
par où les passants peuvent arriver, dans un chemin,
dans un lieu qui peut servir d'ombrage ou d'abri aux
autres, dans un endroit dont le sol est ferme mais impur; — de quitter et éloigner de soi, avant d'entrer aux
latrines, tout objet [soit papier ou cachet, ou anneau,
ou monnaie, etc.] où serait tracé le nom de Dieu; — de
porter en avant la main gauche en entrant aux latrines,
et la main droite en en sortant, à l'inverse de ce qui
est prescrit pour entrer dans une mosquée [car alors
on porte la main droite en avant lorsque l'on entre, et
la main gauche lorsque l'on sort]; mais, pour une demeure ordinaire, on avance la main droite dans l'un et
l'autre cas [c'est-à-dire en entrant et en sortant].

Il est permis de se placer ou la face, ou le dos
tourné du côté de la k'ibla, dans une maison [dans les
villes, bourgs ou villages], pour l'acte de la cohabitation et l'éjection de l'urine, lors même que rien n'empêche de se placer dans une autre direction. Les commentateurs du Moudaouéneh ajoutent comme expli-

cation (*ouwil*), que, pour les deux actes qui viennent d'être cités, on doit se mettre derrière un objet [derrière un mur, une planche, une tenture, etc.] qui soit entre les individus et la direction de la k'ibla, ou que l'on peut se mettre dans la direction que l'on voudra, à moins que l'on ne soit en libre espace, en pleine campagne [et, dans cette dernière supposition, il est défendu de tourner le dos ou la face à la k'ibla].

Relativement à la recommandation de se placer derrière un objet [un mur, une tenture, etc.] qui soit entre les individus et la k'ibla, il y a deux dires que comporte le texte du Moudaouéneh. [Ce texte demande si l'objet interposé n'est pas nécessaire, afin de se cacher aux regards des anges, des génies pieux, et aussi afin de témoigner quelque respect pour la Ka'bah du côté de laquelle on est tourné. Toutefois, il n'est pas défendu positivement de faire face, alors, à la k'ibla.] Mais il est mieux de s'abstenir de se placer la face ou le dos tourné du côté de la k'ibla. Dans les deux actes indiqués, il n'est point condamnable d'avoir la face ou le dos tourné du côté du lever du soleil ou de la lune, ou du côté de Jérusalem.

Il est d'obligation canonique de s'efforcer — de se débarrasser, le plus complétement possible, des restes qui demeurent attachés à l'individu, après l'évacuation des matières stercorales et urinales; — de se débarrasser la verge de tout reste de matières impures qui peuvent s'y arrêter. Pour cela, il faut [à l'aide du pouce et de l'index de la main gauche] appuyer en glissant sur la longueur de la verge, mais sans effort et sans excès ; ensuite [à plusieurs reprises, si cela est nécessaire], en faire autant sur l'extrémité de la verge.

Il est indispensable, pour enlever toutes les impuretés restantes après les défécations, de préparer et d'avoir en même temps de l'eau et des pierres [ou tout autre corps solide non défendu], mais surtout de l'eau [car elle suffit elle seule, et les pierres ne suffisent qu'à défaut d'eau]. L'eau est spécialement indiquée et indispensable, — pour se purifier des restes de sperme, de menstrues, de lochies ou suites de couches, des restes de l'urine chez la femme, des matières urinales ou fécales qui [dans quelques circonstances que ce soit, dans une indisposition, une maladie] se sont répandues en plus grande abondance que d'habitude ; — pour se purifier de la liqueur limpide qui s'échappe de la verge [dans les moments de préoccupations ou d'obsessions ou d'excitations érotiques sans éjaculation] ; dans ce cas, il est de précepte canonique de laver la verge en entier, et avec intention d'ablution ou purification. Si le fidèle n'a pas cette intention, ou s'il ne se lave pas la verge en entier, la prière ensuite est invalidée. Toutefois à cet égard il y a deux opinions ou dires (*k'aûlân*).

Il n'est pas nécessaire de se laver l'anus pour un vent.

Il est permis d'employer, pour se nettoyer, les corps solides non impurs, propres, sans danger dans leur usage et non défendus. [Il faut exclure ici de la catégorie de ces corps, la poussière, la terre, le sable. Ces

dernières substances servent à un autre genre de purification dont il sera bientôt question, c'est le *téïemmoum* ou la purification pulvérale. Ici il ne s'agit que
de l'*istidjmár* ou action de se débarrasser l'anus, à l'aide
de corps solides, des restes de matières fécales après
la défécation, et d'enlever de l'extrémité de la verge
les restes de l'urine, après avoir uriné. L'*istindja* comprend le lavage de l'anus et de la verge.]

Il n'est pas permis d'employer pour se nettoyer : —
les corps humides ou mouillés [car ils s'imprègnent
ou se couvrent trop vite des souillures fécales ou uri-
nales]; — les corps impurs; — les corps très-polis
[comme une pierre très-polie, un galet, du verre, etc.];
— les corps aigus et coupants; — les substances qu'il
est mal d'appliquer à un usage infime; tels sont les aliments [le pain, par exemple]; — des objets [tels que
le papier ou autre] portant des caractères d'écriture [25];
— des objets en or ou en argent.

On ne se nettoiera pas non plus en se frottant contre
les parois d'un mur [de peur que d'autres fidèles ne
soient atteints par les souillures qui resteraient attachées à ce mur, et que l'humidité et la pluie ramolli-
raient.] On ne se nettoiera pas non plus avec des excréments ou avec des os; mais si ces moyens peuvent
parfaitement nettoyer, il est licite d'y avoir recours. On
peut même se servir de la main. Enfin il est loisible de
s'essuyer moins de trois fois.

SECTION VII.

CIRCONSTANCES QUI ANNULENT OU N'ANNULENT PAS L'ABLUTION.

L'ablution est invalidée, annulée par l'advention d'une souillure matérielle, c'est-à-dire par tout ce qui d'ordinaire vient de l'intérieur de l'homme, dans l'état de santé, mais non par une pierre ou calcul [ou du gravier], ni par des vers, même lorsque ces corps sortent humectés [non salis cependant de matières excrémentitielles].

L'ablution est invalidée également par un suintement involontaire qui paraît par intervalles plus ou moins longs, à la verge ; tel que le suintement de la liqueur limpide qu'y font arriver les excitations ou préoccupations érotiques, et dont on pourrait se débarrasser [en se mariant, par exemple].

Il est nécessaire de faire l'ablution [pour chaque prière ou à peu près], quand le suintement, ou urinal ou autre, est presque permanent, mais à la condition que l'ablution ne soit pas ou pénible ou dangereuse. Quant à savoir si cette disposition de la loi, en indiquant les retours plus ou moins éloignés de ces suintements, veut signaler le cas spécial où ces retours ont lieu seulement pendant la prière ou en général en tout temps, les juristes ne sont pas d'accord (*téreddoud*).

Par les matières ordinaires [dont il est parlé au commencement de cette section], il faut entendre celles qui sortent du corps de l'homme par ses deux issues,

ou bien par une ouverture qui serait sous la région sto-
macale [c'est-à-dire généralement au-dessous de la hauteur du nombril], au cas où l'issue ordinaire ne serait
pas libre. Pour la circonstance contraire [c'est-à-dire
quand l'ouverture anormale est plus haut que le nombril, ou si l'issue normale est libre], il y a deux dires
ou opinions [l'une affirmant l'invalidité de l'ablution,
et l'autre, la validité].

Les causes qui annulent l'état d'ablution [et obligent
à la renouveler] sont : — la perte de connaissance [la
cessation momentanée de l'exercice des facultés intellectuelles, soit par un évanouissement, soit par l'i-
vresse, etc.], fût-ce même par l'effet d'un sommeil complet quoique de peu de durée; mais un sommeil léger,
incomplet, n'annule pas l'ablution [26], à moins qu'il
ne se prolonge, et alors on doit, par convenance, renouveler l'ablution; — un attouchement, même permis, qui d'ordinaire procure à celui qui touche, une
sensation voluptueuse, ne fût-ce que l'attouchement,
par exemple, du bout des ongles, des cheveux [d'une
femme légitime ou d'une esclave, etc.], même d'un
corps intermédiaire entre l'objet ou la partie que l'on
voudrait toucher; selon les commentateurs du Moudaouéneh, l'ablution est invalidée, que l'attouchement
ait été léger ou fortement senti; — un attouchement
tenté dans le but d'en éprouver du plaisir, ou qui en a
fait éprouver réellement [sans que l'on ait eu l'intention
d'y en trouver]. Mais ces attouchements n'invalident
pas l'ablution, s'ils ont été repoussés ou reçus sans

consentement, excepté toutefois le baiser sur la bouche, même lorsque la personne l'a reçu malgré elle ou par surprise [il annule l'ablution de celui ou celle qui embrasse et de celui ou celle qui a reçu l'embrassement. Car toujours le touchant et le touché sont dans le même cas, relativement à l'annulation de l'ablution]. Mais il n'en est plus ainsi [c'est-à-dire qu'il n'y a plus obligation de renouveler l'ablution], lorsque le baiser est un baiser d'adieu ou de bienveillance et de souhait de bonheur.

L'ablution n'est pas non plus invalidée par une impression de plaisir ou de volupté produite par un regard porté sur une femme, ni même par une érection provoquée par un regard non coupable porté sur une fille ou une femme, ou par une émotion de plaisir à l'aspect d'une personne à laquelle tel degré de parenté défend de songer à s'unir par le mariage. Cette dernière circonstance est indiquée par un juriste autre que les quatre principaux commentateurs du Moudaouéneh. (s'ouh'ih).

Mais l'ablution est invalidée par le simple attouchement immédiat de la paume ou des côtés de la main, ou bien de la face palmaire d'un doigt ou d'un des côtés ou de l'extrémité d'un doigt, même d'un doigt surnuméraire et doué de sensibilité, sur la verge attenant encore à l'individu qui se touche ou que l'on touche. L'ablution est invalidée aussi même pour l'hermaphrodite incertain qui se touche les parties honteuses antérieures [27]. [Si la verge était retranchée de l'individu,

l'attouchement ou le toucher de cette verge, y eût-il
même plaisir à la toucher, n'a plus le résultat d'annulation indiquée. La femme qui se touche les parties
génitales n'annule pas ses ablutions.]

L'ablution est encore invalidée: — par le fait de l'individu qui se déclare renégat [et qui peu après revient
à la foi]; — par le soupçon ou la présomption d'une
souillure survenue après une purification reconnue parfaite, excepté chez l'individu sujet au suintement fré-
quent de matières stercorales ou urinales; — par un
doute venu relativement à la validité de la purification
précédente, ou relativement à la disparition d'une souillure précédente.

Mais l'ablution n'est point invalidée: — par l'attouchement des fesses et de l'anus; — ni par l'attouchement
des testicules: — ni par celui de la vulve d'une jeune
enfant [car ce dernier attouchement ne provoque, ni
chez l'un ni chez l'autre sexe, de sensation ou d'excitation voluptueuse]; — ni par le vomissement [et les
renvois nauséeux]; — ni par l'usage, comme aliment,
de la chair de chameau; — ni par l'immolation des animaux dont la chair est permise; — ni par l'application de
ventouses scarifiées [ni par la pratique de la saignée ou
d'autres opérations sanglantes chirurgicales]; — ni par
un éclat de rire pendant la prière; — ni par l'attouchement de la main d'une femme sur ses parties génitales;
cependant, d'après certaines explications de juristes, l'a-
blution ne reste valide qu'à la condition que la femme
ne porte pas la main entre les lèvres de la vulve.

Il est de convenance religieuse, avant la prière, de se laver et rincer la bouche lorsque l'on a mangé de la viande ou bu du lait [afin d'enlever les restes de graisse, ou de viande, ou de lait, qui demeurent attachés à l'intérieur des joues, sur les gencives, aux dents, etc. Le Prophète se rinçait encore la bouche après avoir mangé de la bouillie]. Il est aussi de convenance, pour prier, de répéter l'ablution [qui n'a été faite que par un seul lavage], quand cette ablution a servi pour une prière [soit obligatoire, soit surérogatoire]. Si le fidèle, pendant sa prière, a douté de son entière pureté, et qu'ensuite il en ait été convaincu, il ne renouvellera pas sa prière.

Une souillure est un empêchement à l'accomplissement de la prière et des exercices pieux que font les pèlerins dans les tournées autour de la Ka'bah [ou sanctuaire de la Mekke]. Atteint d'une souillure, le fidèle ne doit point toucher le K'oran, fût-ce avec une baguette, ni le tenir suspendu à sa personne au moyen d'une attache ou d'un cordon, ou posé sur un coussin; mais il peut, quoique en état d'impureté, avoir ce saint livre avec des marchandises qu'il a à transporter; en pareil cas, le K'oran peut être transporté même par un infidèle.

L'état d'impureté n'empêche pas : — de toucher une pièce de monnaie, par exemple [sur laquelle est empreint le nom de Dieu ou quelqu'un des attributs divins; — ou bien de toucher tout autre objet portant écrit ce nom ou quelque attribut de Dieu; toucher de pareils objets est permis même aux infidèles];—ni de toucher un livre d'explications ou commentaires du K'oran;—ni de toucher une planche à écrire [28], lorsque le maître et l'élève sont dans leurs leçons. Même l'état d'impureté d'une femme en menstrues ne l'empêche pas de toucher une planche à écrire [sur laquelle sont tracées des paroles du K'oran].

L'état d'impureté n'empêche pas non plus un élève même pubère [et par conséquent plus rigoureusement obligé de suivre tous les préceptes de la loi], de toucher une des parties du saint livre [car on le divise ordinairement en trente fascicules]. Enfin, l'état d'impureté n'empêche pas qui que ce soit, même une femme en menstrues, de garder une des soixante autres divisions du K'oran, dans une enveloppe ou gaine [suspendue à la personne, et protégeant les feuilles sacrées contre tout contact immédiat impur].

SECTION VIII.

DE LA LOTION GÉNÉRALE (K'OUSL), ET DES CIRCONSTANCES QUI LA RENDENT OBLIGATOIRE.

Il est d'obligation canonique de faire une lotion, c'est-à-dire de laver l'extérieur du corps en entier [29], après une effusion voluptueuse de sperme, qui a eu lieu même pendant le sommeil, ou un certain temps après la disparition du plaisir ressenti sans cohabitation ou avec cohabitation complète [ou plus ou moins incomplète, ou par caresses], et si, à la suite de ce plaisir ressenti, l'on n'a pas fait de lotion. [Si la lotion, comme il va être dit, avait été faite après que le plaisir a été ressenti, et avant l'effusion, il n'y a pas obligation de recommencer cette lotion.]

La lotion n'est point obligatoire, mais bien l'ablution seulement, si l'effusion séminale a eu lieu sans plaisir ou avec une sensation autre que le plaisir ordinaire; de même l'ablution est la seule lustration obligatoire pour celui qui, après une cohabitation rapide, a pratiqué la lotion et ensuite a subi une effusion séminale. Dans ces deux derniers cas, il n'est pas nécessaire de recommencer la prière qui aurait précédé l'évacuation séminale tardive.

La lotion est encore obligatoire, non pour l'individu approchant de l'époque de puberté, mais pour l'individu en puberté qui aura introduit seulement le gland de la verge, et aussi pour l'individu pubère qui [dans le cas d'infirmité, ou de vice de conformation, ou de trop de flaccidité, etc.] aura introduit une partie de la verge égale à la longueur du gland, soit, pour les deux cas, dans des rapports charnels avec une femme, soit dans des contacts de bestialité, soit sur un cadavre.

La lotion est de simple convenance religieuse [non d'obligation rigoureuse et absolue] pour la personne voisine de l'âge de puberté, telle que la jeune fille, après qu'elle a été en cohabitation avec un individu pubère. Mais la lotion [ou l'ablution] n'est pas nécessaire pour la femme, lorsque, dans la cohabitation, le liquide séminal a entièrement pénétré dans l'utérus, et quoique

alors la femme ait éprouvé du plaisir. [Il faut, pour
qu'elle soit obligée à la lotion, que le liquide viril s'é-
chappe des parties sexuelles de la femme.]

La lotion est d'obligation après la cessation des menstrues, des lochies sanguinolentes qui précèdent et suivent l'accouchement, et, selon un juriste réputé, lors
même que ces lochies ne seraient pas sanguinolentes.
Mais la lotion n'est point obligatoire dans les intervalles
des menstrues qui ont lieu d'une manière entrecoupée
[qui paraissent un ou plusieurs jours, puis s'interrompent un, ou deux, ou quelques jours, une demi-jour-
née, puis se renouvellent, et ainsi de suite, pendant
une partie du mois]. En pareille circonstance, la femme
ne doit se soumettre à la lotion générale que lorsque
l'écoulement menstruel est terminé.

Il est de précepte canonique pour l'infidèle [homme
ou femme] qui se convertit et qui se trouve dans un
des cas précités qui exigent la lotion, de se soumettre
à cette lotion dès qu'il a prononcé la profession de foi
musulmane [« Il n'y a d'autre Dieu qu'un Dieu unique,
et Mahomet est son prophète »]. Le néophyte [qui se
trouve dans un des cas qui exigent la lotion] peut
aussi la faire avant de prononcer la profession de foi ;
car déjà il a accepté l'islamisme et les devoirs que la
religion impose ; mais l'islamisme ne l'accepte dans son
sein et sous sa loi qu'après le prononcé de la profession de foi islamique, à moins qu'il n'y ait impossibilité matérielle absolue de la prononcer.

Il y a encore obligation de faire la lotion générale,

pour celui qui doute si des taches qu'il aperçoit sur ses vêtements sont ou de sperme ou de liqueur sémini-forme provoquée par des sensations ou des rêves éro-tiques. De plus, le fidèle doit ensuite recommencer les prières qu'il a faites depuis la fin de son sommeil passé; il agit en tout comme s'il avait parfaitement vérifié que les taches dont nous venons de parler sont réellement telles qu'il lessoupçonne.

Du nombre des obligations principales et indispen-sables de la lotion, sont : — l'intention sentie de la faire; — la succession non interrompue de la lotion des or-ganes. La non interruption est ici un devoir comme dans l'ablution [et dans les mêmes conditions, c'est-à-dire qu'il faut y penser, pouvoir les remplir, etc.]. Si la femme a senti l'intention de se purifier, par la lotion, de ses impuretés menstruelles [ou des lochies], et des souillures spermatiques de la copulation, ou seulement de se purifier de l'une de ces deux espèces de souillures sans penser à l'autre, cette femme a atteint son but [elle est purifiée de l'une et de l'autre souillure; elle a rempli ses obligations]. De même encore, si l'on a senti l'in-tention de se purifier, par la lotion, de souillures sper-matiques, et de faire en même temps et tout ensemble la lotion prescrite pour la purification du vendredi [ou de l'une des deux grandes fêtes], ou bien de se puri-fier surtout des souillures susmentionnées, sans avoir l'intention spéciale et positive de faire la lotion du vendredi [30], on a atteint le but de la purification pour l'une et l'autre chose. Mais si, dans la lotion pour le

vendredi, on oublie de préciser l'intention de se purifier des souillures spermatiques, ou si l'on se propose
de faire la lotion purificatoire du vendredi en remplacement de la purification des souillures précitées, on
n'obtient ni l'une ni l'autre des deux purifications [ni
celle du vendredi, ni celle des souillures].

Dans la lotion, il est indispensable d'avoir soin : — de
faire pénétrer l'eau dans les cheveux et dans les poils
[des sourcils, des cils, de la barbe, des aisselles, du
pubis, de la poitrine], jusqu'à l'épiderme ; — de prendre
[par portions de plusieurs] les nattes de cheveux [libres
et pendantes], pour y conduire l'eau, mais sans les dé-
natter ; — de se frotter tout le corps, même après que
l'on a reçu le contact de l'eau, avec les mains ou avec
un linge [que les deux mains doivent tenir par chaque
extrémité, afin d'employer la partie moyenne de ce linge
à frotter], ou avec autre chose qui remplace ce linge
[mais il est préférable de frotter avec les mains] ; si,
pour quelque cause que ce soit, on ne peut se frotter
[ni avec les mains, ni avec un linge ou autre objet],
le contact ou l'affusion de l'eau suffit.

Les choses d'obligation imitative dans la lotion sont
[au nombre de quatre] : — se laver les deux mains
avant toute chose ; — se laver, avec le doigt, le conduit
auditif ou auriculaire des deux oreilles ; — se rincer
la bouche ; — aspirer de l'eau dans le nez.

Ensuite, il est de convenance religieuse de procéder
et d'agir ainsi qu'il suit : — faire disparaître les souillures des parties génitales ou autres qui sont souillées ;

— puis laver une fois [et dans l'ordre de succession voulu] toutes les parties du corps sur lesquelles la loi ordonne de pratiquer l'ablution; — laver les premières les parties antérieures ou supérieures des membres et du corps, et commencer alors par les membres et les parties du côté droit [ensuite laver le dos, le ventre et la poitrine]; — laver trois fois la tête.

Il est encore de convenance religieuse, — de n'employer, ou faire verser sur le corps, qu'une quantité minime et convenable d'eau, bien que, cependant, cette quantité ne soit pas restreinte à une limite déterminée; — de se laver, par exemple, les parties génitales, pour l'homme et pour la femme atteints de souillures spermatiques, lorsqu'ils veulent se livrer de nouveau à la copulation; — de s'abluer, l'un et l'autre, des souillures indiquées, pour se livrer au sommeil [soit pendant le jour, soit pendant la nuit; ce même fait de convenance est recommandé toutes les fois que l'on se dispose à dormir, fût-on même en état de pureté]. Mais, à défaut d'eau, la lustration pulvérale avant la copulation n'est point indiquée [car cette lustration n'a pas l'effet que l'on se propose par la lustration à l'eau, c'est-à-dire qu'elle ne produit pas l'excitation convenable pour la cohabitation]. L'ablution recommandée pour le sommeil, si le fidèle est en état d'impureté, n'est annulée que par l'acte de la copulation.

La souillure majeure ou produite par le sperme est un empêchement à tous les actes qui sont défendus lorsque l'on est atteint de souillure mineure [c'est-à-dire qu'elle ne permet pas de faire la prière, ni les tournées pieuses du pèlerinage, ni de toucher le K'oran, etc.]. Elle ne permet pas non plus : — de lire le saint livre, à moins que ce ne soit, par exemple, un verset comme invocation contre le malin esprit, ou contre quelque mal que ce soit; — d'entrer dans une mosquée [petite ou grande, publique ou particulière], ne fût-ce qu'en passant ou comme voyageur, pas plus que ne peut le faire un infidèle, même lorsqu'il aurait reçu d'un musulman la permission d'y entrer.

Le sperme [d'un homme sain] s'échappe par jets; il a l'odeur de la fleur du dattier, ou de la pâte. [Ces caractères le distinguent de la liqueur limpide séminiforme qui s'échappe lentement et peu à peu, lorsque des idées voluptueuses remuent et animent l'homme.]

La lotion générale dispense et tient lieu de l'ablution lors même que le fidèle est certain qu'il n'a pas de souillure majeure ou spermatique [ou bien, s'il s'agit d'une femme, lorsqu'elle est certaine qu'elle n'est ni en menstrues, ni en autre état d'impureté. La lotion générale suffit, car la disparition des souillures majeures entraîne celle des souillures mineures].

La lotion faite seulement sur les organes de l'ablution et avec la seule intention d'ablution [c'est-à-dire sans préciser l'intention de faire une lotion pour une purification de souillure spermatique], suffit pour le fidèle, et il peut ne pas pratiquer la lotion sur la partie souillée. Bien entendu, cette lotion [avec seule intention d'ablution] lui suffit également, quand même il aurait oublié de laver spécialement les endroits atteints de la souillure spermatique ou majeure. De même, s'il est resté sur un poiǹt [des parties du corps qui sont soumises à l'ablution] une souillure majeure [l'ablution faite comme simple ablution ordinaire suffit pour purifier de cette souillure restée]; et de même encore, si le point où est une souillure a été souillé par un appareil ou bandage de blessure ou de plaie [c'est-à-dire, si cet appareil s'est déplacé pendant la lotion ou au moment où l'on passait, par-dessus, la main mouillée, et est venu souiller un point des organes soumis à l'ablution, et, si on lave ce point ainsi souillé, avec intention seulement d'ablution, le fait suffit, et dans ce cas, même une souillure spermatique est purifiée aux yeux de la loi].

SECTION IX.

DE LA MADÉFACTION OU *MESH'*. — ELLE REMPLACE UNE PARTIE DE L'ABLUTION. — MODE D'EXÉCUTION. — CIRCONSTANCES QUI EXCLUENT LA MADÉFACTION.

[Au lieu du lavage des pieds dans l'ablution] il est concédé par la loi à l'homme et à la femme, même à la femme qui est en menstrues entrecoupées, et à tout individu, soit en séjour fixe, soit en voyage, de passer seulement la main mouillée [c'est-à-dire de pratiquer le *mesh'* ou la madéfaction], — sur les chaussures en forme de bas [c'est-à-dire les bottines, les chaussons], dont la tige et la partie inférieure sont en cuir; — sur les khouf ou chaussures ordinaires à tiges basses [chaussons en cuir et montants], même lorsque l'on porte deux chaussures introduites l'une dans l'autre.

Entre la chaussure et la main qui fait le mesh', il ne doit y avoir aucun corps intermédiaire, tel que de la boue [du linge, de la laine comme serait la laine laissée à la peau de mouton; cette laine ne doit pas être non plus en dedans de la chaussure]. Les éperons ne sont pas considérés [en voyage] comme corps intermédiaire [il n'est pas nécessaire de les enlever pour opérer la madéfaction].

Il n'y a pas de règle rigoureuse pour le temps [jours, ou semaines, ou mois,] pendant lequel on peut garder les chaussures aux pieds et pratiquer sur elles la madéfaction [mais le plus convenable est de les enlever chaque semaine et de pratiquer alors l'ablution des pieds].

La loi accorde la liberté de faire la madéfaction, aux conditions suivantes, qui sont au nombre de dix, dont cinq sont [relatives à la chaussure, savoir] : — que la chaussure soit de cuir; — que ce cuir ne soit ni impur d'origine, ni souillé ; — que la chaussure soit cousue à la manière des khouf [souliers, ou babouches, etc.]; — qu'elle recouvre toute la partie des pieds soumise à l'ablution [c'est-à-dire, jusque vers les chevilles]; — qu'elle puisse servir à une marche suivie [et ne soit ni trop large, ni trop étroite, ni en forme de pantoufle].

[Les cinq autres conditions, relatives au fidèle qui pratique la madéfaction, sont les suivantes: — Il doit être en état de pureté lorsqu'il met sa chaussure, et ne point pratiquer la madéfaction s'il a mis sa chaussure sans que les pieds aient été purifiés par l'ablution complète;]—le fidèle ne doit mettre les chaussures [sur lesquelles il se propose de faire plus tard la madéfaction], qu'après une purification au moyen de l'eau [par lotion ou par ablution, non après une lustration pulvérale],—et qu'après que la purification par l'eau a été complétement terminée [non après le lavage des pieds seulement, non mettre la chaussure à un pied après qu'il est lavé, et laver l'autre ensuite];—le fidèle ne doit point mettre les chaussures sur lesquelles il se propose de pratiquer la madéfaction, dans une intention de délicatesse lâche et recherchée [par exemple, pour éviter de se mouiller les pieds par l'ablution, ou pour se coucher, etc. car la madéfaction est une concession de bienveillance de la part de la loi, pour les circonstances gênantes. Par la même raison],—le fidèle [pour qu'il lui soit permis de pratiquer le mesh' et pour que cette pratique ait sa valeur de purification] ne doit pas être en contravention avec la loi relativement à la présence de la chaussure [par exemple, être aux cérémonies du pèlerinage avec des khouf, lorsqu'il ne doit porter que des sandales], ou [relativement à ses devoirs personnels, et, par exemple,] être en voyage illicite et coupable [tel serait un esclave fugitif; car l'esclave qui s'enfuit est en contravention avec ses devoirs, en révolte contre son maître].

On ne fait pas la madéfaction sur une chaussure qui est trop large, ou déchirée [ou décousue] dans une étendue qui égale le tiers du pied de l'individu [non un tiers de la chaussure], et non plus, lorsque l'on n'est pas sûr que la déchirure [ou la partie décousue] soit moins du tiers du pied. Si la déchirure [ou la partie décousue] est moins du tiers du pied, on peut pratiquer la madéfaction, pourvu que les bords de la déchirure [ou de la partie décousue] se tiennent rapprochés de manière à ne présenter qu'une ouverture ou fente étroite.

La loi ne permet pas la madéfaction [et la regarde comme nulle], — si le fidèle [dans l'ablution précédente, bouleversant l'ordre voulu des pratiques de l'ablution, dont le mesh' n'est qu'une partie, celle qui remplace le lavage des pieds] s'est lavé les deux pieds tout d'abord, et ensuite les a chaussés, puis a complété son ablution; — ou bien, si le fidèle [sans bouleverser l'ordre des pratiques qui composent l'ablution] lave un pied et le chausse aussitôt [dans ce cas on ne peut pratiquer le mesh' pour la purification relative à la prière suivante, il serait sans valeur]; il en serait de même encore, si le fidèle avait enlevé des pieds ou d'un pied seulement, la chaussure, avant d'avoir terminé l'ablution [et cela pour abluer, par exemple, un point non ablué, ou souillé pendant ou avant l'ablution].

La loi n'autorise pas la madéfaction, — pour les pèlerins, lorsqu'ils sont aux cérémonies pieuses qui précèdent les cérémonies du mont A'rafah [voy. chap. *Du Pèlerinage*], à moins qu'ils ne soient obligés de faire cette madéfaction [comme dans le cas d'indisposition, de blessure]; — ni pour l'individu qui aurait pris ou gardé de force la chaussure de quelqu'un; mais relativement à cette dernière circonstance, les juristes modernes varient d'opinion.

Enfin la loi ne concède pas la pratique de la madéfaction pour celui qui [par paresse, ou mollesse, ou peur du froid] se chausse pour faire immédiatement cette madéfaction, ou pour se livrer ensuite au sommeil. Dans ces cas, le Moudaouéneh donne la madéfaction comme pratique blâmable.

La loi désapprouve : — celui qui lave ses chaussures [non en les madéfiant avec la main trempée dans l'eau, mais avec beaucoup d'eau, et dans une intention de madéfaction]; — celui qui répète le mesh' [en repassant, plusieurs fois de suite, la main mouillée de nouveau à chaque fois, sur la chaussure]; — celui qui suivrait et humecterait tous les plis de la chaussure; [car il amènerait promptement la dégradation de cette chaussure].

La madéfaction est inutile et sans valeur, — dans le cas où le fidèle est obligé, par circonstance d'obligation canonique, de faire une lotion; — lorsque la chaussure s'est déchirée ou décousue trop largement, ou dans un trop grand nombre d'endroits [même pendant la madéfaction; il faut enlever la chaussure, et s'abluer les pieds]; — lorsque la plus grande partie du pied se trouve portée en arrière dans la tige des khouf, non par un médiocre retrait du talon hors de sa place.

Si le fidèle enlève ses khouf, [ou s'il laisse les khouf intérieures, lorsqu'il en a deux paires l'une sur l'autre],

ou seulement s'il enlève l'une des deux khouf extérieures, il doit aussitôt purifier la partie découverte
[c'est-à-dire, les pieds dans le premier cas, les khouf
intérieures dans le second cas, la khouf intérieure dans
le troisième cas, lavant les pieds par ablution, et madéfiant seulement les khouf]; et le fidèle se conduit
alors selon les règles [données précédemment, section VIII et section III, en parlant de la succession non
interrompue des actes de la lotion et de l'ablution].

Mais lorsque le fidèle a retiré un pied de sa chaussure, s'il lui est difficile ou presque impossible de retirer l'autre, et que le temps et l'heure pressent [pour la
prière ou pour le moment convenable à la purification],
ce fidèle doit-il faire alors une lustration pulvérale, ou
bien pratiquer la madéfaction seulement sur la chaussure restée à un pied? Ou bien, si la chaussure est d'un
grand prix, le fidèle doit-il [en pieux musulman] la
déchirer? Il y a, pour ces différents incidents, plusieurs
dires [ak'ouâl] opposés, les uns affirmatifs, les autres
négatifs.

Il convient, par esprit de religion, de retirer les
chaussures chaque jour de vendredi.

Pour pratiquer la madéfaction, le mieux est : — de
placer [la face palmaire de] la main droite sur l'extrémité du pied droit d'abord [en dehors de la chaussure
et sur le dos du pied], et de placer [la face palmaire
de] la main gauche par-dessous la partie de la chaussure qui couvre la plante du même pied; — de faire
ensuite glisser ensemble les deux mains [mouillées d'a-

bord], le long du pied, jusqu'au-dessus du talon [c'est-à-dire, jusqu'où doit aller l'ablution des pieds, jusqu'à la hauteur des malléoles]. Pour le pied gauche, doit-on procéder de même, ou bien la main gauche doit-elle être placée et conduite par-dessus le dos du pied? On a donné, à cet égard, deux opinions. [Les uns veulent que l'on procède de la même manière, les autres, d'une manière différente, pour les deux pieds. Mais d'autres aussi veulent que l'on place la main droite sur le dos du pied, et la gauche sur la saillie postérieure du talon, et qu'on les conduise chacune sur une face du pied, en mouvement opposé.]

La partie supérieure du pied et la partie inférieure doivent subir la madéfaction simultanément. La madéfaction est nulle et rend la prière nulle, si cette madéfaction n'a eu lieu que par-dessous la chaussure et que l'on ait négligé de la faire aussi par-dessus la partie couvrant le dos du pied. Dans ce cas, la prière doit être recommencée dans la durée du temps voulu. [Mais si l'on oublie ou néglige la madéfaction du dessous de la chaussure seulement, la madéfaction et la prière qui la suit sont valides.]

SECTION X.

DE LA PURIFICATION PULVÉRALE OU DU TÉIEMMOUM.

———

§ 1. De la lustration pulvérale en général. Circonstances qui la permettent.

La lustration pulvérale ou purification pulvérale [31] ne concerne que : — le malade ; — le voyageur en voyage licite [non en partie de plaisir, en chasse, en courses de voleur, etc.], et elle ne sert que pour une seule prière d'obligation divine ou une seule prière surérogatoire [il faut recommencer la lustration à chaque fois que l'on va faire une de ces prières] ; — l'habitant des villes ou l'individu à demeure fixe qui, étant en bonne santé, se trouve obligé d'assister aux obsèques et prières funèbres pour un mort dont le convoi est à une heure déterminée [de manière que l'individu n'a plus le temps de se procurer de l'eau pour faire ses ablutions].

La lustration pulvérale peut être pratiquée aussi par l'homme sain, non en voyage, pour la prière obligatoire, excepté la prière solennelle du vendredi. Il n'est point obligé ensuite de recommencer sa prière [si, après cette prière faite, il trouve de l'eau]. Mais l'homme sain non en voyage ne doit point avoir recours à la lustration pulvérale pour les pratiques commandées par la sounnah [telle que la prière *ouitr*].

Du reste [pour le malade, le voyageur et l'homme non en voyage], la lustration pulvérale ne se fait que dans certaines circonstances [variables selon l'état de chacun], savoir :—lorsque l'on n'a pas d'eau en quantité suffisante [pour l'ablution complète en cas de souillures mineures, pour la lotion générale en cas de souillures majeures];—lorsque l'on craint que l'usage de l'eau pour la purification ne cause quelque mal, n'aggrave une maladie, ou n'en retarde la guérison [ceci est relatif, dans le premier cas, au voyageur et à l'homme sain non en voyage, et dans les deux autres cas, à l'individu malade];—lorsque l'on a à craindre la soif pour soi-même, pour les compagnons de voyage, ou pour les animaux d'usage permis, que le voyageur a avec lui [tels que les chameaux et les bêtes de charge et de transport, même les chiens de garde, les singes, etc.]; — lorsqu'en employant pour les purifications l'eau que l'on a en réserve, il y a à craindre qu'il puisse en résulter la perte de marchandises ou de hardes, la mort ou la maladie d'animaux, ou quelque danger pour l'individu même ; — lorsque l'on s'aperçoit que le délai nécessaire pour puiser ou préparer de l'eau ferait dépasser le moment voulu pour la purification et la prière, comme dans le cas où l'on n'a personne qui puisse promptement apporter de l'eau, ou dans le cas où l'on manque d'ustensiles ou vases indispensables [ou dans le cas où l'on se trouve à trop grande distance de l'eau ou des vases et ustensiles pour la puiser, par exemple, à un puits].

Si, ayant l'eau à sa disposition, le fidèle craint, en s'en servant, de dépasser le moment voulu pour la

purification et la prière, doit-il faire la lustration pulvérale, ou bien l'ablution? A ce sujet, il y a divergence
d'opinions (*khiláf*) parmi des docteurs distingués. [Quant
au fidèle qui ne serait retardé que parce qu'il ferait
chauffer l'eau, dans la supposition qu'il ne pourrait l'employer froide, il n'est point en droit de substituer la lustration pulvérale à la purification par l'eau; s'il le fait, sa
lustration et la prière qui la suivra seront nulles, et il
devra les recommencer.]

Lorsque le fidèle a fait une lustration pulvérale pour
une prière d'obligation divine, ou pour une prière surérogatoire, il lui est alors permis [sans qu'il soit besoin
de recommencer la lustration]—de prier aux funérailles
d'un mort;—de s'acquitter des pratiques ou des prières
que lui impose la sounnah [telles que les prières surérogatoires, la prière ouitr, par exemple]; (voyez chap. *De
la Prière*)—de toucher le saint livre et d'en lire ou réciter;—de faire des tournées pieuses, non obligatoires,
autour de la Ka'bah;—d'accomplir les deux réka [32]
qui doivent accompagner ces tournées. Toutes ces pratiques, dis-je, peuvent avoir lieu sans que l'on renouvelle la lustration pulvérale, pourvu qu'elles se fassent
après, non avant, la prière d'obligation divine ou la
prière surérogatoire.

Mais la purification pulvérale [par laquelle on se
prépare à une prière d'obligation divine, et qui permet
à sa suite les pratiques qui viennent d'être énumérées]
ne peut servir pour une seconde prière d'obligation divine, eût-on même eu l'intention de pratiquer le téïem-

moum pour deux prières. La seconde de ces deux prières est nécessairement nulle, et doit toujours être recommencée, quand même elle serait adjointe ou *réunie* à une autre prière [dans un moment différent du vrai moment canonique, comme il est permis de le faire en voyage, etc. ou quand même ces deux prières auraient lieu aux heures des prières recommencées (voy. chap. *De la Prière*) et dont il sera bientôt question]. Enfin il n'est pas permis de s'acquitter d'une prière d'obligation divine à la suite d'une lustration pulvérale pratiquée pour des actes de piété surérogatoires, simples et non obligés [par exemple, pour réciter le K'oran, pour se coucher, lorsque l'on est en état de souillure spermatique ou majeure, etc.].

On doit, dans la lustration pulvérale, s'astreindre à la succession non interrompue des actes et détails qui la composent et la rendent valide [de même que pour la lotion et l'ablution]. Celui qui manque d'eau, en voyage, par exemple, doit : — [chercher à s'en procurer] — l'accepter lorsqu'elle lui est donnée gratuitement; — ne pas accepter d'un autre [même comme cadeau] le prix nécessaire pour en acheter; — ne pas en acheter à titre de dette ou de crédit [car cette eau est pour un besoin religieux, et l'individu ne séjourne pas dans le pays où il la reçoit]; — ne prendre l'eau, au prix auquel elle se vend ordinairement dans la localité, que lorsqu'il n'a pas absolument besoin de la valeur de cette eau pour des dépenses nécessaires au voyageur ou à autre chose. Le fidèle peut même, dans ce cas, prendre cette eau sur promesse et engagement de sa part d'acquitter plus tard ce prix, dont il n'a pas réellement besoin pour lui, pour les siens, etc.

Le fidèle doit chercher à se procurer de l'eau toutes les fois qu'arrive l'heure d'une prière, même s'il a quelque soupçon, non s'il est certain, qu'il n'en pourra pas trouver. Ces recherches, ces demandes ne devront point l'exposer à des embarras, ou à des refus, ou à des contrariétés. Ainsi il demandera de l'eau à quelques-uns des compagnons de route qui sont avec lui, ou au plus grand nombre de ceux qui l'entourent, et dont toutefois il ignore l'intention de la garder et de la ménager à tout prix. [Dans la supposition qu'il connaisse cette intention, il n'est tenu à aucune demande ni démarche.]

§ 2. Mode d'exécution du téïemmoum.

La lustration pulvérale doit être pratiquée : — avec l'intention sentie par le fidèle de se rendre convenablement digne de faire la prière ; — avec l'intention de se purifier des souillures majeures, s'il en a, intention qu'il doit avoir à chaque lustration nouvelle, quelque nombre de fois qu'il ait à faire sa prière ; car le téïemmoum ne détruit pas essentiellement les souillures majeures [telles que, par exemple, les souillures spermatiques ; après la prière qui suit la lustration dont il s'agit, la souillure majeure est revenue à son premier état ; la lustration pulvérale ne l'a, pour ainsi dire, que dissimulée virtuellement, et n'a que l'effet de rendre licites la prière et les œuvres pieuses. La lustration pulvérale n'est qu'une sorte de pis-aller de la purification réelle par l'eau; et le fidèle n'est véritablement net de souillures que lorsqu'il s'est purifié avec une suffisante quantité d'eau].

La purification ou lustration pulvérale doit s'exécuter sur la généralité du visage [sans en suivre les détails, les sourcils, le nez, les yeux, etc. comme dans l'ablution], et sur la généralité des mains et des bras jusqu'aux coudes. Mais, avant tout, il faut toujours enlever des doigts les bagues ou anneaux, quels qu'ils soient.

On doit se servir, pour pratiquer cette lustration, de matière terreuse prise à la surface du sol, sans impureté ni souillure, par exemple, de terre ordinaire végétale pulvérulente, ce qui est la matière à préférer partout, lors même qu'elle serait séparée du sol par un corps intermédiaire [comme si on la plaçait sur un linge, un mouchoir, de crainte qu'elle ne risquât de toucher, par l'agitation, quelque corps impur. Enlever une terre, une substance minérale de sa place sur le sol ou de son gisement, c'est, excepté pour la poussière ou terre ordinaire et le sable, la mettre dans des conditions telles qu'il n'est plus permis d'en faire usage pour la purification pulvérale].

On peut employer [à défaut d'autre substance]: — ou la neige; — ou la terre fangeuse [en y posant très-légèrement les mains, et, selon certaines autorités, en laissant ensuite sécher les mains]; — ou la poussière de la pierre à plâtre, non calcinée ou non cuite [car par la calcination

elle sort de son état minéral naturel]; — ou les substances
minérales brutes autres que les minerais pulvérulents
d'or ou d'argent, et les substances ou gemmes précieuses,
et les substances qui ont été retirées du sein de la terre
et ont été appliquées aux besoins ou usages des hommes.
On ne doit pas se servir, pour la lustration, d'alun, de
sel [ou substances analogues retirées de leurs gisements
et employées dans les besoins et usages de la vie. On ne
se servira pas non plus de poudres ou débris d'éme-
raudes, de rubis, de cuivre, de matière ferreuses, c'est-
à-dire de poudres de pyrites cuivreuses ou ferrugineuses
mêlées de soufre, ou de matières mêlées de plomb, ou
de mercure, etc.].

Un malade [et même aussi un individu bien portant]
peut faire la lustration pulvérale, en passant les mains
sur un mur en briques cuites ou en pierres [ou en
marbre], mais non sur une natte ou sur du bois [et
promenant ensuite les mains sur les organes qui doivent
subir la lustration].

La lustration pulvérale doit se pratiquer à tel ou tel
moment [selon les circonstances relatives à la possibilité ou non possibilité de trouver de l'eau]. Ainsi le
fidèle qui désespère d'avoir de l'eau, et d'en rencontrer,
pratiquera le téïemmoum au commencement du temps
canonique ou préféré pour les prières. [Nous verrons
bientôt ce que l'on entend par le temps canonique ou
moment préféré ou choisi pour prier.]

Celui qui doute ou qui ignore s'il pourra avoir de
l'eau pratiquera la lustration pulvérale au milieu de l'es-

pace du temps préféré. Celui qui espère trouver de l'eau ne pratiquera la lustration que vers la fin de ce temps. Mais le Moudaouéneh proroge le délai du soir, jusqu'à la fin du *crépuscule* qui précède le coucher du soleil [pour permettre de faire les prières du midi et de l'après-midi *réunies*].

La règle pour l'ordre de succession des pratiques de la lustration pulvérale est d'obligation imitative. [On commence par la face;] on conduit chaque main sur le bras opposé, jusqu'au coude; on répète l'application des mains l'une contre l'autre, en les frappant très-légèrement, avant de les promener l'une sur l'autre pour la lustration pulvérale des mains.

Il est de convenance religieuse : — d'invoquer le nom de Dieu [en prononçant ces mots, « Il n'y a de Dieu qu'un seul Dieu, » comme dans l'ablution]; — de commencer, pour la lustration des mains, par conduire la main gauche sur le dos de la main droite, et de là jusqu'au coude; — de la ramener ensuite en la conduisant sur la partie interne du bras, jusqu'à l'extrémité des doigts; — puis de répéter la même opération pour la main et le bras gauches, au moyen de la main droite.

§ 3. Circonstances qui invalident la lustration pulvérale.

La lustration pulvérale est annulée par toutes les circonstances qui annulent la validité de l'ablution. Elle est encore annulée si l'individu trouve de l'eau avant de commencer sa prière [il doit faire alors une ablution réelle, s'il en a le temps encore, accomplir ensuite au moins le premier réka de sa prière]. Mais la lustration n'est point annulée si l'individu ne s'aperçoit qu'il peut avoir de l'eau, que lorsqu'il est déjà en prière, à moins qu'il n'ait oublié qu'il a de l'eau avec lui. [Lorsqu'il se le rappelle pendant la prière, il doit de suite s'interrompre, s'il a le temps encore de faire son ablution et de recommencer la prière.]

Le fidèle qui a manqué en quelque chose dans les circonstances nécessaires à la validité d'une lustration pulvérale doit recommencer sa prière dans l'espace de temps accordé pour cela. Néanmoins cette prière est valide bien qu'on ne la recommence pas au moment d'élection ou temps canonique, mais à un autre moment.

Les sortes de manques [qui viennent d'être indiqués et qui exigent le renouvellement de la prière] consistent :

1° En ce que le fidèle qui a de l'eau assez près de lui, ou avec ses bagages ou hardes [dans une outre], ne se purifie pas par ablution; toutefois il n'y a plus de manque à la charge du fidèle, si ses hardes et bagages sont confondus et mêlés avec ceux de la caravane [et qu'il ne puisse les trouver et les avoir à sa disposition avant que se passe le moment de prier], et si l'individu craint de rencontrer des voleurs, ou des bêtes sauvages et dangereuses, auprès de l'eau qu'il a reconnue et qu'il voudrait aller trouver; et si, enfin, l'individu est malade [ne pouvant se mouvoir ou marcher] et n'ayant personne qui lui apporte ce dont il a besoin pour s'abluer.

2° En ce que celui qui espérait trouver de l'eau avance cependant le moment de la lustration pulvérale [et la fait au commencement du temps d'élection, puis trouve l'eau qu'il pensait devoir rencontrer];

3° En ce que celui qui doutait s'il pourrait avoir de l'eau s'est néanmoins acquitté de la lustration pulvérale au milieu de l'espace du temps d'élection [et ensuite est arrivé à l'eau qu'il n'était pas bien sûr d'atteindre];

4° En ce que l'individu a oublié de se purifier par l'eau lorsqu'il l'a rencontrée, et y a pensé seulement après sa prière terminée;

5° En ce que le fidèle s'est borné, pour la lustration des bras, à passer chaque main sur le coude opposé; mais l'obligation de recommencer la prière n'est pas imposée à celui qui se contente de passer une seule fois les mains sur la poussière et de les passer de suite l'une sur l'autre, et sur le visage et sur les avant-bras;

6° En ce que le fidèle a pratiqué la lustration avec une substance ou terreuse ou sablonneuse, etc. sur laquelle est tombée de l'urine, et, d'après les commentateurs du Moudaouéneh, s'il y a seulement lieu de douter que de l'urine soit tombée sur cette substance, et, à plus forte raison, si la preuve en est reconnue.

Du reste, il est prescrit, par les mêmes commentateurs, d'attendre toujours le moment d'élection, pour pratiquer le téiemmoum avant chaque prière, et ils ont accepté la prescription d'un juriste célèbre qui déclare d'ailleurs que la lustration pulvérale doit se faire toujours avec une poussière ou terre bien sèche.

Lorsque l'on manque d'eau [pour pouvoir recouvrer, au moment voulu, la pureté légale, par le moyen de l'eau, ce qui est toujours préférable], il est enjoint à tout fidèle, homme ou femme, étant à l'état de pureté obtenue par l'ablution, de s'abstenir : le mari, d'embrasser sa femme, la femme, d'embrasser son mari [car alors tous deux perdent leur état de pureté]. De même [et toujours dans le cas de manque d'eau], il est défendu à celui des deux époux qui, par la lotion, s'est purifié de souillure majeure ou spermatique, de se mettre en cohabitation conjugale, à moins qu'il ne se soit passé un long temps d'abstinence [comme par suite d'un voyage, ou qu'il n'y ait à craindre quelque malaise ou accident, ou que ce ne soit un besoin impérieux. De même encore dans la supposition indiquée de manque d'eau pour se purifier de nouveau par ablution, il est enjoint de s'abstenir aussi longtemps que possible de satisfaire aux besoins naturels, lorsque l'heure de la prière approche, à moins qu'il n'y ait à craindre, en s'abstenant, quelque incommodité qui puisse être grave].

Le fidèle qui [étant dans la nécessité de se borner aux lustrations pulvérales] a oublié une des cinq prières, sans qu'il sache laquelle, doit refaire cinq fois la lustration pulvérale et cinq prières [car il est de principe qu'une lustration ne sert que pour une seule prière].

Si un fidèle qui a de l'eau [par exemple, en voyage] vient à mourir et qu'il ait avec lui un compagnon atteint de souillure majeure [ou une compagne en menstrues ou en suites de couches], on emploie de préférence l'eau pour les besoins du mort, c'est-à-dire pour le laver, le purifier, à moins toutefois que l'on ait à craindre la soif et ses dangers [ou pour les voyageurs ou pour les animaux de voyage]; alors [on pratique la lustration pulvérale sur le mort, et] l'eau est laissée au compagnon de voyage. Il en serait de même si l'eau appartenait à tous les deux ; seulement celui des deux auquel l'eau a été donnée de préférence à l'autre a à sa charge et garantie la valeur de cette portion d'eau [valeur appréciée relativement au besoin et à la position difficile dans laquelle on se trouve alors; et ce qui en revient à la charge ou au profit du mort sera mis en compte pour ou contre les héritiers].

Lorsque l'on a manqué d'eau, et de matières convenables pour la lustration pulvérale, il n'y a plus lieu à s'acquitter des prières obligatoires, ni des prières satisfactoires qui devraient en remplacer l'omission [car ici l'omission est forcée].

SECTION XI.

PROCÉDÉS DE PURIFICATIONS DANS LES CAS DE MALADIES, DE BLESSURES.

S'il y a danger ou imprudence à laver une blessure, toute partie malade ou souffrante, comme il a été indiqué pour la lustration pulvérale [c'est-à-dire, s'il y a à craindre d'augmenter le mal, ou d'en retarder la guérison, ou encore de déranger ou défaire l'appareil d'une blessure, etc.], on pratique la madéfaction. Pour cela, il suffit de passer la main humectée d'eau, sur l'endroit malade. Si cette madéfaction immédiate peut avoir des inconvénients, on la fait sur des attelles que l'on place sur l'endroit malade ; et [si encore alors on a à se mettre en garde contre l'humidité que déposera la main], on pratique la madéfaction par-dessus des bandes de linge recouvrant les attelles.

On opère aussi la madéfaction : — sur l'endroit où a été faite une saignée ; — sur le morceau de vésicule biliaire que l'on applique sur un ongle blessé [bien qu'en elle-même la vésicule de la bile ne soit pas d'usage licite ; mais ici il y a nécessité, et surtout encore si l'on ne peut pas détacher ce fragment de vésicule collé trop fortement sur le doigt malade, ou si, en le détachant, on craint d'irriter le mal] ; — sur le fragment de papier que l'on s'applique aux tempes [en cas de migraine, ou d'application de ventouses scarifiées] ; — sur le turban, quand il y a à craindre quelque inconvénient en l'enlevant de la tête [s'il y a à craindre seulement qu'il ne tombe et se souille alors par terre]. Même dans la lotion générale, on pratique la madéfaction par-dessus le turban [par-dessus le papier collé aux tempes, sur le fragment de vésicule biliaire collé sur un ongle blessé, sur les appareils de blessures, etc.]. Il est permis encore de pratiquer la madéfaction sur des attelles à l'état impur, qui se sont déplacées, et sur les bandes qui se sont détachées et éloignées les unes des autres.

Du reste, la loi permet de faire la madéfaction [sur les parties endolories et de laver les autres, soit dans l'ablution, soit dans la lotion], à la condition que la plus grande partie ou une médiocre partie [mais, au moins, plus d'une main ou d'un pied] soit en bon état. En un mot, la condition expresse pour l'emploi de l'eau, dans la lotion et l'ablution, est que cet emploi ne soit point nuisible. Dans les circonstances contraires, la seule obligation imposée rigoureusement au fidèle est la lustration pulvérale. De même encore le fidèle n'est obligé qu'à cette lustration lorsqu'il n'a qu'une très-minime partie du corps exempte de douleurs ou de plaies, telle qu'une main, un pied. Mais, si l'individu lave tout, les points douloureux et ceux qui ne le sont pas, il a certainement satisfait à son devoir.

S'il est impossible de toucher les plaies ou blessures [ou les parties souffrantes], et qu'elles occupent les organes sur lesquels s'accomplit la lustration pulvérale [la face, les mains], on laisse ces organes sans y faire ni madéfaction, ni lavage ; on fait seulement l'ablution des parties qui peuvent la recevoir.

Si ces blessures ou plaies que l'on ne peut toucher ne sont pas sur les organes soumis à la lustration pulvérale [mais se trouvent sur les organes soumis à l'ablution], on pratique le troisième mode de purification [indiqué par les juristes], savoir : « On fait la lustration pulvérale lorsque les blessures ou plaies occupent la plus grande partie des organes [que l'on doit purifier], » ou bien on pratique le quatrième mode, qui comprend les

deux espèces de purification [c'est-à-dire, le lavage par
l'eau sur les parties saines et la lustration pulvérale sur
les parties malades. Les quatre modes de purification
auxquels l'auteur fait allusion dans le cas dont il s'agit,
et dont il ne paraît admettre que le troisième et le quatrième, sont les suivants : le premier consiste à pratiquer
simplement la lustration pulvérale, que les plaies ou
blessures, ou douleurs, soient ou non sur une grande
surface; le second consiste à laver les endroits sains
seulement, par la raison qu'il ne faut recourir à la lustration pulvérale que lorsque l'on manque d'eau, ou que
l'usage de l'eau est à craindre; le troisième consiste à
pratiquer la lustration pulvérale lorsque les plaies, blessures ou douleurs, occupent la plus grande partie des
organes à purifier, car la majorité entraine la minorité;
et si l'espace occupé par le mal est le moindre, on en
lave tout ce que le mal n'occupe pas. Le quatrième
mode consiste dans le lavage et la lustration pulvérale;
l'un pour les endroits sains, l'autre ou la seconde pour
les endroits malades].

Après que la madéfaction est achevée, si l'on enlève
les objets dont il a été question précédemment [attelles,
bandes, fragments de vésicule biliaire, papier appliqué
aux tempes, turban, sur lesquels la madéfaction a été
opérée], si, dis-je, on les enlève afin de faire un pan-
sement [ou dans quelque but que ce puisse être], ou
bien si ces objets viennent à tomber, même pendant
la prière, tout est invalidé [purification et prière]; il
faut interrompre la prière, remettre à la place qu'il oc-

cupait chaque objet tombé, renouveler la madéfaction;
et si l'individu alors qui ne pouvait faire que la madéfaction est guéri, il lave par lotion ce qu'il avait lavé
ainsi dans la purification qui précéda immédiatement
l'apparition ou l'arrivée de son mal, et il madéfie ce
qu'il avait alors aussi madéfié dans l'accomplissement
de la dernière ablution complète, et cela pour la tête
et pour les autres parties [qu'il avait purifiées en dernier
lieu, avant son mal, soit par lotion, soit par ablution.
S'il avait fait la lotion ou affusion de la tête ou de toute
autre partie du corps pour un cas de souillure majeure,
il répète le même genre de purification; s'il avait pratiqué, dans l'ablution, la madéfaction sur la tête, sur
les oreilles, etc. il recommence cette madéfaction.....
L'auteur indique ici la purification de la tête, parce que
c'est la purification qui est de précepte divin; les autres
sont implicitement comprises dans cette indication. Du
reste, comme le remarquent les commentateurs, il suffisait à l'auteur de dire, d'une manière absolue et plus
précise : « Si l'individu est guéri, il recommence la dernière purification complète qu'il a pratiquée »].

SECTION XII.

DES MENSTRUES. — DURÉE LÉGALE DE L'IMPURETÉ MENSTRUELLE. —
DEVOIRS QUE CET ÉTAT NE PERMET PAS D'ACCOMPLIR. — SUITES DE
COUCHES.

Les menstrues sont un écoulement de sang et aussi
de liquide jaunâtre ou trouble, sortant de lui-même
[non par influence médicamenteuse] des parties génitales de la femme qui peut, dans l'état ordinaire des
choses, devenir enceinte, et quand même il ne s'échapperait qu'une seule jetée de sang.

La plus longue durée légale des mentrues, chez la
femme menstruée pour la première fois[33], est de quinze
jours, et par conséquent alors la plus courte durée légale de la pureté après la menstruation, est de quinze
jours.

Après chaque menstruation, le plus long délai pendant lequel la femme menstruée doive attendre si ses
menstrues reparaîtront est de trois jours au delà de la
plus longue durée de jours que les menstrues ont présentée dans l'état ordinaire et habituel. Mais on ne doit
pas, y compris le délai [et le temps des règles], dépasser
la moitié du mois. [Si donc une femme est réglée
pendant quatorze jours, elle n'a qu'un jour de délai ou
d'attente; si elle est réglée pendant treize jours, elle a
deux jours d'attente; pour douze jours de menstrues,
elle aura trois jours de délai, mais jamais davantage;]
ensuite la femme est pure.

Pour la femme enceinte, à partir du troisième mois
[jusqu'à la fin du sixième], les règles [lorsqu'elles sur-
viennent] peuvent durer de quinze à vingt jours; depuis
le sixième mois et au delà, elles peuvent durer vingt
à vingt-cinq jours [car plus la grossesse avance, plus le
sang abonde]. Avant le troisième mois de la gestation,
la durée légale des règles, quand elles apparaissent,
est-elle généralement de même qu'à trois mois et au
delà jusqu'à six mois, ou bien est-elle de même que
dans l'état ordinaire de la femme réglée? A ce sujet, il
y a deux dires (k'aûlân) [l'un assignant quinze à vingt
jours de durée, et l'autre assignant la durée menstruelle
chez la femme réglée non enceinte, c'est-à-dire, la durée ordinaire des mentrues chez cette femme, et les
trois jours au plus de surérogation [34]].

Lorsque l'état de pureté n'a lieu que par intermittences [c'est-à-dire, qu'après un jour ou deux ou même
quelques heures il y a réapparition des menstrues, puis
cessation, puis réapparition et ainsi de suite], la femme
réunit et compte ensemble les jours seulement dans lesquels il y a eu menstrues, toujours selon le principe
légal de compter la durée [soit qu'il s'agisse de la première menstruation, soit qu'il s'agisse de menstruation
établie depuis plusieurs fois, ou depuis plusieurs années, soit qu'il s'agisse d'une femme enceinte, comme il
a été indiqué tout à l'heure]. Ensuite [quand la femme
a compté ces jours de menstrues et attendu le temps
voulu pour compléter la durée menstruelle fixée par la
loi], elle est dite : en attente des menstrues, ou à mens-

trues entrecoupées, intermittentes. Toutes les fois que son incommodité cesse, la femme doit faire la lotion générale, observer le jeûne des jours d'abstinence légale, peut cohabiter avec son mari, etc. [et tout cela, jusqu'à nouvelle apparition des menstrues].

Le sang reconnu comme sang menstruel par ses caractères distinctifs, et qui apparaît après que le temps légal pour être en état de pureté est passé, recommence une nouvelle menstruation. Lorsque ce sang est reconnu [comme étant menstruel], la femme n'est impure que pendant la plus longue durée de temps de ses menstruations [et si ses menstrues continuent], elle n'est point dans le cas qui lui prescrit d'attendre les trois jours de délai [mais elle est dans le cas de menstrues intermittentes]; cette indication est d'un juriste autre que les commentateurs du Moudaouéneh.

La pureté qui suit les menstrues ordinaires, c'est-à-dire la cessation de l'impureté menstruelle ordinaire, se reconnaît à la disparition de tout écoulement du liquide menstruel sanguin, ou jaunâtre, ou opaque, ou bien à l'écoulement d'un liquide blanc comme de l'eau blanchie par de la chaux ou du plâtre. Ce dernier écoulement est le caractère le plus décisif chez la femme menstruée pour laquelle ce liquide est un signe habituel, et elle doit en attendre l'apparition jusqu'au dernier moment auquel la loi lui prescrit de différer, avant de vaquer à ses devoirs religieux. Quant aux signes qui annoncent et caractérisent la fin de l'impureté menstruelle de la femme réglée pour la première fois, il y a incerti-

tude [les uns prétendent que le signe de la cessation de
l'impureté est alors dans la disparition du liquide menstruel; les autres, dans l'apparition du liquide blanc de
chaux; et les autres enfin, dans ces deux circonstances].

Du reste, la femme en menstrues ne doit point examiner avant l'aurore, mais bien au moment d'aller se
livrer au sommeil et vers le matin, si elle est arrivée au
terme de son impureté périodique [afin de voir quand
elle devra faire la lotion, et ensuite, après purification
légale, s'acquitter de ses devoirs religieux qu'elle a in-
terrompus].

L'état menstruel rend nuls et défend la prière, le
jeûne même du *Ramad'ân* [35], et les actes réparatoires à
faire à telles époques, pour la femme qui a omis quelque
chose dans ses devoirs religieux. (Voyez chapitre *Du
Jeûne.*)

Il est défendu : — de répudier la femme pendant ses
infirmités périodiques; — de compter d'alors le commencement du délai prescrit par la loi à la femme répudiée
ou veuve, pour convoler à de secondes noces [il ne doit
se compter que depuis la cessation de l'impureté mens-
truelle]; — d'approcher maritalement de la femme en
menstrues; — de se permettre de la toucher [même par-
dessus les vêtements], à partir de la ceinture jusqu'aux
genoux [mais il est permis de toucher à partir d'en
haut de la ceinture vers la tête, d'après ces paroles du
Prophète : « La femme en menstrues doit serrer sa ceinture; mais ce qui est plus haut est à ta disposition »].
Le temps pendant lequel il est défendu d'approcher ou

de toucher la femme, comme il vient d'être indiqué, dure jusqu'à la cessation légale des menstrues, même quand la femme se serait nettoyée, et même quand elle se serait soumise à la lustration pulvérale [pour qu'il lui fût permis de prier; car Dieu a dit dans son saint livre : « N'approchez de vos femmes que lorsqu'elles se sont purifiées par l'eau. » La purification pulvérale, en permettant à la femme de prier, ne lui permet cependant pas l'approche de son mari].

L'état menstruel empêche encore : — de pouvoir [même par les ablutions et par la lotion générale, si la femme la faisait] se purifier d'une souillure, même de souillures majeures [puisque les menstrues sont elles-mêmes une souillure majeure]; — de fréquenter les mosquées, et par conséquent d'y rester en retraite spirituelle (voyez, à la fin de ce volume, chapitre *De la Retraite spirituelle*); — de suivre les tournées ou processions pieuses au pèlerinage; — de toucher le K'oran, mais non d'en réciter.

Les suites de couches ou les lochies sont un écoulement de sang, ou de liquide jaunâtre ou opaque, déterminé par l'accouchement, même entre la venue plus ou moins espacée de deux jumeaux. La plus longue durée de l'écoulement des lochies est de soixante jours; et s'il s'est passé soixante jours entre l'accouchement d'un premier jumeau et l'accouchement d'un second, il y a alors deux couches, par conséquent deux écoulements de lochies [et la femme a deux fois soixante jours d'impureté; mais la loi ne désigne pas de délai suréroga-

toire à attendre]. Dans le cas d'interruptions ou d'intermittences des lochies, la femme se conduit de même
que dans les interruptions ou intermittences des menstrues. [Les suites de couches lui interdisent aussi tout
ce que lui interdisent les menstrues.]

L'ablution est d'obligation canonique pour la femme
enceinte, lorsqu'il s'échappe de ses parties génitales un
liquide blanchâtre. Mais, selon l'opinion d'Ibn-Rouchd,
l'ablution alors n'est pas nécessaire [et si le liquide arrive à un moment trop rapproché de la prière pour
que la femme ait le temps de s'abluer, elle priera dans
l'état où elle se trouvera].

CHAPITRE II.

DE LA PRIÈRE.

SECTION Iʳᵉ.

DES HEURES CANONIQUES POUR LES PRIÈRES. — DES LIEUX CONVENABLES
OU NON CONVENABLES POUR PRIER. — CULPABILITÉ RELATIVEMENT
À L'OBLIGATION DE LA PRIÈRE.

§ 1. Heures canoniques pour les prières. — Temps d'élection, et
temps forcés. — Moments à éviter pour prier.

Le temps canonique ou temps d'élection pour la
prière du midi[36] est la durée qui s'écoule depuis l'instant de la plus grande hauteur du soleil au-dessus de
l'horizon jusqu'à ce que l'ombre qui commence à s'allonger ensuite en se projetant d'un corps, abstraction
faite de la première projection de cette ombre, s'il y
en a, au moment de la plus grande élévation du soleil,
ait acquis la longueur même de ce corps. Alors commence le premier moment de l'a's'r; et l'a's'r dure jusqu'au moment où le soleil, près de disparaître, colore
vivement l'horizon [37]. Les deux limites, c'est-à-dire la
fin du premier allongement de l'ombre d'un corps égale
à la longueur de ce corps et le commencement de la
seconde portée d'ombre se tiennent et se confondent. Dès
lors, la fin de la première portée d'ombre est-elle [la fin
du temps du midi ou temps méridien, ou bien ce temps

va-t-il jusqu'à ce que se forme?] le commencement de la seconde portée d'ombre? A cet égard, il y a diversité d'avis (*khiláf*).

Le moment ou temps canonique pour le mar'reb, ou coucher du soleil, commence à l'instant où le disque du soleil vient de disparaître complétement de l'horizon [aux yeux de qui serait sur le sommet des plus hautes montagnes du pays]. On détermine ou apprécie la longueur de ce moment canonique par le temps qu'il faut pour accomplir (les trois réka de) la prière du mar'reb avec la durée de temps nécessaire pour satisfaire aux conditions préparatoires de la prière [telles que les purifications, l'annonce de la prière, etc.]

Le moment canonique de l'éché est le temps qui s'écoule depuis la disparition des dernières lueurs pourprées du crépuscule, jusqu'au premier tiers de la nuit [38].

Le moment canonique du matin s'étend depuis l'apparition réelle de l'aurore jusqu'au degré le plus avancé du crépuscule du matin; la prière de ce moment est la prière *du milieu*, c'est-à-dire, la meilleure [la plus agréable à Dieu. Cette désignation de *prière du milieu* est donnée par Dieu dans son saint livre et est fondée sur cette maxime : « Au milieu est le bien » (*in medio stat virtus*). D'autre part, il est dit : « La prière est meilleure que le sommeil. » Beaucoup de musulmans perdent, en se laissant dominer par le sommeil, le mérite et les bénéfices de la prière du matin faite au moment canonique].

Si un fidèle meurt au milieu de l'espace du temps

canonique d'une prière, sans s'être acquitté de cette prière, il n'est pas coupable d'infraction à la loi, à moins qu'il n'ait prévu ou su qu'il mourrait.

Il est, en général, méritoire pour celui qui prie seul [en quelque saison que ce soit], de s'acquitter le plus tôt possible de la prière, c'est-à-dire, au commencement du temps canonique ou temps d'élection [lorsqu'il est certain et positif que ce temps est arrivé]. Il est mieux pour le fidèle d'avancer ainsi sa prière que de la retarder, eût-il même l'espoir d'obtenir à la fin du temps canonique le mérite de prier en assemblée. Il est mieux aussi pour une réunion de fidèles qui n'attend plus personne, de faire la prière dès le commencement du moment d'élection, excepté la prière de midi ; quant à cette dernière prière, si les fidèles réunis attendent encore d'autres fidèles, ils feront mieux de retarder la prière jusqu'à ce que l'ombre des objets en ait égalé le quart de la longueur et même davantage [par exemple, jusqu'à trois huitièmes de la portée voulue de l'ombre], surtout quand on veut éviter la grande chaleur du jour. [Toutefois le prophète a dit : « Dans les fortes chaleurs, rafraîchissez-vous par la prière. » Quant à la mesure de l'ombre, elle se prend souvent sur l'ombre de l'homme ; la longueur de la taille humaine est de sept fois la longueur du pied de l'individu, ou de quatre fois sa coudée, bien entendu chez l'homme fait et bien conformé.]

Selon le Moudaouéneh, il est de convenance de retarder le moment de la prière de l'éché un peu après la disparition du rouge crépusculaire de l'horizon [surtout parmi les tribus nomades et dans les campagnes, afin de donner à tous les fidèles éloignés dans les pâturages, occupés aux travaux agricoles, aux étables, le loisir de se rendre à leurs demeures ou à la mosquée, et aussi de s'abluer, s'ils en ont besoin].

Si le fidèle doute que le temps d'élection pour telle prière soit arrivé, la prière qu'il accomplit alors est insuffisante et nulle, fût-elle néanmoins faite dans le moment légal.

Au moment d'élection succède le moment forcé [c'est-à-dire, le moment jusqu'auquel on peut, à la rigueur, retarder de faire la prière qui n'a pas été faite pendant la durée rigoureusement canonique qui lui est assignée]. C'est, pour le matin, depuis le degré le plus brillant du crépuscule jusqu'au lever du soleil. Pour les deux midis [ou les deux durées canoniques, le midi et l'a's'r ou après-midi], c'est [depuis que l'ombre d'un corps entre dans sa seconde longueur et qu'il s'est passé assez de temps depuis le commencement de cette seconde portée d'ombre, pour accomplir quatre réka] jusqu'à ce que paraisse la rougeur qui annonce le coucher prochain du soleil.

Pour les deux éché [la prière du mar'reb et celle de l'éché], le moment forcé est depuis le premier tiers de la nuit jusqu'à l'aurore [39].

Au moment forcé de la prière du matin, le fidèle satisfait à son devoir, s'il a le temps sur la fin de ce moment d'accomplir un réka entier, et jamais moins [avant que ce moment soit entièrement passé et que le soleil paraisse. L'autre réka de cette prière se fait alors à la suite de celui-là]. Quant à la prière de chacun des deux midis et à celle de chacun des deux éché, le fidèle satisfait à son devoir, si [en voyage, par exemple] il a le temps, sur la fin du moment forcé [c'est-à-dire avant la disparition de ce moment], de faire un réka de plus qu'il n'en faut pour la première de ces deux prières [ou la prière du midi]; ce réka de plus est compté pour la deuxième prière [ou la prière de l'a'sr, et il n'y a plus infraction réelle à la loi, car la seconde prière se faisait avant que le moment dernier durant lequel elle doit avoir lieu ne fût passé]. Il en est de même pour la prière de chacun des deux éché. Et dans ce dernier cas, le réka de la seconde des deux prières [ainsi terminé avant la fin du temps forcé] ne se doit jamais compter pour la prière du moment qui vient ensuite [ainsi le réka de plus que ce qui est de règle pour la prière de midi et qui est fait, comme nous venons de le voir, avant le coucher du soleil, ne doit pas être compté pour la prière du coucher du soleil]. Tel serait le cas de l'individu ayant une demeure fixe, mais qui serait en voyage; si dans son voyage, ou lorsqu'il revient et rentre chez lui, il a deux midis ou deux éché à prier, le réka en surplus de la première [des deux prières qu'il a à faire] est compté pour la seconde [prière ou celle du second midi, ou du second éché. Bien plus, s'il a deux éché à prier, et qu'il n'ait, avant que finisse le temps forcé, que le loisir de faire trois réka, nombre fixé pour la prière du coucher du soleil, le dernier de ces trois réka est compté pour l'éché, et le voyageur est considéré comme n'étant pas en faute].

Néanmoins, quiconque fait ainsi sa prière dans la dernière limite du temps forcé est repréhensible aux yeux de la loi, à moins qu'il n'ait des motifs graves; tels sont : —l'état d'infidèle, fût-ce par apostasie [dont l'individu serait sorti à une heure déjà avancée]; — l'impuberté; — une syncope prolongée; — une folie qui ne s'est interrompue que fort tard; — le sommeil qui a duré au delà du temps canonique; — l'oubli; — la suspension retardée des menstrues ou des lochies; — excepté l'ivresse.

A l'individu, non cependant à l'individu encore à l'état d'infidèle pendant le temps canonique [à celui, dis-je, qui a eu des motifs plausibles pour différer ainsi deux de ses prières qui se peuvent réunir], la loi concède encore le temps de se purifier [bien que par là il ne puisse plus réellement faire sa prière qu'après que le temps forcé est entièrement écoulé].

[Quand des motifs puissants ont empêché de s'acquitter de deux prières, par exemple celle de midi et celle de l'a's'r, avant que se termine le temps forcé, c'est-à-dire, vers le coucher du soleil,] si l'individu, pensant avoir encore assez de temps pour accomplir ses deux prières retardées, fait un réka de la première des deux prières et que le temps forcé finisse alors immédiate-ment, cet individu se contentera de s'acquitter seule-

ment de la dernière des prières qu'il n'a pas faites. [Dans
le cas où ces prières seraient celles du midi et de l'a's'r,
si à l'instant où le fidèle a fini le premier réka pour
la prière du midi, le soleil disparaît, ce fidèle n'a plus
à faire que la prière du mar'reb; celle du midi n'est
plus exigée. Toutefois, le réka qu'il faisait pour le midi
devra être accompagné d'un autre réka, et ce sera une
prière surérogatoire. Ensuite le fidèle s'acquittera de la
prière du coucher du soleil.]

Si le fidèle [dont les motifs de retard pour prier ont cessé]
s'est purifié [dans l'espoir d'avoir le temps de
s'acquitter des deux prières arriérées ou d'une seule de
ces prières], et qu'ensuite il retombe en état d'impureté
[puis se purifie de nouveau, se mette après cela à faire
ses prières, et que le temps forcé se passe au moment
où il commence à prier], ou bien si le fidèle reconnaît
que l'eau dont il s'est servi pour se purifier était impure
[et qu'il se purifie de nouveau, pensant avoir le loisir
encore d'accomplir la prière ou les prières arriérées, et
si, à l'instant où il se met à prier, le temps forcé se ter-
mine], dans ces deux cas, le fidèle doit refaire les deux
prières, comme prières satisfactoires (voyez la section
Des Prières satisfactoires) [car, si la loi n'exige de recommencer que la prière de l'a's'r, c'est à la condition
qu'une seconde purification éventuelle ne vienne pas retarder le fidèle et lui faire perdre le peu de temps qui
restait].

Il y aura encore obligation de recommencer [à titre
satisfactoire, les deux prières arriérées que nous avons

supposées comme exemple], pour celui qui s'est purifié
[pensant avoir le temps de s'acquitter de ces deux
prières, et qui, au moment de les commencer], s'est rappelé avoir d'autres prières à faire auparavant [et qui,
s'étant mis à s'en acquitter, a vu alors le temps forcé
s'écouler entièrement avant que fût terminée une partie
de la première des deux dernières prières arriérées, ou
prières du midi et de l'a's'r, comme nous l'avons supposé. Cette circonstance indiquée ici, ne dispense pas
non plus de refaire les deux prières arriérées].

Enfin, les motifs plausibles et graves de retard [qui
ont été signalés tout à l'heure], excepté le sommeil et
l'oubli, dispensent de la prière, quand ils surgissent subitement au moment où l'individu [dont l'état d'empêchement vient de cesser] peut se purifier et prier [comme
il a été énoncé ci-dessus].

§ 2. Age auquel on doit prier. — Heures auxquelles les prières surérogatoires sont défendues.

La loi ordonne à l'enfant qui est entré dans sa septième
année [âge de la seconde dentition], de faire la prière.
Et dès que l'enfant est dans sa dixième année, s'il ne
s'acquitte pas de la prière, il doit être battu [de trois
à dix coups].

La loi interdit de faire les prières surérogatoires et
le *khot'beh* ou *prêche* du vendredi, au moment du lever
et du coucher du soleil. Les prières surérogatoires sont
hors de convenance et blâmables lorsqu'elles sont faites

immédiatement après l'apparition de l'aurore et immédiatement après l'accomplissement de la prière obligatoire de l'a's'r. [Dans ces deux époques du jour, assez
rapprochées des heures de prières obligatoires du lever
du soleil et du mar'reb, le fidèle ne doit qu'adresser
à Dieu des vœux, des supplications, des louanges.]

Les prières surérogatoires sont blâmables—après l'aurore, jusqu'à l'instant où le disque du soleil sera élevé
au-dessus de l'horizon, à une distance égale à la longueur d'une grande lance [40]; — et, après la prière de
l'a's'r, jusqu'à ce que l'on ait fait la prière du mar'reb
ou coucher du soleil. Mais l'on n'encourt point le blâme
de la loi, en faisant, après l'aurore, les deux réka qui
composent la prière dite de l'aurore. La loi ne blâme
pas non plus lorsque l'on récite avant de s'acquitter de
la prière obligatoire du matin, une prière *ouird* que
l'on n'a pas pu faire, parce que l'on ne s'est pas éveillé
au moment convenable. Il n'y a également nul blâme
pour les prières des funérailles, pour les prosternations
que l'on doit faire au récit ou à la lecture de certains
passages du K'oran [41], si cela a lieu avant le moment
du coucher du soleil et avant le moment du lever du
soleil.

Celui qui, commençant une prière surérogatoire, a
déjà dit, *Alláhou akbar,* « Dieu est grand! » dans un
moment où ces prières sont défendues, doit l'interrompre.

§ 3. Lieux où l'on peut prier. — Lieux où il est blâmable de prier.

La prière d'obligation divine peut se faire : — dans une étable ou un lieu où l'on abrite le gros bétail ou les menus troupeaux; — même dans un lieu de sépulture quel qu'il soit, fût-il consacré à la sépulture de polythéistes [c'est-à-dire, de chrétiens ou autres]; — dans un lieu où l'on jette et amasse le fumier et les balayures; — dans un lieu où l'on égorge les animaux; — ou encore sur un chemin, pourvu que dans tous ces lieux on soit assuré de ne rien toucher d'impur [et que, pour prier, on puisse s'y placer sur quelque élévation, sur une grande pierre, un banc de pierre, etc. sur lesquels les matières impures n'arrivent pas]. Si l'on n'est pas absolument sûr d'avoir évité tout contact d'impuretés, on ne recommence la prière, disent certains juristes, que lorsque l'on a parfaitement reconnu et vérifié que l'on a été atteint de quelque souillure.

Aux yeux de la loi, il est blâmable de faire la prière : — dans une église chrétienne [soit fréquentée, soit abandonnée, soit en ruine, à moins d'y être forcé]; mais il n'y a pas obligation de recommencer cette prière; — sur un emplacement où l'on fait agenouiller habituellement des chameaux auprès d'une eau, quand même on serait assuré de la pureté du lieu [et que l'on étalerait sur le sol un tapis ou une natte, ou tout autre objet non impur].

Mais doit-on recommencer la prière accomplie dans ce dernier endroit? A ce sujet, il y a deux dires (k'aûlân) ou opinions opposées. [Les uns veulent que toujours cette prière soit recommencée ; les autres prétendent qu'elle ne doit l'être que lorsque l'individu a prié en cet endroit par inadvertance, ou exprès, ou par ignorance.]

§ 4. Culpabilité relativement à l'obligation de prier.

Si un musulman refuse de faire une des cinq prières d'obligation divine, on le laissera différer [tout en le menaçant du supplice], jusqu'à ce qu'il ne lui reste plus du temps forcé que la durée nécessaire pour accomplir un réka avec les deux prosternations qui en font partie. Et [si ce coupable ou réfractaire persiste dans son obstination] il sera mis à mort par le sabre, en satisfaction à la volonté explicite et précise de la loi; il en sera ainsi lors même que le coupable dirait : — « Je vais faire cette prière, » [et si le reste de la durée du temps forcé s'écoule entièrement sans qu'il ait accompli la prière]. Ensuite, des gens du commun seuls réciteront pour lui les prières des morts. La fosse où son corps sera déposé ne sera point laissée sans tumulus. Quant à l'individu qui aura passé une prière, mais non par résolution de ne pas s'en acquitter, la loi, comme le disent les juristes, ne le punit point de mort.

Celui qui nie et rejette l'obligation légale de la prière [et par conséquent la nécessité et la règle des ablutions et autres pratiques purificatoires, l'utilité et le devoir de s'astreindre aux divers actes qui composent les réka, et au nombre des réka, etc.], celui-là est coupable du crime d'infidélité.

SECTION II.

DE L'ADÁN OU ANNONCE DE LA PRIÈRE. —— DES MOUEZZIN OU DE CEUX QUI ANNONCENT LA PRIÈRE SUR LES MINARETS OU DANS LES MOSQUÉES ET DANS LES DEMEURES PARTICULIÈRES. —— DE L'IK'ÀMEH OU MISE EN DISPOSITION DE LA PRIÈRE.

§ 1. Annonce de la prière. — Mouezzin.

L'obligation imitative d'annoncer la prière est un devoir pour une réunion de fidèles, afin d'en appeler d'autres encore à prier. Cette annonce n'a lieu qu'au commencement du temps canonique de chaque prière de précepte divin, et aussi pour la prière solennelle du vendredi ou jour sacré de la semaine [42].

L'annonce doit être double dans les paroles [de chacune des sortes de phrases courtes] qui la composent. [Elle doit donc se répéter deux fois.] Elle doit répéter même ces mots, qui terminent l'appel à la prière du matin: « La prière est préférable au sommeil. » L'annonce doit renouveler aussi, dans la seconde reprise, la formule de profession de foi [« J'atteste qu'il n'y a de Dieu que le Dieu unique; » puis ces mots : « J'atteste que Mahomet est l'Apôtre de Dieu »].

Le mouezzin doit faire entendre, de toute la force de sa voix [d'abord ces mots, *Alláhou akbar!* « Dieu est

13

grand! » répétés à deux reprises successives; puis] la
profession de foi ; entrecouper par des repos les phrases
de l'annonce, mais non les scinder ou interrompre dans
leur composition, ne fût-ce que par un signe de tête,
un geste, tel qu'un salut adressé ou rendu à quelqu'un.

Lorsque le mouezzin a manqué à quelque chose des
conditions nécessaires qui viennent d'être énoncées,
il le répare et le renouvelle, si toutefois il n'a pas déjà
trop prolongé l'annonce [et s'il n'y a pas à craindre
qu'en répétant ce qu'il a mal exécuté, il ne puisse arriver
que les fidèles pensent qu'il s'agit d'autre chose que de
l'appel à la prière].

L'adân ne doit point être fait avant l'instant exact de
chaque temps d'élection pour chaque prière, excepté
l'adân du matin, dont on peut rapprocher le moment
canonique jusqu'à la fin ou dernier sixième de la nuit.
[Si l'adân a eu lieu trop tôt, il doit être recommencé,
afin que celui qui a prié, lorsqu'il l'a entendu, sache
que sa prière est nulle et doit être recommencée.]

Pour que l'annonce publique de la prière soit dans
sa valeur légale, elle doit être faite par un musulman
d'un esprit sain, du sexe masculin, et au moins pubère.
[Elle ne doit être faite ni par un hermaphrodite, ni
par une femme.]

Le mouezzin ou celui qui annonce la prière doit, selon la convenance religieuse, — être pur et exempt de
souillures; — avoir un timbre de voix assez fort, clair
et sonore ; — se placer, pour l'annonce, sur un lieu élevé,
s'il se peut, et dominer la foule ; — se tenir debout, à

moins d'indisposition ou autre motif grave ; — avoir la face tournée du côté de la k'ibla, à moins qu'il ne soit obligé de prendre une autre direction pour être entendu du peuple.

Il est de devoir pieux, pour le fidèle, à mesure qu'il entend les différentes parties qui composent l'adân, de les répéter à voix basse, et de répéter une seule formule de profession de foi, mais après que le mouezzin l'a fait entendre, comme il le doit, à deux reprises successives. Le fidèle doit répéter ainsi les paroles de l'annonce, même lorsqu'il est occupé à une prière surérogatoire, mais non s'il est à une prière d'obligation divine.

L'adân est aussi de devoir pieux, même pour le voyageur isolé [fût-il dans le désert], mais non pour un nombre de fidèles qui, étant dans le lieu de leur résidence, n'appellent pas d'autres fidèles à la prière ; c'est l'avis d'El-Lakhmî (*moukhtdr.*) [Lorsqu'un voyageur, dans le désert, fait l'adân et l'ik'âmeh, et qu'ensuite il prie, des anges viennent se placer derrière lui et prient avec lui.]

L'annonce de la prière est permise à un aveugle. Il est également permis d'avoir plusieurs mouezzin dans un endroit déterminé [par exemple, dans une mosquée, dans un navire, dans une prison] ; et [dans les localités de moyenne étendue qui ont plusieurs mosquées] ils peuvent immédiatement, l'un après l'autre, et chacun à une mosquée, annoncer la prière, excepté celle du mar'reb ou coucher du soleil [parce que la durée du

temps canonique est trop courte]. Ils peuvent aussi
annoncer, tous ensemble, chacune des cinq prières obligatoires.

§ 2. De l'ik'àmeh.

Il est licite de laisser annoncer l'ik'àmeh de la prière
en commun par un autre individu que celui qui a fait
l'adàn. [L'*ik'àmeh* ou *la mise en disposition* de la prière
en commun, seulement, consiste à répéter, toujours à
haute voix, mais sans chanter et sans marquer de repos
ou d'intervalles, les paroles de l'adàn, et à ajouter, avant
la profession de foi qui la termine, les mots : « Allez,
tout est prêt pour la prière. » Car l'imâm, ou celui
qui doit présider à la prière et en diriger par lui-même
tous les mouvements et les réka, se place en avant de
l'assemblée des fidèles, lorsque le mouezzin va prononcer, pour la dernière fois, la formule de profession de
foi. Dès que l'ik'àmeh est terminé, l'imâm commence la
prière.]

Il est permis au fidèle qui entend le mouezzin commencer l'annonce, d'en réciter les paroles à part, avant
que le mouezzin ait achevé.

Il est permis à un individu de recevoir un salaire
[soit du trésor sacré, soit des particuliers] pour annoncer la prière, et aussi pour annoncer la prière d'abord
et ensuite la présider à titre d'imâm. Mais il est blâmable de recevoir un salaire pour présider seulement
à la prière.

La loi désapprouve celui qui salue le mouezzin en

fonctions, et qui salue le pèlerin, dans ses cérémonies pieuses, lorsqu'il adresse à Dieu ces mots : « Je suis à toi, mon Dieu! je vais à toi. »

Il répugne également à la loi que l'ik'âmeh soit prononcé,—par un individu, avant qu'il soit descendu de sa monture [car il ne doit pas y avoir d'intervalle entre l'ik'âmeh et la prière];—ou par un individu qui ensuite va recommencer une prière omise ; il répugne encore que ce dernier individu fasse l'adân.

Il est d'obligation imitative, pour une prière de précepte divin, même si cette prière est à titre satisfactoire, de faire l'ik'âmeh sans redoubler les paroles qui le composent, excepté le *tekbîr,* ou ces mots, *Allâhou akbar!* « Dieu est grand! » [qui commencent et terminent l'ik'âmeh].

La prière n'est nullement invalidée, quoique, même de propos délibéré, l'ik'âmeh n'ait pas été proclamé.

L'ik'âmeh, prononcé par la femme, mais à voix basse seulement, est un acte méritoire.

Que le fidèle, dans la mosquée, se lève debout, selon que ses forces et son état de santé le lui permettent, avant ou après le prononcé de l'ik'âmeh, pour commencer la prière.

SECTION III.

DE L'INTERRUPTION FORCÉE DE LA PRIÈRE. — DE CERTAINS INCIDENTS
PARTICULIERS, ET SURTOUT DU SAIGNEMENT DE NEZ AVANT OU
PENDANT LA PRIÈRE.

La condition essentiellement requise pour toute prière
est que le fidèle soit pur de toute souillure majeure ou
mineure, exempt de toute impureté.

Si un saignement de nez survient au fidèle avant sa
prière et que le sang continue à couler, ce fidèle devra
la différer jusque vers la fin du temps canonique, puis
il priera. [Il ne peut pas prier auparavant, parce qu'il
est en état d'impureté, et qu'il lui est défendu de prier
ainsi, tant qu'il a assez de temps encore pour se purifier.] Si le saignement de nez survient pendant la prière,
même pendant la prière solennelle d'un jour de fête
des deux Baïram, ou pendant la prière funèbre pour un
mort, et que le fidèle pense que le saignement continuera jusqu'à la fin ou au delà de la prière, ou jusqu'à
la fin du temps canonique, ce fidèle terminera sa prière
[malgré le saignement de nez], mais à la condition expresse qu'il n'y ait pas à craindre que le sang coule en
assez grande abondance pour salir la natte, ou le tapis,
ou l'aire de la mosquée; et en cet état, le priant indique
seulement par des mouvements ou signes, les inclinations et les prosternations, de peur que ces salutations
et prosternations ne lui nuisent, ne lui causent quelque
mal, ou ne lui fassent salir et souiller ses vêtements,

mais non de peur de se salir quelque partie du corps.
[Car les vêtements salis par le sang pourraient se dégrader ensuite au nettoyage. Si le sang écoulé sur l'individu dépasse le poids d'une drachme, il faut interrompre et quitter la prière. Quant aux mouvements par
lesquels on supplée aux inclinations et prosternations,
lorsque le priant craint qu'elles ne lui causent un évanouissement, par exemple, en provoquant un écoulement de sang trop considérable, ils consistent à remplacer par de simples signes ces salutations et prosternations, ou bien à les remplacer par assis et lever, les
premières par lever et les secondes par assis, ou, enfin,
à ne suppléer qu'aux unes ou aux autres, selon l'exigence de la circonstance.]

Si le fidèle ne pense pas que son saignement de nez
continue jusque vers la fin du temps canonique, et si
le sang ne coule qu'en suintant, il l'essuie avec la main
gauche en le roulant entre les doigts. [Pour cela faire,
on introduit un des doigts, excepté le pouce, dans
la narine, on le tourne et retourne, on le retire, et
à l'aide du pouce on roule et sèche le sang amené ainsi
du nez; on continue de la même manière, successivement avec chacun des quatre derniers doigts.] Et si le
sang recueilli alors par les doigts vient à dépasser le
poids d'une drachme, le fidèle interrompt sa prière,
qui alors est invalidée, de même que dans le cas où
une quantité de plus d'une drachme de sang a souillé
les vêtements ou le corps, ou quand il y a à craindre qu'il
ne salisse le sol ou la natte de la mosquée. Lorsque le

sang ne coule pas seulement en suintant [mais arrive
assez abondamment, ou en tombant par gouttes, et que
néanmoins le sol de la mosquée, ou le corps du fidèle,
ou ses vêtements, n'en sont pas encore salis], il faut
aussi que le fidèle interrompe sa prière.

Dans cette circonstance, le fidèle [tient compte
comme d'une partie de devoir accomplie, de ce qu'il a
déjà fait de sa prière, et] se réserve de s'acquitter ensuite
de ce qu'il laisse, et d'en reconstruire alors le complément. Il se prend et se serre l'extrémité du nez, et sort
pour aller se laver. Mais alors il ne doit point — aller au
delà du lieu le plus rapproché possible où il puisse
trouver ou se procurer de l'eau; — ni tourner le dos à la
k'ibla, à moins de cause qui l'y oblige [comme si l'eau
se trouve en un lieu dont la direction est opposée à la
k'ibla]; — ni marcher sur des substances impures; —
ni parler, fût-ce même par oubli ou par distraction.

Ces règles de conduite [dont l'observation garantit la
validité de la prière] concernent le fidèle qui prie en
assemblée. Quant à l'imâm, s'il est surpris par un saignement de nez, il doit céder sa place et se retirer [en
se réservant aussi de compléter en particulier la prière
qu'il est forcé d'interrompre].

Mais si le fidèle prie seul, lui est-il licite aussi, dans
le cas où il est obligé de sortir à cause d'un saignement
de nez, de tenir compte de ce qu'il a déjà fait de la
prière pour en reconstruire et faire ensuite le complément [ou bien cette prière interrompue est-elle perdue pour lui]? Il y a sur ce point diversité d'opinions

(*khiláf*). [Les unes veulent que sa prière soit toujours invalidée et soit ensuite recommencée; les autres énoncent une décision opposée et laissent à ce fidèle le même bénéfice qu'à celui qui prie en commun.]

Dans tous les cas, le fidèle qui [obligé de quitter l'assemblée des priants] se réserve de parfaire ensuite sa prière, ne peut considérer ce qui en est accompli comme devant être compté pour lui [pour l'acquit de sa conscience] qu'à partir au moins d'un réka complétement terminé [avec ses deux prosternations et le repos assis qui les doit suivre; car on ne peut scinder un réka].

Le fidèle qui a quitté, ainsi qu'il vient d'être dit, une prière en commun [et est sorti pour se laver], la complétera dans l'endroit même où il se sera lavé, s'il pense que l'imâm qui préside l'assemblée a terminé, et s'il peut convenablement achever sa prière là où il est; sinon [c'est-à-dire si l'endroit ne parait pas parfaitement exempt de souillure, ou s'il est trop resserré, etc.] le fidèle terminera la prière dans l'endroit convenable le plus proche possible. Ces conditions négligées entraînent l'obligation de recommencer la prière. Mais le mieux, pour le fidèle, est de revenir achever sa prière à la mosquée, s'il présume que l'imâm est encore à prier, ou seulement s'il suppose qu'il y soit encore, fût-on déjà au *téchek'oud* [43]. S'il s'agit de la prière du vendredi [prière qui doit toujours être faite à la mosquée], il faudra indispensablement et toujours que le fidèle revienne dans la mosquée, et il s'y placera, pour finir sa prière, dans la partie la plus rapprochée de l'entrée. S'il n'y revient pas, sa prière sera nulle et devra être recommencée. Si l'on n'avait pas encore achevé un réka de cette prière du vendredi quand le fidèle a été obligé de sortir, ce fidèle recommencera cette prière tout entière, c'est-à-dire depuis l'*ih'râm* [ou les tekbir qui en sont les premières paroles].

Le fidèle qui sera atteint d'un saignement de nez après que l'imâm aura fait le salut de paix ou salut final, et non auparavant (voy. section VII de ce chapitre), fera le salut de paix et se retirera [44].

Il n'est pas permis de tenir compte de ce qui a été accompli de la prière [en vue de la compléter ensuite], pour tout autre motif que le saignement de nez. [Par tout autre incident la prière est annulée.] Bien plus, si le fidèle se croit atteint d'un saignement de nez et quitte la prière, et si, ensuite, il voit que le saignement n'a pas lieu, ce que ce fidèle a déjà fait de sa prière ne compte pour rien; elle doit être entièrement recommencée.

La vomiturition légère, c'est-à-dire un renvoi nauséeux qui survient malgré le fidèle [et aussi la pituite en petite quantité, et dont l'individu ne ravale rien exprès], n'invalide pas la prière.

Lorsque le fidèle [qui arrive en retard à la prière, après le premier réka d'une prière quaternaire, par exemple] se trouve présent aux deux réka moyens [le deuxième et le troisième], ou seulement à un de ces deux réka, il a alors une partie première qu'il s'est ré-

servé d'accomplir ensuite; et lorsque, au dernier ou quatrième réka, il lui survient un saignement de nez qui le
force à sortir, il a à faire ensuite ce dernier réka omis.
Or, dans ce double cas de réka passé à accomplir et de
réka omis par force et à faire comme complément, le
fidèle commence par s'acquitter du premier réka pour
lequel il a été retardé. [Ensuite il accomplit celui qu'il a
été obligé de quitter à cause du saignement de nez.]

Il en sera de même pour le fidèle à demeure ou non
voyageur qui, venant prier sous la direction ou présidence d'un imâm en voyage, ou d'un imâm présidant
une réunion de fidèles qui s'acquittent de la *prière de
la peur,* et non en présence de l'ennemi ou en campagne (voy. section *De la prière de la peur*), n'est arrivé
à la prière de l'un ou de l'autre qu'après le second
réka; il accomplira d'abord ce qui a été fait de la prière
sans lui; il restera accroupi sur ses talons lorsque l'i-
mâm se lèvera et aura terminé, et il satisfera ensuite,
seul, à ce qui était déjà dit de la prière, quoique le
réka accompli avec l'un ou l'autre imâm ne soit pas le
second réka de la prière de ce fidèle sédentaire. [Le
fidèle en voyage et le soldat en campagne sont dispensés de deux des réka des prières quaternaires; par conséquent, si un fidèle sédentaire vient à prier avec le
voyageur ou des soldats priant la prière de la peur, et
que ce fidèle n'arrive à la prière qu'après le premier
réka, sa prière doit être complétée et avoir quatre réka.
Le second réka de l'un ou de l'autre imâm en question
n'est que le premier du fidèle retardé, qui, dès lors,

doit encore en faire trois. Mais ce fidèle commencera par le premier réka, auquel il n'a pas assisté, puis il continuera par les deux derniers. Du reste, dans les deux circonstances supposées, celle-ci et celle qui précède, c'est-à-dire celle du fidèle qui est forcé de quitter l'assemblée à cause d'un saignement de nez, l'individu se trouve avoir à faire le réka arriéré, après lequel il a coordonné sa prière en se réservant de l'accomplir ensuite, et le dernier ou les deux derniers réka qu'il a été forcé de laisser, ou bien, enfin, pour le second exemple, les trois réka qui n'ont pu être accomplis avec l'un ou l'autre imâm. *Tenir compte* ainsi de ce qui est terminé d'une prière en commun, et s'unir à cette prière à l'endroit où elle en est, ce qui ne se fait que selon des règles données, c'est ce que la loi appelle *construire* sa prière, la *coordonner*, l'établir sur ce qui en est laissé, toujours à la charge de s'acquitter de la partie laissée. Ceci s'expliquera plus tard encore, surtout à la section XII, § 6.]

SECTION IV.

DES PARTIES DU CORPS À COUVRIR OU CACHER, ET DES VÊTEMENTS, PENDANT LA PRIÈRE.

§ I. Des parties du corps que la décence recommande de couvrir ou cacher pendant la prière.

Faut-il considérer comme condition imprescriptible, pour la validité de la prière, le soin de se couvrir toutes les parties du corps [ou au moins certaines parties du corps] que la pudeur doit dérober aux regards, et de les couvrir avec des vêtements, voiles ou autres objets non transparents, soit prêtés, soit demandés, soit même impurs lorsque l'on n'en a pas d'autres, soit aussi, par exemple, avec de la soie, qui, du reste [bien que prohibée alors], doit pourtant être préférée aux objets ou voiles impurs? Y a-t-il, dis-je, condition indispensable de se couvrir, lorsque le fidèle y pense, fût-il même seul et en lieu secret? Sur cette question les avis diffèrent (*khiláf*). Selon les uns, la condition est imprescriptible; selon d'autres, c'est simplement une obligation canonique.

Chez l'homme [qui est avec d'autres hommes], et chez la femme serve, même celle qui est en voie d'affranchissement ou qui n'est pas à l'état ordinaire de l'esclave [telle est l'esclave rendue mère par son patron et qu'il ne doit plus vendre, l'esclave contractuelle, celle à qui est promise la manumission posthume, celle qui a promesse d'affranchissement à terme fixe, etc.], et chez la femme de condition libre, lorsqu'elle est avec d'autres femmes libres ou non libres [ou même infidèles], les parties du corps qui doivent être dérobées aux regards sont depuis le nombril jusqu'aux genoux.

La femme libre qui se trouve avec des hommes étrangers [et musulmans] doit [pour prier] avoir tout le corps couvert, excepté la face et les mains. [Et encore, la face et les mains ne doivent rester découvertes que dans des cas de nécessité.]

La femme libre [ainsi que l'esclave rendue mère par le fait de son maître], lorsqu'elle prie ayant à décou-

vert [même seulement une partie de] la poitrine et les
extrémités [c'est-à-dire les pieds, ou les bras, ou les
cheveux], recommencera sa prière dans la durée du moment convenable [par exemple, un peu avant le coucher
du soleil pour la prière de chacun des deux midis]. Il
en est de même pour la femme serve [et celle qui est
en voie d'affranchissement], si elle prie ayant la cuisse
à découvert; mais il n'en est pas ainsi pour l'homme.

La femme de condition libre doit, en présence d'un
homme auquel il lui est défendu de s'unir par le mariage [soit à cause de leur degré de parenté, soit comme
étant frères de lait, etc.], avoir tout le corps couvert,
excepté le visage et les extrémités.

La femme ne doit voir de l'homme qui lui est étranger que ce qu'il n'est pas défendu à l'homme de voir
de la femme à laquelle il ne lui est pas permis de s'u-
nir par le mariage. [Elle peut en voir le corps, excepté
l'espace depuis le nombril jusqu'aux genoux.] Elle ne
doit voir de l'homme dont l'alliance conjugale lui est
prohibée légalement que ce qu'un homme peut décemment voir de son semblable.

La femme esclave [même celle qui est en voie d'af-
franchissement] n'est point obligée de se couvrir la tête
pour prier [mais elle peut se la couvrir].

Il est de convenance religieuse, même lorsque le
fidèle est seul et éloigné de tous les regards, de se tenir
couvertes les parties du corps que la bienséance ordonne
de couvrir [et cela par respect pour les anges gardiens].
Il est aussi de convenance religieuse, pour la femme

rendue mère par le fait de son patron, et pour la jeune fille libre [en âge de faire la prière, c'est-à-dire dès l'âge de sept ans], de se couvrir comme doit être couverte la femme adulte et de condition libre. La jeune fille qui approche de la puberté, et aussi la femme adulte libre, sont obligées de recommencer la prière [des deux midis, par exemple], avant le coucher du soleil, si elles ont quitté le voile qui leur couvrait la partie supérieure de la tête.

Même obligation de recommencer : — pour qui fait la prière avec un vêtement de soie, surtout s'il n'est vêtu que de ce vêtement, bien qu'il en ait un autre; — pour qui prie avec un vêtement souillé ou impur. Mais cette prière doit être recommencée avec un autre vêtement que le vêtement de soie, ou bien, relativement au vêtement impur ou souillé, on doit renouveler la prière lorsque l'on aura rencontré l'eau nécessaire pour le purifier [et qu'il restera encore assez du temps fixé pour la prière].

D'autre part, le fidèle qui [par oubli] pensant n'avoir pas fait une prière [dont il s'est cependant acquitté, mais couvert d'un vêtement impur, ou souillé, ou défendu sous la condition que l'individu en possède un autre, le fidèle, dis-je, qui] recommence, mais couvert d'un vêtement non impur, doit recommencer encore cette prière [au moment, par exemple, où l'horizon se colore pour le coucher du soleil, si toutefois il s'agit d'une prière qui se recommence à cette heure].

§ 2. Des circonstances dans lesquelles le fidèle n'a pas de quoi se
couvrir suffisamment. — Vêtements défendus pour la prière.

Celui qui, se trouvant dans l'impossibilité de se couvrir, s'acquitte de sa prière quoiqu'il soit nu, n'est point
obligé de recommencer cette prière, pas plus que celui
qui, refaisant une prière oubliée [c'est-à-dire accomplissant une prière satisfactoire], reconnaît ensuite qu'il
l'a faite avec un vêtement défendu.

La loi blâme [en général, et à plus forte raison] pour
la prière les vêtements qui dessinent et laissent apprécier
les parties cachées, à moins que ce ne soit par l'effet
du vent [ou de la pluie, ou de l'humidité de l'air,] qui
applique les vêtements contre le corps. Il est blâmable
pour la femme de prier en ayant la face couverte jusque
vers les yeux, ou en ayant, par exemple, les manches re-
troussées, les cheveux trop ramassés [à moins que ce
ne soit chez elle une manière habituelle de se coiffer].

Il est également blâmable pour l'homme d'avoir, en
priant, le bas de la face caché par le *litâm* (45), de même
qu'il est blâmable de découvrir la poitrine ou les jambes
d'une esclave qu'il veut acheter. Il est encore blâmable,
dans la prière, d'avoir, par-dessus un simple vêtement,
un *s'ammâ* (ou grande pièce d'étoffe avec laquelle on
se drape en ramenant chaque extrémité antérieure sur
chaque épaule); car alors l'individu est comme lié dans
ce genre d'accoutrement, et n'est plus assez libre des
mouvements de ses bras pour les inclinations et les
prosternations; de plus, s'il n'a que le s'ammâ et qu'il

exécute ces mouvements d'une manière convenable, il s'expose à tout moment à découvrir ce qu'il doit garder caché.

Se draper du s'ammâ, lorsque l'on n'a par-dessous qu'un simple voile autour des reins, est défendu aussi comme chose blâmable. Si le s'ammâ n'est pas accompagné [d'un autre vêtement qui couvre convenablement le corps], il est formellement défendu pour la prière; de même aussi la loi blâme ou défend l'*ih'tibâ* seul et sans autre vêtement. [L'ih'tibâ consiste, après que l'on s'est accroupi les jambes ramenées chacune sous la cuisse opposée, à s'envelopper dans une pièce d'étoffe ou sorte de manteau jeté autour du corps depuis la ceinture jusque par-dessous les jambes et les cuisses, et la portion inférieure du tronc.]

[Malgré ce qui a été indiqué tout à l'heure, et d'après l'avis d'hommes éclairés,] celui qui, s'élevant contre la règle canonique, prie avec un vêtement de soie [quoiqu'il puisse en mettre un autre], ou avec quelque objet ou parure en or, fait une prière valable. Il en est de même pour celui qui, en priant, a dérobé quelque chose, ou qui a vu ou regardé ce qu'il ne devait pas voir, sur sa personne ou sur d'autres.

Lorsque le fidèle, sur le point de prier, ne pourra avoir de quoi couvrir sa nudité par derrière et par devant, il agira selon le troisième dire des légistes : « Il se couvrira, à son choix, du côté qu'il jugera le plus convenable. » [Le premier dire est celui qui indique de couvrir les parties postérieures ; le second est celui qui recommandé de cacher les parties antérieures.] Celui qui est dans l'impossibilité de se rien couvrir, fera sa prière le corps entièrement nu. Dans ce dernier cas, si les priants se rassemblent dans l'obscurité, ils sont alors comme s'ils étaient vêtus et couverts. S'ils ne peuvent se réunir dans l'obscurité, ils doivent se séparer, s'éloigner les uns des autres. Lorsque quelque motif [tel que la crainte d'être attaqués par un ennemi, par des bêtes sauvages] ne leur permet pas de se séparer, ils prieront ensemble, debout, les yeux baissés, et ayant l'imâm au milieu de la troupe [au milieu de leur rang ou de leurs lignes].

Lorsque, pendant la prière, une femme esclave qui prie la tête découverte [ou les jambes nues jusqu'aux genoux, et le haut du corps nu jusqu'à la ceinture, lorsque cette esclave, dis-je,] apprend qu'elle vient d'être affranchie, elle doit, si elle trouve assez près d'elle ce qui lui est nécessaire se couvrir aussitôt la tête [les jambes et la poitrine]. De même, lorsqu'en priant, l'homme qui est nu aperçoit assez près de lui un vête-ment quelconque, il doit s'en couvrir. [Dans les deux cas, l'esclave affranchie ou le fidèle nu continue ensuite sa prière et la termine]. Si ces deux individus manquent à cette obligation de se couvrir, ils renouvelleront leur prière dans le temps indiqué pour les prières satisfac-toires.

Lorsque plusieurs fidèles ont, entre eux tous, de quoi composer un seul vêtement, ils prient l'un après l'autre avec ce vêtement. S'il n'y a qu'un seul individu qui ait

un vêtement suffisant et convenable, il doit, par esprit
de religion, le prêter aux autres pour prier [et pendant
ce temps il restera nu, accroupi par terre].

SECTION V.

DE LA K'IBLA OU DIRECTION SELON LAQUELLE LE FIDÈLE DOIT AVOIR LA FACE TOURNÉE, POUR PRIER.

Le fidèle qui est en sécurité contre tout danger et
toute crainte [et qui est en état de se mouvoir et de se
tourner] ne doit prier, s'il est à la Mekke [ou aux en-
virons], qu'en ayant toute la face antérieure du corps
dirigée du côté du sanctuaire même de la Ka'ba [46].
Mais, lorsqu'il est difficile au fidèle [malade ou infirme,
ou accablé par l'âge] de se placer selon cette direction,
doit-il s'efforcer de la prendre? Il y a sur ces points divergence d'opinions.

Le fidèle qui n'est pas à la Mekke [ni aux environs,
ni à Médine] doit faire tous ses efforts pour s'assurer
de la direction la plus exacte de la k'ibla, quand même
la Ka'ba serait détruite. [Car la Ka'ba fût-elle anéantie, sa
place devrait être encore le point de mire ou la k'ibla pour
les prières des croyants.] La prière est nulle, si le fidèle
a prié dans une autre direction que celle qu'il s'est efforcé
de reconnaître comme véritable k'ibla, eût-il, en changeant cette direction, rencontré la k'ibla juste et exacte.

La direction de la route que l'on suit, pour un trajet
de la plus courte distance [c'est-à-dire au moins de
quatre bérid ou quarante-huit milles] (voy. *De la prière*

obligatoire en voyage, section xiv), mais à la condition
expresse que l'on soit sur une monture [non à pied, ni
sur mer], ou bien que l'on voyage par tout autre moyen
de transport terrestre [tel qu'en *chakdef*, ou sorte de
palanquin porté par des chameaux], remplace la véritable
k'ibla, pour les prières surérogatoires, même pour la
prière ouitr [47], fût-il facile de commencer ces prières
dans la direction réelle de la Ka'ba; mais la direction
du trajet que l'on suit sur une barque ou un navire ne
peut pas [toujours relativement aux prières suréroga-
toires] tenir lieu de la vraie direction de la k'ibla; là,
le voyageur doit, selon qu'il lui est possible, se tourner
à la k'ibla, et la suivre à mesure qu'elle dévie, par rapport à lui, pendant qu'il prie.

La prière surérogatoire dans un bâtiment [barque ou
navire, quelle que soit la direction de la marche,] est-
elle défendue à celui qui [étant malade ou infirme] ne
peut prier que par signes (voy. *Prière des malades*, section vii), ou bien est-elle défendue à qui que ce soit,
sans restriction? Il y a deux explications à ce sujet. [Les
uns pensent que l'on peut faire cette prière par signes
dans la circonstance supposée ici; les autres, que l'on
ne doit jamais la faire qu'en se trouvant selon la direction légale ou la k'ibla.]

Le fidèle qui peut chercher à s'assurer de quel côté
est la direction légale pour la prière ne doit point se
guider sur un autre individu, ni se guider non plus sur
un *mih'ráb* [48], à moins que ce mih'ráb ne soit dans une
grande ville [et n'ait été fixé par des hommes habiles et

consciencieux]. L'aveugle même ne se guidera pas inconsidérément sur un autre fidèle, mais il demandera qu'on lui indique la véritable direction sacrée.

Le fidèle incapable de chercher et de trouver de quel côté il doit faire face pour prier se guidera — sur celui qui s'est appliqué à reconnaître et déterminer la k'ibla, — ou bien sur un mih'râb.

Lorsque [n'ayant personne qu'il puisse consulter ou imiter, et n'ayant pas non plus moyen de se guider d'après un mih'râb] le fidèle ne sait comment trouver la k'ibla et reste indécis sur la direction à prendre, il s'en choisit une et prie. Le mieux, alors, et le plus louable que puisse faire le fidèle, c'est de compléter quatre prières [une dans chacune des quatre directions opposées de l'horizon]. Cette manière d'agir est indiquée par El-Lakhmi.

Si, pendant la prière, le fidèle, qui n'est point aveugle et qui n'est pas éloigné de beaucoup de la ligne de la k'ibla, s'aperçoit qu'il s'est trompé dans la direction qu'il a prise, il s'interrompt, se place selon la direction voulue [et termine ainsi sa prière]. Mais, quand il ne s'aperçoit de sa déviation qu'après la prière achevée, il la recommence dans le temps canonique. Celui qui a oublié de bien prendre son orientation légale doit-il toujours recommencer sa prière? Sur cette question les avis sont partagés (khilâf).

Les pratiques d'imitation, c'est-à-dire d'obligation imitative, sont permises dans quelque endroit que ce soit de la Ka'ba et du h'idjr [49]; mais il n'est pas permis d'y faire une des prières d'obligation divine ; celle qui y serait faite devrait être recommencée dans le moment même ou moment d'election présent. On a interprété (*ouwil*) qu'il fallait la recommencer, si elle avait été faite par oubli de la loi qui la défend ; il a été soutenu aussi qu'en tout cas elle doit être renouvelée.

Toute prière accomplie [ou dans l'intérieur, ou] sur le haut ou la plate-forme de la Ka'ba est nulle. Est également nulle la prière faite par un fidèle qui est sur une monture, excepté au milieu des batailles, et excepté [en voyage légal et] dans le cas où il y a à craindre [par exemple, l'attaque des bêtes féroces, des brigands, d'un ennemi, etc.], et lors même que le fidèle n'aurait pas été, en priant, dans la direction de la k'ibla. Mais une fois que le danger est passé, qu'il n'y a plus de motif de crainte pour l'individu, il doit, en bon fidèle, renouveler sa prière pendant le temps voulu ; — excepté aussi le cas où le fidèle, sur sa monture, se trouve dans des terres fangeuses où il ne peut absolument pas descendre de sa monture ; — excepté, enfin, le cas de maladie assez sérieuse pour empêcher aussi de mettre pied à terre ; alors le malade [reste sur sa monture, l'arrête et] s'acquitte de sa prière sur sa monture même, comme s'il était à terre [c'est-à-dire, par signes], et tourné à la k'ibla. (Voy. *Prière des malades*, section vii.) Le Moudaouéneh présente la prière du malade, sur sa monture, comme blâmable.

SECTION VI.

DES PRATIQUES QUI COMPOSENT LA PRIÈRE.

---

§ 1. Pratiques d'obligation divine.

Les pratiques essentielles et de précepte divin pour la prière sont [au nombre de quinze] :

1° Réciter la formule du *tekbîr* [50], avec un cœur pénétré de la seule pensée de Dieu [et oubliant toutes les choses matérielles et mondaines].

2° Se lever debout avant de prononcer le tekbir, à moins que le fidèle arrivant ne soit devancé par l'imâm [et que, par conséquent, la prière ne soit commencée]. Sur ce point il y a des explications. [Selon l'une d'elles, le fidèle qui arrive quand la prière est déjà commencée peut en dire la moitié debout, et le reste en s'inclinant pour la salutation, ou bien en attendant le second réka.] Mais, en tout cas possible, il suffit de prononcer ces deux mots, *Allâhou akbar!* « Dieu est grand ! » Et si le fidèle [étant muet, ou étranger, par exemple,] ne peut rien prononcer de ces paroles, il est dispensé du tekbîr [qui alors entre dans la prière par le seul fait de l'intention de prier. S'il prononçait en langue étrangère à l'arabe, l'équivalent ou la traduction du tekbîr, la prière est nulle.]

3° Avoir l'intention bien sentie de s'acquitter de la prière indiquée pour telle ou telle heure canonique. Exprimer positivement en paroles cette intention, c'est aller plus loin qu'il n'est nécessaire. [Néanmoins, il n'y a aucun mal à prononcer les mots : « Mon intention est de faire telle prière. » Mais l'intention bonne et exigée est celle qui est dans le cœur, non celle que produisent la langue et les paroles.] Ensuite, si, par erreur, le sens des paroles est en désaccord avec la pensée [c'est-à-dire, si les paroles désignent une autre prière que celle que le fidèle a la pensée de faire, s'il nomme, par exemple, à l'a's'r la prière du midi], c'est l'intention réelle qui est la loi et la règle du fait [c'est elle qui détermine la prière à laquelle on se dispose].

Nier l'utilité et l'obligation de prier rend la prière nulle. Elle est également annulée si le fidèle [par inadvertance] fait dans une prière [que nous supposerons être quaternaire, c'est-à-dire de quatre réka] le salut de paix avant la fin [après deux réka, par exemple, et est persuadé qu'il est au terme de la prière], ou s'il pense être à la fin [bien qu'il n'y soit pas], et continue par une prière surérogatoire ou par une autre prière de précepte divin]; toutefois, dans ces deux cas [c'est-à-dire, si le fidèle croit positivement avoir fini, ou s'il pense seulement avoir fini], la prière n'est annulée que s'il a prolongé trop longtemps la récitation du K'oran [après le *fâtih'a* ou premier chapitre du livre sacré], ou bien s'il a fait la salutation pendant qu'il récitait encore le fâtih'a; sinon [c'est-à-dire, si le fidèle n'a pas prolongé la récitation du K'oran après le fâtih'a, ou s'il n'a pas fait la salutation pendant qu'il était encore à dire le fâtih'a] sa prière n'est pas annulée (51). [Dans cette dernière hypothèse, le fidèle qui s'aperçoit de son erreur reprend sa prière obligatoire à l'endroit auquel il l'a interrompue et close, et la termine.]

La prière de précepte divin n'est pas non plus invalidée si le fidèle n'a pas dans l'idée que le salut qu'il a fait [dans le premier cas supposé précédemment] soit le salut final [et qu'après ce salut, qui suit les deux premiers réka, il passe immédiatement à une prière surérogatoire. Les deux réka qu'il exécutera dans la pensée de prière surérogatoire seront le complément de ce qu'il a laissé de sa prière d'obligation].

La prière d'obligation divine (que je distinguerai parfois par le seul mot qualificatif d'obligatoire) n'est pas invalidée, — si l'intention sentie par le fidèle [au moment voulu] est sortie de son esprit [par l'effet de quelque circonstance mondaine, ou de quelque autre pensée pieuse]; — ou bien si le fidèle n'a pas, dans la direction et le sentiment de son intention, pensé au nombre des réka à accomplir [car cette pensée est virtuellement comprise dans l'intention de la prière, puisque chaque prière obligatoire a un nombre déterminé de réka]; — ou bien si, pour la prière dont s'acquitte le fidèle, il n'a pas explicitement senti, dans son intention, la pensée de l'accomplissement d'un devoir présent [mais a généralisé son intention dans la pensée abstraite de prier]; — et si, dans le cas contraire, il n'a pas eu l'intention contraire. [Le cas contraire, indiqué ici, est celui dans lequel le fidèle s'acquitte non d'une prière au moment où elle doit avoir lieu, mais d'une prière qui est faite comme œuvre satisfactoire; car toute prière oubliée doit être refaite plus tard, à quelque distance que ce soit du temps canonique. Or le sens du passage du texte ici est que la prière n'est pas invalidée : — si le fidèle, accomplissant une prière satisfactoire, n'a pas spécialisé son intention de s'acquitter d'une prière satisfactoire, mais a eu simplement l'intention générale de prier.]

4° Avoir l'intention de suivre exactement l'imâm dans toutes ses paroles et dans tous ses mouvements. Il est donc permis, en conséquence de cette disposition de la loi, de se conformer même à ce dont s'abstient l'imâm et à ce en quoi il se tromperait. [En cas, par exemple, que, sans le savoir, on se trouve à prier sous la présidence d'un imâm qui est voyageur, on le suit dans sa prière, bien qu'elle soit moins longue que celle du fidèle en résidence fixe; mais alors on termine sur place ce qui est ordonné en plus au fidèle à demeure fixe.] (Voy. *De la prière en voyage*, sect. xiv.) Si l'intention de prier a précédé de beaucoup le tekbîr, la prière est nulle; si l'intention n'a précédé que de peu le tekbîr, la validité de la prière n'est pas admise par tous les légistes [les uns l'admettent, les autres la rejettent (*khilâf*)].

5° Réciter le *fâtih'a* [52] en en articulant nettement les paroles; cette récitation est de devoir et pour l'imâm et pour celui qui prie seul; elle doit être articulée clairement, quand même celui qui prie seul ne la prononcerait pas assez haut pour être entendu.

6° Se tenir debout pour réciter le fâtih'a. Comme

le fâtih'a est d'obligation dans la prière, il est de devoir [pour le nouveau converti, pour l'individu de mémoire très-faible, etc.] de l'apprendre par cœur, si le temps le permet avant de prier. Si un individu ne peut l'apprendre [par manque de temps ou de quelqu'un qui le lui enseigne], il priera avec l'imâm, dont il suivra et répétera les paroles. Mais celui à qui il n'est pas possible ni d'apprendre le fâtih'a, ni de suivre l'imâm, est dispensé, selon El-Lakhmi, et de se lever debout et de réciter le fâtih'a; il doit, par convenance religieuse, rester en repos et attendre, pendant le temps qui sépare le tekbir et la première salutation.

Mais est-il d'obligation canonique de réciter le fâtih'a à chaque réka, ou bien seulement au plus grand nombre des réka qui composent chaque prière? [et, dans ce dernier cas, le fâtih'a ne serait-il que d'obligation imitative pour les autres réka?] A ce sujet, il y a diversité d'opinions (*khilâf*). Du reste, l'omission d'un verset du fâtih'a [omission que l'on ne peut plus réparer quand on a fait la salutation, car on ne doit pas recommencer le fâtih'a,] doit être expiée par une prosternation pénitentiaire avant le salut final.

7° Exécuter la salutation en posant, lorsque l'on s'incline, la paume de chaque main sur chaque genou, appuyant la paume de la main sur le genou correspondant, et gardant les deux jambes, jusqu'aux genoux, aussi perpendiculaires que possible. [Les cuisses alors doivent, pendant que le corps est incliné profondément, ne pas descendre au-dessous de la ligne horizontale;

le dos ne doit point être courbé, et la tête, en s'abaissant presque jusque vers les genoux, ne doit pas s'incliner sur le cou.]

8° Se relever droit.

9° Faire une prosternation de manière que le front aille toucher le sol. [Les paumes des mains sont alors appuyées sur le sol, de chaque côté de la tête de l'individu. Pour se prosterner, on dirige les genoux en avant, en les pliant, on s'agenouille doucement et l'on porte le milieu du front sur le sol, ou la natte, ou le tapis.] Si le fidèle manque d'appuyer légèrement le nez sur le sol, il est obligé de recommencer sa prière dans l'espace du temps canonique. [Mais il n'y a plus obligation de recommencer si l'individu, pour cause de blessure ou plaie sur le nez, ne le faisait pas toucher le sol.]

Il est de devoir imitatif, en se prosternant la face contre terre, — de tenir pliée l'extrémité des pieds [soutenus alors sur les orteils qui sont courbés du côté du coude-pied]; — d'avoir les genoux appuyés sur le sol, ainsi que les mains. Ces circonstances de détail sont spécialisées par des juristes autres que les commentateurs du Moudaouéneh.

10° Se relever de la prosternation [c'est-à-dire faire cesser l'application du front sur le sol et se tenir accroupi].

11° Demeurer accroupi et assis sur les talons [tout en restant à genoux], afin de procéder au salut final.

12° Faire le salut final ou salut de paix, en disant ces mots, *Es-selâmou aleï-koum,* avec l'article grammatical *es* (pour *el*). Mais y a-t-il nécessité de sentir l'intention de terminer alors la prière [de bien en préciser ainsi la fin, par opposition à l'intention qui doit précéder la prière et en marquer le commencement]? Il y a à cet égard diverses opinions [affirmation de la part des uns, négation de la part des autres, cas indifférent].

On peut se contenter, pour le salut à rendre [ou à l'imâm ou au fidèle qui est à côté de celui qui prie], de répondre aux mots, *Es-selâmou aleï-koum*, par ceux-ci, *oua aleï-koum es-selâm*, « sur vous soit le salut! » [la bénédiction de Dieu.]

13° Tenir en calme et tranquillité toutes les parties du corps [n'en remuer aucune mal à propos, ou par légèreté, ou par jeu; garder un calme décent et pieux].

14° Observer exactement l'ordre des pratiques d'exécution de la prière [selon qu'elles sont indiquées; n'en rien intervertir, sinon la prière est invalidée; car ces pratiques, que nous venons de signaler, sont d'obligation divine. L'interversion dans quelques-unes de celles dont nous allons parler tout à l'heure, et qui ne sont que d'obligation imitative, n'invaliderait pas la prière].

15° Se tenir le corps aussi droit que possible [dans les moments de repos, lorsque l'on est debout, ou accroupi sur les talons]. Cette indication est exprimée par des juristes autres que les commentateurs du Moudaouéneh. Mais le plus généralement cette dernière condition n'est considérée ni comme d'obligation divine, ni comme d'obligation canonique; elle n'est présentée que comme imitative.

§ 2. Pratiques d'obligation imitative.

Les pratiques d'obligation imitative pour la prière consistent :

1° A réciter, en l'articulant, une sourat ou quelque chose du K'oran [ne fût-ce qu'un verset], après le fâtih'a, dans le premier et le second réka ;

2° A se tenir debout pour cette récitation ;

3° A faire cette récitation à voix intelligible, de manière au moins que le fidèle [l'homme, non la femme] s'entende soi-même articuler, et qu'il soit entendu du fidèle placé le plus près de lui [il suffit que la femme s'entende seule ; il en est de même pour l'homme qui prie isolément] ;

4° A faire cette récitation à voix basse et sans se faire entendre, selon l'exigence de la règle [c'est-à-dire, à haute voix pour les prières du coucher du soleil, de l'éché et du matin, et à voix basse pour les prières du midi et de l'a's'r. L'imàm doit se faire entendre de ceux qui sont immédiatement derrière lui].

Au nombre des pratiques d'obligation imitative sont encore :

5° Les différents tekbir, excepté le premier, qui est de précepte divin.

6° Ces paroles [que l'on récite en se relevant de la salutation], « Dieu entend ceux qui le glorifient ; » c'est un devoir, dans les prières obligatoires, pour l'imàm et pour celui qui prie isolément [53].

7° et 8° Tous les énoncés que l'on fait de la formule de la profession de foi dans la prière.

9° La position accroupie ou assise sur les talons, position que l'on garde pendant tout le temps nécessaire [après chaque première prosternation].

10° Le surplus de temps pendant lequel on est accroupi à la seconde ou dernière prosternation pour faire le salut final. [Ce salut, de même que le temps et la position pour le faire, est d'obligation divine.]

11° Le surplus de temps pendant lequel on reste ensuite calme et immobile, en terminant.

12° Diriger, par l'intention, la première partie du salut final, d'abord à l'imâm, sous la présidence duquel on prie.

13° Et ensuite saluer légèrement, à gauche surtout, s'il y a quelqu'un qui se soit uni à la prière.

14° Prononcer, de manière à être entendu, le salut final seulement [pour indiquer que l'on termine, et que personne ne peut plus s'adjoindre à ceux qui sont arrivés à ce point de la prière. La femme ne doit prononcer le salut final que de manière à s'entendre soi-même]. Si, après avoir dirigé la seconde partie du salut final [c'est-à-dire le second *Es-selâmou aleï-koum*] à gauche, le priant se met à parler, sa prière n'est point pour cela invalidée. [Car le salut final indique que la prière est achevée; s'il est dirigé sur un fidèle placé à gauche, il a pour but principal d'appeler sur ce fidèle la bénédiction de Dieu.]

15° Établir un signe de séparation et d'éloignement

auprès de l'imâm, et auprès de celui qui prie isolément,
lorsqu'ils craignent que quelqu'un ou un animal [ne
fût-ce qu'un chat] ne passe à trop peu de distance devant eux, pendant leur prière. Ce signe de démarcation doit être un objet d'une matière non souillée,
ni impure, fixé en place, debout, mais non un être
qui serait occupé à quelque chose d'étranger [comme
un être endormi, des personnes qui causent entre elles,
un individu qui ferait face au priant ou à l'assemblée
des priants]. L'objet qui servira de signe de démarcation ne sera que du calibre d'une hampe de lance et
de la longueur d'une coudée. Ce signe ne devra point
être un animal ou une bête de somme, ni une seule
pierre, ni une ligne ou creux marqué en long sur le sol,
ni une femme étrangère ou inconnue [avec laquelle le
fidèle pourrait, d'après la loi, s'unir par mariage]. Mais
pourrait-on, pour la circonstance en question, se servir
d'une personne avec laquelle la loi ne permet pas l'u-
nion conjugale [en raison de parenté trop rapprochée,
ou comme ayant teté du même lait, ne fût-ce qu'une
seule succion]? A ce sujet, il y a deux dires (*k'aúlán*),
l'un négatif, l'autre approbatif.

[L'objet, mis comme signe de séparation, sera en
avant de l'imâm et un peu sur le côté, afin que ce signe
ne paraisse pas être le but auquel s'adresse la prière.
L'imâm est lui-même l'indice de démarcation qui sépare
les fidèles des passants. Le signe de séparation ne sera
point un animal; car les ordures de cet animal pourraient venir souiller l'emplacement de la prière et même

quelque fidèle. Ce ne sera pas non plus une seule pierre,
à moins que l'on ne puisse trouver autre chose ; car
cette pierre pourrait être regardée comme une idole.
Ce ne peut être non plus un fossé, un ruisseau, un feu,
ni une personne qui soit tournée la face du côté des
priants, car il semblerait que les prières lui sont adressées. Cette personne devrait tourner le dos à celui ou à
ceux qui prient.]

L'individu qui, dans un espace suffisamment grand,
passe trop près devant le fidèle ou l'imâm en prière,
est coupable. Est coupable aussi le fidèle qui [sans placer de signe de séparation, sans précaution] s'expose
en priant, à voir passer ou se placer quelqu'un devant
lui ou trop près de lui.

16° Suivre à voix basse les paroles que l'imâm doit
dire à haute voix, et le suivre aussi lorsqu'il est en
silence [à différents endroits de la prière, entre le
tekbir et le fâtih'a, entre le fâtih'a et la récitation d'une
sourat].

§ 3. Pratiques de convenance religieuse.

La convenance religieuse recommande au fidèle qui
prie, certaines conditions pratiques :

1° Avoir soin de réciter, en leur lieu et place, dans
la prière à voix basse [avec un imâm], le fâtih'a et les
autres parties du K'oran.

2° Élever les deux mains au moment seulement où
l'on commence le tekbîr initial. [Les mains doivent
être élevées, pendant un instant très-court, jusqu'à la

hauteur des oreilles, les doigts ouverts et leurs extrémités regardant un peu obliquement le ciel. La femme
n'élève le mains que jusqu'au niveau des épaules.]

3° Réciter de plus longs chapitres ou passages du
K'oran, à la prière du matin et à celle du midi qui la
suivra; en réciter moins à la prière de l'a's'r et à celle
du coucher du soleil [car le temps canonique pour
prier alors est moins long]; en réciter une quantité intermédiaire entre ces deux limites, à la prière de l'éché
ou nuit close. En réciter moins aussi au second réka
qu'au premier.

4° Rester assis et accroupi sur les talons, moins
longtemps après les premières prosternations qu'après
celle qui précède le salut final.

5° Dire, lorsque l'on prie, ou avec un imâm ou isolément : « Seigneur, à toi appartient la gloire! » [et cela
aussitôt après que l'on a prononcé ces mots : « Dieu
entend ceux qui le glorifient. »]

6° Articuler le *tesbîh'* dans la salutation et la prosternation. [Le tesbîh' consiste à dire seulement : *Soub-
h'ân rabb el-a'zîm*, « Que ton nom soit exalté, Seigneur
de grandeur! »]

7° Ne pas manquer de dire *amîn* [amen] après le
fâtih'a, quand on prie seul. L'imâm doit aussi dire
amîn, seulement après la récitation du fâtih'a à voix
basse [non après cette récitation à voix intelligible].
Le fidèle qui prie sous la direction ou présidence d'un
imâm doit aussi dire amîn, soit que la récitation se
fasse à voix basse, soit qu'elle se fasse à voix assez haute

pour être entendue, et pourvu toutefois que le fidèle
entende l'imâm ; cette condition dernière est spécifiée
par Ibn-Rouchd [et il s'ensuit que, si le fidèle n'entend
pas l'imâm, il ne doit pas répondre amîn]. Du reste,
toutes les fois qu'il faut prononcer amîn, on le prononce à voix basse.

8° Dire à voix basse le *k'ounoût,* ou invocation pieuse
et résignée, mais [le k'ounoût à voix basse est] seulement
pour la prière du matin. Le k'ounoût doit précéder la
première salutation ; cette invocation commence par ces
mots : « O mon Dieu ! c'est ton appui et ton aide que
j'implore, etc. »

9° Répéter le tekbir au commencement de chaque
mouvement, ou pour la salutation, ou pour la prosternation, ou pour se remettre debout, excepté lorsqu'on
se relève debout après un deuxième réka [ou après
chaque deuxième réka]; on le prononce alors séparément [et détaché de tout mouvement], dès que l'on est
debout.

10° Demeurer assis sur les talons pendant tout le
temps nécessaire [c'est-à-dire, depuis une prosternation
à l'autre et jusqu'au t me du dernier técheh'oud],
et cela de manière que le côté externe du pied gauche
soit couché sur le sol [pour soutenir en grande partie
le siége], et de manière que le pied droit, renversé
sur le pied gauche, ait le gros orteil appuyé sur le sol.

11° Poser chaque main sur le sommet du genou qui
lui correspond, pour faire les salutations [et les pros-
ternations].

12° Placer les mains ouvertes et étendues sur le sol au niveau ou près des oreilles dans les prosternations.

13° Maintenir le ventre éloigné des cuisses à distance convenable, et les coudes éloignés aussi des cuisses et des genoux, dans les prosternations, mais cela pour l'homme seulement. La femme doit se ramasser et se resserrer davantage sur elle-même.]

14° Avoir en vêtement le *ridá* (sorte de grande pièce d'étoffe de quatre coudées et demie ou six coudées de long, et trois de large, que l'on porte sur les vêtements ordinaires et que l'on peut ramener sur la tête pour la couvrir, mais non dans la prière. On en jette aussi un pan sur l'épaule; mais il ne doit point être porté ainsi pour prier. Ce vêtement était surtout en usage au H'edjâz et parmi les tribus des Arabes nomades, dont la plupart l'ont conservé ou à peu près dans les grandes pièces d'étoffe dont ils s'entourent et se drapent).

15° Laisser tomber librement les mains sur les côtés du corps [après avoir prononcé les paroles du tekbîr]. Mais est-il licite, dans la prière surérogatoire en général, soit qu'elle se prolonge ou non, d'appuyer une main sur le bras, vers le coude [de placer la main droite sur le bras gauche, de se soutenir les mains au-dessous de la poitrine ou sur la poitrine, de poser la main droite sur le poignet gauche, etc.]? Ces positions des mains sont-elles blâmables lorsqu'on les prend dans le seul but de s'appuyer les mains, pendant la prière d'obligation divine, ou bien parce qu'il y a à craindre que d'autres ne croient nécessaires ces positions des mains, ou bien parce qu'il est à craindre que par là on ne veuille affecter des sentiments d'humilité pieuse que l'on n'a pas dans le cœur? Sur ces différents points, il y a plusieurs explications et opinions.

16° Porter les mains un peu en avant au moment où, dans la prosternation, l'on applique la face sur le sol, puis les retirer un peu en arrière pour se relever.

17° Pendant la récitation des deux técheh'oud, tenir fermés, sur la paume de la main droite, les trois derniers doigts, et tenir étendus l'index et le pouce [au-dessous de l'index].

18° Agiter doucement l'index des deux mains pendant tout le temps que durent les deux invocations du técheh'oud.

19° Dire *amín* [amen], au salut final.

20° Invoquer la bonté et les grâces de Dieu après le second técheh'oud, ou técheh'oud qui précède le salut de paix.

21° Réciter la formule du técheh'oud [telle qu'elle est connue et telle qu'elle a été enseignée par O'mar, fils d'El-Khat't'âb], et demander les grâces et les bénédictions divines pour le Prophète [demande qui doit suivre immédiatement le técheh'oud]. Mais ces deux pratiques sont-elles d'obligation imitée des disciples de l'Apôtre de Dieu, ou bien sont-elles seulement une œuvre méritoire recommandée par de saints personnages? A cet égard, il y a diversité d'opinions.

22° Exclure du técheh'oud l'invocation du *besméla*

[c'est-à-dire l'invocation initiative, *Bism Illáh er-ra-mán
er-rah'ím*, « Au nom de Dieu clément et miséricordieux; »
invocation que d'ailleurs les Arabes appliquent à tous
leurs actes en les commençant]. Du reste, le besméla,
en général, est permis dans la prière surérogatoire
[avant et après le fâtih'a, et avant la récitation du K'o-
ran], de même que le *recours* ou *táo'úz* [qui consiste en
ces mots : « Je mets en Dieu mon recours contre le dé-
mon lapidé »].

§ 4. Des pratiques blâmables aux yeux de la loi. — Forme à donner
aux mosquées.

La loi blâme le fidèle de dire le besméla et le táo'úz
avant le fâtih'a et avant les récitations du K'oran, dans
la prière d'obligation divine. La loi blâme aussi le fidèle
[mais sans exiger qu'il recommence la prière], d'implorer la bonté et les bénédictions de Dieu, — avant
d'avoir récité du K'oran; — à la suite du fâtih'a, et
après quelque verset que ce soit du fâtih'a [car celui-ci
est lui-même une invocation pour demander les grâces
célestes]; — intermédiairement aux récitations du K'oran
dans la prière [on ne doit même pas, si l'on entend
prononcer le mot *nár*, feu, exprimer le simple vœu,
« Dieu m'en préserve! »]; — pendant une salutation; —
avant le dernier técheh'oud, et après le salut de paix
ou salut final de l'imâm, et aussi après le premier
técheh'oud.

Mais il est permis de demander à Dieu ses grâces

et ses bienfaits et de lui adresser des vœux, entre les deux prosternations. Le fidèle peut demander ce qu'il désire [toujours dans les limites de ce qui n'est point défendu ou mauvais], fussent les biens de ce monde. Bien plus, le fidèle peut nommer celui ou ceux pour qui ou contre qui il adresse des vœux; et lors même qu'il dirait explicitement, « O un tel, que Dieu te traite de telle manière [t'envoie tel bien, tel succès, tel malheur!] » la prière n'en est point invalidée.

[Excepté dans les cas de chaleur ou de froid, ou de trop grandes inégalités du sol,] la loi blâme de faire les prosternations sur un vêtement étalé pour cela par terre, non de les faire sur une natte particulière et en surplus; mais il est préférable de se passer de cette natte en surplus. La loi désapprouve aussi le fidèle qui, ne pouvant faire sa prière qu'en en simulant les pratiques par signes, prend quelque objet que ce soit pour figurer la natte [et le porte à son front], afin d'indiquer par là la prosternation.

Il est blâmable encore : — [en cas de froid, par exemple] de faire les prosternations en appuyant la tête sur les reliefs ou tours du turban, ou sur l'extrémité de la manche [ou de toute autre partie] du vêtement; — de transporter du gravier ou de la terre d'un endroit qui est à l'ombre dans une mosquée [à un endroit exposé au soleil, pour faire les prosternations de la prière; c'est-à-dire, qu'il est défendu de fouiller et de rendre inégal le sol d'une mosquée; il est répréhensible également, pour prier, de transporter du gravier ou de la terre, d'un endroit exposé au soleil, à un endroit où il y a de l'ombre]; — de réciter du K'oran dans une salutation de la prière [car la salutation est un acte de reconnaissance de la grandeur divine]; ou dans une prosternation [car la prosternation est un acte d'humilité profonde pour mériter les bienfaits et les grâces de Dieu]; — d'adresser à Dieu un vœu purement personnel [pendant la salutation et la prosternation]; — d'adresser un vœu à Dieu autrement qu'en langue arabe, si le fidèle peut s'exprimer dans cette langue; — de se retourner ou de regarder à droite ou à gauche, ou en arrière [sans un motif qui y oblige]; — de croiser les doigts en ayant les mains jointes (54); — de les faire claquer; — d'appuyer à terre le dessus du pied droit [dans le técheh'oud et la prosternation); — de tenir les mains sur les hanches [en se relevant debout, par exemple]; — de porter çà et là les regards; — de se tenir debout un pied soulevé ou détaché du sol [à moins de circonstance qui y oblige]; — de poser un pied sur l'autre; — d'aligner les pieds rapprochés l'un de l'autre; — d'avoir l'esprit préoccupé de choses de ce monde; — de porter quelque objet que ce soit dans une manche d'un vêtement, ou à la bouche; — de décorer et orner [d'or ou de pierreries] un mih'râb, ou le point de direction de la k'ibla [de peur de distraire par là celui qui prie]; — de placer exprès le K'oran dans le mih'râb pour prier en face de ce livre saint; — de se toucher ou manier la barbe [même légèrement et comme par passe-temps]; — de s'occuper les mains à quelque chose que ce soit. [Il n'est cependant pas répréhensible de tourner la saillie d'un anneau à cacheter du côté de l'intérieur de la main pour se rappeler, par exemple, que l'on a encore un réka à accomplir après celui que l'on va achever.]

Enfin, la loi réprouve la construction d'une mosquée sous une forme autre que la forme carrée. Relativement au blâme que peut mériter la prière faite dans une mosquée non carrée, il y a sur ce point deux dires : l'un désapprouvant, l'autre ne désapprouvant pas. [On exige aussi la forme carrée, afin que le mih'râb ou le point de direction sur la Ka'ba soit établi au milieu d'une des faces du carré, et afin qu'il soit plus facile aux fidèles de se ranger en lignes régulières derrière l'imâm, surtout dans les prières publiques d'obligation, telles que celle du vendredi au milieu du jour, et celle des deux grandes fêtes. D'ailleurs, la Ka'ba est de forme carrée, et doit, au moins sous ce rapport, servir de type fondamental pour les constructions des mosquées.]

SECTION VII.

VARIATIONS DES PRATIQUES MATÉRIELLES DE LA PRIÈRE, EN CAS DE FAIBLESSE OU DE MALADIE DU FIDÈLE, OU POUR TOUTE AUTRE CAUSE. — EXÉCUTION, PAR SIGNES ET GESTES, DES MOUVEMENTS DE LA PRIÈRE.

Il est d'obligation canonique d'être debout pour différentes pratiques dans la prière de précepte divin, à moins de grave empêchement de la part du fidèle même, ou à moins que l'on n'ait à craindre, pendant ou même dès avant la prière, quelques inconvénients [comme un étourdissement, un évanouissement, l'augmentation d'une maladie, de souffrances, etc.], en un mot, les inconvénients dont il a été question en parlant des motifs qui permettent ou obligent de faire la lustration pulvérale au lieu de l'ablution par l'eau. De même encore, si le fidèle a à craindre qu'en étant debout il ne lui échappe, par exemple, un vent. [Alors il s'assied toutes les fois qu'il devrait être debout.]

[Dans le cas de faiblesse ou d'infirmité], les règles canoniques prescrivent au fidèle de se soutenir debout, au moyen d'un appui ou d'un aide; mais l'on ne s'appuiera pas sur un individu atteint de souillure majeure ou spermatique, ou sur une femme qui serait en menstrues [car ces appuis sont impurs]; dans ces deux dernières suppositions, il faudrait recommencer la prière dans le temps forcé.

Si le fidèle ne peut se soutenir debout au moyen d'un appui, il lui est prescrit de demeurer par terre, assis sur les talons; et aussi de croiser les jambes en les rapportant sous les genoux. Il en est de même pour celui qui accomplit une prière surérogatoire [le pied droit est ramené sous le genou gauche, et le pied gauche sous le genou droit]; ensuite on change la position entre les deux prosternations et on les accomplit dans la position voulue [c'est-à-dire, assis sur les talons, le pied gauche renversé sur son bord externe, et le pied droit appuyé et couché sur le pied gauche; puis on se replace accroupi comme auparavant, les pieds pliés sous les genoux].

Si le fidèle qui peut se tenir debout ou assis se soutient exprès contre un appui, et que, l'appui venant à faillir, le fidèle tombe, la prière est invalidée [et doit être recommencée au moment forcé]. Du reste, la loi réprouve [excepté s'il y a nécessité absolue] tout mode d'appui dans la prière, même lorsque [l'appui tombant] le fidèle ne tombe pas.

Quand le fidèle ne peut prier dans aucune des positions précédentes, il est pour lui de devoir religieux de prier sur le côté droit, ou sur le côté gauche [s'il ne peut prier couché sur le côté droit], ou, enfin, sur le dos [s'il ne peut prier sur l'un des côtés, en un mot, selon ce que l'état du fidèle lui permet de faire; dans les deux premières positions, c'est-à-dire, sur l'un ou sur l'autre côté, il aura la face tournée à la k'ibla; dans la troisième, sur le dos, il tourne les pieds à la k'ibla, et par conséquent aussi la face].

Celui qui ne peut que se tenir debout pour la prière, en accomplit, par signes ou gestes, les divers mouvements. [Le signe qu'il fera avec les mains, pour figurer la prosternation, sera porté plus bas que pour la salutation.] Celui qui ne peut que se tenir debout et s'asseoir par terre, accomplit les prosternations par signes et étant assis. [Pour la salutation, il en fait le signe en restant debout et portant les mains vers les genoux.]

Lorsque le fidèle a peine à accomplir tel ou tel mouvement pratique de la prière, la règle canonique ordonne-t-elle de faire tous ses efforts pour exécuter le plus largement possible le mouvement qui est difficile? ou bien les simples signes ou gestes le remplacent-ils suffisamment? Et le fidèle [qui, par exemple, a une plaie ou une blessure au front et qui ne peut, dans la prosternation, appuyer le front par terre,] doit-il, pour la prosternation, appliquer le nez par terre au lieu du front? Il y a, sur ces questions, deux réponses explicatives. [Des juristes prétendent que si le fidèle ne fait pas tout ce qu'il peut, sa prière est nulle; d'autres assurent que, dans le cas mentionné, les simples signes suffisent. Sur l'autre point, disent les uns, le fidèle se contentera de faire le signe de prosternation; et si, ayant par exemple des plaies ou des blessures sur le front, disent les autres, il pose le nez par terre lors de la prosternation, il a accompli tout ce qu'il pouvait, et, par conséquent, sa prière est valide.]

Dans le cas d'empêchement, le fidèle qui ne peut que se tenir debout doit-il figurer, par signe, la prosternation avec les mains seulement? Et le fidèle qui ne peut que se tenir debout et s'asseoir doit-il, lorsqu'il est assis, figurer la prosternation en posant les deux mains par terre, ce qui est le signe préférable, selon El-Lakhmî? et doit-il aussi relever un peu son turban de dessus son front [comme le fait, en appliquant la tête sur le sol, celui qui est libre de tous ses mouvements dans la prière]? Il y a encore, sur ces différents points, deux explications. [Les uns soutiennent qu'il suffit des signes simples pour le premier cas, les autres, qu'il faut ajouter au mouvement des mains une inclination de tête. Dans le second cas, il suffit, selon les uns, de poser les mains sur les genoux, au lieu de les poser par terre, vu qu'il ne s'agit pas de faire une prosternation réelle; il n'est pas non plus nécessaire de relever le turban de dessus le front, par la raison encore qu'il ne s'agit que d'indiquer ou simuler la pros- ternation].

Si le fidèle, qui d'ailleurs a accompli les mouvements et pratiques premières d'un réka [c'est-à-dire, s'est tenu debout, a récité du K'oran, a fait les salutations], ne peut plus se relever après la seconde prosternation de ce premier réka, il terminera ce réka et complétera le reste des réka de la prière, en demeurant assis et accroupi.

Pendant la prière, si le fidèle sent diminuer son état de gêne ou son indisposition [s'il sent qu'au lieu de rester couché, il peut se tenir assis, qu'au lieu d'ac- complir la prière par signes, il peut en exécuter les mouvements plus régulièrement], il doit s'acquitter aussitôt des pratiques les plus importantes de la prière [sinon elle est invalidée].

Lorsqu'il sera impossible au fidèle de rester debout pour réciter le fâtih'a [en entier ou en partie], il s'accroupira pour le réciter [en tout ou partiellement, puis il se lèvera pour faire la salutation]. Lorsque le fidèle ne peut absolument et exclusivement qu'avoir et sentir l'intention de prier, ou bien s'il ne peut, outre cela, qu'indiquer par l'œil [ou le mouvement des sour-

cils, ou quelque partie de la face, ou par la main, etc.],
les actes de la prière, il n'y a pas, disent El-Mázeri et
un autre (Ibn-Béchir), de texte fondamental ou d'autorité qui décide nettement quelle est alors la conduite
à suivre. Mais, selon les deux juristes cités, l'esprit du
rite málékite est qu'il y a toujours obligation d'accomplir tout ce que l'on peut pour la prière.

Il est permis au fidèle de se faire traiter chirurgi-
calement ou médicamenter l'œil pour le débarrasser de
la goutte sereine [qui obscurcit la vue ou entretient des
maux de tête], à condition toutefois que le traitement
n'oblige le fidèle [qui s'y soumet] qu'à se tenir assis
et accroupi pour prier [faisant alors les signes nécessaires, et cela dût-il durer quarante jours]; mais si ce
traitement [quel qu'il soit] oblige à rester couché sur
le dos, il n'est pas permis [au fidèle de s'y soumettre];
toutes les prières qu'il ferait [dans cette position] devraient être recommencées. [Car il n'est jamais permis de rien faire qui puisse entraîner la nécessité de
prier en supination [55]]. Néanmoins, selon d'autres légistes que les quatre principaux commentateurs du
Moudaouéneh, si la circonstance oblige le fidèle à rester
en supination, la loi l'excuse.

Il est permis au malade de prier sur un lit [sur un
tapis, ou tout autre objet] impur que l'on a recouvert
d'un tissu [épais, d'une natte, d'un tapis, etc.] non impur. Même permission est accordée, dit Ibn-Ioûnes, au
fidèle en bonne santé.

Il est permis [même à celui qui est en parfaite santé]

de s'accroupir pendant la prière surérogatoire, même au milieu de cette prière qu'il a commencée debout, s'il ne s'est pas imposé l'obligation [par vœu ou par serment] de l'accomplir tout entière debout. Mais il n'est pas permis de se tenir couché pour faire cette sorte de prière, pas même au commencement du tekbir [lorsque l'on peut se tenir assis ou accroupi. En somme, faire une prière surérogatoire en restant accroupi ou assis, c'est-à-dire assis les jambes placées sous les genoux, ou appuyé sur les talons, les genoux posés par terre, et le siége sur les pieds et sur les talons, c'est-à-dire, accroupi, faire ainsi la prière surérogatoire, est toujours blâmable].

SECTION VIII.

DES PRIÈRES SATISFACTOIRES OU RÉPARATOIRES.

§ 1. Des prières satisfactoires en général.

L'omission de toute prière d'obligation divine doit être réparée selon toutes les conditions légales [et la prière faite telle qu'elle aurait dû l'être dans ses rapports et positions d'ordre et d'époque du jour, relativement aux autres prières précédentes et suivantes].

Lorsque l'on se rappelle l'ordre dans lequel doivent être faites deux prières omises, que l'on peut accomplir toutes deux dans le temps présent où l'on se les rappelle, la règle est de s'en acquitter dans leur ordre de succession. [Telle serait la prière de chacun des deux midis que l'on peut faire immédiatement avant le coucher du soleil. Si ces deux prières ont été omises, on doit commencer par s'acquitter de celle du midi; néanmoins, si l'on faisait précéder celle de l'a's'r, celle-ci n'en serait pas pour cela invalidée].

Les prières omises [quel qu'en soit le nombre], doivent être faites dans leur ordre relatif entre elles [lorsqu'on se rappelle cet ordre]. Si elles sont en petit nombre, on en coordonne l'accomplissement selon leur tour légal de succession par rapport à la prière actuelle que l'on a à faire, lors même que l'heure canonique de cette dernière serait passée. Quant à la limite à donner au sens de ces mots, *en petit nombre* (que nous représenterons souvent par *quelque*), est-elle quatre ou cinq? Il y a diversité d'opinions [surtout pour étendre ce sens jusqu'au chiffre cinq. Plusieurs trouvent ce chiffre trop élevé; la limite de *un petit nombre* est quatre; et dès qu'il y a six, il y a *grand nombre*].

Si, de propos délibéré, ou sans y penser, on bouleverse l'ordre de succession voulu [si, par exemple, on s'acquitte de la prière actuelle avant de s'acquitter de celles qui sont omises], on doit recommencer la prière présente, au moment forcé [après avoir terminé les prières omises; et ce moment forcé est l'approche du mar'reb ou coucher du soleil, pour les prières des deux midis; l'approche de l'aurore pour les prières des deux éché; le lever du soleil pour la prière du matin]. Mais, dans le cas supposé ici, le fidèle qui prie avec un imâm est-il obligé de recommencer la prière comme l'imâm, si celui-ci la recommençait? A cet égard, il y a diversité d'opinions. [Les uns veulent que l'on recommence si l'imâm a bouleversé l'ordre, et cela, par la raison que le fidèle partage la valeur des actes de l'imâm dont il suit la prière; les autres absolvent le fidèle et ne l'obligent point à recommencer, par la raison qu'il ne peut être responsable des actes de l'imâm.]

Quand le fidèle [imâm, ou à la suite d'un imâm, ou isolé,] se rappelle, pendant qu'il prie, fût-ce même à la prière solennelle du vendredi, qu'il a quelques prières ou un petit nombre de prières omises à régulariser ou réparer, il doit s'interrompre, mais en observant les règles que voici :—Si le fidèle prie seul et s'il a déjà terminé un réka, il en accomplit un second [car un réka ne va jamais seul; et cette prière est simplement alors surérogatoire];—il en est de même pour l'imâm et, par suite, pour les fidèles qui prient sous sa présidence [ils doivent tous s'interrompre, imâm et fidèles, à moins qu'ils n'aient complété un réka au moment où l'imâm se rappelle qu'il a des prières omises à faire; dans ce cas, ils redoublent aussi le réka, et cette prière n'est que surérogatoire]; — il n'en sera pas de même pour le fidèle qui prie à la suite d'un imâm [et qui se rappelle avoir des prières omises ou passées à faire; il ne doit ni s'interrompre, ni quitter la prière; il doit continuer et terminer avec l'imâm]; mais il recommencera cette prière au moment convenable, fût-ce même une prière du vendredi [après qu'il aura accompli les prières arriérées].

Lorsque le fidèle qui prie seul se rappelle, après avoir terminé deux des trois réka du mar'reb, ou trois des quatre réka des autres prières [du midi, de l'a's'r et de l'éché, ou les deux réka de la prière du matin], qu'il a omis quelques prières, il doit achever la prière commencée [à titre et intention de prière de précepte divin, et ensuite il s'acquittera des prières arriérées].

§ 2. Nombre des prières réparatoires, dans les différents cas d'oubli ou d'omission.

Si l'on ignore absolument quelle est la prière oubliée ou omise [quelle qu'en soit d'ailleurs l'époque], on doit en faire cinq [afin que dans ce nombre, qui est celui des prières imposées pour chaque durée d'une journée et d'une nuit, ou vingt-quatre heures, celle qui a été omise se trouve nécessairement réparée]. Lorsque l'on sait quelle est la prière omise, mais que l'on ignore le jour dans lequel elle l'a été, on fait la prière avec l'intention de l'appliquer ou assigner au jour de l'omission. [Si l'on se rappelle que la prière omise est une des trois prières de la journée, on doit les faire toutes les trois; a-t-on omis une des deux prières de la nuit, on doit faire ces deux prières en réparation; et dans ces deux circonstances, la prière omise est toujours et nécessairement réparée.]

Lorsqu'on a oublié ou omis une prière et celle qui devait la suivre, on est obligé de faire six prières de suite [dans l'ordre de succession régulière; on finit alors par la même que celle par laquelle on a commencé]; et il est de convenance, en pareil cas, de commencer par la prière du midi. [Car c'est à cette heure que l'ange Gabriel fit sa première prière avec le Prophète [36]. Du reste, la loi impose six prières réparatoires, parce que le fidèle, dans la circonstance précitée, ne sait pas sur quelles prières l'omission a porté, sur la prière du midi précédent ou de l'a's'r, sur celle du coucher du soleil ou de la nuit close, ou sur celle du matin, etc. ensuite parce qu'il faut satisfaire à la loi par une série canonique d'un jour entier, et continuer, par la prière présente, qui relie le présent au passé, enfin parce que ce passé ne doit point avoir de lacune, même en doute, pour chacune des cinq prières journalières.]

D'après le même principe, lorsqu'un individu a manqué une prière et la troisième prière, ou la quatrième ou la cinquième [c'est-à-dire celle qui est la troisième, ou la quatrième, ou la cinquième, en comptant la première oubliée, et que cet individu ne sait plus si elles appartiennent aux prières diurnes ou aux prières de la nuit], il doit faire [pour chacune de ces trois sortes d'omissions] cinq prières satisfactoires, comme dans la supposition précédente, mais en les espaçant selon le rapport de distance de la seconde prière oubliée ou omise. [Ainsi ces cinq prières ne devront point se suivre selon la succession régulière et non interrompue, à commencer par la prière du midi, à laquelle on fait succéder celle de l'a's'r, puis celle du mar'reb, etc. elles seront dans l'ordre que voici, toujours en commençant, de préférence, par celle du midi : faire une

prière du midi, puis la *troisième* ou celle du coucher
du soleil, puis la *troisième* suivante ou celle du matin,
puis la *troisième* suivante encore ou celle de l'a's'r; ensuite la *troisième* après ou prière de la nuit close; et en
sixième lieu, la *troisième* après ou celle de midi. Dans
le cas d'omission d'une prière et de la quatrième d'ensuite, en y comprenant la première omise, on procède
ainsi à la réparation : en premier lieu, la prière du
midi; en deuxième lieu, la *quatrième* prière suivante,
ou celle de la nuit close; en troisième lieu, la quatrième
prière suivante ou celle de l'a's'r; en quatrième lieu,
la quatrième prière suivante ou celle du matin; ensuite
celle du mar'reb, et enfin celle du midi. Dans le troisième cas, où l'on suppose l'omission d'une prière et de
la cinquième, l'on doit réparer l'omission par six prières
satisfactoires, dans l'ordre que voici : d'abord la prière
du midi, puis la cinquième prière qui suit régulièrement et qui est celle du matin; en troisième lieu, la
cinquième prière suivante, qui est celle de l'éché ou
nuit close; puis celle du coucher du soleil; ensuite celle
de l'a's'r; enfin celle du midi. Par là, on récite six prières
et toutes dans l'ordre des distances des deux prières
oubliées.]

Pour l'omission d'une prière et de la sixième ou de
la onzième prière suivante [lorsque le fidèle ne sait pas
à quelles heures de la journée ou de la nuit ces deux
prières auraient dû être faites], il faut accomplir, comme
moyen satisfactoire, deux fois à la suite l'une de l'autre,
chacune des cinq prières du jour entier [dans l'ordre

régulier, en commençant et terminant par celle de midi ; ainsi, on priera deux fois de suite la prière du midi, puis deux fois de suite la prière de l'a's'r, puis deux fois de suite celle du mar'reb, etc. De cette manière, quelles que soient les deux prières omises, elles seront réparées ; car nécessairement les deux distances de chiffres, un et six et un et onze, se rencontreront dans la série de prières accomplies ; de plus, ou aura satisfait au principe qui exige cinq prières pour une prière omise dont on ne sait plus le rang d'ordre dans la succession des cinq heures canoniques. Il en serait encore de même pour l'omission d'une prière et de la seizième ou de la vingt et unième prière suivante ; car ce sont toujours deux prières semblables oubliées dans deux jours différents. Il en serait également de même pour l'omission d'une prière et de sa septième ou de sa huitième, ou de sa neuvième, ou de sa dix-septième, ou dix-neuvième, ou vingtième. Ce sont toujours deux prières oubliées qui doivent être l'une des cinq pour deux jours différents, à des heures que l'on ne se rappelle plus. On répare donc sûrement l'omission en recommençant à double ou à réduplication immédiate, chacune des cinq prières d'un jour ou vingt-quatre heures. Des légistes pensent que pour l'omission d'une prière et de sa septième, jusqu'à la dixième, ou d'une prière et de la douzième, jusqu'à la seizième, il faut faire six prières espacées dans le rapport des distances qui séparent les prières omises, conformément au procédé indiqué pour l'omission d'une prière et de sa troisième, ou de sa quatrième, ou de sa cinquième].

Lorsque l'omission est de deux prières dont on se rappelle les heures, et qui appartiennent à deux jours différents, mais sans que l'on sache laquelle des deux doit précéder l'autre, on s'acquitte des deux prières dans quelque ordre que ce soit [avec l'intention sentie de rapporter chacune d'elles au jour auquel elle appartient], puis on répète celle que l'on vient de faire la première. [Ainsi, lorsque l'omission porte, par exemple, sur une prière du midi, pour un jour, et sur une prière de l'a's'r, pour l'autre jour, sans que l'on sache si l'omission du midi se rapporte au premier jour ou au second, on accomplit d'abord les deux prières, celle du midi, puis celle de l'a's'r, et l'on recommence de suite celle du midi, ou bien l'on fait d'abord celle de l'a's'r. De cette manière, ces deux prières se trouvent faites chacune l'une avant l'autre, et chacune l'une après l'autre, et la loi est forcément satisfaite.]

Dans le même cas d'incertitude dont il vient d'être fait mention [pour deux prières connues et déterminées que l'on a omises en deux jours différents, et dont on ne se rappelle plus l'ordre de précession], lorsque de plus on ne se rappelle pas si les deux prières omises l'ont été en voyage ou non en voyage, il faut recommencer les deux prières dans la forme de l'hypothèse précédente [relativement à la succession des prières, c'est-à-dire, par exemple, la prière du midi, puis la prière de l'a's'r, puis répéter celle du midi]. Mais, pour chaque fois, il faut faire suivre la prière du fidèle sta-

tionnaire par la prière du voyageur. [Ainsi, en supposant omise la prière du midi, pour un jour, et celle
de l'a's'r, pour l'autre jour, on récitera, à titre de réparation, la prière du midi, comme doit la faire le fidèle
stationnaire, et ensuite comme doit la faire le voyageur;
puis on fera la prière de l'a's'r comme un fidèle stationnaire, et ensuite comme doit la faire le voyageur: enfin,
on répétera celle du midi, également sous la double
forme.]

Celui qui a omis trois prières se succédant par l'ordre
des heures [comme le matin, le midi et l'a's'r], mais
appartenant chacune à un jour différent [et dont, pour
chacune, l'individu se rappelle l'heure, sans se rappeler
l'ordre de succession de ces heures relativement aux
trois jours], celui-là fera sept prières. [Il récitera ces
trois prières omises, puis les répétera, puis recommencera celle par laquelle il a ouvert la série. Par là, il aura
nécessairement fait les prières dans l'ordre voulu, c'est-
à-dire que chacune des trois prières se trouvera faite
et avant et après les deux autres et au milieu.]

Celui qui a omis quatre prières se succédant par
l'ordre des heures [comme le matin, le midi, l'a's'r et
le coucher du soleil], mais appartenant chacune à un
jour différent [et dont, pour chacune, l'individu se
rappelle l'heure canonique, sans se rappeler l'ordre
de succession de ces heures relativement aux quatre
jours], celui-là fera treize prières [récitant les quatre
prières omises, puis les recommençant et recommençant
encore, et finissant par celle qu'il a récitée la première].

Celui qui, dans les circonstances énoncées, a omis cinq prières dans l'ordre successif des heures, et appartenant chacune à un jour différent [mais dont il ne se rappelle plus la place d'ordre relativement aux cinq jours], celui-là fera vingt et une prières. [Il récitera et répétera les cinq prières omises, puis terminera par celle par laquelle il a commencé la série.]

L'individu qui, ayant omis trois prières successives appartenant à un jour [ou durée de vingt-quatre heures], ne se rappelle plus quelle est la première de ces prières, doit faire, en réparation, sept prières dans leur ordre régulier et ordinaire de succession; si l'omission est de quatre prières [toutes choses étant égales d'ailleurs], il faut réciter huit prières dans l'ordre régulier de succession [toujours en préférant commencer par celle du midi]; si l'omission est de cinq prières, il faut en faire neuf dans leur ordre successif. [Ces dispositions légales sont en rapport de raison avec ce qui a été énoncé plus haut, savoir : que pour une prière omise dont on ne sait plus quelle est l'heure, il faut, comme réparation, faire cinq prières; que pour une prière omise, ainsi que celle qui devait la suivre, il faut faire six prières satisfactoires. Par suite de cela, s'il y a une prière de plus qui soit omise, la loi en impose une de plus; s'il y en a deux d'omises, elle en impose deux, etc. ce qui donne les termes ou nombres satisfactoires, sept, huit, neuf, dont on vient de parler. En un mot, il faut toujours être sûr que les prières omises sont réparées dans leurs rapports de rapprochement ou d'éloignement, etc.]

SECTION IX.

———

§ 1. Des inadvertances pour lesquelles sont infligées les prosternations
pénitentiaires.

Relativement aux erreurs et aux fautes d'inattention
ou d'inadvertance pendant la prière, il est d'obligation
pour un manque seul ou répété, soit en plus, soit en
moins, dans les pratiques imposées par la loi d'après
la sounna, de faire deux prosternations immédiatement
avant le salut final de la prière. Si le manque a eu lieu
à la prière publique et solennelle du vendredi, les deux
prosternations expiatoires ou pénitentiaires doivent être
faites à la grande mosquée [c'est-à-dire dans celle où
il est permis de faire la prière publique du vendredi
à midi].

Après les prosternations pénitentiaires, il faut recommencer le técheh'oud. [Car le salut final doit toujours
suivre le técheh'oud. De plus, il ne faut point prolonger ce técheh'oud répété, par des vœux ou demandes
adressées à Dieu.]

Les manques qui exigent la réparation pénitentiaire
précitée sont, par exemple : — de ne pas dire à haute
voix, dans la prière, les parties qui doivent être dites
ainsi [telles que le fâtih'a ; le K'oran peut se réciter à

voix basse, mais il est mieux de le réciter à haute voix];
— de passer, dans la prière de précepte divin, la récitation de quelque partie ou d'un chapitre du K'oran;
— de laisser le récit des deux técheh'oud [fût-ce même
dans une prière de surérogation].

Mais dans les cas différents [c'est-à-dire dans les cas
où l'erreur est en plus, que le fidèle doute ou ne doute
pas de la réalité de l'erreur, ou bien encore dans le cas
où le fidèle a oublié de faire les prosternations pénitentiaires avant le salut de paix], il faut s'acquitter des
deux prosternations infligées par la loi, après le salut
final; — c'est ce que doit faire celui qui termine sa
prière, s'il doute qu'il en ait réellement accompli tous
les réka [alors il recommence ce qui lui paraît douteux, et il se soumet à deux prosternations expiatoires
après le salut final]; c'est encore ce que doit faire
le fidèle qui se borne au *couple* de réka qui commence
la prière ouitr parce qu'il ne sait plus s'il a complété
le *couple* ou s'il en est au réka *unique* ou ouitr. [Pour
cette faute d'inattention, l'on doit se soumettre à deux
prosternations expiatoires après le salut final de la
prière.]

Même réparation est due : — par celui qui ne récite
pas à voix basse, dans une prière d'obligation divine,
ce qui doit être ainsi récité; — par celui que le doute
poursuit et obsède ridiculement sur la bonté et l'exactitude de ses actes et pratiques dans la prière; — par
celui qui prolonge, au delà de l'espace de temps voulu
normalement et rationnellement, certaines pratiques

qui composent la prière [par exemple, s'il tarde trop
à se relever dans la salutation, s'il reste trop longtemps
accroupi entre les deux prosternations, ou appuyé sur
les mains et les genoux pour se relever].

Les deux prosternations expiatoires après le salut
final, pour les erreurs ou fautes qui viennent d'être
signalées, doivent s'accomplir [lorsque l'on y pense],
fût-ce même un mois [ou un an, ou indéfiniment] après
que la faute ou l'erreur a été commise.

On accomplit les prosternations pénitentiaires [et
celles qui doivent avoir lieu avant le salut final, et celles
qui doivent avoir lieu après ce salut], en les faisant
précéder du tekbîr prononcé dans l'intention pure de
glorifier Dieu [non comme un tekbîr surnuméraire];
puis on récite un técheh'oud, et l'on articule ensuite
à haute voix le salut de paix.

Le fidèle n'est point coupable de péché lorsqu'il
accomplit, avant le salut final, les prosternations pénitentiaires qui sont indiquées comme devant être faites
après le salut, ni lorsqu'il reporte après le salut celles
que l'on recommande de faire auparavant. [Toutefois
cette transposition ou ce déplacement est un acte irré-
gulier].

§ 2. Cas particuliers qui excluent les prosternations pénitentiaires.

Il n'y a pas de prosternations pénitentiaires à la charge
de celui que la distraction obsède· et domine [qui,
malgré lui, et d'habitude, omet quelque pratique de la

prière. S'il lui vient seulement le doute qu'il ait manqué à quelque chose], il rectifie et complète de sa prière ce qui peut être complété et refait [c'est-à-dire qu'il renouvelle les pratiques qu'il a manquées ou dénaturées, et qui peuvent se réparer : par exemple, s'il a omis de rester accroupi après la première prosternation, de faire la prosternation dans un premier réka, de réciter du K'oran, de mettre les mains sur les genoux lors de la salutation. Mais si l'omission porte sur une pratique d'obligation divine, telle serait l'omission du fâtih'a, il faut recommencer le réka dans lequel ce fâtih'a a été omis, et faire les prosternations pénitentiaires après le salut final].

Il n'y a pas de prosternations expiatoires imposées à l'individu en question, — si d'abord il n'est pas certain d'être coupable de quelque oubli ou de quelque erreur [et qu'ensuite il croie n'en être pas coupable]; — s'il n'est pas certain d'avoir fait le salut de paix [et qu'ensuite il le fasse sans tarder]; — si, pensant n'avoir pas accompli les deux prosternations d'un réka, il en accomplit un autre [pour faire taire le doute qui le préoccupe]; — s'il ajoute en surplus une récitation d'un chapitre ou d'un passage du K'oran [après le fâtih'a, dans un troisième et un quatrième réka, c'est-à-dire] dans les deux derniers réka [d'une prière quaternaire]; — s'il a interrompu la récitation d'un chapitre du K'oran pour passer à un autre; — s'il a été surpris par un vomissement ou des régurgitations liquides [mais dont il n'a rien ravalé exprès, et dont les matières ne contenaient pas d'aliments entièrement dénaturés, et par conséquent impurs].

Il n'y a pas de prosternations pénitentiaires infligées, — pour un manque, par distraction, à une pratique d'obligation divine [car une pratique de cet ordre ne saurait être compensée par des prosternations expiatoires; il faut la recommencer, et, mieux encore, recommencer la prière et faire les salutations pénitentiaires après le salut]; — ni pour le manque irréfléchi d'une seule pratique positivement indiquée et prescrite d'après la sounna, telle que les paroles du técheh'oud; — ni pour avoir abaissé un peu trop le ton de la voix dans les prières qui se doivent articuler de manière à être entendues [au moins de celui qui est placé contre le fidèle priant], ou pour avoir un peu trop élevé la voix dans les prières qui se doivent prononcer à voix basse; tel serait le cas où l'on articulerait, à voix haute et distincte, un verset du K'oran, par exemple, dans une prière qui doit être faite à voix basse [et *vice versa;* car, parmi les prières, les unes se récitent à un ton de voix convenable et intelligible, et les autres à voix insaisissable]; — ni pour la répétition d'un chapitre du K'oran, autre que le fâtih'a, que l'on réciterait une seconde fois, en le redisant à voix haute ou à voix basse [lorsqu'il a été récité la première fois sur le ton de voix opposé à celui que prescrit la règle dans telle ou telle prière. Si l'on s'aperçoit de cette erreur avant que l'on ne s'incline pour la salutation, on recommence la récitation sur le ton de voix voulu; mais, si l'on récitait, dans cette seconde fois, le chapitre ou passage du K'oran et le fâtih'a, on devrait se soumettre aux prosternations pénitentiaires]; — ni pour l'omission d'un tekbir. [Car tous les tekbir, excepté le premier ou tekbir initial, sont seulement de règle imitative.]

Mais, relativement à la substitution du *tesmi'*, ou énoncé de ces mots, «Dieu entend ceux qui le glorifient,» au tekbir, et réciproquement, il y a deux explications ou manières de voir chez les juristes. [Si la substitution avait lieu dans les deux points de la prière où cela est possible, c'est-à-dire si le tesmi' était substitué au tekbir et le tekbir au tesmi', les deux prosternations pénitentiaires avant le salut, disent les uns, sont obligées. Lorsque la double substitution n'a pas lieu, disent les autres, le fidèle n'a pas à se soumettre aux prosternations. Du reste, le tekbir dont il est ici question se prononce au moment où l'on s'incline pour la salutation du réka, et le tesmi' au moment où l'on se relève de cette salutation.]

Il n'y a pas non plus de prosternations pénitentiaires, — pour l'imâm qui, en priant, fait passer de sa gauche à sa droite, ou derrière lui quelqu'un des fidèles; — ni pour le fidèle qui s'arrange sur les épaules son *rida* tombé ou presque entièrement tombé [le Prophète, étant en prière, eut occasion de relever son rida ou manteau]; — ni pour le fidèle qui remet en place le signe de séparation ou de démarcation qui s'est dérangé ou qui est tombé; — ni pour l'individu, par exemple, qui, [arrivé en retard] à la prière en assemblée, irait [après le salut final de l'imâm] se placer à deux [ou trois] rangs de fidèles en avant, pour se rapprocher du point ou signe de séparation [et pour terminer ce qu'il a encore à faire de sa prière; mais on ne peut se déplacer ainsi qu'une seule fois; un second déplacement annulerait la prière]; — ni pour celui qui se dérangerait de sa place pour aller occuper une place vide [dans un rang de fidèles qui sont devant lui]; — ni pour celui qui éloignerait une personne qui serait ou passerait trop près devant lui pendant la prière [et même lorsque ce fidèle priant aurait déjà, par signe, prévenu la personne de prendre au large]; — ni pour celui qui s'avance un peu afin de retenir sa monture qui s'écarte de lui [mais si elle s'éloigne et qu'il aille après elle, la prière est nulle]; — ni pour celui qui [dans l'un ou l'autre de ces mouvements ou de ces motifs dont il vient d'être parlé] se porte, en se dérangeant, ou de côté, ou en arrière; — ni pour celui qui souffle l'imâm [ou tout autre fidèle] arrêté dans sa récitation; — ni pour celui qui, en prière, retient les lèvres rapprochées au moment d'un bâillement; — ni pour celui qui, ayant besoin de rejeter quelque chose de sa bouche, le jette dans son vêtement par un léger crachement; — ni pour celui qui a besoin de tousser et tousse légèrement pour se débarrasser le gosier; et, lors même que ce serait sans besoin réel [mais non par jeu ou par puérilité], la prière n'en est pas annulée [il n'y a pas même de prosternations expiatoires exigées].

Les prosternations pénitentiaires ne sont pas non plus

imposées, — au fidèle, homme ou femme, qui, à cause de quelque incident imprévu qui le surprend, prononce le tesbîh' [comme exclamation de surprise ou de mécontentement, ou pour indiquer qu'il est en prière; le tesbîh' se compose des deux mots : *Soubh'án Alláh*, « Gloire à Dieu! »]; mais ni l'homme, ni la femme ne doit frapper un coup dans ses mains [comme moyen d'avertissement ou de reproche à un importun, etc.]; — ni à celui qui adresse seulement quelques mots à l'imâm [avant ou] après le salut, pour indiquer qu'il y a quelque chose à rectifier dans la prière [soit pour un oubli de l'imâm, ou une distraction, soit pour l'avertir en un ou deux mots, si l'on n'a pas pu le lui faire comprendre par un simple signe, qu'une souillure, par exemple, l'a atteint pendant la prière, ou qu'il a terminé le nombre de réka voulu, etc.]. En pareil cas, l'imâm seulement [et non ceux qui prient avec lui] se rendra à l'avertissement de deux fidèles intelligents et probes, si cet imâm n'est pas parfaitement persuadé qu'il ne s'est pas trompé. Et lorsqu'il croira positivement qu'il ne s'est pas trompé, il ne se rendra qu'à l'avis d'un grand nombre de fidèles [de manière que le témoignage de ce nombre présente un témoignage de certitude].

Celui-là n'a pas de prosternations pénitentiaires à subir, qui, pendant sa prière, s'interrompt par inadvertance pour dire, s'il éternue ou s'il entend quelqu'un lui annoncer une bonne nouvelle, la réussite d'une affaire : *El-h'amdou-lilláh*, « Grâce à Dieu! » Mais il est d'une dévotion sage et éclairée de s'abstenir de pareilles manifestations d'action de grâces au milieu de la prière.

La loi n'inflige pas non plus de prosternations pénitentiaires pour les choses et actes tolérés dans la prière, tels que : — un court moment de silence afin d'entendre une information, une nouvelle utile; — la station debout, en s'appuyant sur un pied, et sans que l'autre pose entièrement sur le sol; — l'action de tuer un scorpion [ou un serpent] qui s'avance sur le fidèle en prière [tuer d'autres animaux, ou insectes, ou oiseaux, une abeille, un frelon, un poisson, une mouche, même venimeuse, etc. n'est pas toléré, et oblige à recommencer la prière. Si le scorpion ou le serpent ne s'avance pas sur celui qui prie, il est blâmable de se déranger pour le tuer]; — un mouvement de tête, ou un signe de la main, pour répondre à un salut, ou pour demander quelque chose dont on a besoin [ou pour remettre quelque chose à quelqu'un]; non un signe en réponse à un souhait adressé pour un éternument.

La loi ne punit pas d'expiation prosternatoire [mais seulement blâme, comme une démonstration mondaine], par exemple : — un soupir, un accent de plainte indiquant une douleur ressentie; — des pleurs, des gémissements d'émotion pieuse. Et si ces soupirs, pleurs ou gémissements ont d'autres motifs que ceux qui sont indiqués, la réprobation ou le jugement que porte la loi est conforme à ce qu'elle prononce contre l'action de parler [ou exprès, ou par distraction] dans les prières, de saluer un fidèle qui s'acquitte d'une prière obligatoire.

[Dans ce dernier cas, celui qui salue doit faire deux prosternations pénitentiaires.]

On n'est point obligé aux prosternations expiatoires, — pour un sourire [par distraction]; — pour un claquement des doigts; — ou pour un mouvement de la tête ou du corps à droite ou à gauche, sans motif nécessaire et par inadvertance.

Il n'y a pas non plus obligation de faire les prosternations susmentionnées [mais il y a blâme], pour le priant — qui cherche à avaler quelque reste de nourriture qui se trouve entre les dents; — ou qui se frotte ou gratte quelque point du corps; — ou qui, en un moment de la prière, élève exprès la voix pour faire entendre certains mots par lesquels il veut faire comprendre quelque chose [d'étranger à sa prière, mais] d'analogue au sens que présentent ces mots, tout en les laissant à la place où ils doivent être dans la prière. Mais si ces quelques mots sont prononcés hors de la place qu'ils doivent avoir [si, par exemple, en récitant du K'oran, l'on saute d'un verset à un autre, ou d'un chapitre à un autre, pour avoir un moyen plus facile de faire entendre ce que l'on veut indiquer], la prière est alors annulée; de même encore, lorsque le fidèle souffle quelques paroles à un individu qui ne prie pas avec lui. [Car alors il y a, pour ainsi dire, forme de conversation.] Cette disposition légale est donnée par un juriste autre que les quatre principaux commentateurs du Moudaouéneh.

§ 3. Circonstances qui annulent la prière en tout ou en partie.

La prière est invalidée et rendue nulle, — par un rire ou un éclat de rire [quelle qu'en soit la cause, même par un rire qui serait occasionné, à la récitation du K'oran, par la peinture de l'état des élus dans le paradis. Le rire oblige celui qui prie seul, à recommencer sa prière, et oblige l'imâm à interrompre la prière, qui alors est nulle pour toute l'assemblée et pour lui; l'imâm cède aussitôt sa place à un autre, et la prière de tous est à recommencer. Le fidèle qui, priant en commun, rit exprès dans la prière, la doit interrompre]. Celui qui, priant sous la présidence d'un imâm, ne peut contenir son rire, doit rester en place [afin de ne déranger personne; et il recommencera ensuite sa prière]. Il en est de même, — à l'égard de celui qui, pour la salutation de quelque réka que ce soit dans lequel il vient de se mettre de pair avec l'imâm, prononce le tekbir sans sentir l'intention de commencer ainsi la prière et sans élever son esprit et son cœur à Dieu; quant à celui qui pendant sa prière avec un imâm se rappelle qu'il a une prière omise à accomplir, il s'interrompt [attend que l'imâm ait terminé, puis il recommence].

La prière obligatoire est encore invalidée, — par une souillure [qui atteint le fidèle pendant la prière, ou dont il a oublié de se purifier et dont il se ressouvient en priant]; — par des prosternations faites avant le moment du salut final, pour l'omission d'une pratique qui n'est pas d'obligation imitative, mais seulement de simple règle méritoire dans la prière [telle que l'omission du s'ounoût, du tesbîh de la salutation], ou pour un tekbir [ou autre pratique imitative qui n'entre pas dans la composition essentielle de la prière, telle que l'ik'âmeh]; — par tout ce qui empêche d'accomplir dans la prière une pratique d'obligation divine ou d'obligation imitative [par une colique subite, un évanouissement, etc.]; dans cette circonstance, on doit renouveler la prière pendant la durée du temps forcé;—par un excédant de quatre réka [dans les prières quaternaires et aussi dans les prières ternaires]; — ou par un excédant de deux réka [dans les prières qui n'en ont que deux, telles que celle du matin et celle du vendredi à midi. Avec ces excédants de deux ou de quatre réka dans les prières qui ne doivent en avoir régulièrement que deux ou que quatre, ces prières se confondraient, celle de deux avec celle de quatre, et celle de quatre avec celle de huit. Un surplus d'un réka dans les prières qui en doivent avoir seulement deux, et un surplus d'un, ou de deux, ou de trois réka dans celles qui en doivent avoir régulièrement quatre, n'invalide pas la prière; il n'oblige qu'aux prosternations pénitentiaires, après le salut de paix].

Est invalidée aussi la prière obligatoire — dans laquelle, à dessein, on a fait un acte en surplus, telle qu'une prosternation; — ou dans laquelle on a fait, à dessein, une expiration en chassant avec quelque bruit l'air de la bouche [comme par l'exclamation *hâ!* car alors c'est une sorte de parole sourde adressée à un individu]; — ou dans laquelle le fidèle mange ou boit [quand même il aspirerait un liquide par le nez]; — ou dans laquelle on cherche à vomir, ou à rejeter des matières de régurgitation; — ou dans laquelle on adresse, à dessein, une seule parole, un mot même d'une seule lettre à quelqu'un, et quand même ce serait avec répugnance, ou bien, par une sorte de convenance, pour diriger ou remettre en son chemin un aveugle. Il faut excepter une parole dite [avant ou après le salut final] dans l'intention et le but de rectifier ou régulariser la prière; et alors il n'y a qu'un trop grand nombre de paroles prononcées qui puissent invalider la prière du fidèle qui a parlé.

Lorsque dans sa prière, l'individu, par inadvertance et irréflexion, fait un salut et mange et boit, quelque peu que ce soit [ou bien fait un salut et mange ou boit], la prière de cet individu, d'après le Moudaouéneh, chapitre 1ᵉʳ, *Sur la Prière,* est invalidée et doit être recommencée. D'après le Moudaouéneh, chapitre II, *Sur la Prière,* si l'individu, dans son inadvertance, n'a que mangé ou bu, ce manque se réparera par deux prosternations après le salut de paix. Mais y a-t-il, ou non, motif à accuser de contradiction les deux dispositions légales de ces deux chapitres du Moudaouéneh, parce que l'une indique que le salut doit avoir lieu ainsi que l'action de manger et de boire [ou ainsi que l'action de manger ou l'action de boire], pour rendre la prière nulle, et parce que, d'après l'autre, la prière n'est pas annulée par l'action de manger ou de boire? Il y a sur ce point deux opinions. [Les uns veulent, et c'est le plus grand nombre, que le salut avec boire ou manger annule la prière; d'autres prétendent que le salut n'annule la prière que lorsque aussi le fidèle a bu et mangé en priant. D'autres encore décident que le salut seul invalide la prière, et que la faute qu'entraîne un salut est plus grave que celle qu'entraîne l'action de boire et de manger.]

Si un fidèle abandonne sa prière, ou seulement la cesse, parce qu'il peut être atteint d'une souillure [récente ou non], dont ensuite il reconnaît ne pas être atteint, cette prière est nulle. Il en est de même pour celui qui, au moment où il fait le salut final, vient à douter si la prière est ou n'est pas complète, et qui, après ce salut terminé, reconnaît qu'elle est complète. Cette disposition légale est énoncée par Ibn-Rouchd. Il en est encore de même pour celui qui, arrivant trop tard à la prière en commun, et n'ayant pas eu, à cause de ce retard, le temps de faire un réka avec l'imâm, accomplit, avec cet imâm, des prosternations pénitentiaires, soit après, soit avant le salut final. Mais si le fidèle est arrivé assez tôt pour faire un réka au moins avec l'imâm, ce fidèle exécute les prosternations pénitentiaires auxquelles l'imâm doit se soumettre avant le salut, lors même que cet imâm ne s'en acquitterait pas, et lors même encore que le fidèle retardé n'aurait pas été présent à la prière, au moment du manque de l'imâm [et n'en aurait pas été rendu ainsi solidaire]. Quant aux prosternations pénitentiaires qu'exécute l'imâm après le salut final, le fidèle retardé ne les fera qu'après avoir accompli ce qui lui reste à faire pour compléter sa propre prière.

Du reste, le fidèle qui prie sous la direction d'un imâm n'est point passible, en particulier, de prosternations pénitentiaires pour des omissions ou fautes commises dans cette prière. [Car, dans la prière en commun, l'imâm est le répondant, pour ainsi dire, quoique non répondant sur sa conscience, de la prière de l'assemblée qu'il représente, et dont il est l'âme et le directeur.]

On rend encore une prière nulle, en n'accomplissant pas les deux prosternations pénitentiaires qui doivent avoir lieu avant le salut final, lorsque ces prosternations sont une réparation expiatoire due pour trois pratiques d'obligation imitative omises, par inadvertance, dans une prière, et qu'il s'est déjà écoulé un certain temps depuis la prière [de manière qu'il ne soit plus possible légalement de rattacher à la prière les prosternations omises; et si, par exemple, pour une souillure qui vient d'atteindre l'individu, il est obligé de sortir pour se purifier, etc.]. Si les pratiques imitatives omises sont moins de trois, l'omission des prosternations expiatoires n'invalide pas la prière. [Ces pratiques, auxquelles il est fait allusion ici, sont ou en paroles ou en actes : les tekbîr, les tesmî' ou énoncés de ces paroles, « Dieu entend ceux qui le louent, » la récitation de passages ou de chapitres du K'oran, l'assis, le lever.]

Si le fidèle se rappelle, pendant la prière suivante, qu'il ne s'est pas acquitté des prosternations pénitentiaires [infligées pour l'omission de trois pratiques d'obligation imitative, et] qui doivent être accomplies avant le salut final, et qui, n'étant pas faites, ont aussi rendu nulle la prière précédente, alors le fidèle est dans le cas de celui qui se rappelle, après s'être mis à prier, qu'il a omis une ou quelques prières antécédentes. [Cette dernière circonstance indiquée ici a été exposée déjà en parlant des prières satisfactoires : « Si, en priant, le fidèle se rappelle avoir omis ou passé quelques prières, il doit interrompre la prière qu'il fait, à moins qu'il n'ait terminé un réka; alors il en achève un second, etc. »] (Voyez section VIII du chapitre de la prière.)

Si les prosternations omises dans la prière précédente ne sont pas de nature à l'annuler, alors le fidèle est simplement dans le cas de celui qui a oublié une pratique d'une prière [telle qu'une salutation]. Si la prière précédente [dans laquelle ont été oubliées les prosternations expiatoires précitées, et dont on s'est souvenu dans la prière suivante, obligatoire ou surérogatoire, si cette prière précédente, dis-je,] était d'obligation divine, et que l'on ne se fût rappelé les prosternations omises qu'après que le fâtih'a était entièrement récité, ou qu'après que l'on s'était déjà incliné pour la salutation, cette prière précédente est invalidée; et

lorsque la prière suivante est surérogatoire, on la termine
[à condition qu'il y ait encore assez de temps po .r re-
commencer]; lorsqu'elle n'est pas surérogatoire, on ne
l'achève pas. Et alors, si déjà l'on a conduit un réka
jusqu'à la fin de ses deux prosternations spéciales, il
est de devoir pieux de redoubler ce réka [mais avec
l'intention de faire une prière surérogatoire]. Dans la
supposition que l'on ne soit pas encore arrivé à la fin
du fâtih'a, et que l'on n'ait pas commencé la salutation
[lorsque l'on se rappelle l'omission des prosternations
ci-dessus indiquées], on doit s'interrompre sans faire
de salut et recommencer la prière précédente. Lorsque
la prière précédente [toujours en supposant l'omission
de l'espèce de prosternations dont il vient d'être parlé]
était surérogatoire, et que la seconde [c'est-à-dire celle
dans laquelle on se rappelle l'omission des prosternations pénitentiaires à faire avant le salut final] est d'obligation divine, on continue cette dernière prière [quand
même on ne serait pas encore à la fin du fâtih'a]. On
agit de même si la seconde prière, ainsi que la précédente, est surérogatoire et déjà arrivée à la fin du fâtih'a ou au commencement de la salutation. [Si elle
n'est pas arrivée à ce point lorsqu'on se rappelle l'omission, on refait la prière précédente.]

Maintenant la prière peut-elle ou non être invalidée
parce que, de dessein prémédité, on laisse une de ses
pratiques imitatives positives, et n'y a-t-il pas alors des
prosternations pénitentiaires à subir? Sur ce point les
opinions varient (*khiláf*). Les uns veulent que la prière

soit alors invalidée; les autres, que l'omission prémé-
ditée n'entraine pas l'obligation de prosternations expiatoires, parce qu'elles sont infligées seulement pour
les manques par distraction et inadvertance. Selon un
autre avis, celui qui, par préméditation, omet de réciter du K'oran dans les deux premiers réka, en demande
ensuite pardon à Dieu, et alors il est absous, etc.]

§ 4. Circonstances qui entraînent l'invalidité de certaines parties de
la prière, ou qui entraînent en même temps des prosternations
pénitentiaires.

La prière est invalidée [partiellement ou intégrale-
ment], lorsque le fidèle, par inadvertance [remplit mal,
ou bouleverse dans leur ordre, ou] omet une des pratiques qui constituent la prière régulière et complète,
et qu'il ne se rappelle son omission ou son erreur qu'a-
près que déjà un trop long temps s'est écoulé [que la
prière est terminée, ou bien que le fidèle est sorti,
par exemple, de la mosquée]. Ce genre d'omission ou
d'erreur invalide la prière, tout comme l'omission d'une
des conditions indispensables [qui doivent la précéder
et l'accompagner; telle est l'omission de celui qui ne
pense pas à se couvrir décemment, à se purifier, à
prendre la direction légale ou k'ibla, etc. Si le temps
qui a suivi la pratique omise ou mal accomplie ne
s'est pas trop prolongé, c'est-à-dire si l'on se rappelle,
avant le salut final, l'omission ou l'erreur qui a eu lieu,
par exemple, dans le dernier réka, ou bien si l'on se
rappelle avant d'avoir *engagé* ou mis en train d'exécu-

tion un réka, c'est-à-dire avant d'avoir relevé la tête
dans la salutation, mouvement qui engage le réka de
manière à ce qu'il ne doive plus être interrompu; si,
dis-je, on se rappelle, avant cela, l'omission ou l'erreur
arrivée dans le réka], on peut, tant que l'on n'a pas
accompli le salut final régulier, faire seulement ce qui a
été omis ou mal fait dans le dernier réka; on peut également, tant que l'on n'a pas engagé le réka [c'est-à-dire,
tant que l'on n'a pas relevé la tête après la salutation],
faire ce que l'on a omis ou mal fait dans le réka précédent [et la prière reste bonne et valable. Mais si le salut
final est accompli avant que soit réparée l'erreur ou l'o-
mission que l'on se rappelle, et qui a été commise dans
un dernier réka d'une prière, la prière tout entière est
nulle et doit être recommencée. Dans le second cas,
si l'on ne se rappelle l'omission ou l'erreur commise
dans un réka qu'après que le réka suivant est engagé,
ce premier réka est nul, et le second devient ainsi le
premier. Si l'on se rappelle le manque avant d'avoir relevé la tête, lors de la salutation du second réka, on
refait ce que l'on se rappelle avoir omis, ou mal fait,
ou fait hors du tour d'ordre. Toutes les erreurs ou omissions commises dans le second cas doivent être réparées,
comme il vient d'être dit, avant que le réka suivant
soit engagé], excepté les circonstances d'omissions ou
d'erreurs suivantes, qui doivent être réparées avant
l'inclination elle-même [ou premier mouvement de la
salutation; si le fidèle ne se rappelle ces erreurs ou
omissions qu'après l'inclination, il ne peut plus les ré-

parer. Or, voici les circonstances sur lesquelles porte
l'exception indiquée] :— 1° l'omission d'une salutation;
—2° l'erreur commise en prononçant à voix basse ce
que l'on doit réciter du K'oran à voix suffisamment
saisissable ;—3° l'omission [du nombre entier ou d'une
partie] des tekbîr de la prière d'une des deux grandes
fêtes ;— 4° l'omission, pendant la prière, des prosternations que l'on doit faire lorsqu'on récite, ou entend
lire ou réciter certains passages du K'oran (voyez sect. x
de ce chapitre); — 5° lorsqu'on se rappelle que dans
une prière passée on a omis quelque pratique ou un
réka. [Si l'on se ressouvient de cette omission après l'inclination du premier réka de la prière que l'on accomplit, on ne peut plus alors réparer cette omission; il
faut terminer la prière commencée.]

Lorsqu'on prie la prière du mar'reb dans une mosquée et que l'on entend l'ik'âmeh de la prière en assemblée, une fois que l'on s'est relevé de l'inclination [d'un
réka, que ce soit le premier, ou le second, ou le troi-
sième], on doit continuer cette prière [sans aller s'unir
à l'assemblée ou à l'imâm qui va prier. C'est une œuvre
méritoire d'aller se joindre aux fidèles priants, lorsqu'on
le peut].

[Si, après avoir fait le salut final, on s'aperçoit ensuite qu'on s'est trompé dans le dernier réka de la
prière, il n'y a plus lieu à réparer l'omission ou l'erreur; mais alors] on tient compte, pour les recons-
tituer et les rétablir, des réka qui ont précédé, et on
répète le dernier depuis le tekbîr inclusivement [et

l'élévation des mains], à condition toutefois que l'on se soit aperçu de l'omission ou de l'erreur presque immédiatement après le salut, et que l'on ne soit pas encore sorti de la mosquée. [Il en serait de même pour la prière faite ailleurs.] Néanmoins dans le cas où l'on omettrait encore alors le tekbîr initial du réka répété, ce réka n'en serait pas pour cela invalidé, ni la prière annulée.

Enfin le fidèle, qui [après deux réka, et, selon la règle, a fait le salut final, et qui], aussitôt qu'il est debout après sa prière, se rappelle une omission [ou une erreur commise dans le dernier réka], doit [sans changer de place, s'agenouiller, etc.] s'accroupir sur les talons, recommencer ainsi le tekbîr initial du dernier réka [puis se lever immédiatement pour continuer le réka comme d'habitude. On doit, en pareille circonstance, être accroupi pour dire ce tekbîr, afin qu'il n'y ait pas d'interruption dans la prière, et pour rattacher et relier le réka répété à ce qui est déjà passé de la prière]. Cette manière d'agir dans le cas énoncé est précisée et donnée par Ibn-Rouchd. [D'autres juristes pensent que l'on peut dire debout le tekbîr dont il est question, et continuer la prière; d'autres pensent que l'on peut dire debout ce tekbîr, s'accroupir sur-le-champ, se relever et continuer le réka.]

Celui qui laisse ou omet le salut final [par distraction ou par lenteur inattentive] doit [en faisant toutefois précéder un tekbîr et restant accroupi] revenir au técheh'oud pour que le salut suive immédiatement ce

téchel'oud [et pour finir par les prosternations péni-
tentiaires]. Si le fidèle [qui a un peu retardé à s'acquitter de la pratique pénitentiaire] se trouve, par inattention, dévié de la juste direction de la k'ibla, il doit
se replacer dans la direction exacte, et [sans être obligé
de reprendre au téchel'oud] faire les prosternations
pénitentiaires après le salut final.

Lorsque l'on a omis, par inadvertance, de rester accroupi dans la première prosternation du réka [non dans
une prosternation que suit le salut final], et que, dans
la dernière prosternation, on se rappelle cette omission
avant que les mains et les genoux se soient séparés du
sol [lorsqu'on se relève], on doit revenir à la position omise [recommencer le téchel'oud], et l'on n'a
point à se soumettre à des prosternations pénitentiaires.
Mais, dans le cas contraire [c'est-à-dire, lorsque les mains
et les genoux, au moment où l'on se rappelle l'omission,
ne sont plus en contact avec le sol], il n'y a plus lieu
à revenir [et l'on doit se soumettre à deux prosternations expiatoires avant le salut final]. Néanmoins, même
dans ce dernier cas, il n'y aurait pas annulation de la
prière, si l'on revenait à la position omise précitée, et
cela quand même, par inadvertance, on se serait relevé
debout [pour recommencer tout le réka.] Et si alors
le fidèle fait fonction d'imâm, ceux qui prient avec lui
doivent suivre et répéter tous ses mouvements et se
soumettre comme lui aux prosternations expiatoires
après le salut final.

De même, dans une prière surérogatoire de deux

réka, par exemple [et toute prière de surérogation doit toujours avoir un nombre pair de réka, quel que soit ce nombre] si, par inadvertance, on a commencé un troisième réka, mais qui ne soit pas encore *engagé* [c'est-à-dire, qui ne soit pas encore avancé au point de ne pouvoir plus être interrompu ou laissé, caractère qu'il n'a qu'à partir du moment où l'on a relevé la tête en terminant la salutation], on doit revenir au téchehʼoud et se soumettre aux prosternations pénitentiaires après le salut [56]. Dès que, par inadvertance, le troisième réka est engagé, [au lieu de revenir au téchehʼoud, on continue et] on accomplit un quatrième réka [excepté si cette prière se fait au moment de l'aurore; car à cette heure, cette prière ne doit avoir que deux réka]. Dans une prière surérogatoire de quatre réka, si par inattention l'on en recommence un cinquième, il faut toujours revenir, et dans ce dernier cas aussi bien que dans celui où l'on a complété quatre réka, comme nous venons de le dire, il est de devoir de se soumettre aux deux prosternations pénitentiaires avant le salut final.

Lorsque l'on a omis une salutation dans une prière [et que l'on ne se rappelle l'omission qu'au moment où l'on se prosterne], on se relève et on revient à cette salutation; mais, avant de la refaire, il est de convenance religieuse de réciter quelque chose de Kʼoran [fût-ce le fâtihʼa seulement; car la salutation doit toujours succéder à une récitation de Kʼoran. Si l'on avait omis de se relever après la salutation, et que l'on fût

passé, de la position inclinée de la salutation, à la prosternation, l'on reviendrait à l'inclination seulement].

Celui qui, étant relevé, se rappelle avoir omis la
seconde des deux prosternations, doit s'agenouiller de
nouveau, s'accroupir assis sur les talons et la faire. Si
les deux prosternations étaient oubliées, il se relèverait,
puis les recommencerait selon la règle voulue.

On ne peut pas réparer l'inclination oubliée dans la
salutation d'un premier réka, par la réparation même
d'une prosternation omise dans le second. [Il faut subir
de nouvelles prosternations pénitentiaires après le salut
final, pour cette inclination oubliée.]

Lorsque [dans une prière quaternaire] on omet
quatre prosternations, une dans chaque réka, les trois
premiers réka sont nuls [parce qu'on n'a pas réparé
chaque omission au moment où il le fallait]; le quatrième réka devient alors le premier [57]. [On accomplit
donc ensuite un second réka, puis les deux autres,
en les commençant par le fâtih'a seulement; et, avant
le salut final, on se soumet aux prosternations expiatoires, à cause de la conversion du quatrième réka en
premier, et parce que la récitation de K'oran a manqué
dans ce même réka.] En un mot, un réka prend la place
de celui qui l'a précédé, quand celui-ci est annulé par un
manque ou une omission que l'on ne répare pas avant
la salutation de ce second réka, et cela dans la prière
de l'imâm et dans celle de l'individu qui prie seul.

Si l'on soupçonne que l'on a omis une prosternation,
et que l'on ne sache pas en quel réka elle a été omise,

il faut l'accomplir aussitôt que possible [sous peine d'invalidité de la prière]. Si l'on pense, pendant le téchéh'-oud du dernier réka, que l'on a omis une prosternation dans un des réka précédents, il faut réparer l'omission par l'exécution d'un réka [que l'on commence directement par le fâtih'a, et l'on satisfait aux prosternations pénitentiaires avant le salut final]. Si le doute arrive à la troisième station, qui commence le troisième réka, il faut refaire trois réka [et les prosternations pénitentiaires auront lieu après le salut final]. Enfin si le doute arrive au moment du quatrième réka, il faut refaire deux réka, mais après avoir prononcé le téchéh'oud qui suit la prosternation antérieure à ces deux réka. [Car, après chaque couple de réka, il y a un téchéh'oud; enfin on satisfait aux prosternations pénitentiaires avant le salut final.]

§ 5. Des omissions ou inadvertances dans les prières en commun.

Quand un imâm [par inadvertance] n'accomplit qu'une des deux prosternations [dans le premier réka d'une prière quaternaire, par exemple], et qu'ensuite il se relève debout, les fidèles ne se relèvent pas avec lui, mais ils le préviennent en disant, *Soubh'ân Allâh,* « Que le nom de Dieu soit exalté! » [Si alors l'imâm revient de son inattention, et répare son omission, tout est rétabli selon l'ordre et la loi, il n'y a plus rien à blâmer]. S'il ne revient pas à réparer son erreur et que l'on voie qu'il engage un autre réka, on se lève debout et l'on continue avec l'imâm. [Mais ce second réka, en raison de la nullité du précédent, devient le premier pour les fidèles, à condition qu'ils ne le termineront pas par la prosternation qui clôt chaque couple de réka.] Et quand l'imâm, dans ce réka par lequel il continue [et qu'il croit être le second], s'agenouille pour la prosternation dernière, les fidèles restent debout et le laissent faire ; de même encore lorsqu'il s'assied au troisième réka [qu'il croit être le quatrième, et qui n'est en réalité que le troisième à cause de l'annulation du premier]. S'il fait le salut final alors, croyant être à la fin de la prière, [sa prière est nulle, et] les fidèles doivent encore s'acquitter d'un réka en mettant un d'entre eux à leur tête comme imâm, et ils se soumettent à deux prosternations pénitentiaires avant le salut final. [Si l'imâm s'aperçoit de son erreur, avant le salut final, et qu'il la répare par un réka, les fidèles le suivent et l'imitent.]

Lorsque le fidèle sera dépassé par l'imâm jusqu'à la salutation, ou bien lorsque le fidèle se sera endormi légèrement, ou qu'il sera resté en arrière par quelque motif que ce soit, il se hâtera d'accomplir les pratiques pour lesquelles il est en arrière par rapport à l'imâm ; mais il n'agira de cette manière que dans le cas où il sera dépassé ainsi ailleurs que dans le premier réka et tant que l'imâm n'aura pas encore relevé la tête dans les prosternations [des deuxième, ou troisième, ou quatrième réka ; si le fidèle n'avait pas rattrapé l'imâm avant cela, la prière de ce fidèle serait nulle].

Le fidèle, par les mêmes circonstances qui viennent

d'être indiquées, s'est-il laissé dépasser jusqu'à la première prosternation [ou jusqu'après les deux prosternations], alors, s'il ne veut pas se hâter de s'en acquitter avant que le réka suivant soit engagé et que la salutation en soit achevée, ce fidèle continue avec l'imâm [et laisse la prosternation ou les deux prosternations passées]; mais il recommence, après le salut final de l'imâm, un réka complet [en remplacement de celui qu'il a laissé imparfait]; si le fidèle veut se hâter d'atteindre l'imâm [avant la salutation suivante], il continue et exécute la prosternation [ou les deux prosternations]. Et le fidèle, dans le premier cas, c'est-à-dire celui où il a réellement laissé passer la prosternation [ou les deux prosternations] n'est point passible des prosternations pénitentiaires [pour le réka incomplet qu'il a remplacé par un nouveau réka. Car s'il ne s'est pas prosterné et s'il a perdu son premier réka, la cause en vient de l'imâm ou, si l'on veut, du fait de l'obligation qui commande au fidèle de suivre l'imâm].

Un imâm vient-il à se remettre debout pour commencer un cinquième réka [dans une prière quaternaire, et, en général, pour commencer un réka de plus que n'en doit avoir une prière], alors tout fidèle qui sera persuadé et convaincu de l'inutilité ou non-obligation de ce réka, restera assis accroupi sur les talons [et l'on avertira l'imâm par un geste, par les mots *Soubh'ân Alláh*, « Que Dieu soit exalté! » Si l'imâm ne tient pas compte de l'avertissement, la prière du fidèle n'en est pas moins dans la valeur intégrale. Quand l'imâm s'aperçoit de son erreur, il doit s'arrêter, sinon sa prière et celle de tous ceux qui continuent à prier avec lui sont invalidées].

Le fidèle qui ne serait pas convaincu que le réka entamé est en surplus et inutile doit suivre l'imâm, et continuer avec lui; et ce qui, par la volonté du fidèle, ne serait pas conforme à l'exemple de l'imâm, annulerait la prière de ce fidèle [de même que dans le cas où, étant convaincu de la non-obligation du réka en excès, il ne resterait pas assis]. Mais il n'y a plus annulation si le manque a lieu par inadvertance [c'est-à-dire si, sans y penser ou sans y faire attention, le fidèle qui doit rester assis se lève debout, ou si, devant se lever, il reste assis]. Et celui qui, inattentif, est resté assis au lieu de suivre l'imâm, accomplira le réka qu'il devait suivre. [Car le fidèle, priant, qui n'est pas assez sûr de sa science religieuse ou de son attention, et qui ne peut avertir l'imâm, doit s'acquitter de ce que l'imâm juge nécessaire, et s'en rapporter ainsi au chef spirituel de l'assemblée.]

Dans l'hypothèse qui vient d'être indiquée, lorsque l'imâm qui a exécuté un réka en surplus dit [après le salut final] à ceux qui l'ont accompli avec lui : « Je me suis levé, et j'ai fait ce réka en surplus, parce que je devais le faire [en réparation d'une omission que j'avais commise, et non par inadvertance], » la prière est bonne et valide, — pour ceux qui devaient suivre l'imâm et l'ont suivi ; — et pour ceux qui [persuadés de la non-obligation du réka excédant] n'ont pas suivi le réka de l'imâm, et qui ont averti par les mots *Soubh'ân Allâh;* — et encore pour ceux qui [par ignorance] se sont crus obligés de suivre et accomplir le réka en surplus. Cette dernière disposition légale est donnée par El-Lakhmî.

Mais celui qui, en réalité, aurait dû suivre l'imâm, et ne l'a pas suivi [c'est-à-dire celui qui, croyant que le réka était hors de propos, est resté assis, et a vu ensuite qu'il s'était trompé], celui-là a fait une prière nulle.

Le fidèle qui se trouve en retard [d'un réka ou de deux, ou plus, lorsqu'il arrive à la prière en commun] ne peut pas compter comme partie complémentaire de ce qu'il a manqué, le réka qu'il sait avoir été fait en surplus par l'imâm; mais le fidèle qui, arrivé en retard à la prière, ne sait pas que le dernier réka est en surplus, ne peut-il pas compter ce réka? ou bien ne peut-il pas le compter seulement dans le cas où tous les priants s'accordent à reconnaître l'inutilité du réka en surplus? A cette question il y a deux réponses, deux dires (*k'aûlan*). [L'un affirme que lorsque les assistants ne reconnaissent pas que le réka est inutile, la prière de l'individu retardé d'un réka, par exemple, reste complétée par là même, et est valable; l'autre énonce que, quel que soit l'avis des priants, le réka en surplus reste nul. Par la déclaration de l'imâm qui assure n'avoir ajouté le réka en surplus que parce qu'il devait agir ainsi, la prière de l'individu retardé demeure valable.]

Enfin l'omission, par inadvertance, d'une prosternation, par exemple dans le premier réka [ou d'une pros-

ternation d'un autre réka, laquelle n'a pas été réparée
assez tôt], ne peut être remplacée et rachetée par le
réka en surplus fait avec l'imâm, même quand on a eu
la pensée et le dessein de faire servir ce réka comme
réparation. [On doit accomplir un nouveau réka.]

SECTION X.

DES PROSTERNATIONS LORS DE LA LECTURE OU DE LA RÉCITATION DE ONZE PASSAGES DU K'ORAN. — PROSTERNATIONS QUE BLÂME LA LOI. — RÉCITATIONS OU LECTURES BLÂMABLES DES VERSETS DE PROSTERNATIONS.

Une prosternation avec les mêmes conditions préliminaires que pour la prière [c'est-à-dire avec les conditions requises de pureté, de pudeur, de décence, de
direction sur la k'ibla, etc.], mais sans élever les mains,
sans se recueillir spécialement dans la pensée de Dieu,
comme pour la prière, et aussi sans salut de paix, est
de devoir pour le fidèle qui récite ou qui lit le K'o-
ran, et pour celui seulement qui, accroupi et tranquille,
écoute la lecture ou la récitation sainte, dans le désir
d'apprendre [à lire convenablement le Livre divin, ou
bien de le retenir dans sa mémoire, ou bien d'en apprendre les vérités et les principes].

La prosternation est de devoir pour celui qui écoute,
lors même que celui qui lit ou récite ne la ferait pas,
et, lorsque celui qui lit ou récite est un homme digne
de présider ceux qui l'écoutent, et qu'il ne s'est pas
posé en assemblée dans le but de faire admirer son

récit ou sa lecture. [Dans ce dernier cas, il n'y a pas de prosternation à faire.]

On ne doit faire de prosternation qu'à onze passages du K'oran[58]. [Dans le rite hanafite, les passages où l'on doit se prosterner sont au nombre de quatorze. Le rite mâlékite n'en admet que onze auxquels on doive, par imitation du Prophète, faire la prosternation. C'est pour cela que Khalil ajoute ensuite, d'après Mâlek, le fondateur du rite :] On ne doit pas se prosterner au deuxième passage ordinairement indiqué pour cela dans la sourat du Pèlerinage (ou xxiie chapitre du K'oran, à ces mots, *Erka'oú oua esdjoudoú*, « fléchissez les genoux, et prosternez-vous, » verset 76); — ni dans la sourat de l'Étoile (ou chapitre LIII, aux derniers mots du dernier verset); — ni dans la sourat de l'*Inchik'âk'*, ou Du ciel qui se fend (chapitre LXXXIV, à ces mots du verset 21, *Oua îza kouria*, etc. « lorsqu'on leur lit le K'oran, ils ne se prosternent pas »; — ni dans la sourat du *K'alam*, ou roseau à écrire (xcvi^e chapitre, à la fin du dernier verset : « Prosterne-toi devant Dieu, et cherche à t'approcher de lui »).

Ces prosternations indiquées lors de la lecture ou de la récitation du K'oran, sont-elles d'obligation imitative positive, ou bien des pratiques simplement méritoires [des actes d'*honorification* et de respect]? Sur cette question les avis sont partagés (*khilâf*); les uns en affirment la première partie seulement, et les autres la seconde seulement.

Dans chacune de ces prosternations, l'on doit pro-

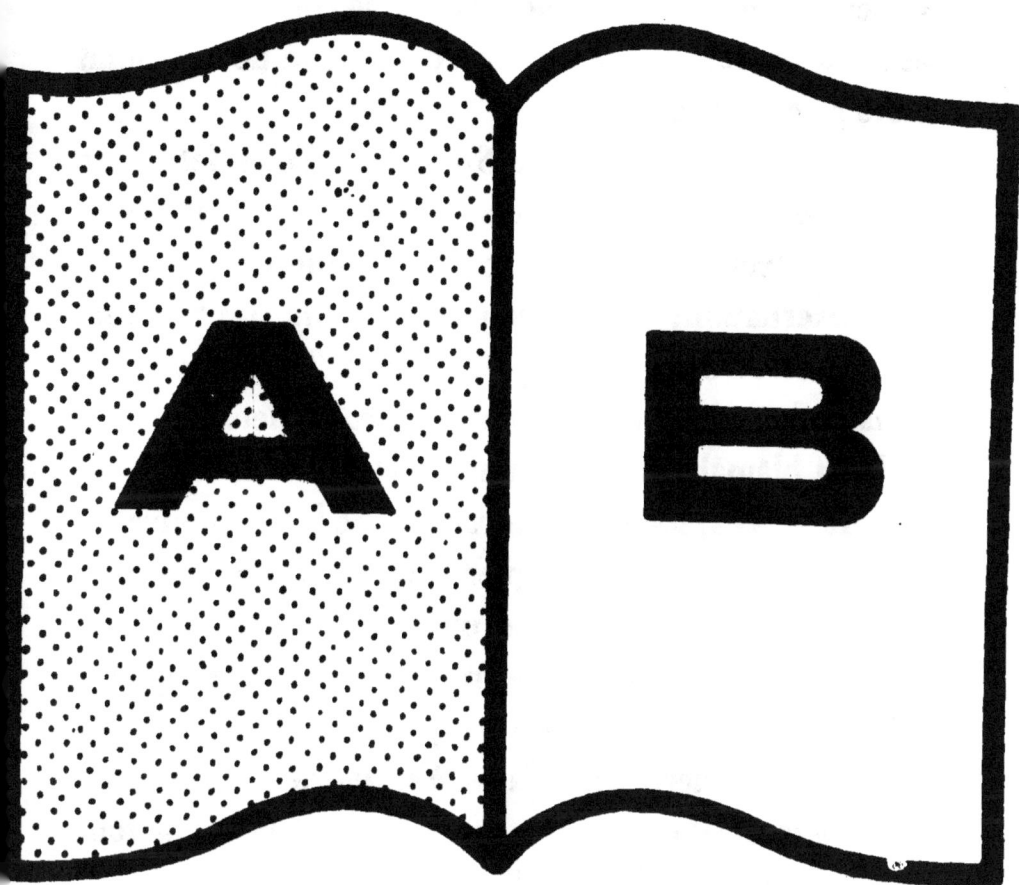

Contraste insuffisant

NF Z 43-120-14

noncer le tekbir, c'est-à-dire ces mots, *Alláhou akbar,* « Dieu est grand! » en s'inclinant et se courbant à terre, et aussi en relevant la tête, bien que l'on ne soit point alors à une prière.

Dans la sourat intitulée *S'ád* (nom d'une lettre de l'alphabet arabe), c'est après le mot *Anába,* « il revint à Dieu » (verset 23, chap. xxxviii), que doit se faire la prosternation; dans la sourat *Fous's'ila* (ou xlie chapitre, verset 37), c'est après le mot *Ta'boudoân,* « si vous l'adoriez, » que l'on doit se prosterner.

Il est blâmable de faire une prosternation,—en action de grâces, lorsque l'on reçoit une bonne nouvelle; —[dans l'intention d'éloigner ou de conjurer un malheur]; — lorsque l'on sent un tremblement de terre.

Il est blâmable pour les imâm, dans les mosquées, d'élever la voix en récitant les passages du K'oran qui exigent la prosternation. [Il est à craindre que les assistants ignorants ne croient que ces prosternations font partie intégrante de la prière.]

Il est encore blâmable, — de réciter ou de lire le K'oran en le psalmodiant ou chantant [le rite châféite permet le récit psalmodié]; — de se réunir plusieurs personnes pour réciter ou lire ensemble le Saint Livre; — de s'asseoir accroupi [sur les talons, et ayant les genoux sur le sol], dans la vue seule de se prosterner plus facilement aux versets de prosternations, et non en vue [de faire une œuvre pieuse] d'écouter et d'apprendre les vérités du Livre de Dieu.

Celui qui [à haute voix ou à voix basse] lit ou récite

du K'oran dans une mosquée, le jeudi, et même tout autre jour, fera bien de se tenir debout.

Quant au blâme relatif à la lecture ou au récit du K'oran par quelques individus, en présence d'un seul individu, il y a deux versions ou gloses explicatives. [La lecture ou la récitation de plusieurs hommes ensemble, en présence d'un seul qui écoute, n'a aucun but réel et rationnel; celui qui écoute laisse nécessairement échapper beaucoup de choses; car son attention doit être distraite, et se diviser sur les individus qu'il entend.]

Il est répréhensible de se réunir dans une mosquée le jour de la fête d'A'rafa [la veille de la grande fête du pèlerinage annuel à la Mekke], afin d'adresser des vœux et des demandes à Dieu [et d'obtenir des grâces particulières; il est mieux, pour le fidèle, d'adresser, dans sa demeure, ces sortes de vœux à Dieu].

La loi blâme le fidèle, en état de pureté, qui lit ou récite un verset de prosternation, de ne pas se prosterner, s'il est dans un moment du jour où cela est permis [et de faire aussi tout acte d'obligation imitative ou simplement méritoire. Le blâme s'applique de même à celui qui, dans sa récitation ou sa lecture, omet exprès le verset de prosternation]. Mais si le fidèle n'est pas en état de pureté, et s'il n'est pas dans un moment où il lui soit permis de se prosterner [ou de s'acquitter de toute autre pratique imitative, ou s'il n'est pas à une prière obligatoire], peut-il passer sous silence ou laisser tout le verset de prosternation, ou seulement

la partie du verset après laquelle on doit se prosterner?
Il y a ici deux explications (*tâouîlân*) ou opinions contraires.

Il est blâmable de se borner à lire ou à réciter un
passage de prosternation, seulement pour se prosterner
[et non de lire ou réciter un certain nombre de versets
pour en profiter]. Des casuistes ont distingué entre réciter seulement le mot après lequel on se prosterne,
et réciter le verset tout entier [et ils n'ont blâmé que
ceux qui se bornent à réciter ou à lire le mot après lequel on se prosterne]. « Mais, dit El-Mâzerî, entre dire
un mot du verset et dire le verset, il n'y a pas réellement de différence. » [Le mieux est de lire ou de réciter
quelques versets qui précèdent et quelques versets qui
suivent le passage de prosternation.]

La loi désapprouve l'imâm ou le fidèle seul, qui,
de dessein prémédité, récite, dans une prière de précepte divin, un chapitre ou endroit du K'oran où se
trouve un verset de prosternation. [Car alors, si l'imâm
ou le fidèle priant seul ne fait pas la prosternation pour
le verset, il est en défaut; s'il la fait, il augmente le
nombre fixé des prosternations de la prière.]

La loi désapprouve également celui qui, dans un
prêche, mêle quelque verset de prosternation.[Car alors,
si l'on se prosternait, on briserait la régularité et l'ordre
de simplicité du prêche.] Mais ces versets vénérés peuvent, sans blâme, être introduits dans une prière surérogatoire, en toute circonstance possible. Si l'un de ces
versets vénérés vient à être récité dans une prière d'obli-

gation divine, on se soumet à la prosternation voulue;
s'il est prononcé dans un prêche, on ne se prosterne pas.

L'imâm, dans une prière quelconque à voix basse,
doit articuler à voix haute et intelligible la récitation
du verset de prosternation [afin que tous les fidèles sa-
chent quand ils doivent se prosterner]. Si l'imâm continue à voix basse, les fidèles se conforment à lui lors
de sa prosternation pour le verset.

Si en lisant ou récitant du K'oran, on ne dépasse
que de très-peu [par exemple, d'un ou de deux versets]
les mots après lesquels on doit se prosterner, on s'acquitte également de la prosternation [sans revenir sur
les paroles vénérées]. Lorsque l'on a dépassé par trop les
paroles de prosternation, on les récite de nouveau, et
l'on se prosterne au moment voulu [puis on reprend
la récitation au point où on l'a interrompue], et cela
surtout dans la prière d'obligation divine, mais seulement tant que l'on n'a pas fait l'inclination du premier
réka. [Au second réka on ne se prosterne plus pour les
versets sacrés.] Dans la prière surérogatoire on réciterait
de nouveau, et l'on se prosternerait au moment voulu,
même dans le second réka. Peut-on réciter un passage
du K'oran où se trouve un verset de prosternation [et
par conséquent se prosterner], avant d'avoir dit le fàtih'a? Il y a, à ce sujet, deux avis (*k'aúlân*) [mais, selon
l'avis le plus généralement admis, il convient de ne réciter ces passages k'oraniques qu'après le fàtih'a].

Quand le fidèle a l'intention bien explicite de se prosterner en récitant dans sa prière, après le fàtih'a, quel-

que verset de prosternation, et qu'au moment de l'inclination du réka il omet [par inadvertance] la prosternation, et commence l'inclination, cette dernière compte pour les deux choses, l'inclination et la prosternation omise, et il n'y a pas ensuite de prosternation pénitentiaire à subir. Au contraire, si le fidèle redouble la prosternation pour un verset [il doit se soumettre aux prosternations pénitentiaires après le salut final]; ou bien, lorsqu'il la fait avant d'être à la récitation du verset [il doit répéter le verset dans le courant de ce qui lui reste à accomplir de la prière, faire la prosternation, et, de plus, se soumettre aux deux prosternations pénitentiaires, après le salut de paix].

Le principe fondamental du rite, selon El-Mâzerî, est que l'on doit répéter la prosternation quand on répète les versets qui l'exigent, mais cela lorsqu'on lit le K'oran par *h'azb*, c'est-à-dire par parties de quatre [59]. Toutefois il y a exception pour le maître qui enseigne à lire ou qui explique le K'oran, et pour celui qui, comme élève, l'écoute et l'apprend. Il leur suffit d'une prosternation pour chaque verset révéré, seulement à la première fois qu'ils articulent le verset.

Il est de convenance religieuse, pour celui qui récite dans sa prière la sourat septième, intitulée *A'râf* [ou même toute autre sourat dans laquelle se trouve un verset de prosternation, et qui a accompli la prosternation], de réciter encore, après s'être relevé, quelque chose au delà [et en suivant directement ce qui arrive dans l'ordre de disposition du texte k'oranique].

[Dans la première ou dans toute autre circonstance,] la prosternation honorifique, pour un verset, ne peut être remplacée par l'inclination ou salutation. Toutefois si l'on omet exprès la prosternation et qu'on lui substitue la salutation, la chose est pardonnable mais n'en est pas moins blâmable aux yeux de la loi.

Lorsque, par inadvertance, on omet la prosternation pour un verset qui l'exige, et qu'on se rappelle l'omission pendant la salutation, celle-ci compte en remplacement, d'après Mâlek. Mais Ibn-el-K'âcem est d'avis contraire et veut qu'alors, si l'on n'a pas hésité dans l'inclination, on accomplisse deux prosternations pénitentiaires après le salut de paix.

SECTION XI.

DES PRIÈRES SURÉROGATOIRES.

---

§ 1. Prière surérogatoire simple ou de dévotion.

Les prières surérogatoires sont des œuvres méritoires recommandées par la religion [60]. Les moments positifs dans lesquels il convient le mieux de vaquer à ces prières sont : après la prière du coucher du soleil, après et avant le midi, et aussi avant la prière de l'a's'r. [Car le Prophète a dit : « Celui qui prie quatre réka avant le midi, et quatre autres après le midi, Dieu le sauvera du feu de l'enfer. »] Du reste, le nombre des

prières de surérogation n'a pas été fixé et imposé. La
matinée [ou le temps intermédiaire entre le lever du
soleil et le midi] est une époque du jour spécialement
indiquée pour la prière surérogatoire.

Il est d'une piété éclairée de faire les prières de surérogation à voix basse pendant le jour, et à haute voix
pendant la nuit. Il est recommandé, par la règle religieuse, de faire également et toujours la prière ouitr à
haute voix.

§ 2. Prière dite *Salut de la Mosquée*.

Il est aussi d'une piété éclairée de *saluer* une mosquée, c'est-à-dire d'honorer la sainteté du lieu par une
prière de deux réka [lorsqu'aux moments permis et déterminés pour les prières surérogatoires, l'individu purifié par l'ablution entre dans cette mosquée pour s'y arrêter et s'y asseoir quelques instants]. Mais celui qui
traverse seulement la mosquée peut se dispenser de la
prière du salut. Les deux réka du salut se trouvent
implicitement accomplis, si, en entrant, le fidèle s'acquitte d'une prière d'obligation divine [avec l'intention
de la faire servir à cette double fin].

A la mosquée de Médine ou mosquée du Prophète,
il est de convenance de commencer par faire le salut
de deux réka, avant d'invoquer les grâces et les bénédictions de Dieu pour son Saint Envoyé. [Car le premier de ces deux actes est un hommage à Dieu, et le
second est un vœu pour un homme.] Dans cette même
mosquée, il est préférable, pour vaquer aux prières de

surérogation, de se placer à l'endroit spécial où se mettait lui-même le Saint Prophète. [Cet endroit est auprès d'une grande colonne.]

Il est préférable encore, dans la mosquée du Prophète [non à l'endroit spécial où il priait], de faire la prière d'obligation divine, placé à la première ligne des fidèles. [Car il est dit : « Dieu et les anges accordent, là, trois bénédictions au premier rang de ceux qui prient, et une seule aux autres rangs. »] Le salut par deux réka est louable et méritoire dans la mosquée de la Mekke, quand on a des tournées pieuses à y accomplir.

§ 3. Prière téráouïh' ou prière aux pauses.

Au nombre des prières surérogatoires que recommande positivement la loi est la prière téráouïh' [61]. Le plus convenable est de faire cette prière dans les demeures particulières [même en réunion], lorsque les mosquées ne sont pas libres d'une certaine affluence de fidèles. Il est de devoir [dans les prières téráouïh', réservées du reste aux nuits du mois de jeûne] de réciter le K'oran tout entier [partie par partie, de manière à le terminer dans la durée du mois]. Toutefois la récitation d'un seul chapitre du Livre Saint, pendant toute la durée du mois, peut suffire et remplacer la récitation du tout.

La prière téráouïh' et la prière ouitr [qui est réservée à la troisième partie de la nuit et toujours avant le point du jour] se composaient ensemble, d'abord de vingt-trois réka ; elles furent ensuite portées à trente-neuf [trois pour le ouitr et trente-six pour le téràouîh'] [62].

Celui qui est retardé et arrive à cette prière lorsque l'imâm a accompli un réka [soit du premier couple ou premier téràouih'a, ou de tout autre,] doit se hâter de faire son premier réka [après le salut de l'imâm], et se mettre ainsi de pair avec l'imâm [au second couple ou téràouîh'a].

§ 4. Prière ouitr ou unique.

Pour la prière ouitr, il est de devoir religieux de faire le *couple* ou les deux premiers réka [63], de cette manière : — après le fâtih'a du premier réka, réciter le chapitre LXXXVII du K'oran, *Sabbih' isma rabbi-ka l-a'la,* « Exalte le nom de ton Seigneur le Très-Haut; » — après le fâtih'a du second réka, réciter le chapitre CIX, *K'oul yà eioûhá el-kâfiroûn,* « Dis : ô infidèles ! etc.; » — puis au réka *unique* ou ouitr, réciter, après le fâtih'a, le chapitre CXII, de l'Ikhlâs' ou unité divine, *K'oul hoûa allâhou âh'ad,* « Dis : Dieu est un ; » — ensuite on ajoute les deux formules d'abandon et de confiance en la bonté divine, *A'oûz bi-rabb' il-felek,* « Je me remets entre les mains du Seigneur de la première lumière de l'aube ; » [puis l'autre formule :] *K'oul a'oûz bi-rabb' in-nâs,* « Dis : je cherche et mets mon refuge dans le Seigneur des humains [64]. » Mais si le fidèle s'est imposé l'obligation de réciter un h'azb du K'oran [59], il le récitera [au lieu des chapitres indiqués plus haut], et cela dans les trois réka de la prière ouitr.

Le moment préférable pour la prière ouitr, lorsque l'habitude de la faire éveille le fidèle à ce moment, est la fin de la nuit. Mais si, par défiance de son exactitude, le fidèle avance la prière ouitr, il n'est point tenu de la recommencer. Si, quelques moments après, il fait une prière surérogatoire ordinaire, il est dans la limite de la convenance légale.

Le réka *ouitr* ou réka *unique* doit suivre immédiatement le *couple*, mais en le séparant du couple par un salut de paix, excepté dans le cas où l'on prie sous la direction d'un imâm qui réunirait le *couple* et l'*unique* [et n'en marquerait pas la séparation par un salut de paix. Alors on est obligé d'imiter l'imâm].

Ne pas séparer par un salut de paix les deux divisions de cette prière est blâmable et est désapprouvé par la loi. Il est également répréhensible de ne faire que le ouitr ou réka unique. Il en est de même si deux fidèles s'acquittant, l'un après l'autre, du térâouih', le second ne continue pas la récitation du K'oran à partir de l'endroit même où le premier l'a suspendue [et lorsque ce second individu connaît l'endroit où le premier s'est arrêté. Le but est de réciter successivement tout le K'oran].

Il y a blâme de la part de la loi, — si dans la prière de précepte divin, le fidèle regarde dans le K'oran pour en réciter; — également s'il y regarde dans le cours de la prière surérogatoire; mais non s'il y regarde au commencement de la prière; — si des fidèles, se réunissant en grand nombre pour une prière de surérogation [ou même en petit nombre, comme de trois à six], prient dans un endroit exposé aux regards du public ; mais s'ils se réunissent en un lieu retiré, la loi les approuve.

Il est blâmable encore, — de s'entretenir de choses purement mondaines, depuis la prière du matin jusqu'au moment où va se lever le soleil, mais non depuis l'apparition de l'aurore jusqu'à la prière du matin [le fidèle pieux s'occupe de méditations saintes, de pensées religieuses, depuis la prière du matin jusqu'au soleil levé;] — de se coucher pendant l'intervalle de temps qui sépare les deux réka de l'aurore et la prière du matin.

La prière ouitr est d'obligation imitative et est au premier rang, sous le rapport d'obligation positive, dans la série des prières que voici : — la prière ouitr, puis la prière des deux grandes fêtes, puis la prière à l'occasion des éclipses, et enfin la prière pour demander la pluie [ou la crue des eaux].

Le moment d'élection pour la prière ouitr est après l'éché réel et depuis le point de l'aube jusqu'à l'aurore. Le moment ou temps forcé est depuis l'aurore jusqu'à l'heure de la prière du matin. Et lorsqu'en commençant la prière du matin, celui qui prie seul se rappelle qu'il a oublié la prière ouitr, il doit s'interrompre [s'il a encore suffisamment de temps, faire les trois réka ou le *couple* et l'*unique*, recommencer la prière de l'aurore, puis s'acquitter de celle du matin. Selon d'autres docteurs, on n'est pas tenu de recommencer la prière de l'aurore, parce que la succession invariable des prières n'est établie que pour celles qui sont de précepte divin].

Le fidèle qui, sous les auspices d'un imâm, fait la prière du matin, ne devra point s'interrompre, s'il se rappelle avoir oublié la prière ouitr. [Il devra suivre l'imâm.] Relativement à ce que doit faire l'imâm qui se rappelle la même omission, il y a deux versions ou deux opinions. [Les uns veulent qu'il interrompe aussi sa prière; les autres, qu'il ne l'interrompe que si le crépuscule est encore assez peu avancé et qu'il y ait assez de temps pour réparer l'omission.]

Quand un individu [se réveillant trop tard] n'a plus le temps nécessaire pour s'acquitter de la prière ouitr, [mais en a encore assez pour s'acquitter seulement, par exemple, des deux réka de la prière du matin dont le moment va bientôt être passé, il accomplira, avant tout, la prière du matin, et] il laissera la prière ouitr. Il n'en serait pas de même s'il restait assez de temps pour trois réka. [En ce cas, il ajouterait le réka ouitr ou unique aux deux de la prière du matin.] S'il restait assez de temps pour cinq réka, il accomplirait d'abord le *couple*, puis l'*unique*, puis la prière du matin [et il laisserait la prière de l'aurore, bien que cette manière d'agir mît la prière ouitr au-dessus de la prière de l'aurore. Enfin, s'il restait assez de temps pour sept réka, l'on ferait, de plus encore, la prière de l'aurore. [On ferait alors le *couple* et l'*unique*, les deux réka de l'aurore et les deux de la prière du matin. S'il n'y avait de temps que pour six réka, on omettrait la prière de l'aurore.]

§ 5. Prière de l'aurore.

La prière de l'aurore est, parmi les prières de surérogation, une de celles auxquelles le fidèle doit beaucoup s'attacher. Elle exige une intention qui lui soit
spéciale, et qui la désigne [non une simple intention
de prière surérogatoire, en général].

Elle n'est plus dans les conditions requises, lorsque
l'on en commence le fâtih'a avant l'apparition réelle de
l'aurore, quelle que soit la raison qui fasse croire à la
réalité de cette apparition. [Le ciel fût-il nuageux et
couvert, dès que l'on reconnaît que la prière a eu lieu
trop tôt, il faut la recommencer.]

Dans les deux réka qui composent la prière de l'aurore, il est de convenance religieuse de se borner au
fâtih'a, pour toute récitation de K'oran.

Il est méritoire de s'acquitter de cette prière dans
une mosquée, et alors elle tient lieu du *salut*. Celui
qui s'acquitte chez lui, de la prière de l'aurore [et qui
ensuite se rend à la mosquée], ne fera plus aucun autre
réka pour quelque prière que ce soit, excepté pour la
prière d'obligation divine, jusqu'à l'heure de midi. Seulement, il pourra réciter, mais assis par terre, d'autres
prières simples.

Dans le cas où l'ik'âmeh de la prière du matin sera
annoncé lorsque le fidèle sera à la mosquée [ou dans
l'atrium de la mosquée], et qu'il n'aura pas encore accompli la prière de l'aurore, le fidèle laissera cette
dernière prière, et priera, avec les autres assistants,

celle du matin. Si le fidèle n'est pas dans la mosquée [mais aux environs], lors de l'annonce de la prière du matin, il fera d'abord la prière de l'aurore, pourvu, toutefois, qu'il n'ait pas à craindre de retarder sa prière du matin au delà du temps que l'on mettra, dans la mosquée, à compléter le premier réka.

Dans les prières surérogatoires qu'est-il préférable et plus méritoire, prolonger [les salutations et] les prosternations, ou bien prolonger davantage les stations debout pour les récitations de K'oran? Il y a, sur cette question, deux dires (*k'aûlân*). [Si les réka sont nombreux pour un temps donné, on prolongera de préférence les récitations, et, par conséquent, les durées des stations debout; car le K'oran, dans les prières, se récite debout, excepté après le s'alaouât ou invocation des grâces et bénédictions de Dieu pour le Prophète.]

SECTION XII.

DE LA PRIÈRE EN COMMUN.

---

§ 1. Prière en commun; son mérite. — Détails relatifs à l'imâm et aux fidèles.

La réunion des fidèles, pour faire en commun une prière de précepte divin [soit directement obligée pour l'heure présente, soit précédemment omise], est de règle imitative positive; pour la prière publique du vendredi à midi, la réunion est de règle canonique. Mais une assemblée de fidèles [quelle qu'elle soit] n'a pas [aux yeux de Dieu] plus de mérite essentiel qu'une autre, en tant qu'assemblée. [Car ce n'est pas le nombre des fidèles, mais bien la manière dont le cœur prie, qui constitue la valeur méritoire réelle de la prière, et qui la rend plus agréable à Dieu.]

Le fidèle participe aux mérites de la prière en commun toutes les fois qu'il peut s'acquitter d'un réka seulement avec l'assemblée. [La supériorité de la prière en commun consiste principalement à donner un témoignage de foi, et à produire un acte d'édification pour les autres.]

Un fidèle qui, ayant prié seul, n'a pas participé au mérite de la prière en commun, ou qui a prié, par exemple, avec un ou plusieurs jeunes garçons, mais non le fidèle qui a prié avec une femme, agira selon l'esprit d'une bonne piété, si, tout en abandonnant l'appréciation et l'accueil de ses intentions et de sa prière à la bonté divine, il répète sa prière sous la direction d'un imâm, ne fût-ce qu'avec un seul fidèle [mais qui soit imâm en titre. S'il a prié avec une femme, il a eu le mérite de la prière en commun. Il n'en est pas ainsi lorsqu'il a prié avec un jeune garçon, un impubère]. On ne doit point répéter en commun la prière du mar'reb, ni celle de l'éché qu'a suivie une prière ouitr.

Si un fidèle avait ainsi [par erreur] recommencé la prière du mar'reb, et qu'il n'eût pas encore *engagé* un réka, il s'interromprait [et il s'éloignerait en se portant la main au nez, afin de donner à supposer un saignement, et de ne pas laisser croire à quelque erreur de la part de l'imâm]. Mais, si le fidèle avait engagé le réka, il le continuerait, puis lui en ajouterait un second [en suivant l'imâm, et il n'aurait, malgré cela, que le mérite d'une prière surérogatoire]. Enfin si, par inadvertance, le fidèle a complété la prière [ainsi recommencée au mar'reb ou coucher du soleil], il doit, eût-il même fait le salut final avec l'imâm [et, bien entendu, à condition qu'il pense à ce qu'exige la règle, il doit, dis-je,] exécuter encore un quatrième réka. Évidemment, pour cela, il faut que le fidèle se rappelle son inadvertance presque aussitôt après la prière [et il se prosternera deux fois, comme pénitence, après le salut final].

Tout individu qui prie, en se dirigeant sur un fidèle qui recommence une prière, dans le but d'avoir le mérite de la prière en commun, doit refaire sa prière, et seul. [Ainsi, un individu, afin de recommencer sa prière accomplie isolément, vient se mettre, mais retardé, à la suite d'un imâm, dans le but d'avoir le mérite de la prière en commun; l'imâm se retire avant cet individu, et un autre fidèle, venant prier, se modèle et se guide sur l'individu resté; en pareille occurrence, ce fidèle doit toujours recommencer, isolément, cette prière qu'il vient de faire en se guidant sur l'individu venu après l'imâm.] Si le fidèle précité acquiert après cela la certitude que l'individu à la suite duquel il s'est placé, ou n'a pas fait de prière précédemment, ou en a fait une, mais dans des conditions illégales [par exemple en état d'impureté, ce qui annule cette première prière], la prière de ce fidèle n'en est pas moins admissible et bonne.

La loi réprouve l'imâm qui prolonge ou ralentit une salutation, une pratique quelconque de la prière, en vue de favoriser un fidèle qui arrive [et dans l'idée de lui laisser le temps de s'unir à l'assemblée et de participer régulièrement à la prière. Nulle préoccupation, rien autre que la pensée de Dieu, ne doit trouver accès dans l'esprit de l'imâm et de tout fidèle priant].

L'imâm en titre (chargé, par une autorité compétente et reconnue, des fonctions de l'imâmat, c'est-à-dire de présider aux prières, de les diriger comme officiant, sur lequel tous les assistants se modèlent, soit dans une mosquée, soit dans une chapelle ou zaouïa, ou dans tout autre endroit de réunions pour prier) l'imâm en titre, dis-je, représente la valeur d'une assemblée, quand il se met à la prière. [Il a toujours alors, dans le lieu où il a sa fonction, le mérite de la prière en commun.]

Nul individu, dans la mosquée, ne doit commencer séparément une prière, dès que l'ik'âmeh est proclamé. Lorsque l'on annonce l'ik'âmeh pendant qu'un fidèle est en prière, ce fidèle doit s'interrompre sur-le-champ, s'il craint [en terminant la prière qu'il accomplit, de ne pas pouvoir se joindre à l'assemblée avant que l'imâm ait fait la salutation du premier réka, et par suite] de perdre un réka de la prière en commun. S'il n'a pas cette crainte, il termine sa prière commencée, qu'elle soit ou de surérogation ou d'obligation divine, et quand aussi elle appartient à une heure antérieure à celle de la prière dont la mise en exécution est annoncée. Dans le cas contraire [c'est-à-dire lorsque la prière que fait le fidèle, au moment de l'ik'âmeh, n'est ni surérogatoire, ni appartenant à une heure antérieure, mais se trouve être celle dont est annoncée la mise en exécution], le fidèle qui même en est arrivé à son troisième réka, mais ne l'a pas encore *engagé*, interrompt sa prière, [revient à la fin des deux réka qu'il a achevés, s'agenouille accroupi sur les talons, fait le salut, et ainsi] termine son couple de réka, puis s'unit à l'imâm et à la prière en commun. [Mais on ne peut quitter ainsi, après deux réka, la prière particulière du matin et du coucher du soleil; il faut les terminer, surtout celle du mar'reb; car, au coucher du soleil, une quantité paire de réka aurait le caractère de prière surérogatoire, ce qui serait au moins répréhensible. Du reste, dans une autre prière que celle du matin et du mar'reb], le fidèle s'interrompait de même, s'il en était seulement à son premier réka et que ce réka fût engagé. [Il le compléterait, puis se joindrait à l'imâm.]

L'interruption [dans les diverses circonstances qui viennent d'être mentionnées] s'opère donc par l'accomplissement d'un salut à la fin d'un réka [selon qu'il a été dit tout à l'heure], ou bien, dans les autres cas, en s'abstenant de tout ce qui est à éviter [par rapport aux choses ou actes qui, tels que parler, manger, etc. peuvent rompre et annuler une prière]; ces conditions non observées obligent à recommencer [les deux prières,

celle que l'on a interrompue, et celle que l'on a accomplie avec l'imâm. Si encore, par exemple, le fidèle s'é-
tait uni, dans sa prière personnelle, aux idées et intentions de l'imâm sous les auspices duquel il ne s'est pas
encore rangé, les deux prières seraient à recommencer
pour ce fidèle ; car il n'a mis d'unité dans aucune
d'elles, il n'a pas prié uniquement seul dans la première, il s'unissait d'esprit à la prière de l'imâm qu'il
ne suivait réellement pas].

Celui qui, après avoir eu déjà le mérite d'une prière
en commun, se trouve dans une mosquée où s'annonce
l'ik'âmeh de cette même prière, doit sortir de la mosquée, et n'y faire, par conséquent, ni la prière qui se
prépare, ni aucune autre [ni y rester assis ou accroupi.
Sa présence, lorsqu'il ne s'adjoint pas à la prière, ou
lorsqu'il prierait seul, pourrait donner à croire aux
assistants qu'il ne se conforme pas à l'imâm, à cause
de quelque manque ou illégalité dans la prière]. Mais,
si le fidèle n'a pas eu le mérite de la prière en commun [et qu'il soit dans la mosquée lors de l'ik'âmeh,
excepté cependant pour la prière du mar'reb et celle
de l'éché qu'a suivie une prière ouitr], il doit, par obligation religieuse, s'associer à la prière qui se commence.
[L'obligation est la même pour le fidèle présent qui
ne s'est point encore acquitté de la prière dont il entend
l'ik'âmeh.] Quant au fidèle qui est à prier dans sa maison [ou, au dehors de la mosquée en quelque endroit
que ce soit, et qui entend l'ik'âmeh], il doit terminer sa
prière [sans se déranger, sans aller se joindre à l'imâm].

§ 2. Circonstances qui invalident la prière en commun.

La prière en commun est invalidée, lorsqu'elle est faite — sous la direction d'un imâm reconnu coupable de quelque acte d'irréligion ; — ou sous la direction d'une femme [même à défaut d'homme]; — ou sous la direction d'un hermaphrodite [65], — ou d'un aliéné, — ou d'un homme immoral par sa vie et ses rapports sociaux, — ou d'un individu qui lui-même prie en se guidant sur un imâm, — ou d'un homme en état d'impureté, soit que, se sachant impur, il ait présidé, malgré cela, à la prière, soit qu'ayant oublié qu'il était en état d'impureté, il ait été reconnu comme impur par les fidèles avant ou pendant la prière [soit que l'imâm, pendant la prière, se soit rappelé son état impur, et n'ait pas cédé la présidence de la prière à un autre fidèle]; — ou sous la direction d'un individu infirme et incapable d'accomplir tous les actes et mouvements de la prière [tandis que quelqu'un ou quelques-uns des assistants pourraient y suffire, selon le désir de la loi]; — ou sous la direction d'un individu peu instruit dans les règles et principes de la loi relatifs à tout ce qui concerne la prière. Mais la direction de la prière par un imâm infirme ou impotent est permise et valable pour des fidèles qui, comme lui, sont impotents ou infirmes.

La loi déclare encore invalidée la prière en commun sous la direction ou l'imâmat—d'un individu ne sachant ni lire ni réciter, lorsqu'il y a parmi les assis-

tants quelqu'un qui sait réciter ou lire; — d'un récita-
teur, à la manière, par exemple, d'Ibn-Maç'oûd [66]; —
d'un esclave, à la prière solennelle du vendredi; —
d'un jeune garçon impubère, dans une prière d'obligation divine; mais il pourrait, sans la rendre invalide,
présider à une prière surérogatoire, bien que la règle
ne le comporte pas comme convenable.

Peut-on, sans compromettre la validité de la prière,
prier sous la présidence d'un individu qui serait incapable de réciter, sans se tromper sur les mots, quelque
partie de la prière, ou qui seulement se tromperait dans
l'articulation exacte des mots du fâtih'a? A ce sujet,
il y a deux dires. [L'un exige l'exactitude parfaite, dans
le récit, pour la place des mots et pour leur articulation;
l'autre, en supposant l'impossibilité de trouver dans les
assistants quelqu'un qui sache être exact, et soit assez
instruit pour cela, accepte la validité de l'imâm, et,
par conséquent, de la prière.] La prière deviendrait-
elle nulle sous la présidence d'un fidèle qui, dans l'articulation des mots, ne différencierait pas la lettre *d'âd*
de la lettre *z'â?* Il y a, sur ce point, diversité d'opinions [67]. [On acceptera la présidence de celui qui ne
sait pas distinguer les deux lettres précitées, mais à la
condition qu'on ne puisse avoir un autre individu plus
habile pour imâm. Selon quelques opinions, l'on peut,
dans tous les cas, accepter la présidence d'un imâm
qui ait le défaut indiqué ici.]

Celui qui prierait, par exemple, sous les auspices
d'un h'aroûri [68] ou de tout autre dissident, serait obligé

de recommencer immédiatement sa prière, à l'heure d'élection.

La prière en commun est blâmable, si elle est faite sous la présidence — d'un manchot [ou de tout individu ayant un membre de moins]; — ou d'un paralytique d'un bras ou d'une jambe [ou d'un hémiplégique; car ces hommes, à cause de leur infirmité, ne peuvent se prosterner convenablement, appuyer les mains par terre ou sur les genoux, dans les prosternations et salutations; souvent même ils ne peuvent se purifier exactement]; — ou d'un Arabe des déserts, ou scénite, présidant à des fidèles en demeures fixes, bien que cet Arabe soit plus pur de langage et d'élocution [les Arabes nomades, ou même fixés dans les déserts, ne présentent pas toutes les conditions de détail des prières en commun, surtout de celle du vendredi dans les mosquées]; — ou d'un individu atteint d'incontinence d'urine [car il ne peut être en état de pureté rigoureuse]; — ou d'un fidèle atteint de plaies; il ne doit pas diriger des individus sains lorsqu'ils prient.

Il n'est pas dans la convenance — d'avoir pour imâm, un individu qui inspire de la répugnance [ne fût-ce qu'à quelques fidèles d'une nombreuse assemblée]; — de choisir et établir imâm un eunuque ou un homme au langage dévergondé, ou un incirconcis, ou un adultère et un fornicateur, ou un homme sans aveu, inconnu de mœurs et de famille; — d'avoir enfin un esclave [même en voie d'affranchissement] pour imâm d'une prière d'obligation divine [et aussi d'une prière d'obligation imitative, telle que la prière des deux grandes fêtes, la prière lors de l'apparition d'une éclipse].

La loi blâme encore — les fidèles qui, pour prier en commun, se placent à travers les colonnes [ils rompent ainsi la régularité et la continuité des rangs ou lignes de l'assemblée; il n'y a excuse que dans le cas de né-cessité, lorsque, par exemple, le nombre des fidèles est trop grand proportionnellement au local, ou lorsque le nombre des colonnes de la mosquée est considé-rable, comme à la mosquée El-Azhar au Caire]; — ceux qui se placent plus en avant que l'imâm ou sur la même ligne que lui, à moins de circonstances qui y obligent.

La loi désapprouve encore ceux qui, se trouvant au-dessous du pont d'un bâtiment maritime, se dirige-raient sur un individu placé sur le pont. [Car il est difficile alors que les fidèles observent bien et suivent exactement les pratiques et les paroles de cet imâm.] Il en est de même pour ceux qui, d'Abou-K'obeîs, sui-vraient l'imâm placé au sanctuaire de la Mekke [69].

Il y a blâme — pour l'homme qui prie avec des femmes [et surtout placé derrière elles]; — pour la femme qui prie au milieu d'hommes; — pour l'imâm d'une mosquée qui préside sans rida ou vêtement long à la prière dans la mosquée; — pour l'imâm qui fait une prière surérogatoire dans le mih'râb ou contre le mih'-

râb[48]; — pour des fidèles réunis, qui prient en commun sous les auspices d'un imâm non titulaire, dans une mosquée ou tout autre lieu où est établi un imâm spécial et titulaire, après que ce dernier a accompli sa prière présente; il y a blâme quand même l'imâm non titulaire aurait permission de présider à la prière de l'assemblée. [L'intention de la loi, dans cette circonstance qu'elle improuve, est que chaque fidèle qui désire avoir le mérite de la prière en commun, dans une mosquée surtout, se tienne prêt pour y arriver au moment voulu, et se hâte de s'unir à ses frères.] L'imâm attaché à une mosquée afin d'y diriger les prières a seul le droit d'y rassembler pour une nouvelle prière les fidèles qu'un autre aurait déjà rassemblés avant lui, pourvu toutefois que l'imâm titulaire ne se fasse pas trop attendre [et ne porte pas préjudice aux assistants par une trop longue perte de temps].

Lorsque des fidèles se réunissent dans une mosquée où l'imâm en titre vient de terminer la prière, il est d'exigence religieuse qu'ils en sortent [sans même y faire leur prière chacun en particulier; car ils se sont laissé priver du mérite de la communion de la prière. Ils iront à une autre mosquée où ils pourront se joindre à l'imâm en titre, ou bien à une mosquée où il n'y a pas d'imâm titulaire]. Toutefois, ils ne sortiraient pas, s'ils s'étaient réunis dans une des trois mosquées [la grande mosquée de la Mekke, celle de Médine et celle de Jérusalem]; ils y accompliraient leur prière, mais chacun à part.

Il est répréhensible, dans une mosquée, — de tuer,

par exemple, une puce [ou une punaise, ou un pou, ou une mouche, ou un moucheron; — de jeter un pou vivant, non une puce]. Mais d'après le Moudaouéneh, il est permis d'aller jeter le pou vivant hors de la mosquée; toutefois, à cet égard, il y a discussions et conflits. [Les uns veulent qu'il soit mieux de le tuer; car, étant jeté vivant, il ira s'attacher à un autre fidèle et le tourmenter; selon d'autres, il se transformera en scorpion s'il est jeté sur une terre friable et salée, et alors il deviendra une cause de plus grands tourments. D'autres prétendent qu'il vaut mieux tuer le pou dans la mosquée; mais le fidèle doit sortir aussitôt, jeter les restes de l'insecte, et se purifier convenablement.]

§ 4. Des choses permises dans la prière en assemblée.

Il est permis de prier sous la direction — d'un aveugle; — ou d'un fidèle qui, étant d'un autre rite que les assistants, différerait dans quelques détails de pratiques ou de principes tout à fait secondaires; — ou d'un bègue [quelles que soient les lettres dont la prononciation lui soit difficile ou impossible, ou qu'il dénature]; — ou d'un individu que la loi religieuse a puni d'une faute grave [mais qui est revenu à résipiscence]; — ou d'un homme impuissant à la copulation; — ou d'un lépreux, à moins qu'il ne soit arrivé au point d'inspirer du dégoût aux assistants et que sa voix ne soit devenue sombre et rauque; — ou d'un jeune garçon, mais dans une prière faite avec d'autres jeunes garçons.

On permet encore à ceux qui seraient placés à droite ou à gauche de l'imâm, de ne pas se reculer de manière à serrer et gêner ceux qui sont directement derrière eux. On permet à celui qui se trouve seul derrière un rang complet de fidèles, de prier ainsi séparé et isolé; et il ne doit point tirer à côté de lui un des assistants [ou un arrivant dans la mosquée], et cela sous peine de péché pour tous deux, si celui qui a été attiré, a cédé.

Il est permis — de se hâter d'aller à la prière, mais sans précipitation ridicule ou affectée [car alors on arrive trop distrait et mal disposé au recueillement]; — de tuer ou un scorpion ou un rat, dans une mosquée [même pendant une prière, car alors il trouble et inquiète les fidèles]; — de faire assister un enfant ou un jeune garçon à la prière dans la mosquée, s'il est assez docile pour ne pas se laisser aller à quelque espièglerie indigne de la sainteté du lieu, et pour obéir à la voix de la répression en cas qu'il s'oublie; — de cracher [lorsque l'on ne peut faire autrement pendant la prière] de la salive ordinaire, sur le sol d'une mosquée, lorsque le sol est un lit de sable et de gravier [et que l'on peut y cacher le crachat, ou bien lorsque l'on ne prie pas]; — ou de cracher sous la natte qui recouvre le sol; — ou bien [selon que ce sera possible] de cacher le crachat en le couvrant du pied; — ou bien [lorsque la chose est plus facile, et d'après la place qu'occupe le fidèle,] de cracher ou à gauche d'abord, ou à droite, ou enfin en avant.

La loi permet — à la femme d'un âge déjà avancé [et qui peut paraître aux yeux des hommes sans éveiller de pensées voluptueuses] de se rendre [aux prières en commun, dans la mosquée, même] à la prière des deux grandes fêtes, à la prière par laquelle on demande la pluie [ou la crue des eaux] dans les temps de sécheresse, aux prières funèbres pour des parents ou des proches; — à la femme jeune de se rendre à la mosquée pour prier en commun; mais ce ne sera jamais par suite d'une obligation imposée par voix juridique au mari. [Il ne sera jamais imposé non plus au mari d'accorder à sa femme, jeune encore, la permission d'aller prier en commun à la mosquée. Il agira là-dessus comme il voudra. Du reste, la femme ne doit se permettre d'assister ainsi aux prières en assemblée, que lorsqu'il n'y a pas à craindre qu'elle soit un sujet de préoccupations pour les fidèles. Il est défendu d'ailleurs aux femmes, de quelque âge que ce soit, de se présenter aux mosquées pour assister aux leçons et enseignements qui s'y donnent, ou aux conférences religieuses, et cela lors même que les femmes se tiendraient séparées des hommes. Le mari qui, en se mariant, aurait consenti à ce que sa femme fréquentât librement les mosquées, *peut* ensuite révoquer, et, selon d'autres, *doit* révoquer sa parole et s'affranchir de sa promesse.]

La loi permet encore que des individus qui sont sur des barques, ou toute espèce de bâtiments nautiques rapprochés les uns des autres, se guident, pour la prière, sur un seul imâm placé sur un de ces bâtiments [ou barques, ou bateaux, pourvu que les priants l'entendent articuler le tekbir et voient distinctement ses mouvements, que l'on soit en marche ou en repos].

La loi autorise également les fidèles — à prier sous les auspices d'un imâm dont ils sont séparés seulement par un mince courant d'eau, une rivière étroite, ou par un chemin [toujours avec la condition qu'ils ne soient pas trop éloignés et qu'ils entendent la parole de l'imâm]; — à prier, sous la direction d'un imâm qui serait sur un emplacement dominé par le leur, fussent-ils même sur le toit ou la plate-forme d'une maison, mais non dans le sens inverse [c'est-à-dire si l'imâm est placé sur une élévation qui domine les fidèles, de manière qu'il leur soit difficile de le bien apercevoir et suivre dans ses pratiques]. Dans les deux circonstances précédentes, si l'imâm ou le fidèle se place en tel ou tel endroit, par esprit d'orgueil ou de vanité, sa prière est nulle. Mais l'imâm ou le fidèle est-il placé de manière à n'être élevé qu'à une hauteur très-médiocre, par exemple, à la hauteur d'un empan [et, selon d'autres, à la hauteur d'une coudée environ], la prière ne saurait être invalidée.

Dans le cas où il y a avec l'imâm, sur l'endroit élevé où il est placé, un nombre de fidèles de même rang et condition que tous ceux qui se trouvent sur un emplacement plus bas, la prière est-elle permise? Il y a, sur ce point, divergence d'opinions (téreddoud). [Dans l'hypothèse que ceux qui se trouvent avec l'imâm sont de même condition que le reste de l'assemblée, la prière est permise ; si ces individus, placés près de l'imâm, sont, par exemple, tous des chérifs, la loi n'approuve pas la prière.]

Il est permis à un *moniteur* (c'est-à-dire à celui qui, parfois, dans les prières en assemblée, élève assez la voix pour indiquer aux fidèles à quel point en est l'imâm, et les aider à suivre ainsi plus exactement les pratiques voulues), il est permis, dis-je, à un moniteur, de prier en même temps qu'il dirige les assistants. [Mais, en général, le plus convenable est que l'imâm élève assez la voix pour être entendu des fidèles présents et pour les diriger dans toute la prière ; car, en prenant un moniteur, l'imâm semble lui céder une partie de ses fonctions et devoirs d'imâm. Abou-Bekr faisait souvent les fonctions de moniteur dans les prières que présidait le Prophète.] Il est permis aussi aux fidèles — de se diriger par les indications du moniteur, — ou de se diriger, dans la succession des pratiques de la prière, simplement par la vue de l'imâm ou d'un fidèle qui l'observe et le suit, lors même que l'on prie dans une maison particulière [et que l'imâm, ou le fidèle qui se guide sur lui, est au dehors, mais à peu de distance].

§ 5. Conditions requises pour l'exécution de la prière en commun.

Les conditions requises auxquelles doit satisfaire le fidèle, pour la validité de la direction sous laquelle il s'est rangé [et par conséquent pour la validité de sa prière], sont :

1° D'avoir dans le cœur l'intention de suivre les pratiques de l'imâm. Quant à l'imâm, l'intention de présider à la prière n'est point une condition essentielle
de l'acte qu'il accomplit, pas même dans des prières
funèbres, excepté toutefois [dans les quatre circonstances que voici, savoir] : — 1° pour la prière solennelle et publique du vendredi, à midi [car cette prière
doit se faire en assemblée, et si l'imâm n'avait pas dans
le cœur l'intention de la diriger, cette prière solennelle
serait nulle pour lui et par conséquent pour les fidèles
qui composent l'assemblée]; — 2° pour le cas où l'on
a à *réunir* forcément deux prières [un soir que la pluie
tomberait et retiendrait les fidèles rassemblés; alors ils
sont obligés de prier en commun; et, dans les deux
prières qu'ils ont à faire alors, l'imâm qui les préside
doit sentir l'intention de remplir cette fonction, dès le
commencement de la prière (voy. pour la *réunion* des
prières, sect. xiv de ce chapitre); — 3° pour la prière
de la peur ou prière en guerre [car on ne doit prier
alors qu'en commun et par moitié de l'armée] (voy.
section xvi de ce chapitre); — 4° pour le cas de remplacement d'un imâm dans une prière; le nouvel imâm
remplaçant doit avoir l'intention voulue de présider la
prière. [Dans ces quatre circonstances, si l'intention
n'est pas sentie par l'imâm, la prière de tous, imâm et
fidèles, est sans valeur.]

L'imâm doit toujours avoir l'intention d'obtenir le
mérite de la prière en commun. El-Lakhmî exprime,
sur ce dernier point, une opinion opposée à celle de

la majorité des légistes. [Il assure, et déjà cette idée a été signalée précédemment, que l'imâm jouit toujours du bénéfice de la prière en commun, même sans en avoir l'intention.]

2° De se conformer, entièrement et strictement, aux actes et pratiques de l'imâm dans la prière à laquelle on s'est associé, que ce soit une prière actuelle ou une prière satisfactoire, ou que ce soit dans l'accomplissement, en forme satisfactoire, de deux prières de midi, par exemple, appartenant à deux jours différents. [Ainsi l'on ne fera point une prière de l'après-midi, lorsque l'imâm fait celle de midi, quand même l'imâm se tromperait. Il y a, pour ces erreurs, les prévisions réparatoires posées par la loi; il en a été question à la section IX. On ne fera point une prière obligatoire lorsque l'imâm fera une prière surérogatoire ou votive, et *vice versá*; ni la prière de midi d'un jour, quand l'imâm fera celle de midi pour un autre jour; ni même une prière satisfactoire, si l'imâm prie une prière actuelle, et réciproquement.] Mais on peut accomplir une prière surérogatoire sous les auspices d'un imâm qui s'acquitte d'une prière d'obligation imprescriptible [en supposant, bien entendu, que le nombre des réka soit le même pour les deux genres de prière].

Un fidèle qui aura commencé à prier seul n'ira pas se réunir à une assemblée en prière. [Car le moment d'avoir l'intention nécessaire est désormais passé pour lui, puisqu'elle doit précéder la prière. Toutefois ce fidèle peut, en cas de besoin, aller présider à la prière comme imâm.] De même aussi nul de l'assemblée ne se séparera des autres et ne s'en isolera pour terminer sa prière. [Dans les deux cas donnés par ces dispositions de la loi, la prière devra être recommencée.] Relativement à la validité de la prière d'un malade qui se guide sur un autre malade, il y a deux dires ou opinions (*k'aûlân*). L'un accepte la validité; l'autre veut que le malade s'abstienne de se guider sur un autre malade.]

3° D'accomplir, immédiatement après l'imâm, le tekbir initial et le salut final. Une simultanéité parfaite dans ce tekbir et ce salut, surtout lorsque deux fidèles, priant ensemble, ne savent pas positivement lequel des deux est sous l'imâmat de l'autre, entraîne la nullité de la prière [pour tous les deux. Toutefois, dans cette supposition de deux fidèles, la prière de celui des deux qui ferait le salut final après l'autre individu serait valide. Le résultat est le même pour celui qui a douté s'il était ou non à la position d'imâm; quand un seul des deux a douté, sa prière n'est bonne que s'il salue le salut final après l'autre fidèle].

La presque simultanéité n'entraîne pas la nullité de la prière [toujours si l'imâm précède dans ses actes et dans ses paroles]. De même dans les pratiques autres que le tekbir et le salut [c'est-à-dire dans la salutation, la récitation k'oranique, la prosternation, la prière n'est pas invalidée si l'on ne suit pas très-immédiatement l'imâm]. Devancer l'imâm alors [n'invalide pas la prière, mais] est toujours mal; et accomplir simultanément [avec lui] toutes ces pratiques intermédiaires au tekbîr initial et au salut final est toujours blâmable.

Celui qui [ayant assisté au commencement du réka où il se trouve] se relève avant l'imâm dans la salutation ou dans la prosternation, doit se remettre incliné ou prosterné, mais seulement s'il s'aperçoit qu'il pourra atteindre l'imâm [et se relever en même temps que lui]. Il n'en est pas ainsi [c'est-à-dire qu'il ne se relèvera pas] s'il s'est incliné ou prosterné avant lui. [Il attendra dans cette posture, incliné ou prosterné, que l'imâm se baisse; car se baisser n'est pas réellement le signe de l'accomplissement de l'acte entier qu'on se propose d'accomplir, c'est seulement le premier mouvement de la salutation et de la prosternation, dont le complément n'est obtenu que lorsqu'on relève la tête].

§ 6. Conditions de convenances dans la prière en assemblée. — De l'omission de certains tekbîr.

Dans une assemblée [dont plusieurs individus sont dignes et capables de présider à la prière], il est de convenance religieuse de laisser de préférence l'imâmat —au sultan [ou à son délégué ou représentant];—ensuite [par ordre de choix], au maître qui habite la demeure ou le lieu où l'on s'est réuni [car le maître en connaît mieux que personne la position relativement à la k'ibla]; — ou au locataire, de préférence au propriétaire, quand même ce locataire serait un esclave, ou même une femme, mais qui alors cède son imâmat à un homme [qu'elle désigne. Dans le cas supposé ici, le locataire connaît mieux que le maître les inconvénients à éviter dans le local pour laisser à la prière toute sa valeur]; — ensuite à l'individu plus instruit dans la science des devoirs religieux [s'il n'y a pas de maître ou de parents du maître du lieu où l'on s'est réuni]; — ensuite [à égalité de cette science dans plusieurs individus], à celui qui est le plus versé dans la connaissance du *h'adît* ou des traditions ou préceptes reçus du Prophète; — ensuite [à mérite égal dans les sciences et connaissances précitées], à celui qui est plus habile dans la récitation du K'oran et des autres parties de la prière; — puis [toujours à mérite égal dans les conditions précédentes, et ainsi de suite jusqu'au dernier degré de la catégorisation indiquée ici], au plus religieux; — ensuite au plus ancien dans l'islamisme [parmi des individus convertis à l'islamisme]; —ensuite au plus noble d'origine; — ensuite au plus distingué par la beauté du corps [car un beau corps est ordinairement l'enveloppe d'une belle âme]; — puis au plus distingué par les qualités de l'esprit et du cœur; — puis au mieux vêtu [supposé qu'il soit égal à tous les individus précédents].

Cet ordre de préférences [depuis le degré, inclusivement, où est cité l'individu le plus instruit dans la science des devoirs religieux] est ainsi établi, dans l'hypothèse que chacun de ceux qu'elles indiquent ne présentera [sous le rapport moral] ni défaut, ni caractère que la loi frappe de réprobation, ni [sous le rapport physique], de défaut qui répugne à la loi [tel que le manque d'un membre, la paralysie, etc. ce qui exclu-

rait l'individu de l'imâmat]. Il est de convenance religieuse encore que [le sultan, ou son représentant, ou
le maître habitant d'une demeure,] qui a des défauts
[corporels qui répugnent à la loi], cède la fonction
d'imâm à un autre individu plus sain et plus complet
que lui.

Comme règle de convenance, il faut également —
que le fidèle [s'il est seul] se place à la droite de
l'imâm; — qu'à partir du nombre deux, les fidèles se
placent derrière l'imâm; — que le jeune garçon en état
de comprendre l'utilité et le but de la prière, tel le garçon pubère, se place [s'il est seul] à la droite de l'imâm
[et, s'il est avec un ou plusieurs autres fidèles, qu'il se
place avec eux derrière l'imâm]; — que les femmes ne
se placent que derrière tous les fidèles mâles. [Dans la
prière en commun, la règle exige que les fidèles se
rangent en lignes transversales derrière l'imâm. Le fidèle
qui est seul se place à droite de l'imâm; s'il se plaçait
à gauche, l'imâm le ferait passer par derrière soi, pour
prendre position à droite. Lors donc qu'il n'y a que deux
fidèles mâles à prier ensemble, ils sont encore placés
en ligne, en rang, côte à côte. Le Prophète disait :
« Régularisez vos rangs pour prier, car je vous vois par
derrière moi [lorsque nous prions]. « Les femmes doivent
former les derniers rangs, de peur qu'elles ne soient le
motif de tentations pour les hommes, et aussi parce
qu'elles sont plus exposées, dans les mouvements de la
prière, à laisser apercevoir quelque partie de leur figure,
de leurs bras, etc.

Le maître de la bête en est le meilleur et le plus sûr conducteur.[Car il en connaît les défauts, les qualités, le caractère, les allures, etc. et aussi le maître d'une maison en connaît le mieux la direction par rapport à la k'ibla; et le plus instruit en religion est le plus sûr guide des autres fidèles.] C'est donc un devoir de préférer pour imâm, — un homme d'une conscience délicate [prêt à s'abstenir même des choses permises, de peur de tomber dans le moindre mal]; — un homme probe [à un homme léger et facile de conscience, à un homme méchant ou douteux]; — un homme libre à un esclave, un père à son fils, un oncle à son neveu.

Dans le cas où, pour l'imâmat, il y aurait rivalité entre des compétiteurs ayant des droits égaux, et n'étant point inspirés par un esprit d'orgueil ou de préséance mondaine [mais inspirés seulement par un esprit de piété], on tirerait au sort.

Le fidèle qui, retardé par quelque cause que ce soit, arrive à la prière lorsque l'imâm fait la salutation, doit aussitôt prononcer deux tekbir, l'un pour le commencement de la prière, l'autre pour la salutation, et il s'adjoint immédiatement à la prière. De même, le fidèle qui arrive quand l'imâm se prosterne doit prononcer aussitôt deux tekbir, l'un pour le commencement de la prière, l'autre pour la prosternation, et il continue immédiatement la prière. Mais si l'imâm est agenouillé, accroupi sur ses talons [et récitant par conséquent le téchehhoud], le fidèle retardé ne prononcera qu'un tekbir, celui du commencement de la prière [puis aussitôt ce fidèle s'agenouillera et restera accroupi].

Mais si [dans une prière quaternaire ou ternaire] le fidèle retardé [en a cependant pu accomplir les deux derniers réka, et], sur la fin de son second réka [qui correspond au dernier de l'imâm], s'est agenouillé et accroupi en même temps que l'imâm [qu'il a alors laissé terminer les dernières pratiques du dernier réka de la prière], il doit [lorsque l'imâm se retire] se lever et réciter le tekbîr [et s'acquitter de suite de ce qui était fait de la prière au moment où il est arrivé. Le fidèle, en se levant alors, dit le tekbîr pour continuer un autre réka et compléter sa prière; car il s'est agenouillé au moment légal, c'est-à-dire au deuxième réka de sa propre prière. S'il eût été à un premier réka ou à un troisième, le fidèle ne dirait pas de tekbir en se relevant de son agenouillement et après le départ de l'imâm]. Mais si le fidèle [qui s'est agenouillé avec l'imâm, comme nous venons de le dire,] a prononcé le téchehhoud, il ne doit pas, en se levant ensuite, réciter de tekbîr.

Quant à ce que le fidèle retardé a laissé de la prière [c'est-à-dire, quant à ce qui était déjà fait de la prière quand il s'est adjoint à l'assemblée], il en reprend les diverses parties après que l'imâm s'est retiré, et il *reconstruit,* comme commencement des actes matériels qu'il a à faire, le premier acte qu'il a accompli avec l'assemblée; puis il finit par ce qui a précédé le dernier acte. [C'est le *k'ad'd,* ou accomplissement de ce qui est omis; et le *banâ,* reconstruction, arrangement, adaptation. Ainsi, un fidèle retardé à une prière de quatre réka, n'en a *atteint*, comme dit l'expression technique, que le dernier réka par exemple, c'est-à-dire, s'est uni à la prière avant que l'imâm fût relevé de la salutation et eût *engagé* le réka; or, ce fidèle ainsi retardé doit compléter par trois réka les quatre dont se compose la prière, et il doit les compléter après le salut final de l'imâm. Il *reprend* les parties verbales ou récits, et en même temps *reconstruit* les actes matériels, selon le procédé établi (70).]

Le fidèle retardé qui craint de perdre un réka [en laissant passer le moment favorable de s'y unir s'il s'avance jusqu'à la ligne ou rangée des fidèles priants] peut faire la salutation avant d'être arrivé en ligne avec les autres, mais cela à condition qu'il juge pouvoir parvenir à être en rang avant que l'imâm ait relevé la tète dans la salutation. Et alors, ce fidèle s'avance en piétinant très-bref, et il passe deux ou trois rangs s'il le faut, pour se placer dans un vide des dernières lignes; il s'avance tout en restant debout ou incliné comme pour la salutation, mais jamais en position de prosternation ou étant accroupi, ou agenouillé [ce qui donnerait un spectacle ridicule par son aspect et par la difficulté des mouvements de progression]. Si le fidèle doute qu'il atteigne le réka avant que l'imâm se relève de la salutation, il compte ce réka comme incertain [mais il reste en place et continue; après le salut, il refait un réka et se soumet à deux prosternations pénitentiaires, après le salut final].

Quand le fidèle [retardé ou non retardé] prononce le tekbîr lors de la salutation, dans l'intention d'accomplir seulement le tekbîr initial de la prière, non le tekbîr de la salutation, ou bien dans l'intention de s'acquitter des deux tekbîr par le seul qu'il prononce, ou bien sans spécialiser d'intention [et ici l'on suppose le fidèle retardé] de faire servir son tekbîr, ou comme initial seulement, ou comme tekbîr de salutation seulement, le fidèle, dans ces diverses circonstances, a suffisamment satisfait à la loi; il n'est point en défaut. Si le fidèle, en prononçant le tekbîr, n'a l'intention que de le faire servir pour la salutation et oublie de le faire servir aussi comme tekbîr initial de la prière [et qu'ensuite il se rappelle son oubli], il doit continuer sa prière [et la recommencer ensuite], mais cela uniquement dans le cas où le fidèle prie sous la présidence d'un imâm. [L'imâm, ou le fidèle priant seul, qui, dans la supposition indiquée, aurait agi ainsi de propos délibéré, devrait interrompre la prière et la recommencer.]

Quant au fidèle retardé qui, dans la prière en commun, arrive au moment de la prosternation et qui, ayant prononcé alors le tekbîr, oublie de prononcer aussi le tekbîr initial [et ne se rappelle cet oubli qu'après avoir *engagé* le réka suivant], il y a divergence d'opinions (*téreddoud*) parmi les juristes modernes sur ce que doit faire ce fidèle. [Les uns décident qu'il faut interrompre la prière dès qu'on se rappelle l'omission; les autres jugent que l'on peut continuer, si déjà l'on a entamé le réka suivant, sinon, l'on interrompt.] Mais celui qui, dans une prière, n'a prononcé ni le tekbîr initial, ni le tekbîr de la salutation, doit [interrompre sa prière en quelque moment que ce soit] et la recommencer entièrement.

SECTION XIII.

DU CHANGEMENT D'IMÂM DANS LA PRIÈRE.

---

§ 1. Du retrait de l'imâm et de son remplacement.

Il est de devoir religieux : — pour l'imâm qui a à craindre ou de perdre ou de faire perdre quelque chose [telle qu'une bête de somme qui pourrait s'échapper], ou de s'exposer ou d'exposer d'autres que lui à quelque danger ou malheur [si, par exemple, on soupçonne qu'il puisse être le point de mire d'une attaque, etc.]; — ou pour l'imâm atteint de quelque infirmité [qui l'empêche de bien exécuter toutes les pratiques matérielles de la prière]; — ou pour l'imâm qu'un saignement de nez oblige de quitter l'assemblée; — ou pour l'imâm qu'une souillure, quelle qu'elle soit, vient de rendre impur [ne fût-ce qu'un vent]; — ou pour l'imâm qui se rappelle avoir reçu une souillure dont il ne s'est pas purifié, ou dont il n'est pas sûr de s'être purifié; — il est de devoir religieux [dis-je, pour l'imâm qui se trouve dans une ou plusieurs de ces circonstances,] de céder à un autre l'imâmat ou présidence de la prière, même dans le cas où le motif de se retirer surviendrait lors de la salutation ou lors de la prosternation.

La prière des fidèles réunis n'est point annulée parce qu'ils se seront relevés de l'inclination ou de la prosternation en même temps que l'imâm, avant qu'il ne cède la place et se retire.

Lorsque l'imâm se retire sans avoir désigné personne pour le remplacer dans la direction d'une prière, les fidèles, par convenance religieuse, se donneront aussitôt un autre imâm, et cela lors même que l'imâm qui se retire leur aurait indiqué par signe d'attendre son retour. [Cette attente ou interruption annulerait la prière.]

L'imâm qui se retire choisira dans les fidèles les plus voisins de lui, celui qui doit le remplacer. En se retirant, l'imâm doit garder le silence sur le motif pour lequel il interrompt sa fonction, que ce soit pour cause d'impureté ou pour toute autre cause. L'imâm qui cède sa place par raison ou d'infirmité, ou d'impuissance à satisfaire aux pratiques matérielles de la prière, va se mettre parmi les autres fidèles; et lorsque l'imâm, pour motif d'impureté ou de souillure, quitte la présidence de l'assemblée et sort de la mosquée, il doit se porter la main au nez comme s'il lui était survenu un saignement de nez.

Celui qui aura été choisi pour remplaçant ira se mettre en avant de l'assemblée, s'il est près de la place qu'occupait l'imâm [et il ira se mettre à cette place en gardant la position et l'attitude qu'il avait quand il a été désigné], fût-il même dans la position agenouillée. [S'il est éloigné de la place qu'occupait l'imâm qui se retire, il reste où il est et termine la prière sans se déranger; car s'avancer de quelques pas seulement annule la prière.]

Si un autre que celui qui a été désigné par son nom s'avance comme remplaçant [soit exprès, soit par erreur, parce qu'il se trouve dans l'assemblée plusieurs fidèles de même nom], la prière n'en a pas moins toute sa validité. [Car remplacer ainsi, en circonstance imprévue, ne confère pas le rang et la valeur d'imâm, mais confère simplement le droit momentané de présider.]

La validité de la prière ne serait pas davantage compromise, lors même que l'imâm aurait désigné comme son remplaçant [un homme incapable de remplir la fonction], un idiot, par exemple, et que l'assemblée alors ne se dirigerait pas sur lui. [Car se diriger et se guider sur un idiot annule la prière.] Enfin la prière demeure avec sa validité intégrale quand même les fidèles termineraient seuls et en masse leur prière [c'est-à-dire, sans se conformer à l'exemple, actes et paroles, du remplaçant, ou quand même ils resteraient sans imâm], ou quand même une partie d'entre eux termineraient, d'ensemble, leur prière, ou quand même il se trouverait deux imâm, l'un à une portion des fidèles, l'autre à l'autre portion. Mais dans les différents cas [indiqués dans cet alinéa], la prière serait toujours annulée s'il s'agissait de la prière publique et solennelle du vendredi à midi. [Il faudrait la recommencer.]

§ 2. Devoirs et conduite du remplaçant de l'imâm, et validité du remplacement.

Celui qui remplace un imâm doit continuer la prière à partir du point même où l'imâm l'a interrompue [ce qui est facile pour les portions de la prière qui se récitent à haute voix]; mais quand l'interruption a eu lieu à l'une des parties qui se récitent à voix basse, le remplaçant la recommencera, s'il n'est pas sûr, ou s'il n'est pas informé par l'imâm même, de l'endroit de l'interruption. [Car il est possible que l'imâm, en se retirant, n'ait pas pu compléter cette partie, ou l'ait récitée inexactement, troublé qu'il était par la préoccupation qui l'a obligé à quitter la prière.]

Pour que le remplacement [ainsi que la prière des fidèles] soit dans les conditions de validité, le remplaçant doit avoir été présent à la prière avant que fût survenu le motif qui a déterminé le retrait de l'imâm et avant que le réka [dans lequel le remplacement a eu lieu] eût été engagé [c'est-à-dire, au moins au moment où il est permis, par exemple, à un individu retardé de compter à son acquit le réka commencé]. Dans le cas contraire [c'est-à-dire, si celui qui est désigné par l'imâm comme remplaçant est arrivé à la prière après le lever de la tête dans la salutation, et après qu'est survenu le motif qui oblige l'imâm à se retirer], le remplacement n'est pas valable.

Si ce remplaçant [qui est arrivé après que le réka était engagé et après que fut survenu le motif qui a détermine le retrait de l'imâm] fait la prière pour lui seul [non comme continuation de la prière de l'imâm], ou bien, s'il *reconstruit* sa prière à partir d'un premier ou d'un troisième réka dans une prière binaire ou quaternaire, la prière de ce remplaçant est valide et bonne [mais seulement comme prière d'individu isolé, non comme prière en commun]. Si, au contraire, il reconstruit alors sa prière sur un second réka de quelque prière que ce soit [ou binaire, ou ternaire, ou quaternaire, ou bien sur le troisième d'une prière ternaire, ou sur le quatrième d'une prière quaternaire], la prière de ce fidèle est nulle. Il en serait de même de la prière de l'imâm qui [après s'être retiré de l'imâmat et être sorti de la mosquée] reviendrait prendre la présidence de l'assemblée [lorsque la cause qui a déterminé cet imâm à se retirer a cessé et disparu], et achèverait la prière. [Bien plus, la prière des fidèles qui se dirigeraient sur lui serait également nulle].

Enfin [comme nous l'avons indiqué précédemment] le fidèle qui, désigné comme remplaçant, n'aura été présent à la prière que depuis l'apparition de la cause qui a forcé l'imâm à quitter la présidence de l'assemblée et à sortir, devra se considérer comme étranger à cette prière [et se désigner de suite un autre substitut].

Si des fidèles et aussi le remplaçant sont arrivés tard à la prière, [ce remplaçant termine cette prière, mais il fait signe à ces fidèles, avant le salut final, de rester accroupis, et] ils resteront ainsi jusqu'à ce qu'il ait [accompli ce qu'il avait à accomplir pour sa prière, et qu'il ait] terminé le salut final. [Puis les autres fidèles retardés accompliront, à leur tour, ce que le retard leur a fait laisser en arrière.] De même, si le remplaçant seul est arrivé en retard à la prière [les autres fidèles accroupis attendent en silence qu'il ait terminé ce qu'il doit faire pour compléter l'arriéré de sa prière, puis ils accomplissent avec lui le salut final. L'omission de cette expectation et de ce salut final avec l'imâm remplaçant annule la prière].

Les fidèles ne resteront pas accroupis pour attendre le salut final, lorsque le remplaçant, n'étant pas à l'état de voyageur, mais étant à résidence fixe, a été désigné pour présider à une prière où se trouvent des voyageurs et des individus en résidence fixe, par un voyageur qui était en fonction d'imâm et qui, pour quelque motif plausible de se retirer, ou par ignorance, a choisi un individu en résidence fixe. Or, dans cette circonstance, lorsque le remplaçant termine [les deux réka de la prière de voyage, dans laquelle il remplace l'imâm], les fidèles qui ne sont pas voyageurs se lèvent pour continuer cha-cun pour son compte et isolément, ce qu'ils ont à prier de plus que les voyageurs. [Car ils ont commencé la prière dans l'intention de ne pas terminer au salut de l'imâm en voyage et d'ailleurs la loi ne le leur permet pas.] Quant aux voyageurs, ils font le salut final [lorsque l'imâm remplaçant se lève pour commencer le réka sui-vant; ils n'attendent pas son salut; ils terminent sans lui].

Si le fidèle retardé, qui a été désigné comme rem-plaçant, ignore à quel point de la prière l'imâm s'est arrêté, il fera un signe aux fidèles [afin que ceux-ci le mettent sur la voie], et les fidèles, à leur tour, lui indi-queront, par signe, le point d'arrêt. [S'il comprend, il est évident qu'il doit continuer sur-le-champ.] S'il ne com-prend pas le signe qui lui est fait [ou bien si l'on est, par exemple, dans un lieu obscur], les fidèles disent à l'in-

dividu remplaçant : *Soubh'ân Allâh!* « Dieu soit exalté! »
[S'il est besoin d'une indication explicite et positive, ils
le remettent sur la voie, au moyen de la parole. On n'a
recours à la parole que lorsque les deux autres moyens
d'indication n'ont pas suffi.]

Quand l'imâm, en se retirant, dit au fidèle retardé qui
a été choisi pour remplaçant [ainsi qu'à tout autre individu retardé], « tu as manqué telle salutation, » par
exemple, [ou toute autre partie qui annule un réka,] le
remplaçant [ainsi que tout autre assistant averti comme
lui] doit ensuite [chacun pour ce qu'il n'a pas accompli en particulier] agir en conséquence de cet avis, dès
que l'individu averti n'est pas parfaitement certain du
contraire [et n'est pas sûr de n'avoir rien omis, oublié,
ou manqué].

Pour les prosternations pénitentiaires que peut avoir
à subir le remplaçant [qui est arrivé en retard à la
prière], il les accomplira avant le salut final, mais immédiatement après qu'il aura terminé la prière dans
laquelle il remplace l'imâm, si les erreurs pour lesquelles
il doit les subir ne sont pas évidemment des erreurs en
plus [c'est-à-dire, des erreurs qui consistent en ce qu'il
se trouve quelque chose de plus dans la prière. Par
exemple, si au commencement du quatrième réka d'une
prière on l'avertit que la salutation du premier réka a
été omise, ce premier réka est nul et le troisième se
trouve être le second; le premier réka annulé est donc
une erreur ou un manque en surplus. En pareil cas, le
remplaçant, disons-nous, se soumet aux prosternations

pénitentiaires, après le salut final. Si l'erreur était en
moins, il aurait à se soumettre aux prosternations expiatoires, avant d'accomplir le salut final, mais aussitôt
qu'il a fini la prière de l'imâm qu'il remplace et avant
de compléter pour soi-même ce que, par son retard, il
a laissé en arrière dans la prière].

SECTION XIV.

DE LA PRIÈRE OBLIGATOIRE EN VOYAGE.

§ 1. Détermination de la distance à parcourir pour constituer l'individu
à l'état de voyageur.

Le voyageur qui n'est point en voyage illicite, et
aussi celui qui ne voyage pas seulement pour son plaisir
et son amusement [par exemple, pour chasser], est tenu
par obligation imitative positive, — lorsqu'il doit franchir au moins quatre *bérîd* [71] ou postes [ce qui est le
plus court espace ou trajet qui constitue légalement un
voyage], comme limite de distance en avant, même en
traversée sur mer, — lorsqu'il a un but quelconque dans
l'accomplissement de son voyage [qu'il ne va pas à
l'aventure sans savoir de quel côté il préfère se diriger,
ou ce qu'il fera], et qu'il doit parcourir au moins une
étendue de quatre bérîd en un seul voyage, comme un
seul trajet [et au pas ordinaire], ce voyageur, dis-je, est
tenu de retrancher deux réka [72] de chacune des prières
quaternaires ou composées de quatre réka.

Si le voyageur est un habitant d'un lieu à constructions fixes [d'un village, d'un bourg, d'une ville, d'un
hameau, etc.], il ne doit rien supprimer des prières
quaternaires qu'après avoir dépassé les jardins et champs
attenant aux habitations et formant le territoire du pays.
D'autre part, d'après les commentateurs du Moudaouéneh, ce voyageur ne retranchera rien des prières quaternaires qu'après avoir franchi une distance de trois milles
à partir [des habitations ou du mur d'enceinte] d'une
localité où se trouve une mosquée dans laquelle il est permis de célébrer la prière solennelle et publique du vendredi [et dans laquelle on célèbre en effet cette prière].

Si le voyageur est de tribus ayant des tentes *à colonnes*
[c'est-à-dire de tribus scénites vivant sous des tentes
qui sont soutenues par des tiges ou *colonnes* centrales
en bois], il ne retranchera rien de ses prières quaternaires que lorsqu'il aura dépassé toutes les tentes de la
station d'où il part [et lorsqu'il sera en libre espace].
Quant à celui qui habite une localité ou pays à habitations non disposées comme dans les deux indications
précédentes [c'est-à-dire à demeures discontinues, dispersées, isolées ou répandues sur des hauteurs, ou encore celui qui reste habituellement sur des bâtiments de
navigation], il ne doit, en allant en voyage, rien supprimer de ses prières quaternaires, qu'après qu'il a entièrement quitté la localité [village, hameau], où il a
sa résidence [ou bien après qu'il a quitté le rivage].

La loi prescrit [comme devoir d'obligation imitative],
de supprimer deux réka des prières quaternaires que

l'on accomplit aux heures canoniques [à midi, à l'a's'r
et à l'éché; mais on ne retranche rien des autres prières,
c'est-à-dire, de la prière binaire du matin et de la prière
ternaire du mar'reb]. La suppression indiquée a lieu également dans les prières de voyage accomplies par voie
satisfactoire, même après le voyage terminé.

Les mêmes obligations [relatives au retranchement
de réka et à la longueur du trajet à parcourir] concernent le marin qui voyage même avec sa femme. Le
voyageur cesse de retrancher deux réka des prières quaternaires, seulement lorsqu'il est revenu au point où, à
son départ premier, il s'est dispensé de ces deux réka.

Le trajet à franchir, disons-nous, ne doit pas avoir
moins de quatre bérid pour que le voyageur ait le droit
d'abréger ses prières quaternaires. [Cependant, des
légistes permettent la suppression indiquée, pour un
trajet depuis quarante milles et au-dessous; d'autres la
permettent même pour un trajet de trente-six milles
seulement. Mais au-dessous de ce dernier chiffre, tous
condamnent le fidèle qui aurait abrégé la prière quaternaire, à la recommencer.]

[Le trajet qui constitue un voyage, dans le sens religieux, comme nous l'avons déjà répété, n'est pas moins
de quatre bérîd], excepté cependant pour les habitants
de la Mekke [ceux des hauteurs de Mina, ceux de Mouzdalifa, de Mouh'assab, lieux sacrés où s'accomplissent
des stations pieuses et des cérémonies du pèlerinage],
lorsque les fidèles [de ces différentes localités voisines
de la Mekke] vont à A'rafa [pendant le pèlerinage] et

lorsqu'ils en reviennent. [Il en est de même pour les Mekkois qui se rendent à Mina, à Mouh'assab, à Mouzdalifa. La raison pour laquelle la loi ordonne aux Mekkois de la Mekke même et des environs de retrancher deux réka des prières quaternaires, c'est que, bien qu'ils ne fassent pas un trajet de deux jours ou de quatre bérid, ils sont cependant considérés comme étant en voyage de deux jours, vu que toutes les cérémonies du pèlerinage demandent deux jours et une nuit pour leur accomplissement.]

Le voyageur [qui avait projeté de parcourir une distance suffisante pour l'abréviation des prières quaternaires,] n'en retranche rien lorsqu'il revient sans avoir parcouru la distance légale ou quatre bérid au moins, et cela, quand même il retournerait sur ses pas pour quelque chose qu'il aurait oublié. La suppression des deux réka n'est pas concédée non plus au voyageur qui se détourne d'un chemin plus court, sans avoir de motifs suffisants d'utilité [et seulement par plaisir ou par amusement. Mais s'il a à craindre quelque danger, une attaque, de mauvais chemins, par exemple après une pluie, etc. il est dans les conditions régulières du voyageur et doit abréger les réka de ses prières quaternaires.]

La suppression indiquée est déniée à l'individu errant [ou qui va de lieux en lieux sans détermination bien nette de localités; tel, le pauvre qui va mendier et parcourt, dans ce seul but, des distances assez longues]; même dénégation pour ceux qui [comme les Arabes nomades] vont avec les troupeaux chercher des pâturages, à moins que ces individus [et aussi les pauvres ou mendiants, ne se soient précisé et fixé à l'avance une distance d'au moins quatre bérîd, ou qu'ils] ne soient sûrs d'avoir franchi cet espace avant d'être arri-vés à l'endroit où ils ont résolu de rester ou de séjour-ner. Enfin la suppression des deux réka est encore dé-fendue à celui qui, bien que sorti du pays ou lieu [d'où il commence un voyage d'au moins deux jours], attend des compagnons de route, à moins qu'il n'ait décidé de partir sans eux [s'ils ne sont pas venus le rejoindre ou s'ils ne sont pas prêts à partir avec lui, avant quatre jours terminés].

§ 2. Circonstances qui obligent à cesser la forme abrégée de prière en voyage. — Circonstances qui modifient cette prière, ou qui l'annulent. — Moment du retour.

Tout voyageur doit cesser d'abréger ses prières qua-ternaires, du moment qu'il est rentré dans la localité qu'il habite, lors même qu'il y aurait été poussé mal-gré lui, par le vent [les flots, etc.]. La cessation n'est point ordonnée à l'étranger qui, s'étant fixé pour un certain temps à la Mekke [mais sans vouloir y établir définitivement son séjour], en aurait quitté le territoire [pour un motif légitime, se serait éloigné à une dis-tance même de quatre bérîd ou plus encore], puis y serait revenu, mais avec l'intention d'en repartir [avant un délai de quatre jours].

La suppression des deux réka cesse du moment que l'individu entre dans une localité où il veut se fixer.

Pour le voyageur qui seulement entre avec sa femme [ou sa concubine, ou l'esclave qu'il a rendue mère], dans la localité qu'elle a habitée [et sans qu'il veuille y séjourner], la suppression cesse également, quand même, malgré lui, il serait conduit à cette localité par des vents contraires.

Il n'y a plus à rien retrancher dans les prières quaternaires, dès que le voyageur a senti l'intention bien précise d'arriver à sa demeure [ou bien au lieu où il veut se fixer ou séjourner un assez long temps, ou bien au lieu où est sa femme, ou sa concubine, ou la mère d'un enfant dont il est le père], et qu'il n'y a plus, entre l'endroit où il sent cette intention et le lieu où il veut arriver, l'espace légal [d'au moins quatre bérid].

A quelque époque que ce soit du voyage, le retranchement des deux réka n'est plus permis, dès que le voyageur a l'intention précise de demeurer quatre jours complets et non interrompus dans l'endroit où il arrive [même sur mer. Le séjour de quatre fois vingt-quatre heures et au delà, même prolongé pendant des mois et des années, dans une localité, sans en avoir eu l'intention primitivement, n'enlève pas à l'étranger son caractère de voyageur].

Mais, relativement au fait général, il y a exception pour les soldats en pays ennemi, en expéditions. [Ils conservent leur caractère de voyageurs, quelque temps qu'ils passent, par exemple, à un siége, à suivre et continuer des opérations militaires.]

La certitude établie à l'avance, par certaines circonstances habituelles, que l'on aura à séjourner quatre jours au moins dans une localité, détruit aussi le droit de retrancher deux réka des prières quaternaires. [Ces circonstances se présentent, par exemple, dans les voyages, pour aller en pèlerinage; on sait, par habitude, qu'à telle localité on est obligé d'attendre les départs des caravanes jusqu'à certains jours donnés.] Mais la durée par elle-même d'un séjour [prolongé sans intention préalable, et ensuite sans ces circonstances connues, ne détruit pas la qualité de voyageur et] laisse subsister le devoir de supprimer les réka indiqués, même lorsqu'on est au terme du voyage [lorsqu'on a atteint le lieu où l'on s'était proposé d'aller et que l'on ne veut pas y demeurer plus de quatre jours].

Quand le voyageur cède à l'intention de rester en séjour pendant quatre fois vingt-quatre heures sans interruption [après qu'il a commencé ses deux réka d'une prière quaternaire], il redouble cette prière [si déjà il a engagé un réka], et cependant elle ne tient lieu ni de prière de fidèle en voyage, ni de prière de fidèle non en voyage. [Elle n'a qu'une valeur de prière surérogatoire; car l'individu l'a commencée comme prière de voyageur et l'a terminée comme prière de fidèle non en voyage.] Il doit donc, à titre de non-voyageur, recommencer cette prière dans le temps d'élection [ou même pendant le temps forcé].

Si le fidèle, en résidence stationnaire, prie sous les auspices d'un imâm qui est en voyage, tous deux sont, à la rigueur, dans les limites de la loi. [Dans cette circonstance, dès que l'imâm a clos ses deux réka par le salut final, le fidèle complète sa prière comme résidant.] Toutefois la loi blâme l'individu résidant qui prie avec un imâm voyageur, et *vice versâ* [même dans les trois mosquées métropoles]. Ce blâme est positivement exprimé par la loi. Néanmoins le fidèle, dans l'un et l'autre cas précité, suivra exactement son imâm, et le voyageur qui prie sous la direction d'un imâm résidant [et fait avec lui les quatre réka] n'est point obligé de recommencer sa prière.

Le voyageur qui accomplit les quatre réka d'une prière quaternaire, et qui avait à l'avance l'intention de les accomplir tous [soit avec connaissance de cause, soit par ignorance, soit par raisonnement erroné], recommencera cette prière à l'instant même [et la fera dans la forme de prière de voyage, s'il reste à l'état de voyageur, et dans la forme de prière d'individu stationnaire, s'il cesse d'être à l'état de voyageur]. Si c'est par inadvertance et par oubli qu'il a eu l'intention de s'acquitter des quatre réka [et qu'il les a accomplis], il s'imposera deux prosternations pénitentiaires après le salut de paix [car le manque est en surplus]. Selon l'avis particulier de quelques juristes, il recommencera sa prière au moment même [et ne fera pas de prosternations pénitentiaires]; il en sera de même pour les fidèles, voyageurs ou sédentaires, qui auront prié sous ses auspices. Selon Ibn-Ioûnes, tous recommenceront cette prière, au moins dans le temps forcé. Tous ces fidèles recommenceront [d'après ces dernières opinions d'Ibn-Ioûnes et d'autres], lors même que, d'intention et de pratique, ils ont suivi exactement l'imâm. [Les priants voyageurs ne recommenceront que deux réka, et les résidants, quatre; mais ils n'auront pas à se soumettre aux prosternations pénitentiaires.] Du reste, en principe généralement admis, si ces fidèles n'ont pas suivi scrupuleusement l'imâm voyageur [bien qu'il fût en défaut en accomplissant quatre réka], leur prière est annulée [par la raison légale qui oblige le fidèle à se conformer aux actes de l'imâm à la direction duquel il s'est soumis].

De même est annulée la prière du voyageur qui [par fausse interprétation de la loi, ou par ignorance, ou par oubli, ou de dessein prémédité], ayant senti l'intention d'accomplir en entier une prière quaternaire, en supprime ensuite et exprès la moitié. [Car alors il est dans la condition d'un individu stationnaire qui écourte sa prière; et ce voyageur devra recommencer la prière de voyage.] Mais si la suppression a lieu par oubli et distraction, le cas est le même que celui du fidèle résidant qui, par distraction, oublie deux réka d'une prière quaternaire. [S'il est quelques instants sans s'en apercevoir, et qu'il sorte de l'endroit où il a prié, sa prière est nulle; s'il s'en aperçoit presque aussitôt, il termine, mais il ajoute deux prosternations pénitentiaires après le salut final; puis il recommence la prière des voyageurs à l'instant même.]

La prière du voyageur, et en même temps celle des fidèles qui prient sous ses auspices, est encore annulée, si, ayant eu l'intention d'abréger cette prière quaternaire, il complète ensuite les quatre réka, soit exprès, soit par inadvertance, soit par ignorance des règles de la prière; dans ce cas, ils doivent tous [chacun selon son état de voyageur ou de résidant] recommencer leur prière immédiatement. [Au moment où le voyageur imâm se lève, par inadvertance ou par ignorance, après deux réka terminés, afin d'en ajouter deux autres,] les fidèles priant à la suite de cet imâm [s'ils s'aperçoivent de son erreur] doivent l'avertir par les mots : *Soubh'ân Allâh!* « Dieu soit exalté! » Et si, malgré cela, l'imâm continue, ils ne suivent point son exemple; ceux qui sont en voyage [restent en silence et accroupis jusqu'à ce qu'il soit à la fin de sa prière et] font avec lui le salut de paix; ceux qui sont résidants [attendent également, et] s'acquittent, chacun en particulier, de ce qui leur reste à faire pour le complément légal de leur prière; et le voyageur imâm recommence seul sa prière à l'instant même.

Celui qui, voyant des individus se mettre à prier, croit qu'ils sont voyageurs, s'adjoint à eux, et s'aperçoit ensuite qu'ils ne sont point en voyage, doit toujours recommencer sa prière, si lui-même est voyageur. [Car il a commencé la prière avec l'intention d'une prière de voyage, intention que n'avaient point les autres fidèles.] Dans le cas inverse encore [c'est-à-dire, s'il pense, lui étant voyageur, que les fidèles auxquels il s'adjoint pour prier sont résidants, et qu'il voie ensuite qu'ils sont voyageurs, ou même s'il ne peut reconnaître qu'ils sont ou ne sont pas voyageurs, il doit recommencer sa prière.

Quant à celui qui, étant en voyage, commence à prier sans avoir exprimé ni l'intention de supprimer deux réka, ni celle de compléter quatre réka, les légistes modernes diffèrent d'opinion sur la manière dont il doit se conduire (*téreddoud*). [Les uns prétendent que s'il se borne à deux réka, il doit en ajouter deux autres; les autres prétendent le contraire; d'autres le laissent libre de compléter quatre réka ou de ne pas les compléter; enfin d'autres le condamnent à recommencer la prière.]

Il convient que le voyageur hâte son retour [ne laisse pas trop longtemps sa famille, sa femme, ses enfants, privés de sa présence; car les longues absences d'un chef de famille peuvent être des causes de désordres domestiques, de malheurs, de privations, de gênes, etc. Il est bon aussi que le voyageur, à son retour, apporte quelques cadeaux pour ceux qui l'aiment]. Il convient également que le voyageur tâche d'arriver chez lui dans la matinée. [Rentrer de nuit expose à rencontrer chez soi choses qui déplaisent ou trompent. 'Abd-Allah-Ibn-Raouâh'a, revenant de voyage, rentra de nuit dans sa demeure, et trouva avec sa femme une autre femme qui la peignait. Il s'imagina voir un homme, et tira le sabre. Mais il fut aussitôt désabusé... Il raconta l'aventure au Prophète, et le Prophète défendit à tout homme en voyage de rentrer chez sa femme pendant la nuit. Ce fut dès lors une maxime de conduite maritale...]

§ 3. De la réunion des prières, en voyage, et en général. — Motifs qui excluent la réunion.

La loi concède et tolère que le voyageur par terre [non par mer] prie au même moment [et l'une immédiatement après l'autre], c'est-à-dire *réunisse* [à l'heure requise pour l'une des deux prières] les deux midis [c'est-à-dire la prière du midi et celle de l'a's'r], quand même le voyage ne serait pas de quatre bérid et que le voyageur n'aurait point hâte d'arriver. Il n'y a, pour la *réunion* de ces deux prières, aucun blâme de la loi. [L'exemple de pareille *réunion* a été donné par le Prophète; lorsque Mahomet faisait des voyages de vingt-quatre ou trente heures seulement, il s'acquittait, immédiatement à la suite l'une de l'autre, de la prière du midi et de celle de l'a's'r; il réunissait aussi, après le coucher du soleil, la prière du mar'reb et celle de l'éché.]

D'après le Moudaouéneh, la nécessité légale de hâter le pas en voyage existe seulement lorsqu'une circonstance importante [telle que la crainte d'un danger, la crainte de manquer une affaire d'intérêt, le désir de terminer bientôt un trajet afin d'éviter de plus longues fatigues à des femmes en voyage, etc.] demande que l'on presse la marche.

Le voyageur réunit dans l'endroit même où il arrive lorsque le soleil disparaît, les deux prières passées [celle du midi et celle de l'a's'r], si l'intention de ce voyageur a été de ne faire halte qu'après le coucher du soleil. Si l'intention était de faire halte avant l'approche du coucher du soleil [on ne réunit pas les deux prières], on retarde seulement la prière de l'a's'r [au lieu de la faire à l'heure canonique]. Si l'intention était de ne s'arrêter qu'après le moment où s'affaiblit l'éclat du soleil [et où l'horizon commence à se colorer à l'occident], le voyageur a le choix [ou de retarder ou d'avancer la prière de l'a's'r, ou de l'unir à celle du midi].

Lorsque le soleil disparaît de l'horizon, et que le voyageur est encore en route, il diffère les deux prières qu'il doit faire ensemble, s'il a eu l'intention de s'arrêter au moment où l'horizon se colore pour le coucher du soleil, ou avant ce moment; dans le cas où il n'a pas eu l'intention de faire halte à l'un de ces deux moments [mais après le coucher du soleil], il accomplit les deux prières [celle du midi et celle de l'a's'r], chacune dans son temps [mais en les réunissant par réunion figurée, c'est-à-dire qu'il fait celle de midi au dernier instant du temps d'élection, et l'autre tout au commencement de son temps d'élection. L'expression de *réunion figurée* désigne la succession immédiate de deux prières, mais non de manière que l'une soit accomplie ou avant ou après la durée du temps pendant laquelle elle doit ordinairement avoir lieu].

La même obligation de réunir les deux prières en réunion figurée est pour le voyageur qui n'a pas décidé et déterminé l'heure de sa halte, et aussi pour tout individu qui est dévoyé [ou qui est malade du ventre, de sorte que l'ablution, ou la station en priant lui cause des douleurs]. Enfin, même celui qui se porte bien [et n'est pas en voyage], peut encore réunir le midi et l'a's'r par réunion figurée.

Quant à la prière des deux éché [celle du mar'reb et celle de l'éché], le voyageur [qui se trouve dans des circonstances analogues à celles que nous venons de signaler pour la prière des deux midis] peut-il réunir, dans les mêmes manières, ces deux éché? Il y a sur ce point deux données explicatives. [Selon l'avis de ceux qui acceptent l'affirmative, l'aurore sera le pendant du coucher du soleil; le premier tiers correspondra à l'espace qui précède le moment où le soleil pâlit légèrement et où l'horizon va se colorer; le moment qui suit l'aurore correspondra au moment où le ciel se colore des couleurs du soleil qui va disparaître.]

Celui qui craint d'être surpris [à l'heure de l'a's'r ou de l'éché] par un évanouissement ou une défaillance complète, ou par un accès de fièvre intermittente, ou par des étourdissements, ou une violente migraine, fera sagement d'avancer l'heure [de chacune de ces prières et de la réunir à celle qui la précède, celle de l'a's'r à celle du midi, et celle de l'éché ou nuit close à celle du coucher du soleil]. Si l'individu en question n'a rien ressenti de ce qu'il craignait, ou bien si, voulant voyager, il réunit d'avance les deux prières [parce qu'il a résolu de ne s'arrêter qu'après le coucher du soleil ou au coucher du soleil], et qu'il ne se mette pas en route, ou bien s'il est parti avant la disparition du soleil [et que le coucher du soleil l'ait surpris en route], ou bien encore si au mar'reb [ou même auparavant] il

s'est arrêté, il fera bien de recommencer, à l'heure canonique, ou même au moment forcé, seulement la
seconde des deux prières qu'il a *réunies*. [Il ne recommencera pas la première, car il s'en est acquitté à une
heure légale.]

La loi concède de réunir les deux prières du soir
seulement [en avançant celle de l'éché au moment après
lequel on aura terminé celle du mar'reb], et dans quelque
mosquée que ce soit, lorsque la pluie tombe abondamment, ou va tomber abondamment [ou en cas de neige,
ou de froid vif], ou lorsque les chemins sont chargés
de boue et difficiles, et que *en même temps* l'atmosphère
est sombre et obscure, mais non lorsque *seulement* la
boue embarrasse les chemins, ou que *seulement* l'atmosphère est obscure et sombre. Dans la circonstance de
réunion indiquée ici [c'est-à-dire, lorsqu'il y a pluie, ou
surabondance de boue, en même temps qu'obscurité],
l'adân ou annonce de la prière du mar'reb se pratique
comme d'habitude [sur le minaret, au commencement
du moment d'élection et à haute voix]; mais ensuite
on retarde un peu la prière [jusqu'à l'instant convenable
pour la réunion des deux éché, c'est-à-dire, jusqu'à un
délai suffisant pour exécuter trois réka, ou, selon quelques avis, jusqu'à un délai suffisant pour traire une
brebis], et alors on procède aux deux prières successivement, ne laissant d'intervalle entre elles que le
temps nécessaire à prononcer d'abord l'adân de l'éché
à voix assez basse, dans la mosquée, et ensuite l'ik'âmeh.
[Ce second adân pour la prière de l'éché a lieu dans

l'intérieur de la mosquée, et même, selon quelques autorités, auprès de l'imâm, pour ne pas donner de cause
d'erreur ou d'étonnement aux fidèles du dehors.]

Toute prière surérogatoire entre les deux éché [que
l'on veut réunir] est hors de convenance. Néanmoins,
ces surérogations, si elles ont lieu, n'empêchent pas
absolument la réunion des deux prières précitées. On
évitera encore ces surérogations après ces deux mêmes
prières. [Car le but de la *réunion* de ces deux prières est
de permettre aux fidèles de se retirer avant l'obscurité
de la nuit; ce but deviendrait presque dérisoire, et
l'œuvre de réunion, répréhensible. Bien plus, des casuistes condamnent l'individu à recommencer la prière
de l'éché à l'heure voulue.]

La loi permet à l'individu isolé qui a déjà prié la
prière du coucher du soleil [et à celui même qui s'en
est acquitté en commun avec d'autres fidèles], si cet
individu se trouve avec des fidèles *réunissant* les deux
éché, de s'associer à eux pour la prière de la nuit close.
Il est également permis à celui qui est en retraite pieuse
[et aussi à l'étranger qui passe la nuit] dans une mosquée, de s'adjoindre à des fidèles qui réunissent les
deux prières. [Le but de cette concession légale est de
faciliter le moyen d'obtenir le mérite de la prière en
commun.]

Il est concédé pareillement aux fidèles, lorsqu'ils se
sont mis à réunir les deux prières du soir, et que la
pluie, par exemple [ou toute autre cause qui a motivé
la réunion de ces prières], vient à cesser [pendant que

l'on est encore à la prière du mar'reb, ou même après], il est concédé, dis-je, de continuer et compléter la réunion.

Si un fidèle arrive auprès des autres lorsqu'ils finissent, [et qu'il ne puisse pas accomplir avec eux un réka, il ne doit pas s'associer à la réunion des prières, mais] il doit différer sa prière de l'éché jusqu'à la disparition du crépuscule du soir, à moins qu'il ne soit dans une des trois grandes mosquées [celle de la Mekke, celle de Médine, et celle de Jérusalem. Dans une de ces mosquées, il peut, pour le cas en question, s'acquitter de la prière de l'éché avant la disparition du crépuscule. Bien plus, s'il avait à accomplir les deux prières du coucher du soleil et de la nuit close, il pourrait s'en acquitter de suite et immédiatement l'une après l'autre. Ce bénéfice est une faveur due à la sainteté éminente des Trois Mosquées].

Il n'est plus permis de *réunir,* lorsque la cause, qui est cependant de nature à motiver la *réunion,* vient à paraître après que la première prière est commencée.

La femme dans sa demeure, ou le malade, ou l'infirme, ne peuvent, de la maison où ils sont, s'associer à une *réunion* qui s'accomplit dans une mosquée voisine d'eux. Un individu isolé dans une mosquée ne peut réunir les deux éché. [La condition requise pour cette réunion, dans les circonstances ordinaires, est d'être en assemblée présidée par un imâm en titre.] De même aussi, une assemblée de fidèles ne peut réunir les deux prières du soir, s'ils n'ont, comme motifs, les inconvénients qu'a prévus la loi [c'est-à-dire, la pluie, l'obscurité et aussi des chemins rendus difficiles par la boue. Car alors les fidèles ne réunissent les deux prières du soir que pour avoir le temps de se retirer plus aisément à leurs demeures, avant que la nuit soit complétement noire].

SECTION XV.

DE LA PRIÈRE PUBLIQUE ET SOLENNELLE DU VENDREDI.

§ 1. Conditions fondamentales pour la validité de la prière solennelle du vendredi.

1° La première condition indispensable pour la validité de la prière solennelle publique et obligatoire du vendredi [composée de deux réka] est qu'elle soit faite tout entière [les deux réka immédiatement l'un après l'autre] à la suite du *khot'beh* [73] ou prêche, à l'un des moments formant l'espace de temps qui comprend l'heure canonique du midi jusqu'au coucher du soleil. [Si le prêche était commencé avant l'heure canonique ou heure d'élection pour la prière du midi, et que la prière fût faite à l'heure canonique rigoureuse, ou bien si le prêche était prononcé à l'heure voulue, et la prière hors de cette heure, c'est-à-dire, le prêche dans l'espace qui sépare le midi du coucher du soleil, et la prière après le coucher du soleil, le tout serait invalidé.] Mais la loi comporte-t-elle que [le temps pendant lequel peut avoir lieu la prière en commun du vendredi étant depuis midi jusqu'au coucher du soleil] on puisse [au cas où l'on ferait cette prière du midi après l'a's'r], y joindre, ou non, un réka de la prière de l'après-midi? Il a été répondu affirmativement à cette question, par le juriste A'ïïâd (*s'ouh'h'ih'*); d'autres ont répondu par la négative, et le Moudaouéneh cite des traditions relatives à ces deux manières de voir. [D'autres ont exprimé diverses explications et opinions, ou ont ajouté que si, par oubli, on a fait la prière de l'a's'r, même avant la prière du midi, il n'y a rien de blâmable.]

2° Afin que la prière publique du vendredi [faite comme il vient d'être indiqué,] soit sans reproche et sans raison d'invalidité, il faut encore que le fidèle qui s'en acquitte soit à demeure fixe dans la localité où il prie, ou bien y habite dans une hutte ou cabane [en roseaux ou en bois], mais non sous la tente. [Car la tente, quelle qu'elle soit, en étoffe de crin ou de laine, ou en toile de fil ou de poil de chameau, est considérée non comme une demeure fixe, mais comme un abri mobile qui, de même qu'un bâtiment de navigation, peut, à toute heure, être porté ailleurs.]

La prière du vendredi doit être faite dans une *djâmi'* ou grande mosquée bâtie en maçonnerie et désignée particulièrement pour la cérémonie publique du vendredi. Cette cérémonie devra encore, dans le cas où il y a plusieurs grandes mosquées, se célébrer dans celle où cette prière publique du vendredi se sera faite depuis un temps plus reculé, quand même la mosquée [serait

moins ancienne de construction, ou quand même elle]
aurait été affectée plus tard qu'une autre à ce genre de
prière, mais après y avoir déjà servi dans le principe
et plus anciennement. Enfin, la prière solennelle du
vendredi ne doit pas avoir lieu dans une mosquée de
construction trop légère ou qui n'est pas bâtie avec la
solidité ordinaire des mosquées.

Quant à la nécessité des conditions suivantes, savoir : — la construction primitive et la présence d'une
toiture à la mosquée, — le but déterminé de consacrer pour toujours une mosquée à la célébration de la
prière ou solennité du vendredi, — le but exprimé de
faire, dans cette mosquée, seulement les cinq prières
canoniques journalières ; il y a divergence et incertitude d'opinions (*téreddoud*) parmi les juristes modernes. [Les uns décident par la négative, les autres,
par l'affirmative. Quand même la mosquée n'aurait plus
de toiture ou n'en aurait jamais eu, la prière du vendredi, et toujours avec ce mot l'on entend le prêche,
serait légale et valide. Relativement au dessein de consacrer indéfiniment une mosquée à la solennité du vendredi, il peut varier, selon quelques avis, et, selon
d'autres, il doit être invariable au moins dans sa pensée première. Pour les cinq prières, la plupart des légistes admettent qu'elles peuvent se faire dans une mosquée d'assemblée du vendredi ; car, généralement, on
ne construit pas de mosquées pour ces seules solen-
nités publiques.]

3° La prière du vendredi est bonne et valide pour

les fidèles [qui prient sous la présidence d'un imâm], même s'ils sont sur la place extérieure adjacente à la mosquée, et aussi sur l'extrémité la plus rapprochée des chemins, rues ou avenues qui aboutissent à la mosquée, mais seulement lorsque la mosquée ne peut contenir tous les assistants, et que tous les rangs ou lignes des priants sont complets et sans vides dans le parvis et sur la place extérieure [les rangs de l'intérieur ne fussent-ils pas complets]. Mais si véritablement la mosquée n'est pas trop petite pour le nombre des fidèles, et si réellement les rangs, à l'intérieur de la mosquée, ne sont pas complets, celui qui priera alors hors de la mosquée ou hors des rangs fera une prière nulle. [Jamais l'imâm ne doit être hors de la mosquée, car sa prière et celle de toute l'assemblée seraient nulles et devraient être recommencées au moment voulu. Les fidèles qui, faute de place meilleure, restent hors de la mosquée et sur la voie publique, ne tiennent pas compte alors des impuretés matérielles qui peuvent souiller le sol; la nécessité et l'obligation les absolvent.]

La prière du vendredi est invalidée par le fidèle qui [pour prier] s'est placé, par exemple [et quelque grand que soit le nombre des assistants qui composent l'assemblée], dans le lieu de dépôt des flambeaux et lampes [74], ou bien sur le toit ou la plate-forme de la mosquée, ou dans les maisons et avenues voisines [à moins que ce ne soient des maisons ou avenues où tout le monde peut librement circuler, telles que des entrepôts publics ou des avenues de bazars].

4° A la prière du vendredi doivent être présents des hommes notables du pays [et qui inspirent la confiance à leurs concitoyens], lorsque cette prière s'accomplit pour la première fois dans une mosquée. Le nombre de ces notables du pays n'est plus limité [à partir de douze. Cette disposition légale diffère de celle du rite h'anafite, qui veut au moins trois fidèles avec l'imâm, et de celle du rite châféi'te, qui veut au moins quarante hommes avec l'imâm]. Dans toute prière solennelle du vendredi, soit la première, soit les suivantes, il est permis de faire la prière seulement avec douze de ces hommes ou notabilités, à condition qu'ils restent jusqu'après le salut de paix de l'imâm [et que rien n'invalide la prière d'un seul d'entre eux, pas même après le salut final, sinon la prière de l'imâm lui-même et celle de tous les assistants sont nulles [75]].

5° La prière du vendredi n'est valable que sous la direction d'un imâm à demeure sédentaire [et aussi d'un imâm à séjour temporaire, c'est-à-dire qui, bien qu'en voyage, aurait résolu de rester quatre jours de suite au moins dans la localité, circonstance de séjour qui détruit momentanément le caractère de voyageur]. Par suite de cela, nul autre voyageur que le khalife [76] à son arrivée dans une localité où se trouve une mosquée consacrée à la solennité du vendredi, ne peut présider, en qualité d'imâm, à cette solennité [et encore faut-il qu'il soit arrivé avant l'heure de la prière]. Néanmoins ce n'est pas un devoir obligatoire pour lui de présider à la prière.

Si le khalife arrive dans un village où, par exemple, l'obligation de la prière du vendredi n'existe pas [parce qu'il n'y a pas, attendu le petit nombre d'habitants, une mosquée où l'on doive célébrer cette cérémonie], et que [par ignorance de cette circonstance locale] il réunisse les fidèles à la prière solennelle, cette prière est nulle pour lui et pour tous les fidèles qui ont prié avec lui.

Il importe à la validité de la prière du vendredi que l'imâm soit celui qui fasse le prêche, à moins que cet imâm ne s'en exempte par quelque motif légal [tel qu'une incommodité, une souillure, un évanouissement, un saignement de nez et une distance trop grande de l'eau pour se purifier promptement, etc.] Supposé le motif d'interruption [de souillure ou d'impureté survenue après ou pendant le prêche, d'étourdissement, etc.], il est de règle d'attendre que cet imâm revienne [de sa purification ou de son évanouissement, etc.], s'il ne faut que peu de temps pour cela. Cette disposition de la loi est énoncée par des juristes autres que les principaux commentateurs du Moudaouéneh. [Si l'imâm tarde à reprendre sa fonction, on lui substitue un remplaçant pour terminer la cérémonie.]

La loi exige, pour la solennité du vendredi, *deux* khot'beh ou prêches [77] prononcés avant la prière proprement dite. [S'ils ont lieu après cette prière, il faut recommencer seulement les deux réka qui la composent.] Ces prêches doivent être dans la forme de ce que les Arabes appellent proprement khot'beh. [C'est une

allocution en style simple, et convenablement disposée.]
(Voy. Mouradgea d'Ohsson, vol. Ier.)

Les fidèles qui sont obligés de vaquer à la prière
du vendredi à midi [tels que les douze notables au
moins, et les autres] doivent — assister au prêche [et
l'écouter avec recueillement, quand même ils ne le
comprendraient pas]; — avoir la face tournée du côté
du prédicateur, quelle que soit leur place dans l'assemblée, qu'ils soient au premier rang ou aux autres
[qu'ils aperçoivent le prédicateur ou non, qu'ils entendent ou n'entendent pas sa voix. Une tradition du Prophète dit : « Lorsque l'imâm est monté en chaire, à
l'assemblée du vendredi, faites-lui face directement,
appliquez vos oreilles à sa parole, et tenez vos regards
fixés sur lui »].

Mais est-ce un devoir simple, ou bien est-ce une
obligation imitative, pour l'imâm prêchant, de rester
debout durant les deux prêches? Les juristes modernes
sont partagés (*téreddoud*) dans leurs opinions relativement à cette question.

§ 2. De ceux pour lesquels la prière publique du vendredi est un devoir obligatoire.

La prière solennelle du vendredi est un devoir imposé — à tout musulman en état de s'en bien acquitter,
de condition libre, de sexe mâle, n'ayant aucun motif
légitime d'empêchement, établi à demeure fixe, même
dans un village éloigné de la mosquée centrale du pays
jusqu'à une parasange au moins ou trois milles; — à

tout musulman qui, se mettant en voyage et partant de son pays, entend le *nida* ou seconde annonce de la prière [77] avant d'avoir franchi l'espace d'une parasange [alors l'individu doit revenir sur ses pas et assister à la prière, n'arrivât-il que pour faire un réka avec l'assemblée. S'il pense ne pas pouvoir arriver assez tôt pour *atteindre* un réka, il est inutile qu'il revienne. Si l'individu est en voyage depuis quelque temps et ne traverse un pays que comme voyageur poursuivant sa route, non comme partant de ce pays, il n'est pas tenu de retourner au lieu d'où il entend crier la seconde annonce de la prière]; — à tout voyageur, même qui a déjà fait la prière du midi [soit seul, soit en assemblée ordinaire, eût-il, dans cette prière, *réuni* celle de l'a's'r]. Il doit, lorsqu'il arrive au moment où l'on accomplit la prière solennelle du vendredi, à quelque heure que ce soit, s'adjoindre à l'assemblée [ne fût-ce que pour un réka; mais il n'agira ainsi que s'il arrive au terme de son voyage et dans son pays, ou bien s'il arrive dans un pays avec l'intention d'y séjourner quatre jours]; — au jeune garçon qui atteint sa puberté pendant la prière solennelle [et qui aurait déjà fait sa prière ordinaire du midi]; il doit aller sur-le-champ se joindre à l'assemblée en prière [s'il a le temps encore d'assister à un réka]; — enfin à celui pour lequel le motif qui l'empêchait de prier [motif tel qu'une indisposition, l'emprisonnement, l'état d'esclavage qui vient de cesser par manumission] disparaît au moment de la prière ou pendant la prière.

Mais, malgré un séjour assez prolongé dans une localité, plusieurs voyageurs [même ceux qui ont exprimé leur intention de séjourner au delà de quatre fois vingt-quatre heures] ne sont tenus de vaquer à la prière solennelle du vendredi qu'en se mêlant à d'autres fidèles, qu'ils suivent et accompagnent alors dans leur prière. [Toutefois, un voyageur, dans le cas qui vient d'être indiqué, peut être l'imâm prédicateur dans une cérémonie du vendredi.]

§ 3. Circonstances de convenance religieuse pour la prière publique du vendredi. — De ceux pour lesquels cette prière est un devoir de convenance. — De l'imâm suprême.

Par convenance religieuse, le fidèle se préparera à la prière solennelle par les soins et l'arrangement de sa personne; il doit [se tailler les moustaches, la barbe, les ongles, s'épiler les aisselles, le pubis] se vêtir de ses habits les plus propres et les meilleurs, se parfumer, s'il le peut, de quelque parfum [tel que l'eau de rose].

On doit, par esprit de religion et d'humilité, — se rendre à pied à la mosquée [comme le serviteur qui se rend à la demeure de son maître. Le Prophète a dit : « Celui dont les pieds se couvrent de poussière en allant au temple, Dieu le sauvera du feu éternel »]; — aller à la prière au moment de la forte chaleur.

Par esprit de religion, l'imâm [lui-même ou son délégué], lorsque approche l'heure de prier, fera sortir des marchés [des bazars et des places publiques] les mar-

chands et tous ceux qui sont tenus d'assister à la prière.
[Nul ne restera ni sur les places, ni dans les boutiques,
afin que personne ne soit pour d'autres un motif de
retard ou d'empêchement.]

Le prédicateur aura soin, par esprit de religion, —
de saluer l'assemblée par ces mots : « Le salut [c'est-à-
dire, la bénédiction] de Dieu soit sur vous! » dès qu'il
paraît aux yeux des fidèles, et non après qu'il est monté
en chaire; — de s'asseoir d'abord, dès qu'il est monté;
— de s'asseoir de nouveau durant la pause qui sépare les
deux khot'beh [et rester assis alors à peu près aussi longtemps que l'on reste accroupi entre deux prosternations
dans la prière]; — de ne pas trop prolonger les deux
khot'beh; — de faire le second plus court encore que le
premier, et de les prononcer à voix haute et soutenue.

Le prédicateur doit — se retirer et se désigner un
remplaçant, lorsqu'il y est obligé par quelque motif légal [soit qu'une souillure vienne l'atteindre pendant son
prêche, ou qu'il se sente indisposé, etc. si les fidèles
s'aperçoivent de ce motif et que le prédicateur ne se retire pas, ils doivent désigner et établir le remplaçant];
— réciter [un court chapitre] du K'oran dans chacune
des deux parties du khot'beh; — terminer la seconde
partie par ces mots, « Que Dieu nous fasse miséricorde
à vous et à nous, » ou par ces mots : « Pensez à Dieu;
répétez ses louanges, et il pensera à vous; » — avoir la
main droite appuyée, par exemple, sur l'extrémité d'un
arc tenu debout [ou sur la garde d'un sabre, ou sur un
bâton, quand même le prêche ne se ferait pas sur une

chaire ou *minbar*]; — réciter le [soixante-deuxième] chapitre du K'oran, intitulé *le Vendredi* ou *l'Assemblée* [dans le premier réka de la prière]; ce chapitre doit être récité [par les fidèles], même par ceux qui seraient retardés et n'arriveraient à la prière qu'au second réka [mais seulement ils réciteront ce chapitre en s'acquittant du réka qu'ils auront laissé en arrière à cause de leur retard;] — réciter [dans le second réka] : « As-tu jamais ouï parler du grand jour qui enveloppera tout, du jour où des visages seront abaissés? » (Chap. LXXXVIII du K'oran.) Dans le second réka, il est permis de réciter, au lieu de ce chapitre, la [quatre-vingt-septième] sourat : « Exalte le nom de ton Seigneur, le Très-Haut, » ou bien la [soixante-troisième] sourat intitulée : *Les Hypocrites*.

La convenance religieuse appelle à la prière solennelle du vendredi, — l'affranchi contractuel [même sans la permission de son maître]; — le jeune garçon [afin qu'il s'habitue de bonne heure à l'exercice des pratiques pieuses]; — l'esclave et l'affranchi par manumission posthume [78]; mais ils n'iront à la prière qu'avec permission de leur maître. [L'affranchi partiel alterne avec son patron pour assister à la prière, et, lorsque vient son tour, il s'y rend sans permission; hors de son tour, il ne s'y rend qu'avec permission. Le voyageur n'ira prier avec l'assemblée publique que si ses occupations et le soin de ses affaires le lui permettent.]

Celui qui a des motifs plausibles [tels qu'un motif d'impureté ou de souillure dont il ne puisse assez vite se débarrasser] retardera sa prière du midi, s'il espère pouvoir être assez tôt libre de tout empêchement pour aller se joindre à l'assemblée. S'il n'espère pas être assez tôt en mesure, il se hâtera de s'acquitter de sa prière. Si celui qui n'a pas de motifs plausibles [de s'absenter de la prière en commun à la mosquée, le vendredi,] fait sa prière du midi [au lieu de s'em-presser d'aller s'unir à l'assemblée], lorsqu'il aurait pu, en se hâtant, assister au moins à un réka avec les autres fidèles, sa prière particulière ne remplace point la prière en commun. [Il reste coupable envers Dieu, et recommence une prière de midi, s'il ne peut plus trouver une assemblée en prière du vendredi. Mais s'il s'est hâté d'aller s'unir aux fidèles dans la mosquée, espérant partager avec eux au moins le bénéfice d'un réka, et qu'il soit arrivé trop tard, sa prière particu-lière du midi lui tient lieu de tout.]

On ne doit *réunir* cette prière du vendredi que lors-que des empêchements [tels qu'une indisposition, l'em-prisonnement, l'éloignement par raison de voyage, etc.] s'opposent à ce que l'on assiste à la solennité publique. [Et ceux qui *réunissent* la prière à celle de l'a's'r doivent attendre que la foule ait accompli la prière, se retirer dans un lieu éloigné de tous les regards, de peur que d'autres fidèles, induits en erreur en les voyant prier, ne viennent s'adjoindre à eux.]

Il est de convenance de demander à l'imâm [au sul-tan souverain ou à son représentant] la permission de commencer la prière en assemblée le vendredi. [Car le sultan est l'imâm ou chef suprême sous les auspices et la direction duquel tous les croyants doivent se placer; c'est de lui que tous les autres imâm tiennent ou sont réputés tenir leurs fonctions; ils ne sont que ses vicaires.] Si l'imâm suprême refuse la permission [et que par lui-même il ne préside pas l'assemblée], il est de devoir religieux de faire néanmoins la prière solennelle en commun, pourvu que l'on n'ait point à craindre quelque violence de la part de l'imâm; et lors même que l'on a à craindre [ou que la permission demandée a été refusée, ou est restée sans réponse], la loi ne dispense pas pour cela de la prière. [Du reste, le sultan ou imâm souverain indique-t-il un moyen de conduite particulière pour cette prière, on doit, comme en toutes choses, s'y soumettre; mais les obligations légales pour l'accomplissement de la prière n'en ont pas moins toute leur force..... Aujourd'hui les sultans ne dirigent plus les prières, c'est-à-dire, n'usent plus de leur titre d'imâm religieux, qui cependant est leur premier et leur plus haut titre, et même leur unique titre réel et légitime; car, d'après la loi de Dieu, il n'y a qu'un imâm dans le monde, un seul chef du monde entier, l'imâm de l'islamisme..... Les sultans sont remplacés dans les prières solennelles par des *nâïb* ou vicaires autorisés formellement, et pour chaque fois, à remplir les fonctions d'imâm. Lorsque le sultan se rend à la mosquée, l'imâm prédicateur qui doit le remplacer se tient sur le passage du prince, assez près de la tribune impériale; et, en passant, le sultan, par un léger signe de tête, renouvelle pour ainsi dire et confirme les droits qu'il avait déjà confiés à l'imâm... Dans tout l'empire et dans toutes ses dépendances, des imâm remplissent les fonctions de l'imâmat, au nom et à la place du sultan souverain. A Constantinople, le sultan, dans sa tribune, est censé présider à la prière. Son devoir, d'ailleurs, est de se rendre à cette prière tous les vendredis; il y assiste tantôt dans une mosquée, tantôt dans une autre. Seulement, en hiver, il ne va ordinairement qu'à Sainte-Sophie, qui est la mosquée la plus voisine du palais.]

§ 4. Lotion. — Choses permises, blâmables, défendues, relativement à la solennité du vendredi et au moment de cette solennité.

La loi ordonne, à titre d'obligation imitative, une lotion générale (un bain), comme préparation spéciale, peu de temps avant d'aller à la prière [bien que l'intervalle pendant lequel cette lotion est permise soit depuis l'aurore jusque vers le midi. Après la lotion, le fidèle ne doit rien faire qui puisse l'exposer à perdre le bénéfice de cette œuvre préparatoire]. La lotion est recommandée même à celui qui n'est pas tenu d'assister à la solennité du vendredi [tel que le voyageur, la femme, l'esclave, le jeune garçon non pubère, etc.] Le fidèle renouvellera sa lotion s'il fait un repas, ou si, par volonté libre, il se laisse aller au sommeil après la première lotion, non s'il ne prend que peu de nourriture.

Il est permis, — d'enjamber par-dessus les épaules

des fidèles accroupis et assis par terre, pour aller atteindre les places encore vides dans les rangs ; mais cela n'est permis que jusqu'au moment où le prédicateur est monté en chaire et s'assied pour la première fois ; — de rassembler pendant le prêche et resserrer son vêtement [sorte de manteau] autour des reins et sur les jambes croisées et ramenées sous les cuisses [même permission est accordée au prédicateur, seulement lorsque, par nécessité de circonstance, il prêche assis, mais non lorsqu'il est assis pendant la pause qui sépare les deux khot'beh, ou en arrivant en chaire] ; — de parler après que le prône est terminé et jusqu'au moment où commencera la prière [mais cette permission veut dire simplement qu'il n'y a pas irrévérence positive à parler alors, et que le mieux est de garder le silence] ; — de sortir pendant le prêche, sans que le fidèle en demande l'autorisation, lorsque, par exemple, une souillure [telle qu'un saignement de nez] lui est survenue ; — de dire quelques mots seulement pendant le prêche, mais à voix basse ; par exemple, *amín* (amen), « qu'il en soit ainsi ! » et, *ao'úz billâh!* « que Dieu m'en préserve ! » lorsque l'on entend des paroles auxquelles on puisse appliquer ces mots [on peut dire *amin*, quand le prédicateur parle du paradis et des promesses de l'autre monde pour les croyants ; et *ao'úz billâh*, lorsqu'il est question du diable, des mauvais génies, de l'enfer] ; — même de dire à voix basse, « Gloire à Dieu ! » *el h'amdou lillâh!* lorsque quelqu'un éternue.

Il est permis au prédicateur, pendant qu'il prêche,

d'adresser un ordre, ou une défense, ou une réprimande à quelqu'un de l'assemblée, et il est aussi permis à celui qui est interpellé, de répondre [en quelques mots].

La loi blâme le prédicateur qui a négligé de se purifier de toute souillure [majeure ou mineure, avant de prêcher]. Il y a également blâme de la loi, — contre celui qui s'abstient de tout travail le jour du vendredi [et qui, par là, semble imiter les chrétiens et les juifs dans leur persuasion qu'ils honorent ainsi, les uns le dimanche, les autres le samedi], — contre celui qui vendrait un esclave sur le marché pendant le temps du prêche; — contre l'imâm prédicateur qui fait une prière surérogatoire avant de monter en chaire [lorsqu'il n'est entré à la mosquée qu'à l'instant de prêcher; mais s'il est arrivé un certain temps auparavant et qu'il soit à attendre que les fidèles s'assemblent, il est libre de faire, par exemple, une prière de *salut* ou deux réka]; —contre le fidèle qui, tout en demeurant assis et accroupi, ferait une prière de surérogation dans la mosquée, pendant le temps qui sépare les deux adân de la solennité du vendredi; — contre la femme jeune ou encore jeune qui vient s'adjoindre à l'assemblée [car cette femme peut préoccuper, distraire, ou troubler l'esprit des hommes, leur donner des pensées de mal. Mais la femme déjà *passée d'âge* et que les hommes ne recherchent plus et ne désireraient plus peut sans blâme assister à la prière solennelle]; — contre celui qui [devant par obligation assister à cette prière] se met en voyage le vendredi après le lever de l'aurore. Il est permis de partir avant l'aurore. Mais, passé ce moment, il est défendu [à moins de dangers à courir, ou de pertes à risquer,] de se mettre en voyage avant le midi [avant la prière publique du vendredi, et, par conséquent, de manquer ainsi à cette prière].

C'est pécher que de parler pendant le prêche, lorsque le prédicateur est debout, quand même on n'entendrait pas la voix du khat'ib, et aussi pendant la pause qui sépare les deux khot'beh. Mais le fidèle peut parler, si le prédicateur sort des bornes dans lesquelles il doit se maintenir [s'il vient, par exemple, à discourir de choses étrangères au but d'un prêche, à blâmer ou louer celui ou ceux auxquels il ne convient pas que le khat'ib donne louange ou blâme, etc.] Cette opinion est d'A'bd-el-Mélik-el-Lakhmî (*ikhtîar*).

C'est encore pécher que — d'adresser un salut à quelqu'un et de le rendre [même par un léger signe, pendant le prêche]; — d'imposer silence à quelqu'un qui parle de futilités, ou de lui jeter des cailloux ou du gravier [comme pour le réprimander ou le rappeler à son devoir]; — de l'avertir, même par signe; — de commencer une prière de surérogation, lorsque le prédicateur apparaît pour monter en chaire; cette défense est aussi pour le fidèle qui entre en ce même moment. [Il ne doit pas faire alors de prière.] Toutefois, si par ignorance des règles religieuses [ou par inadvertance, ou par précipitation], il a commencé une prière, il la terminera.

Sont entachés de nullité et, de plus, coupables, lorsqu'ils ont lieu au moment de la seconde annonce de la prière solennelle du vendredi jusqu'à la fin de cette prière, les actes suivants : — une vente; — une location ou une convention de location; — une rétrocession d'un achat; — une association pour affaires commerciales; — une résiliation de vente; — une acquisition par droit de retrait vicinal ou de préemption sur les propriétés indivises et contiguës. Si ces actes ont été acceptés et conclus, les conventions relatives aux valeurs à payer ne seront réellement arrêtées et déterminées qu'au moment du payement, comme cela a lieu pour toute vente entachée de circonstances de nullité.

Mais la loi n'annule pas, quand elles se font lors du second appel à la prière, — des conventions de mariage; — des donations entre particuliers [non à une mosquée, par exemple]; — des aumônes. [La raison pour laquelle ces derniers cas ne sont pas réprouvés et frappés de nullité par la loi, tandis que les précédents sont annulés, c'est que dans ceux-ci l'annulation ne peut blesser l'honneur d'aucun des intéressés, tandis que l'annulation d'un mariage conclu, le retrait d'un présent ou d'une donation, d'une aumône, auraient toujours quelque chose de pénible et d'offensant.]

§ 5. Motifs qui dispensent de la prière en assemblée.

Plusieurs excuses ou motifs de dispense permettent de ne pas assister à la solennité du vendredi, et aux cinq prières habituelles en assemblée; ce sont : —

l'abondance d'une boue presque liquide et rendant impraticables les chemins et les voies publiques;—l'abondance de la pluie ; — la lèpre parvenue à un degré de développement avancé [et surtout si elle a pour les yeux et l'odorat des autres quelque chose de repoussant]; — toute maladie qui oblige le malade au repos; — [le grand âge;]—l'état de faiblesse et de langueur; — un état de maladie voisin de la mort, et autres cas graves; — la crainte de causer quelque perte, ou de subir quelque dommage ; — la crainte d'être emprisonné, d'être battu [d'être outragé dans son honneur, d'être forcé de commettre quelque acte de violence ou d'en être victime], d'après Ibn-Rouchd, El-Lakhmî et un autre légiste (*dh'abar, s'ouh'h'ih'*); — la crainte d'être brutalement traîné en prison [par un créancier, par un chef injuste et tyrannique]; — la nudité [ou l'impossibilité de se couvrir comme il convient pour la validité de la prière]; — l'attente et l'espérance de la remise d'un talion pour un meurtre; — un repas dans lequel on a mangé de l'ail [ou toute autre nourriture qui laisse à l'individu une odeur désagréable, comme l'oignon et le poireau crus] [80]; — un vent d'orage violent et pluvieux ou humide.

Ne dispensent point d'assister à la solennité du vendredi : — une noce; — la cécité [lorsque l'aveugle peut se faire conduire ou peut aller seul à la mosquée]; — la déclaration et l'annonce d'une des deux grandes fêtes pour le vendredi présent, quand même l'imâm permettrait à tel fidèle de se dispenser d'assister à la prière.

[Car l'imâm n'a pas le droit de donner une pareille dispense.]

SECTION XVI.

PRIÈRE DE LA PEUR, C'EST-À-DIRE, LORSQU'IL Y A RAISON RÉELLE OU PROBABLE DE CRAINDRE, OU EN BATAILLE, OU EN PRÉSENCE DE L'ENNEMI, OU EN PAYS ENNEMI.

Dans une guerre juste et légitime [sur terre ou sur mer, dans la guerre sainte contre les infidèles, contre les ennemis de l'état, contre des rebelles], dans une bataille où l'on peut laisser à une portion de l'armée le soin de faire face au danger, il est permis et concédé par la loi de partager les soldats en deux corps, pour prier, lors même qu'ils se trouveraient alors en face de la k'ibla [et que, par conséquent, l'ennemi serait devant eux pendant leur prière], et lors même que tous [imâm et soldats] seraient sur leurs montures [81]. L'imâm indiquera aux soldats de quelle manière il faut accomplir cette prière [afin de prévenir toute confusion dans l'armée et aussi dans la prière].

Cette prière s'annonce par l'adân, puis l'ik'âmeh, pour le premier corps de l'armée, qui aussitôt va accomplir un réka, si la prière entière doit en avoir deux, ou deux réka, si la prière entière doit en avoir trois ou quatre. [Cette différence dans le nombre des réka tient à ce que les combattants peuvent être ou à l'état de voyageurs, ou à l'état de résidants, s'ils sont peu éloignés de leur pays, ou s'ils sont du pays même où est la guerre.

Ceux qui sont à l'état de voyageurs n'ont que deux réka à accomplir pour les prières quaternaires ; les autres ou résidants accomplissent les prières entières. Quant à celle du vendredi, à midi, ils ne sont obligés tous qu'à deux réka, et à entendre auparavant le khot'beh ; dès lors, chacun des deux corps de l'armée n'est obligé qu'à un réka en commun, et chaque individu s'acquitte du second, à part.]

Après [que la première portion de l'armée a terminé ce qu'elle doit accomplir de la prière], l'imâm se lève debout, reste ainsi en silence, ou adresse des vœux au ciel pour le succès des armes musulmanes, ou récite du K'oran, s'il s'agit d'une prière binaire. [Car après un réka il ne doit pas rester agenouillé.] Quant à cette position de l'imâm, c'est-à-dire sa position debout [dans toute autre prière qu'une prière de deux réka] pour attendre que l'autre portion de l'armée vienne accomplir ce qui reste de la prière, elle est le sujet de divergences d'opinions parmi les légistes modernes. [Plusieurs veulent que l'imâm reste agenouillé, assis sur ses talons.]

Quand le premier corps d'armée s'est acquitté, avec l'imâm, d'un réka ou de deux [selon que la prière est binaire ou ternaire ou quaternaire, l'imâm suspend sa prière], les soldats priant terminent [la leur sans lui, font le salut final], puis se retirent [retournent en bataille ou à leur poste], et l'autre corps d'armée vient reprendre, avec l'imâm, la partie de prière que ce dernier a laissée, et la suit jusqu'au téchchhoud inclusivement; alors l'imàm seul fait le salut final, [se retire,] et les soldats présents s'acquittent seuls du réka précédent [que l'imàm a prié avec la première troupe].

La loi permet que chacun des deux corps d'armée prie à son tour, chacun avec un imàm particulier, et accomplisse alors la prière en entier sous la direction de son imàm. Il est permis encore qu'une partie [et même la totalité] de l'armée prie sans imàm, ou individuellement.

Si le danger ou le nombre de l'ennemi ne permet pas de partager l'armée en deux corps pour prier, on retarde la prière jusqu'à la fin du temps canonique ou temps d'élection, et [quand il ne reste plus que le temps nécessaire pour prier] les soldats prient par signes [et isolément, même sur leurs montures, et indiquent par gestes les salutations et les prosternations]. De même lorsque [commençant la prière, sans voir de danger pressant,] ils sont subitement assaillis par l'ennemi [ils remontent rapidement à cheval, rentrent en bataille, et alors achèvent leur prière par signes et de la manière la plus convenable possible].

Tout en priant, en bataille, il est permis, comme nécessité de circonstance, — de marcher, — de courir, — de porter des coups de lance, — [de tirer des flèches, — de se servir des armes que l'on a,] — de ne point avoir la face tournée du côté de la k'ibla, — de parler [pour prévenir un compagnon du danger qui le menace, pour indiquer une manœuvre à exécuter, pour tout ce que les besoins du moment exigent, mais rien que pour cela], — de garder sur soi, et entre les mains, des matières souillées [de sang, les vêtements, les armes].

Quand la prière [commencée par individus isolés ou par une moitié de l'armée], dans un combat, se poursuit sans apparence de danger, on la termine comme une prière en sécurité [c'est-à-dire que chaque soldat, soit à l'état de voyageur, soit à l'état de résidant, termine sa prière comme il le doit, sans dérangement, et d'après ce qui a été indiqué jusqu'ici].

De quelque manière qu'ait été terminée la prière de la peur [et quelles qu'aient été les circonstances qui aient obligé de l'achever de telle ou telle façon, soit sur la place même où elle a été commencée, soit à cheval, soit dans la mêlée, soit au repos], il n'y a jamais lieu à la recommencer, pas même lorsque, par exemple, l'aspect d'une masse noire, dans le lointain, a fait croire à l'approche de l'ennemi [ou a fait annoncer une attaque prochaine, qu'en conséquence la prière a été interrompue, ou la position des priants changée], et qu'ensuite on a reconnu qu'il n'y avait ni danger ni attaque à redouter.

Si, par inadvertance, l'imâm a commis, pendant que le premier corps de l'armée priait, quelque manque [impliquant pour les fidèles l'obligation de subir des prosternations pénitentiaires], ce corps se soumettra aux prosternations expiatoires, lorsqu'il terminera sa prière [avant ou après son salut final, selon que le veut la loi pour telle ou telle erreur ou faute]. Lorsque l'imàm a commis quelque erreur dans l'autre partie de la prière [c'est-à-dire, après que le premier corps d'armée s'est retiré, et, avant ou après le placement en prière du second], le second corps [doit se soumettre aussi, en raison de l'erreur de l'imàm, à des prosternations pénitentiaires, et alors il] accomplit les prosternations pénitentiaires avec l'imàm avant la fin de la prière, si elles doivent se faire avant la fin; celles qui ne sont ordonnées qu'à la suite de la prière terminée, ce corps ne les subira que lorsqu'il aura complété ce qu'il a de réka en arrière et restant de la première partie de la prière.

Dans le cas où un imàm [divisant, exprès ou par ignorance, l'armée en plus de deux corps,] n'exécuterait avec chaque corps qu'un seul réka dans une prière ternaire ou quaternaire, [la prière de cet imàm serait valable; mais] la prière du premier corps de soldats [qui, après le premier réka, aurait cessé de prier avec l'imàm,] serait nulle. Il en serait de même pour la prière du troisième corps dans le cas de prière quaternaire. Selon Ibn-Ioûnès, la prière de chacun de ces différents corps, aussi bien que celle de l'imàm, est nulle. Suivant d'autres opinions, le principe qui n'annule que la prière du premier et du troisième corps, dans le cas de prière quaternaire, est le principe acceptable.

[La raison de l'invalidité de la prière, dans les circonstances mentionnées ici, est que, dans une prière quaternaire ou ternaire, le premier corps d'armée, d'après l'expression de la loi, ne doit cesser de prier avec l'imàm qu'après deux réka terminés. La prière du se-

cond corps sera valable dans le cas de prière ternaire
ou quaternaire, à condition qu'il complète ce qui
manque à sa prière, de la même manière que celui
qui se trouve retardé d'un premier réka et n'a atteint
que le second. La prière du troisième corps, en cas de
prière ternaire, est valable; car il est arrivé au moment
voulu pour le partage de la prière de la peur en deux
parties. La prière d'un quatrième corps serait valable
en cas de prière quaternaire; car il serait dans le cas de
l'individu qui arriverait retardé d'un réka par rapport
au deuxième corps. Mais ce quatrième corps devrait
ajouter trois autres réka à celui qu'il a accompli.]

SECTION XVII.

DE LA PRIÈRE SOLENNELLE DES DEUX GRANDES FÊTES ANNUELLES.

**§ 1. De la forme de la prière dans les deux grandes fêtes. —
Préparation à cette prière.**

La prière spéciale à chacune des deux grandes fêtes
de l'année [82] se compose de deux réka et est d'obligation canonique pour tous les fidèles auxquels la loi impose l'obligation de la prière du vendredi [c'est-à-dire,
pour l'homme libre ayant habitation fixe dans le lieu
où elle se célèbre, pour celui qu'aucun motif plausible
n'empêche d'assister à cette prière, pour celui qui n'est
pas à l'état de voyageur, non pour la femme, ni pour
les impubères, ni pour le voyageur, ni pour l'esclave].

L'intervalle de temps pendant lequel on peut célébrer cette prière est depuis le moment où il est permis
de faire la première prière surérogatoire du jour [c'est-
à-dire, depuis le moment où le soleil est parvenu à la
hauteur d'une grande lance, au-dessus de l'horizon,]
jusqu'au moment de la prière du midi. Cette prière n'a
pas d'ik'âmeh et ne s'annonce pas alors par ces mots :
« Unissez-vous à la prière générale. »

On commence [le premier réka de] cette prière par
sept tekbîr, y compris le tekbîr ordinaire initial, et [le
second réka] par cinq tekbîr, outre le tekbîr qui se
prononce lorsqu'on se relève debout [pour ce second
réka]. Ces tekbîr qui précèdent chacun des réka doivent
se réciter à la suite les uns des autres et sans interposition. Toutefois l'imâm doit séparer chaque tekbîr de
celui qui le suit par l'intervalle de temps nécessaire
aux fidèles pour en prononcer un, mais sans interposer
une seule parole, [soit de vœu, soit de louange à Dieu,
ou de quelque forme que ce puisse être. Chaque fidèle
étant obligé de dire chaque tekbîr, à mesure qu'il entend l'imâm articuler le sien,] celui qui n'entend pas
l'imâm ou un autre assistant récitera de même son tekbîr, dans la pensée que l'imâm l'a prononcé.

Quiconque oublie de réciter les tekbîr en tout ou en
partie [et commence sur-le-champ son réka, s'inter-
rompra et] dira ces tekbîr [s'il s'aperçoit assez tôt de
son oubli, c'est-à-dire] s'il n'a pas encore commencé la
salutation [et il recommencera, à la suite, ce qu'il avait
déjà accompli du réka]. Puis, après le salut final, il fera

deux prosternations pénitentiaires [parce qu'il a récité deux fois le fâtih'a, une fois dans le réka qu'il a interrompu, et une fois dans le réka recommencé]. Si celui qui a oublié ne s'aperçoit de sa faute qu'après s'être incliné pour la salutation, il doit continuer sa prière, et, avant le salut de paix, il accomplira deux prosternations expiatoires. Toutefois ces prosternations avant le salut ne sont point [dans le cas indiqué ici] imposées à celui qui prie sous la direction d'un imâm [mais seulement à l'imâm et à celui qui prie seul].

Le fidèle qui n'a pu s'unir à l'imâm qu'au moment où celui-ci commence le fâtih'a dans le premier réka, récitera aussitôt les sept tekbîr [et continuera le réka avec l'imâm]. Celui qui n'arrive qu'au moment du fâtih'a du second réka récite cinq tekbîr, outre le tekbîr initial; ensuite, lorsqu'il s'acquitte du premier réka qu'il a manqué, il récite sept tekbîr, y compris celui qui précède toujours ce réka. Si le second réka est trop avancé [si l'imâm s'est relevé de la salutation], le fidèle en retard [fait un tekbîr ordinaire, puis reste agenouillé assis sur ses talons, et, après le salut de paix, il se lève debout,] accomplit son premier réka, qu'il commence par six tekbîr. Mais ce fidèle doit-il alors s'abstenir d'un tekbîr, en se relevant debout pour commencer sa prière? Il y a, à cet égard, deux explications ou opinions. [L'une veut qu'un nouveau tekbîr, en tant que de devoir général dans la prière, soit ajouté aux six qui sont indiqués; l'autre soutient la thèse contraire.]

Il est de convenance méritoire, — de *vivifier* la nuit

qui précède chacune des deux grandes fêtes par des
pratiques pieuses [83] ; — de faire une lotion générale ou
prendre un bain [surtout dans le dernier sixième de la
durée de la nuit; car cette purification par la lotion ou
le bain est alors pour la sainteté du jour, tandis que le
bain ou la lotion du vendredi est pour la prière publique seulement]; ce bain ou cette lotion est un acte
méritoire, surtout après la prière du matin; — de se
parfumer; — de se vêtir d'habits neufs ou très-propres.
Tous ces soins extérieurs sont œuvres de convenance,
même pour ceux qui ne sont pas obligés à la prière de
la fête. [On recommande encore d'autres soins corpo-
rels, l'arrangement de la barbe, des moustaches, la
taille des ongles, l'épilation des aisselles. Les femmes,
même avancées en âge, ne doivent point, si elles sortent
de chez elles ce jour-là, se parer avec recherche, se
parfumer, de peur d'être un objet de pensées coupables
ou de paroles déshonnêtes pour les hommes.]

Il est encore d'une convenance méritoire, — de se
rendre à la prière à pied [à moins de circonstances qui
en empêchent; — de revenir chez soi par un autre
chemin];— de manger quelque chose le jour de la fête
de la rupture du jeûne, avant d'aller au lieu de la prière
[de manger, par exemple, quelques dattes, comme faisait le Prophète]; — de retarder le repas, au contraire,
le jour de la fête des immolations [afin de pouvoir,
au retour, manger de la chair des animaux immolés
en sacrifice] [84]; — de sortir, pour la prière, après le
lever du soleil [à moins que l'on ne soit éloigné de la

mosquée ou du lieu de la prière, et alors il suffit de sortir assez tôt pour arriver avant l'imâm. Par conséquent celui-ci ne doit partir de sa demeure que pour se trouver à l'oratoire après que déjà le soleil est élevé sur l'horizon à une hauteur de lance]; — de réciter des tekbîr lorsque l'on sort de chez soi après le lever du soleil, et non lorsque l'on sort auparavant. [Dans ce dernier cas on ne récite de tekbîr que quand le soleil a paru.] Quelques commentateurs du Moudaouéneh n'acceptent pas cette défense de dire des tekbîr quand on sort avant le soleil levé ; — de prononcer ces tekbîr à haute voix [de manière à s'entendre soi-même et à être entendu de ceux qui suivent de très-près; la femme prononcera les tekbîr à voix basse et de manière à s'entendre soi-même seulement].

Les fidèles arrivés à l'oratoire ou lieu de la prière doivent-ils réciter des tekbîr jusqu'à ce que paraisse l'imâm, ou bien jusqu'à ce qu'il se lève debout pour commencer la cérémonie? Il y a deux données contradictoires sur ce point.

L'imâm devra, par esprit de religion et d'édification, égorger ses holocaustes sur le lieu de la prière [c'est-à-dire dans le parvis ou près du lieu de la prière, et à l'issue du prêche qui suit la prière, afin que les fidèles imitent cet exemple].

La prière de la fête doit se faire dans tout lieu destiné à prier, dans l'oratoire, excepté toutefois à la Mekke; car là il est mieux de la faire dans la mosquée où est la ka'ba [afin d'avoir une part des cent vingt bénédictions qui chaque jour y descendent du ciel, soixante pour ceux qui font des tournées pieuses autour de la Maison Sainte, quarante pour ceux qui y prient, et vingt pour ceux qui y entrent].

Il est de règle, — de ne lever les mains qu'en prononçant le tekbir initial; — de réciter dans le premier réka, par exemple, le [quatre-vingt-septième] chapitre du K'oran, « Exalte le nom de ton Seigneur le Très-Haut; » et, dans le second réka, le [quatre-vingt-treizième] chapitre : « Par le soleil de la matinée..... »

§ 2. Du prêche dans les deux fêtes. — Des tekbir après les prières des quatre jours de la fête des immolations.

La prière de chacune des deux fêtes doit être accompagnée de deux khot'beh ou du double prêche, selon toutes les formes et règles du prêche du vendredi [à la différence que le prédicateur parlera de la fête de la rupture du jeûne à la fête qui suit le ramad'ân, et des sacrifices, à la fête des immolations].

Les fidèles doivent écouter le prêche avec recueillement [et ceux qui ne l'entendent pas doivent rester dans un silence respectueux]; ils se placent de manière à faire face à la direction de la k'ibla.

Le prêche doit avoir lieu après la prière. S'il avait été prononcé auparavant, il serait recommencé immédiatement après la prière. [Si l'on n'y pensait qu'après un certain temps, on ne le renouvellerait pas.] La règle religieuse exige qu'il débute par des tekbir [circonstance qui le distingue du prêche du vendredi], et qu'il en soit parsemé en nombre illimité.

Celui qui n'est pas obligé de s'acquitter de la prière du vendredi est tenu, par devoir de convenance, de faire la prière de chacune des deux fêtes. Celui qui n'a pas assisté à la prière générale de la fête, et qui cependant y est obligé, l'accomplit ensuite. [Mais, pour ces deux cas, les uns prétendent qu'il faut alors accomplir cette prière en assemblée, les autres, qu'il suffit de la faire individuellement et à part.]

La piété et la dévotion commandent à tout fidèle [à qui la loi impose ou non la prière de la fête] de prononcer trois tekbir après chacune des quinze prières obligatoires ordinaires, mais à la suite des prosternations pénitentiaires qu'aurait à subir le fidèle après le salut final de telle ou telle de ces quinze prières, à commencer par la prière de midi le premier jour de la fête des immolations [et à finir par la prière du matin du quatrième jour suivant]. Ces tekbir ne doivent point être dits après une prière surérogatoire, ni après une prière satisfactoire. Celui qui oublie ces tekbir les récitera, s'il remarque son oubli, presque aussitôt après la prière [sinon, il ne les récitera pas]. Si l'imâm termine la prière sans les réciter, les fidèles qui priaient sous sa présidence les diront [et si l'imâm restait en place, ils l'inviteraient, par une parole, à réciter ces tekbir]. Du reste, l'énoncé de chacun de ces tekbir ne comprend que ces seuls mots, *Allâhou akbar*, « Dieu est grand! » répétés trois fois de suite. Néanmoins, si, après qu'on les a prononcés deux fois, on ajoute *lá Iláh ill' Alláh*, « il n'y a de Dieu que le Dieu unique, » et puis deux tekbir, puis ces mots, *oua l'illáhi l-h'amdou*, « et à Dieu soit toute louange! » cette pratique est bonne [85].

Il est blâmable, pour quiconque assiste à la solennité de la fête, de prier en forme surérogatoire avant ou après la prière de la fête et sur le lieu où se célèbre la solennité. Il n'est plus blâmable de vaquer à des prières surérogatoires dans la mosquée avant et après la cérémonie de la fête, si cette cérémonie se célèbre dans une mosquée ordinaire [où l'on ne fait pas les prières des vendredis à midi].

SECTION XVIII.

DE LA PRIÈRE À L'OCCASION DES ÉCLIPSES.

Il est d'obligation imitative, même pour les musulmans qui habitent sous des tentes et dans les déserts, et aussi pour le voyageur que la nécessité ou quelque circonstance grave ne force pas à presser sa marche, de faire, à l'occasion d'une éclipse de soleil, une prière de deux réka, à voix basse, et avec addition, en surplus de l'ordinaire, d'une station debout [après le fâtih'a], et d'une salutation, à chacun de ces deux réka [86].

Il est également d'obligation de faire, à l'occasion d'une éclipse de lune, deux réka d'abord, puis deux autres réka, à la manière des prières surérogatoires de

nuit [c'est-à-dire avec une seule station debout ou en
ne se levant debout qu'une fois et n'exécutant qu'une
salutation à chaque réka, et avec un salut après chaque
deux réka], et par conséquent aussi en récitant cette
prière à haute voix [comme les prières de surérogation dans la nuit]. La loi n'approuve pas que plusieurs
fidèles se réunissent alors pour prier ensemble. [Il est
mieux que chacun prie chez soi.]

La règle religieuse commande, — de s'acquitter de
la prière à l'occasion d'une éclipse de soleil, dans une
mosquée ordinaire [mais sans adân et sans ik'âmeh];
— de réciter dans cette prière [pendant la première
station debout, au premier réka, par exemple, la
deuxième sourat du K'oran, intitulée :] La vache; —
ensuite, pendant les autres stations debout qui appartiennent à chacun des deux réka, de continuer par les
sourat ou chapitres à la suite, [c'est-à-dire le troisième
chapitre, ou celui d'I'mrân; le quatrième, ou celui Des
femmes; le cinquième, ou celui De la table, etc.]; —
de faire une exhortation ou allocution pieuse, à la suite
de la prière [et d'appeler les réflexions et les méditations
des fidèles sur les peines réservées aux méchants et aux
mécréants; d'engager les assistants à s'acquitter scrupuleusement de leurs devoirs religieux, à être généreux envers leurs esclaves, charitables envers les pauvres, etc.];
— de faire chaque salutation de la prière, de même
durée, à peu près, que la récitation k'oranique qui l'a
précédée; — de prolonger chaque prosternation autant
que s'est prolongée la salutation précédente; — d'accom-

plir cette prière pendant le même intervalle de temps
que celui dans lequel on peut vaquer à la prière des
deux grandes fêtes [c'est-à-dire depuis le moment auquel il est convenable de faire la prière surérogatoire
du jour, jusqu'à midi. Si le soleil se levait éclipsé, on
attendrait, pour prier la prière de l'éclipse, qu'il fût
à la hauteur voulue au-dessus de l'horizon. Lorsque
l'éclipse arrive après midi, il n'y a pas lieu à la prière
indiquée. Mais, dans le cas où l'éclipse cesserait à midi,
les uns veulent que l'on s'acquitte de la prière à l'occasion de l'éclipse, les autres que l'on ne s'en acquitte pas].

On a *atteint* le réka [soit le premier, soit le second,
c'est-à-dire que l'on est assez tôt arrivé pour n'avoir
plus rien à compléter ensuite], lorsqu'on se trouve
présent seulement à la seconde salutation. [Car dans les
deux salutations de chaque réka, c'est la seule qui soit
fondamentale.]

La prière, à l'occasion d'une éclipse de soleil, ne
doit pas être faite deux fois par les mêmes fidèles dans
le même jour [eût-elle été terminée bien avant la fin
de l'éclipse. Mais si l'éclipse durait *toute* une journée,
on ferait une seconde prière le lendemain; de même
encore, si l'éclipse se répétait plusieurs fois dans une
matinée, c'est-à-dire jusqu'à midi,..... car Dieu est
tout-puissant et change, quand il le veut, les lois et les
phénomènes de la nature!..... Du reste, les éclipses
solaires, disent les astronomes, ne peuvent avoir lieu
que les *vingt-neuvièmes* jours des mois lunaires].

Lorsque le soleil éclipsé se découvre entièrement

pendant que dure encore la prière, doit-on terminer cette prière à la manière et suivant la forme habituelle des prières surérogatoires [c'est-à-dire en ne faisant qu'une station debout, qu'une salutation, deux prosternations, et sans prolonger aucun des mouvements ou actes de la prière]? Il y a, sur cette question, deux avis opposés, l'un affirmatif, l'autre négatif.

Si l'on a à craindre de laisser passer l'heure canonique d'une prière de précepte divin, on s'acquitte de cette dernière avant de procéder à la prière de l'éclipse. Mais on accomplit la prière de l'éclipse avant la prière d'une des deux grandes fêtes [en cas d'éclipse solaire ces jours-là]; et l'on renvoie à un autre jour la prière pour demander la pluie [ou la crue d'un fleuve, d'une rivière], si le jour désigné à l'avance pour cette prière échoit le jour de la fête (87).

SECTION XIX.

DE LA PRIÈRE PARTICULIÈRE DANS LES TEMPS DE SÉCHERESSE ET DE MANQUE D'EAU.

La Sounna indique, comme obligation imitative, de faire une prière de deux réka, à haute voix, afin de demander à Dieu, pour les moissons et toutes les cultures, pour les besoins des hommes et des animaux, d'envoyer de l'eau [dans une contrée, un état], par la voie d'un fleuve ou d'une rivière ou par toute autre voie [soit par la pluie, soit en revivifiant les sources appauvries ou taries, et les torrents desséchés].

On fait cette prière, même sur un navire en pleine mer [lorsqu'il va manquer d'eau, soit loin des côtes, soit assez près d'une eau douce, d'un lieu abordable, dont on ne peut cependant pas approcher à cause du vent et de la tempête].

On renouvelle la prière, si les vœux des fidèles tardent à être exaucés[88].

On se rend, dans la matinée, au lieu qui a été désigné pour cette prière; on s'y rend à pied, en vêtements négligés ou communs, le cœur triste et l'extérieur humilié. Hommes faits et jeunes gens, femmes âgées, jeunes garçons impubères, tous s'assemblent pour cette cérémonie. Ne doivent point être admis à cette réunion, ceux qui ne sentent pas l'utilité de la prière [comme les enfants trop jeunes, les juifs, les chrétiens]; ne doivent point paraître non plus, dans la foule, des animaux, des femmes en menstrues ou en suites de couches. La loi n'empêche pas les sujets tributaires [non musulmans, et payant la capitation], de prier pour demander à Dieu d'envoyer de l'eau; mais, pour cela, ils s'assembleront dans un lieu éloigné de celui des musulmans et ne se borneront pas à prier seulement un jour. [Car si Dieu exauçait alors les vœux qui lui sont adressés, les musulmans d'intelligence étroite et faible pourraient s'abandonner à quelques excès contre ces sujets non musulmans, surtout si ces derniers paraissaient attribuer le résultat obtenu à la supériorité de leur valeur aux yeux de Dieu.]

La prière doit être suivie du double khot'beh ou

prêche, qui s'accomplit comme pour les deux grandes
fêtes. Mais le khat'ib ou prédicateur [ainsi que les assis-
tants] doit, au lieu de dire le tekbîr, implorer la miséricorde de Dieu. On multiplie aussi les vœux adressés
au Seigneur à la suite du second khot'beh ou seconde
partie du prêche, et alors le prédicateur doit avoir la
face tournée du côté de la k'ibla [et le dos du côté de
l'assemblée].

Quand le prêche est achevé [et avant d'adresser des
vœux à Dieu], le prédicateur *tourne* son *ridâ* ou manteau de gauche à droite sur ses épaules; mais il n'en
doit jamais ramener en haut la partie inférieure [c'est-
à-dire qu'il ne doit point le retourner le bas en haut.
Si le prédicateur n'est pas drapé du ridâ, s'il a un autre
vêtement, tel que le *bernous*, le *r'ifâra*, sorte de pièce
de drap qu'on laisse tomber de la tête sur le dos, il ne
tourne point ce vêtement d'une épaule à l'autre, à moins
que ce r'ifâra ne soit jeté sur le corps à la manière du
ridâ. Pour opérer la pratique indiquée, le prédicateur
saisit avec la main droite la partie du ridâ qui est sur
l'épaule gauche et tire cette partie par derrière le cou
jusqu'à ce qu'il l'ait ramenée sur l'épaule droite. L'intention et le sens de cette pratique sont d'indiquer à Dieu
le désir qu'ont les fidèles de voir *tourner* l'état de stérilité
qui menace, à l'état d'abondance. Il faut bien se garder
d'opérer le déplacement du ridâ en sens inverse, c'est-
à-dire de ramener la partie saisie, de l'épaule droite à
l'épaule gauche; ce serait un présage que Dieu ira à l'en-
contre des vœux qui lui sont adressés]. Les hommes

seulement, qui sont dans l'assemblée, et non les femmes, tournent aussi leurs ridâ de l'épaule gauche à l'épaule droite, mais en demeurant assis. [S'ils portent le bernous à la manière du ridâ, ils le tournent également.]

Il est d'une piété louable —de prononcer [par humilité] le khot'beh par terre, non sur une chaire ; — de jeûner trois jours avant le jour de la prière [mais on se rend à l'assemblée après avoir pris de la nourriture, pour prier plus tranquillement]; — de faire, pendant ces jours-là, des aumônes.

L'imâm ou chef du pouvoir ne donnera pas d'ordre pour ce jeûne et ces aumônes [de peur que cet ordre ne répugne aux fidèles ; plusieurs légistes approuvent l'ordre du souverain à cet égard]; mais il recommandera à tous de se repentir de leurs fautes et de conjurer ainsi les vengeances célestes.

Le jour de la cérémonie, il est permis de vaquer, avant et après, à des prières surérogatoires [soit à la mosquée, soit au lieu désigné pour l'assemblée]. Selon l'opinion personnelle d'El-Lakhmî, il est dans la convenance religieuse que ceux qui sont à l'abri du besoin prient, dans les époques de disette d'eau [soit à part, soit en commun, soit au moment de la cérémonie publique ou dans une autre heure du jour], afin que Dieu verse les ondées de sa miséricorde sur ceux qui sont dans le besoin. Mais El-Mâzerî (k'âl) laisse ce point indécis. [Car ces vœux ne sont point de pratique commandée par la Sounna. Toutefois il y aurait ici sujet à discussion, vu la nature et le but de la prière.]

SECTION XX.

§ 1. De la lotion funéraire en général.

Beaucoup de légistes des plus distingués établissent,
les uns comme canonique, les autres comme imitative,
l'obligation,

1° De laver le corps du musulman mort avec une
eau sans impureté, même avec l'eau du puits de Zemzem [malgré la répugnance que soulève l'idée d'employer de cette eau sainte à laver un cadavre] [89];

2° De faire les prières funèbres pour le mort, — de
l'enterrer et aussi de l'ensevelir [quand on peut se procurer les objets nécessaires].

La lotion d'abord et, après elle, la prière funèbre
sont des conditions qui se tiennent l'une l'autre et dont
la première entraîne la seconde [ou dont la première
est toujours indispensable pour l'accomplissement de la
seconde].

La lotion d'un mort s'opère de même que les lotions
purificatoires des souillures majeures, et uniquement
comme œuvre de religion. [On commence par laver les
mains du mort, puis on enlève les souillures excrémentitielles s'il y en a, puis on opère l'ablution; ensuite on
lave la tête, après cela on verse à grands flots de l'eau

sur le côté droit du corps qu'on a tourné sur le côté
gauche ; on verse ensuite de la même manière sur le
côté gauche du corps, après l'avoir retourné sur le côté
droit.] Cette opération s'exécute sans que l'individu qui
y procède ait l'intention sentie de remplir un devoir
purificatoire. [Car cet individu agit pour un autre, pour
un mort, et l'intention doit toujours être personnelle.]

On préfère, à tout autre proche parent, celui des
époux qui survit, pour faire la lotion funéraire de son
conjoint décédé, quand leur mariage a été conclu légi-
timement, ou bien quand les circonstances de nullité
qui entachaient leur mariage ont été levées par une décision juridique qui a légitimé l'union des époux.

On préfère encore à tout autre parent, pour procéder à
la lotion d'un mort, le conjoint survivant, — lors même
que ce survivant est esclave, et si son patron lui permet
de pratiquer cette lotion ; — ou bien, lors même que
la cohabitation matrimoniale n'a pas eu lieu entre les
époux ; — ou lors même que l'un d'eux, le mort ou le
survivant, est atteint de quelque infirmité grave et re-
poussante [par exemple, de lèpre, ou d'idiotisme, etc.
circonstances qui emportent l'annulation du mariage] ;
— ou lors même que la femme qui survit [mariée ou
concubine] est accouchée après que le père du nouveau-né a rendu le dernier soupir. [Car elle n'est pas
alors, par rapport au mort, dans la condition d'attente
légale pour contracter une nouvelle union.]

Mais il est plus convenable que le mari, après sa mort,
ne soit pas lavé par sa femme, — si elle est sœur d'une

épouse précédente du défunt [ou si elle est parente du mort à un degré qui, selon la loi, prohibe les alliances conjugales; le cas inverse a également lieu pour la femme qui aurait épousé le frère d'un mari que la mort lui aurait enlevé]; — ou bien si la femme [devenue veuve et ayant accouché ensuite,] a pris un autre mari.

La loi ne veut pas que la lotion du mari décédé soit faite par la femme qu'il avait répudiée en se réservant la possibilité de la reprendre — et réciproquement; — de même la chrétienne ou la juive qui a été femme d'un musulman ne lavera pas le corps de son mari décédé, à moins qu'elle ne procède à cette lotion en présence d'une personne musulmane [qui la guide dans l'opération. Et encore il manque à cette lotion l'esprit religieux qui doit y présider; car ni chrétien ni juif ne peut faire aucun acte religieux, du point de vue musulman. Le musulman ne lavera pas non plus le corps d'une chrétienne ou d'une juive qu'il aurait eue pour femme].

La cohabitation, selon que l'autorise la loi, avec une esclave, et continuée jusqu'à la mort du patron ou de l'esclave [quelles que soient les conditions d'esclavage de cette esclave, qu'elle soit affranchie pour une époque fixée, ou affranchie contractuellement, etc.], autorise le survivant à laver le mort.

Ensuite [si le défunt n'a aucun individu qui ait été avec lui dans un seul des rapports précités, ou si la femme ne peut lui rendre le dernier devoir,] on préfère, pour pratiquer la lotion funéraire, un des plus

proches parents mâles, un étranger [même un infidèle,
mais qui lavera le cadavre en présence d'une personne
musulmane qui le dirigera dans l'opération]. Enfin, à
défaut d'hommes présents, on préfère une femme parente à un degré qui interdit les alliances conjugales
[telle que d'abord une sœur de lait, puis une belle-
mère, une belle-sœur, etc.]. Mais alors la femme, pour
procéder à la lotion, doit-elle couvrir tout le cadavre
ou seulement les parties que la convenance et la pudeur
prescrivent de cacher? Il a été répondu à cette question
de deux manières. [On a dit que, dans cette circonstance, les parties à cacher à la femme qui fait la lotion
sont les mêmes que celles à cacher pour un autre
homme; d'autres juristes sont d'avis contraire et prétendent qu'il est de la bienséance de tout voiler.]

[Dans le cas où l'on n'aurait, pour procéder à la lotion, que des femmes étrangères au mort,] on se borne-
rait à pratiquer la lustration pulvérale jusqu'aux coudes
[comme dans le téïemmoum ordinaire]. On pratiquerait
aussi la lustration pulvérale, — si l'on n'avait pas d'eau,
— si l'on craignait qu'en versant l'eau, ou en lavant, il
ne se détachât quelque lambeau de chair ou de peau
[comme dans le cas où le cadavre serait déjà déchiré,
ou en partie écrasé, etc.].

On verse l'eau doucement et avec précaution [sans
frotter] sur un cadavre qui présente des plaies, des blessures, quand on peut [verser ainsi l'eau sans crainte de
détacher des chairs ou de la peau], mais non [lorsque
l'on a à craindre ces inconvénients] comme dans le cas

de mort par la variole [par écrasement, par la chute d'un mur sur l'individu, etc. On remplace alors l'affusion par la lustration pulvérale].

Relativement à la femme morte [si son mari ou patron ne peut la laver, ou s'il est absent], la plus proche parente [du côté du mari ou du patron] sera de préférence chargée de ce devoir. [La préférence alors est indiquée dans l'ordre suivant : la fille du mari ou patron, la nièce ou fille du fils, la mère, la sœur, la belle-sœur, l'aïeule, la tante, la cousine, toujours dans la ligne de parenté du côté du mari ou patron.] A défaut de parente, une étrangère procédera à la lotion [même une étrangère chrétienne ou juive, mais en présence d'une personne musulmane].

Après la lotion terminée, on enroule les cheveux autour de la tête [en manière de turban], mais on ne les natte pas.

A défaut des parentes ou femmes indiquées précédemment, on fait pratiquer la lotion de la défunte par un homme qui lui soit parent à un degré qui exclut les alliances conjugales. Cet homme lavera la défunte en la laissant cachée par un voile non transparent [que l'on soutient à quelque distance du cadavre, et pardessous lequel on verse l'eau. L'individu s'enveloppe la main et le bras ou d'une grande serviette, ou d'un linge, ou d'un morceau d'étoffe quelconque assez considérable, qui empêche de sentir et toucher immédiatement le corps, et avec lequel la lotion s'opère pardessous le voile]. S'il n'y avait pas de parent mâle au degré de parenté convenable, on pratique à la défunte la lustration pulvérale sur la face et jusqu'aux poignets seulement. [Car, chez la femme, les avant-bras sont du nombre des parties que la pudeur doit dérober aux regards.]

Du reste, dans tous les cas, le cadavre doit être, pendant la lotion, couvert depuis le nombril jusqu'aux genoux, quand même la personne qui lave aurait été unie conjugalement à la personne défunte.

§ 2. Des prières pour les morts.

Les conditions pratiques de la prière pour un mort sont : — 1° avoir l'intention [de prier pour tel mort en particulier, et de remplir en cela un devoir religieux]; — 2° dire quatre tekbir [ce qui tient la place de quatre réka]; et si l'imâm en dit plus de quatre, les fidèles ne l'attendent pas pour terminer la prière [ils font sans lui le salut final, et leur prière reste néanmoins valable et bonne]; — 3° adresser à Dieu [pour le repos éternel du mort] des vœux après chacun des trois premiers tekbir, et, selon El-Lakhmi, également après le quatrième, c'est-à-dire entre ce tekbir et le salut final [90]. Lorsque l'imâm récite de suite les tekbir sans les accompagner chacun d'un vœu pour le mort [ou bien lorsque l'imâm ne fait de vœu ou de prière d'intercession qu'après le quatrième tekbir, afin de remplacer ainsi tout le reste], ou bien lorsqu'il fait le salut final après le troisième tekbir [ou après le second], il doit recommencer toute la prière. Si l'imâm ne s'aperçoit de son erreur qu'après que le mort est inhumé, il recommence la prière sur la sépulture du mort; — 4° faire un seul salut de paix, d'un ton de voix assez bas pour que l'imâm [et chaque fidèle] s'entende seulement et que le fidèle le plus rapproché derrière lui l'entende aussi.

L'individu retardé qui arrive à la prière funèbre au moment où l'imâm et les autres assistants sont à faire des vœux pour le mort doit, pour s'unir à la prière, attendre [en silence ou en invoquant en particulier la miséricorde de Dieu sur le défunt] que l'imâm prononce un tekbir [et l'individu alors suit la prière]. Celui qui n'arrive qu'après le salut final prononce [les quatre tekbir avec] les vœux et intercessions [intermédiaires], si le convoi ne se dispose pas encore à partir; si le départ s'exécute, l'individu retardé se borne à réciter de suite et sans interposition, les tekbir voulus. [Car il ne convient pas, en pareil cas, de prier pour un mort absent.]

§ 2. Des frais d'ensevelissement.

Le fidèle mort sera enseveli dans des vêtements tels que ceux dont il s'habillait ordinairement pour la prière solennelle du vendredi [lorsque les héritiers ou les circonstances empêcheront de se procurer d'autres pièces d'ensevelissement]. On prélève avant tout, sur ce que laisse le mort, les dépenses de l'ensevelissement,

quand même des voleurs auraient volé les objets nécessaires pour cet ensevelissement [avant ou après les fu-
nérailles]. On prélève en même temps les frais des funérailles [de la lotion, du transport, du fossoyeur, etc.],
et cela avant toute autre dépense et toute solde de
dettes, pourvu toutefois que ces prélèvements ne touchent pas à des réserves destinées à retirer des valeurs
engagées. [Et si, comme il vient d'être dit, les objets
d'ensevelissement avaient disparu, avaient été dérobés,
il faut, avant tout autre emploi d'effets mobiliers et d'argent, sauf l'exception des réserves pour le retrait de
gages, prendre, sur ce que laisse le mort, de quoi l'ensevelir, et cela quelles que soient ses dettes et eût-on
déjà partagé ce qu'il possédait.]

Si les pièces d'ensevelissement dérobées ou dispa-
rues se retrouvent après qu'elles ont été remplacées par
d'autres [aux frais de qui que ce soit, héritiers ou non
héritiers], ces pièces ou objets retrouvés rentrent dans
l'héritage lorsque le mort n'a pas de dettes [sinon ils
appartiennent aux créanciers]. Il en serait de même
[quant à la destination de ces objets, si le cadavre dispa-
raissait,] si, par exemple, il était dévoré par les bêtes
sauvages.

Les frais d'ensevelissement [et de tout ce qui regarde l'enterrement] sont [d'après la règle canonique]
supportés par celui qui, étant au degré de parenté le
plus rapproché [c'est-à-dire père ou fils], ou étant esclave du mort, peut fournir à ces frais. [Ainsi le père
fournira, s'il le peut, aux frais des funérailles de son

fils et *vice versâ*, l'esclave à celles de son maître et *vice versâ*. Si le maître et l'esclave mouraient en même temps et qu'il n'y eût que ce qui est nécessaire à enterrer l'un des deux, on emploierait ce qu'il y a, à enterrer l'esclave; car le musulman libre, qui ne laisse pas de quoi suffire à ses funérailles, comme nous allons le voir, a droit à être enterré aux frais du trésor public, ou aux frais des musulmans, et l'esclave n'a pas droit à ce bénéfice de la loi.]

Mais ni l'un ni l'autre des époux n'est obligé de supporter directement les dépenses des funérailles de son conjoint décédé.

Pour le malheureux dénué de toute ressource, les dépenses de ses funérailles seront aux frais du trésor public; et à défaut de ce trésor [ou à défaut d'en pouvoir obtenir ce qui est nécessaire], les funérailles auront lieu aux dépens des musulmans.

§ 4. Des derniers soins à donner dans l'agonie et immédiatement après la mort.

Le sentiment juste et éclairé de la religion prescrit, — de soutenir par de sages conseils la confiance en la bonté divine; — d'essayer, lorsque les yeux de l'agonisant se fixent, de le coucher sur le côté droit et tourné dans la direction de la k'ibla [si cela est possible], ou [si cela n'est pas possible] de le placer sur le dos [et les pieds dirigés à la k'ibla. Lorsque le regard du moribond s'arrête immobile, à l'approche du dernier soupir, c'est qu'il contemple, dans l'espace qui sépare le ciel et la terre, l'échelle sainte sur laquelle descendent les anges chargés de recueillir et d'emporter les âmes des mortels; et lorsque, après le dernier souffle, les yeux regardent encore, c'est qu'ils suivent l'âme qui vient de s'échapper de son enveloppe périssable et qui part pour l'éternité].

La convenance religieuse veut — qu'on éloigne de l'agonisant toute femme en impureté menstruelle ou en suites de couches, tout individu en état de souillure majeure [— que l'on ait soin d'empêcher l'approche d'un animal immonde, d'un chien; d'écarter les jeunes enfants encore incapables d'être sérieux devant un appareil de mort; de ne laisser auprès du malade que des personnes amies, pieuses, qui prient pour lui et appellent ainsi les anges à l'assister à son dernier moment].

On doit aussi, par piété, répéter auprès de l'agonisant la profession de foi [: « Je confesse qu'il n'y a d'autre Dieu que le Dieu unique et que Mahomet est son serviteur et son Prophète. » Ces paroles chassent les diables qui viennent épier et attendre le dernier soupir du mourant; mais elles doivent être alors répétées par d'autres personnes que ses héritiers].

Il est de convenance religieuse, — de fermer les yeux au fidèle expiré; — de lui soutenir le menton [par un bandeau, un mouchoir que l'on noue sur la tête]; — de lui assouplir, par des flexions et extensions modérées, les articulations des membres [afin qu'il soit plus facile de procéder à la lotion]; — d'éloigner du sol le corps en le plaçant sur quelque chose d'élevé [par

exemple, sur une table, sur un lit [91], afin que les insectes n'aillent point le trouver et le toucher]; — de le
couvrir tout entier [après l'avoir déshabillé], avec une
grande pièce d'étoffe ou un grand vêtement; — de lui
poser sur le ventre quelque chose de pesant [tel qu'une
pierre, un sabre, afin de prévenir le gonflement]; —
de se hâter de tout disposer pour l'inhumation [à moins
que l'on doute de la mort réelle de l'individu].

On retardera toujours l'inhumation d'un noyé [jus-
qu'à ce que l'on soit parfaitement assuré de sa mort et
qu'il commence à se putréfier. On différera encore l'inhumation d'un individu qui a été pris sous des décom-
bres, des éboulements, ou mort subitement, ou frappé
d'apoplexie, on différera, dis-je, jusqu'à deux ou même
trois jours, jusqu'à l'apparition de signes de décomposition. Du reste, les preuves de la mort sont au nombre
de quatre : — la cessation de la respiration; — la fixation et l'immobilité des yeux; — l'écartement des lèvres qui ne peuvent plus se tenir rapprochées et se
toucher; — la chute, en dehors, des deux pieds, sans
qu'ils puissent se replacer perpendiculairement sur les
talons] [92].

§ 5. Détails pratiques de la lotion funéraire.

Pour pratiquer la lotion d'un mort, il est dans les
convenances religieuses, — d'employer la décoction de
feuilles de *sidr* [93], lorsque l'on peut se procurer de ces
feuilles [on se sert aussi pour la lotion, d'une décoc-

tion de feuilles de *zizyphus nabeca*, et, le plus ordinairement, d'eau pure, d'eau savonneuse, d'eau mêlée
de natron, d'une décoction de roses trémières, etc.];
— de dépouiller le défunt [des vêtements dans lesquels
il est mort; ensuite de le couvrir depuis le nombril jusqu'aux genoux]; — de placer le corps sur quelque chose
d'élevé [par exemple, sur une table, afin que celui qui
lavera reçoive le moins d'eau possible].

Il est de convenance religieuse, — de répéter les
lotions en nombre impair, nombre qui est aussi réglé
par impair pour les enveloppes ou linceuls. [Le nombre
préféré pour les lotions est trois ou cinq, et, à la dernière, on peut ajouter du camphre, comme on le fit
pour le Prophète.] Au besoin, on pratique jusqu'à
sept lotions [mais jamais au delà]. On ne recommence
jamais les lotions, pas plus que les ablutions [quand
même il s'échapperait du mort des matières de souil-
lures]; on se contente d'enlever avec de l'eau [et par un
simple lavage local, sur le corps, ou sur les linceuls],
les matières échappées du cadavre [car la mort anéantit
toutes les obligations; et la lotion est le dernier acte
religieux à accomplir pour le fidèle qui n'est plus]; —
d'avoir soin [mais seulement en opérant la lotion] de
presser doucement sur le ventre [afin de provoquer la
sortie des matières de souillures qui, peut-être, ne
s'échapperaient qu'au moment de l'ensevelissement];
— de verser de l'eau abondamment sur les parties génitales et anales en les lavant; c'est avec la main gauche
entourée d'un linge épais, que le laveur doit nettoyer

ces parties inférieures du tronc. [Avec la main droite, on lave le reste du corps.] Mais il est licite de toucher directement à main nue les parties secrètes, dans le cas où il en est besoin pour les laver parfaitement; — de pratiquer sur le mort l'ablution avant la première lotion [et après avoir enlevé les matières immondes qui peuvent être attachées au cadavre]; — de débarrasser et nettoyer les dents et le nez du mort avec un linge mouillé; — de pencher la tête de côté [et de la secouer par légères secousses], afin de rincer la bouche [et de faciliter la sortie de l'eau et des souillures]; — de ne laisser avec celui qui lave d'autres personnes qu'un aide seul [qui verse l'eau et tourne le cadavre]; — d'aromatiser le corps avec du camphre, à la dernière lotion [afin de retarder la décomposition, de prévenir ainsi les émanations désagréables pour ceux qui vont accompagner les funérailles et pour les anges qui se mêleront à eux]; — de laisser sécher [l'eau de lotion qui humecte le corps avant de l'ensevelir]. — Enfin, le laveur doit prendre un bain général [mais avec la simple intention de se nettoyer, non comme acte ni intention de purification], immédiatement après qu'il a terminé les lotions du mort.

§ 6. De l'ensevelissement.

Il est dans l'esprit de la religion, — d'envelopper le mort dans des linceuls blancs [en tissus de lin ou de coton; mais ce dernier est préférable, parce que le Prophète fut enveloppé dans trois linceuls en coton]; —

de brûler des parfums ou aromates [tels que du bois
d'aloès, de l'ambre, de la myrrhe, etc. trois, cinq, ou
sept fois; d'en parfumer les linceuls (94), en les expo-
sant à la vapeur aromatique, et d'en envelopper aussitôt
le cadavre]; — de ne pas différer l'application des linceuls longtemps après les lotions [de peur que rien ne
s'échappe du cadavre avant qu'il soit enseveli]; — de
ne pas se borner à envelopper le mort dans un seul
linceul [ou une seule pièce d'ensevelissement; on peut
en employer deux, mais pas d'autre nombre pair; le
nombre deux est permis, parce que la convenance en
demande plus d'un et que pour le pauvre, par exemple,
deux est assez au delà d'un; du reste, *un* est le moins
pour tous, et le terme extrême est *sept*. Le Prophète fut
enseveli dans trois pièces d'ensevelissement ou linceuls.
Vu que le nombre *un* est selon la simple convenance lé-
gale], on n'exigera pas, au nom de la loi, que le nombre
des linceuls soit au delà d'un, si les héritiers ou les
créanciers du mort ne veulent pas que ce nombre soit
dépassé, à moins, toutefois, que le défunt, par ses
dernières volontés ou par dispositions testamentaires,
n'ait spécifié qu'il voulait avoir plus d'un linceul; dans ce
cas, le nombre sera de trois au plus [nombre que la
loi préfère; et encore, pour un ensevelissement dans
trois linceuls, il faudra que les dettes du défunt ne
soient pas un empêchement. Si la volonté dernière ou
testamentaire du mort indique moins de trois, c'est-
à-dire un seul, on se conformera à l'expression de cette
volonté].

Mais pour l'ensevelissement de l'homme, est-il d'obligation canonique de couvrir le corps [tout entier, c'est-à-dire, plus complétement que n'est couvert l'homme pendant sa vie? ou bien est-il canoniquement obligatoire de couvrir seulement les parties du corps que d'ordinaire, dans la vie, on couvre par pudeur et par bienséance]? Et couvrir et cacher le reste du corps est-il simplement d'obligation imitative? A ce sujet, il y a divergence d'opinions. [Les uns admettent en principe la première partie de la question d'obligation canonique, c'est-à-dire, la nécessité de couvrir dans l'ensevelissement le corps tout entier; car telle est la disposition fondamentale du rite mâlékite. Les autres admettent la seconde partie de la question, comme suffisante en principe canonique.]

La convenance religieuse est que les linceuls soient en nombre impair, à commencer par un. Cependant, il est préférable d'en employer deux au lieu d'un seul; au delà de deux, il est préférable d'en employer trois au lieu de quatre [et cinq au lieu de six; mais trois est le nombre de prédilection].

Il faut : — 1° mettre au mort une chemise; — 2° envelopper la tête de quelques tours d'un turban [dont ensuite l'extrémité, de la longueur environ d'une coudée, est ramenée sur la face et la couvre. A la femme, on met le *khimâr* ou voile, que l'on fixe autour de la tête et dont on conduit aussi une extrémité sur la face]; mettre un *a'zbek* [ou *s'oûfïïeh*, sorte de petit mouchoir en tissu de coton ou de laine,] sur la tête et sous le turban [95];

— 3° placer autour des reins du mort un *izra* ou *meïzar*
[ou pièce de toile qui le couvre depuis les flancs jusqu'à mi-jambes ; on remplace l'*izra* par un large caleçon] ;
— 4° et 5° envelopper dans deux *léfâfeh* le corps tout
entier. [Ces *léfâfeh* sont deux véritables suaires dans lesquels est enveloppé le mort depuis la tête aux pieds,
et que l'on noue par les deux bouts... Les cinq pièces
qui viennent d'être indiquées sont pour les hommes.]

La femme doit avoir sept pièces d'ensevelissement
[le khimâr au lieu du turban, et quatre léfâfeh].

On répand des aromates ou substances d'odeur forte
et agréable [du musc, de l'ambre, des plantes odorantes, etc.] entre les léfâfeh et sur le coton que l'on
applique sur les ouvertures naturelles du corps [c'est-à-
dire aux ouvertures génitales et anales, à la bouche et
au nez ; mais il faut se garder d'introduire le coton dans
ces ouvertures]. Aux aromates cités il convient d'ajouter
du camphre [le meilleur des aromates conservateurs].

On met aussi [mais sans coton] des aromates [aux-
quels on mêle habituellement du camphre], — sur les
différentes parties du corps qui, dans les prosternations
des prières, touchent ensemble le sol [ces parties sont
le front, les mains, les genoux et les pieds] ; — sur les
autres organes des sens [l'ouïe, la vue, mais avec du
coton] ; — sur les endroits du corps où la peau est le
plus délicate [aux aisselles, aux plis des coudes, aux
jarrets, aux côtés du ventre, aux plis des aines, mais
sans coton]. Cette aromatisation [dans tous ses détails]
est un devoir dicté par la convenance religieuse [toutes

les fois qu'il est possible d'y satisfaire], lors même que le mort et le survivant étaient, l'un par rapport à l'autre, dans des conditions qui, d'après la loi, proscrivaient entre eux toute relation sexuelle et tout rapprochement [telles sont les conditions dans lesquelles se trouvent deux époux séparés par divorce ou par répudiation; l'homme alors n'a plus de droit sur la femme. Dans les circonstances de devoirs funéraires, dont il est question ici], ni l'un ni l'autre [des deux individus supposés] ne se chargera de parfumer ou aromatiser celui des deux qui est mort. [Toutefois, la femme qui est en attente légale peut ensevelir le mari qui l'a répudiée, le laver; mais elle ne peut l'aromatiser que si elle est accouchée depuis qu'il a expiré, ou bien s'il ne se trouve personne pour pratiquer l'aromatisation; elle déposera alors les aromates aux endroits voulus, en évitant de toucher directement le corps; elle se servira pour cela d'une baguette ou de tout autre objet qui l'éloigne d'un contact immédiat].

§ 7. Des convois et enterrements. — Des sépultures.

Par convenance religieuse on doit — accompagner à pied le convoi [à la prière funèbre et au lieu de sépulture. On peut en revenir sur une monture, à l'imitation du prophète David qui, allant à des funérailles, refusa d'aller à cheval, mais qui, pour revenir, se servit de sa monture]; — ne pas conduire le convoi à pas trop ralentis; — marcher en avant de la bière [surtout avant la prière funéraire]; — rester à la suite du convoi, lorsque l'on n'est pas à pied; — clore la marche par les femmes; — couvrir la bière de la femme [et même de l'homme] d'un couvercle bombé [afin de mieux cacher le cadavre].

La règle religieuse indique, — d'élever les mains au premier tekbîr seulement de la prière funèbre; — de commencer chacune des invocations adressées au ciel pour le mort, par, « Louanges à Dieu! » *El-h'amdou lilláh*, suivi de, *S'alla alláhou a'la nébîîhi oua sellem*, « que le Seigneur comble de ses bénédictions et de ses grâces son saint Prophète! » — de prononcer les invocations à voix basse; — de porter entre les mains [sur les bras, et non sur les épaules ou sur un animal ou dans une bière,] les jeunes enfants [c'est-à-dire tous ceux que l'on peut, sans trop de fatigue, porter devant soi, sur les bras. Les autres manières de transport pour les enfants sont d'une vanité blâmable]. Quant à l'imâm, il doit se placer, dans les prières funèbres, à la hauteur du milieu du corps, de l'homme mort, et à la hauteur des épaules de la femme morte; et avoir toujours alors du côté de son bras droit, la tête du défunt [car l'imâm tourne le dos au mort].

D'après les convenances religieuses, — le tumulus ne doit être élevé que d'environ une palme sur la fosse, et en forme de dos de chameau; mais des docteurs de la loi ont blâmé cette disposition tumulaire, et ils ont recommandé de laisser le sol uni et sans élévation; — celui qui se trouve près de la fosse ou du tombeau y

jettera sur les bords trois fois plein ses deux mains de
terre [en disant, la première fois, « Vous en avez été
créés; » la seconde, « Nous vous y ferons retourner; »
et la troisième, « Nous vous en ferons sortir de nouveau »]; — on prépare un repas pour ceux qui accompagnent le convoi; —on ira faire aux plus proches parents du défunt, des visites de condoléance, leur donner
des consolations religieuses [leur parler des qualités
morales du mort; de la récompense qu'il a reçue pour
ses bonnes œuvres, dans le paradis; de la destinée passagère de l'homme sur la terre; de la bonté de Dieu
qui tiendra compte aux survivants de la perte de leurs
proches, etc.]; — on ne doit point donner trop de profondeur aux fosses et aux tombeaux [la meilleure limite
étant d'une coudée]; — on établit une construction
murée ou tombeau sous le sol, pour y déposer le corps
du défunt [96] [ce qui est préférable à la simple fosse];
—on place, dans sa sépulture, le défunt étendu et couché sur le côté droit et ayant la face tournée du côté
de la k'ibla [on soutient le corps dans cette position,
en amoncelant de la terre sous la tête, derrière le dos,
et en avant de la poitrine et du ventre; si l'on ne peut
le maintenir sur le côté droit, on le couche sur le dos];
— on doit réparer, conformément aux règles, tout ce
qui, dans les funérailles, aurait été fait contrairement
aux principes établis, soit que l'on n'ait pas rempli la
fosse jusqu'au niveau du sol environnant [soit que l'on
n'ait pas jeté trois fois plein les mains de terre sur le
bord de la fosse], soit que, par exemple, l'on ait placé

les pieds du mort à contre-sens dans la fosse ou le tombeau [c'est-à-dire que la tête ait été mise du côté où devaient être les pieds], soit que l'on n'ait pas pratiqué la lotion du cadavre [ou que l'on n'ait pas accompli la prière funèbre], soit encore qu'un individu converti à l'islamisme ait été enterré dans un cimetière d'infidèles [et alors on l'exhume et on le transporte en terre sainte], si l'on n'a pas à craindre que le cadavre ait commencé à se putréfier.

On ferme l'ouverture laissée au tombeau [ou bien la construction que l'on a disposée dans la fosse pour y placer le mort], — avec des briques crues, — ou, à défaut de ces sortes de briques, avec des planches, — ou, à défaut de l'un et de l'autre, avec des tuiles, en forme de demi-cylindre, — ou, à défaut de tout cela, avec des briques cuites; — si tous ces objets manquent, on préférera [les pierres, puis] les tiges de plantes arundinacées [telles que le maïs]; — enfin, en l'absence de tout cela, on comble la fosse, ou bien on ferme l'ouverture du tombeau en y jetant ou amassant de la terre. Ces manières de procéder sont préférables à l'emploi du cercueil.

§ 8. Des choses permises et des choses défendues, relativement aux lotions mortuaires, aux ensevelissements, aux obsèques, aux manifestations de douleur, aux changements de sépultures.

Il est permis — à une femme de laver le corps d'un jeune garçon, pourvu qu'il n'ait pas dépassé l'âge de neuf ans; — à un homme de laver une petite fille encore en nourrice [et par conséquent qui n'a pas plus de deux ans].

Il est permis — d'employer l'eau chaude pour les lotions mortuaires; — de se dispenser de frotter les corps, lorsqu'il y a un grand nombre de morts [c'est-à-dire que l'on se borne, dans les grandes mortalités, dans une épidémie, à onder les cadavres, et dès lors on les enterre immédiatemment; si le temps manque, on les enterre sans lotions ni prières funèbres, car les prières ne peuvent avoir lieu qu'après la lotion; cependant dans les grandes mortalités on doit, disent certains docteurs de la loi, faire pour les morts la prière funèbre]; — d'ensevelir les morts dans un vêtement non impur, ou dans une étoffe teinte avec le safran ou avec le *ouars* [parce que ces substances colorantes sont aussi dans la catégorie des aromates] [97]; — de laisser porter la bière par plus ou moins de quatre hommes; — de se placer d'abord en quelque endroit que ce soit de la bière, pour concourir à la porter. [Car il n'y a nul avantage, malgré le dire des h'anafites, à commencer par se placer sous le point correspondant à l'épaule droite du mort, puis à passer à l'épaule gauche, puis au pied droit et enfin au pied gauche.] Désigner un point particulier de la bière pour commencer à porter est une manière d'agir anormale [et qui n'a pas pour elle d'autorités dans les textes purs de la loi et des premiers docteurs juristes].

Il est permis — à la femme déjà passée d'âge [et qui ne peut plus être mère] d'assister à un convoi; — même aussi à la jeune fille ou femme, lorsqu'il n'y a pas à craindre qu'elle soit un objet d'attention coupable de

la part des hommes, et lorsque surtout le mort est un
de ses plus proches parents : son père, ou sa mère, ou
son mari, ou son fils, ou sa fille, ou son frère utérin,
ou sa sœur utérine [mais pas autre].

On peut—[après la prière funèbre] devancer le convoi au lieu de sépulture; — s'asseoir [lorsque l'on est
arrivé] jusqu'à ce que la bière soit déposée par terre
auprès de la fosse ou du tombeau.

Il est permis aussi de transporter un mort [avant ou
après l'inhumation] d'un lieu de sépulture à un autre,
même de lieux à demeures fixes [de villages, de villes,
de bourgs,] à des sépultures dans des lieux déserts
ou momentanément habités, et *vice versâ*. [Pour ces
transports, il faut des raisons graves; telles sont les
circonstances — où l'eau d'un fleuve, d'une rivière,
d'un torrent, de la mer, etc. menace de détruire ou
d'envahir la sépulture; — où l'on veut attacher les bénédictions d'un saint ou pieux personnage, à un lieu
spécial; — où les parents désirent avoir les restes du
mort rapprochés d'eux et pouvoir en visiter la tombe
plus facilement et plus souvent. Mais il est nécessaire
de prendre toutes les précautions possibles, pour que
nulle partie du cadavre ne paraisse aux yeux du public,
ni pendant l'exhumation, ni pendant le transport, ni
pendant la seconde inhumation. De plus, il faut choisir un temps sec et une température modérée, quand
même le cadavre serait desséché et qu'il n'en resterait
plus que les ossements. Enfin la distance des deux sépultures ne doit pas être considérable.]

Il est permis de pleurer l'individu qui va mourir et celui qui n'est plus, mais de le pleurer sans éclats bruyants, sans éjulations [sans démonstrations exagérées de désespoir, sans se frapper la face, sans se déchirer les vêtements, etc.], sans laisser échapper de paroles inconvenantes et répréhensibles [sans se plaindre, par exemple, d'injustice].

§ 9. Des inhumations et des prières funèbres dans les grandes mortalités.

On peut, sans contrevenir à la loi, réunir plusieurs morts [dans un même linceul, et, s'ils sont ensevelis chacun à part, les réunir] dans une même fosse, quand il y a nécessité [et que l'on manque, par exemple, ou d'objets d'ensevelissement, ou de fossoyeurs, dans les grandes mortalités].

Lorsqu'on réunit plusieurs morts [dans une même fosse], on place en première ligne, du côté de la k'ibla, le corps de l'individu le plus considéré selon les rangs établis dans la société et dans la famille. [Ainsi, on place en avant, l'homme, puis le jeune homme, puis le jeune garçon, puis la femme.]

Lorsqu'il y a plusieurs morts pour une même prière funèbre, on place, immédiatement après l'imâm, — l'homme de condition libre [et encore ici il y a un ordre de préséance catégorique que voici : la science, ensuite le rang social, ensuite l'âge]; — puis les enfants de condition libre [que l'on met en série selon l'ordre de leurs connaissances en religion, de leur piété, de leur docilité, de leurs dispositions intellectuelles; mais une différence sensible d'âge assigne toujours le premier rang]; — puis les esclaves mâles [que l'on range aussi par priorité d'âge, ensuite par mérite de connaissances religieuses, de qualités morales]; — puis les eunuques [en plaçant les eunuques libres avant les eunuques esclaves]; — puis les hermaphrodites indéterminés [mais en première ligne ceux qui sont de condition libre], dans le même ordre relatif que les autres morts. [S'il y a plusieurs morts de même condition, de même degré, et devant être rangés à la même place d'ordre, on tire au sort, à moins qu'il ne soit indifférent aux plus proches parents de tel mort, qu'on le mette à la suite de tel ou tel autre de même condition.]

[Il est à remarquer que Khalil n'a pas fixé de place aux femmes. Selon Ibn-Mouh'riz, elles sont placées à la fin de la série, qui, du reste, comprend vingt degrés d'ordre établis ainsi qu'il suit: — 1° homme de condition libre; — 2° enfant de condition libre; — 3° esclave adulte mâle; — 4° esclave enfant; — 5° eunuque libre, adulte, castré seulement des testicules; — 6° eunuque libre, enfant, castré seulement des testicules; — 7° eunuque esclave, adulte, castré seulement des testicules; — 8° eunuque esclave, enfant, castré seulement des testicules; — 9° eunuque adulte, castré complétement ou eunuque complet et de condition libre; — 10° eunuque enfant, castré complétement et libre; — 11° eunuque adulte, castré complétement et de condition serve; — 12° eunuque enfant, complétement castré et de condition serve; — 13° adulte hermaphrodite, libre; — 14° enfant hermaphrodite, libre; — 15° adulte hermaphrodite, esclave; — 16° enfant hermaphrodite esclave; — 17° femme de condition, libre, ayant dépassé l'âge de puberté; — 18° jeune fille libre, non pubère; — 19° femme de condition serve, ayant dépassé l'âge de puberté; — 20° jeune fille de condition serve, non pubère.]

Pour chaque classe d'individus [c'est-à-dire pour les adultes et pour les non adultes], il est permis de faire une ligne ou série particulière. [Ainsi, lorsque plusieurs morts pour lesquels on fait une prière commune sont de même condition générale, les uns adultes, les autres non encore adultes, on peut placer sur un rang, de l'Est à l'Ouest, tous les adultes, sur un autre rang, tous les non adultes, et l'imâm se place auprès du corps de l'individu le plus distingué, c'est-à-dire libre. Après l'adulte libre sera l'adulte esclave, puis l'adulte eunuque incomplet et libre, puis l'adulte esclave et eunuque incomplet, c'est-à-dire castré seulement des testicules, ensuite l'adulte eunuque complet et libre, ensuite l'adulte esclave et eunuque complet, c'est-à-dire complétement castré, puis l'adulte hermaphrodite libre, et l'adulte hermaphrodite esclave, ensuite la femme adulte et de condition libre, et enfin la femme adulte esclave. L'autre ligne se composerait dans le même ordre, ou suivant le même ordre d'arrangement, si tous étaient esclaves, les uns adultes, les autres non adultes, etc.]

Il est parfaitement licite d'aller visiter les tombeaux
à discrétion [de temps, d'heures, de jours; il n'y a
rien de limité pour ces actes de souvenirs. Cependant
on conseille de visiter les tombeaux des morts, le jeudi,
le vendredi et le samedi, et surtout le vendredi].

§ 10. Des pratiques et actes blâmables relativement aux lotions funéraires, aux prières pour les morts, aux ensevelissements, aux
convois, aux sépultures.

Il est blâmable, aux yeux de la loi, — de raser au
mort les cheveux et les poils [non de peigner les cheveux et la barbe avec un peigne à dents écartées]; —
de lui tailler les ongles. [Ce sont deux pratiques de
raffinement et de recherche que la loi n'a pas admises
dans ses dispositions.] Si l'on a coupé ou des cheveux
ou des poils ou les ongles au mort [ou si des cheveux ou
des poils se sont détachés d'eux-mêmes, ou par le moyen
du peigne avec lequel on a arrangé les cheveux et la
barbe], on devra les enfermer avec le corps en l'ense-
velissant. [Car ce sont autant de parties du mort.]

On se gardera aussi, comme d'une chose blâmable,
d'enlever les escarres ou de presser les bords et les
surfaces des plaies ou des blessures [afin de ne pas en
faire sortir de matières impures]; mais on enlèvera
avec de l'eau ce qui [s'en échappera de soi-même et]
sera facile à enlever [la quantité de ces matières puru-
lentes ou sanguinolentes ne fût-elle pas même du poids
d'une drachme].

Il est répréhensible, — de réciter quelque chapitre

du K'oran auprès d'un agonisant; — de brûler des
substances aromatiques dans la chambre ou dans la
maison [car alors on n'a pour but que de faire disparaître l'odeur de mourant et non de purifier, selon le
sens légal et religieux, ce qui pourrait se trouver d'impur. Mais lorsque l'agonisant expire, et aussi lorsqu'on
le lave, il convient de brûler des parfums]; — de réciter du K'oran, ou auprès du fidèle qui a cessé de
vivre, ou sur sa sépulture [les premiers musulmans
n'en ont pas donné d'exemple]; — de pousser des cris
en suivant le convoi [ce sont des témoignages de douleur déplacés, de manque de résignation à la volonté
de Dieu]; — de répéter aux assistants, « O demandez
à Dieu qu'il fasse miséricorde à cet infortuné! » [jadis
les musulmans ne se livraient point à ces sortes d'in-
terpellations]; — de quitter le convoi avant la prière
[même avec la permission des parents du mort]; ou
encore de le quitter [après la prière] sans prendre
permission [cette conduite peut paraître inspirée par
une sorte de mépris pour le défunt]; toutefois on peut
se retirer après la prière [et sans permission de personne, lorsque le service funèbre se prolonge outre
mesure et qu'on a des motifs convenables de le quitter];
— de concourir à porter la bière sans s'être ablué.

Il est blâmable, — d'introduire la bière dans l'intérieur de la mosquée, et d'y prier ainsi pour le mort
[on doit déposer la bière en dehors, et si l'espace où elle
est disposée n'est pas suffisant pour le convoi, on peut
prier, de l'intérieur de la mosquée, pour le défunt];

— de faire une seconde fois la prière funèbre pour un mort [lorsqu'elle a eu lieu sous la présidence d'un imâm].

La loi blâme celui qui est atteint de souillure majeure, de laver un mort. Elle n'approuve pas non plus qu'on lave, par exemple, un enfant mort-né [qu'il soit complétement ou incomplétement formé]; — qu'on l'ensevelisse avec des parfums et des aromates; — qu'on lui donne un nom; — qu'on récite pour lui la prière des morts; — qu'on l'enterre dans la maison [si déjà il n'y a pas de lieu de sépulture]. Si cet enfant mort-né est enterré dans la maison [sans qu'il y ait eu de tombeau auparavant], ce ne sera point un cas rédhibitoire après la vente de cette maison. Mais si le nouveau-né a vécu et s'il a crié, et qu'il soit enterré dans la maison, c'est, en cas de vente, un cas rédhibitoire. [Car l'endroit où est enterré le mort est, aux yeux de la loi, une sorte de h'abous, ou propriété immobilisée, qui ne doit ni se vendre ni s'aliéner, et dont nul, par conséquent, ne peut prendre jouissance ni possession. Dans l'exemple précédent, l'inhumation de l'enfant abortif dans la maison n'entraine pas la rédhibition, parce qu'il n'a eu ni le droit des vivants, ni le droit des morts. Il n'a pas eu la vie ordinaire de ce monde et est ainsi hors de la loi donnée aux hommes ici-bas....... Du reste, l'enfant, dans le sein de la mère, ne vit pas....... On ne doit pas non plus enterrer de morts dans les mosquées.]

Il est permis à la femme en menstrues [c'est-à-dire

quoiqu'elle soit alors en état de souillure majeure,]
de laver un mort. [L'homme en souillure majeure est
blâmable de pratiquer la lotion mortuaire, parce qu'il
est maître de pouvoir se purifier. La femme en menstrues n'est pas blâmable de laver un mort, parce qu'elle
ne peut pas, à son gré, faire cesser son état d'impureté.]

La loi blâme, comme actes répréhensibles, — la
prière d'un fidèle recommandable par sa science ou par
sa piété, pour un mort qui a professé des principes religieux excentriques et condamnables [tel qu'un h'aroû-
rite ou h'aroûrî [68], un schismatique], et pour un individu débauché et de mauvaise vie; — la prière d'un
imâm [ou de tout autre homme respectable par son
caractère religieux], aux funérailles de celui qui, coupable dans sa conduite civile ou religieuse [par exemple,
coupable d'adultère, ou coupable de ne pas s'être acquitté des prières imposées par Dieu], a mérité d'être
puni de mort, ou qui, pour un meurtre, a subi la loi
du talion, et cela quand même le peuple s'est chargé
de satisfaire à la loi sans la permission de l'imâm ou
chef souverain. [Cette dernière considération est exprimée dans le Moudaouéneh : « Lorsqu'un rebelle à la
loi est puni de mort par le peuple, sans que l'imâm
[ou l'autorité souveraine] y ait donné son assentiment,
l'imâm ne priera point pour le coupable mort. »] Mais
si le coupable qui méritait la peine de mort est décédé
avant l'exécution, il y a divergence d'opinions relativement à la prière funèbre pour cet individu. [Les uns
admettent qu'elle est blâmable, et c'est ce qu'indique

ici le texte de Khalil; les autres soutiennent qu'elle est défendue.]

Il est contraire au vœu de la loi d'ensevelir un mort, — avec des étoffes de soie [c'est la vanité jusque dans la mort]; — ou avec des vêtements ou linceuls impurs [si l'on en a d'autres qui ne soient ni impurs ni en soie]; — ou dans des linceuls ou vêtements, par exemple, teints en vert [ou en bleu, ou en noir], ou teints avec le carthame [couleur trop mondaine], lorsqu'on peut avoir des objets de couleur tolérée ou permise par la convenance religieuse.

Il y a motif de blâme — à employer à l'ensevelissement de l'homme mort, plus des cinq objets qui ont été indiqués [savoir : le turban, la chemise, l'izra ou meïzar, les deux léfâfeh ou suaires proprement dits, — et pour la femme, plus des sept objets qui ont aussi été indiqués, le khimâr au lieu du turban, et deux léfâfeh de plus qu'à l'homme]; — à réunir ou laisser se réunir plusieurs femmes pour pleurer, même sans démonstrations bruyantes de douleur [mais lorsque des femmes se trouvent réunies, sans s'être concertées à l'avance, et qu'en parlant du mort les larmes arrivent, il n'y a plus de blâme. Le Prophète a dit, « Que Dieu maudisse la femme qui crie, » par exemple, dans les circonstances indiquées ici]; — à porter le mort dans une bière volumineuse [plus haute et plus large que les bières ordinaires, et plus spacieuse que ne l'exige le volume du mort. C'est une vanité ridicule et presque coupable]; — à placer sur la bière une étoffe

de soie; — à suivre le convoi en portant des feux
[quand même ces feux seraient pour brûler des parfums; il faut laisser ces présages et pronostics d'enfer
aux chrétiens]; — à annoncer et faire connaître à haute
voix, dans la mosquée ou à la porte, le nom du mort
[et à appeler ainsi les fidèles à prier pour lui et à assister à ses obsèques; cet appel ressemble aux plaintes
exprimées à haute voix, et que la religion réprouve].
Mais la loi n'exprime pas de blâme pour les invitations
faites en forme de communications particulières sur le
ton du langage ordinaire dans les groupes des fidèles.

La loi ne commande pas non plus de se lever debout
quand un convoi vient à passer [ni lorsque le fidèle,
ayant précédé le convoi au cimetière, voit arriver et
approcher ce convoi. Il n'est pas nécessaire encore que
le fidèle attende debout que la bière soit déposée par
terre auprès de la fosse ou du tombeau]. Elle n'approuve
pas non plus, — que l'on recouvre le tumulus de terre
délayée ou de mortier; — que l'on blanchisse ce tumulus ou le tombeau, à la chaux ou au plâtre; — que
l'on dispose sur la fosse la moindre construction, ou
que l'on bâtisse alentour un mur d'isolement ou de clô-
ture. Les sépultures ainsi rendues apparentes et comme
monumentales sont nettement défendues [surtout encore si les constructions peuvent donner refuge à des
malfaiteurs, à des hommes malintentionnés]. Toutefois
il est permis, comme indication et moyen de reconnaissance, de placer, par exemple, quelques pierres sur la
sépulture d'un mort; ou bien d'y placer un morceau de

bois, mais sans y rien tracer ou représenter [ni le nom, ni les qualités du mort, ni la date de son décès, ni aucune figure ou symbole].

Il n'est défendu de faire la lotion [et par conséquent la prière funèbre], que pour le martyr [98] qui a succombé sur le champ de bataille [ou tué par les coups de l'ennemi, ou écrasé par les chevaux, etc.], même en pays musulmans, ou sans combattre [par exemple, dans une surprise, dans des embûches]. Le martyr ne doit pas être lavé, même lorsqu'il est en état de souillure [ou qu'il porte sur sa personne des objets ou des vêtements impurs]; cette disposition légale est transmise et acceptée par des juristes autres que les principaux commentateurs du Moudaouéneh.

Mais celui qui est enlevé, encore vivant, du champ de bataille [et qui meurt ensuite ou dans une maison, ou dans une tente, ou entre les mains de ceux qui l'emportent], doit être lavé [et l'on récitera pour lui la prière funèbre], eût-il été atteint, en combattant, de blessures évidemment mortelles. Toutefois il est traité comme martyr, s'il est [sans connaissance et] déjà plongé dans la mort [ou s'il ne peut plus, lorsqu'on l'enlève, ni boire ni parler].

Le martyr doit être enterré avec les habits qu'il avait en mourant, s'ils le couvrent entièrement, sinon [c'est-à-dire, s'il a été dépouillé en partie par l'ennemi], on ajoutera ce qui est nécessaire pour le couvrir, tel que des chaussures, une cidaris ou turban en étoffe légère, une ceinture grossière et de peu de valeur, un anneau dont le chaton soit d'un faible prix; mais on ne laisse au martyr ni armures, ni armes.

§ 12. Circonstances qui excluent la lotion funéraire. — De la lotion et de la prière des morts musulmans confondus avec des morts non musulmans. — Point de prière pour un mort dont le corps n'est pas présent.

La lotion ne doit point être pratiquée — sur un cadavre mutilé qui n'a pas au moins la moitié du corps et la tête; — ni sur le corps d'un individu jugé et reconnu comme n'étant pas dans la voie pure de la religion; — ni sur le corps d'un enfant qui a renié l'islamisme; [l'enfant qui apostasie est considéré, malgré sa jeunesse, comme réellement apostat; seulement, il n'est pas passible alors de la peine de mort. On attend qu'il ait atteint l'âge de puberté, et à ce moment on lui accorde trois jours de réflexion, en l'invitant à revenir de son erreur et de son péché. S'il se repent et s'il rentre dans la foi, il est pardonné et a la vie sauve; sinon, il est mis à mort. Du reste, de même que la renonciation d'un enfant est considérée comme valable, de même la déclaration de foi islamique, proclamée par un enfant, est un fait valide et conclu;] — ou encore sur un enfant prisonnier que le propriétaire disposait à embrasser l'islamisme. D'ailleurs tout enfant qui aura accepté la loi de l'islâm sera traité, après sa mort, comme musulman, s'il a quitté la maison paternelle.

Lorsque des morts musulmans se trouvent confondus avec des cadavres d'infidèles [dans un bâtiment sombré ou coulé, par exemple, ou dans un moment de grande mortalité, ou sur un champ de bataille, etc. de manière que l'on ne puisse reconnaître ni musulmans, ni infidèles], on lave tous ces morts, puis on les ensevelit, et, à la prière, on distingue, par intention mentale et religieuse, les musulmans et les infidèles.

La loi blâme la lotion et la prière funèbre pour un fœtus abortif, non viable, quand même il aurait fait quelques mouvements [car le fœtus se meut dans le sein de sa mère et n'en est pas pour cela plus vivant de la vie ordinaire], quand même aussi il aurait éternué, ou uriné, ou même pris le sein pour teter; il faut, pour que la lotion et la prière soient légales, que la vie se soit démontrée par des signes positifs et évidents [par les cris, la succion prolongée du mamelon en tetant et par la persistance suffisante de ces signes]. Quand les indices significatifs de la vie n'ont pas été aperçus, on se contente de laver le corps comme simple nettoiement [non comme lotion religieuse], et uniquement afin de nettoyer le corps du sang qui le salit; puis on enveloppe ce corps dans un linge seul et ordinaire, et on l'emporte sans démonstration extérieure de convoi [et sans prière funèbre].

On ne récitera de prière funèbre sur la sépulture d'un mort que lorsqu'on n'aura pas prié avant l'inhumation.

Point de prière funèbre pour un mort dont le corps n'est pas présent. [Ainsi on ne prie pas pour un individu dévoré par les bêtes sauvages, ou noyé dans la mer, et dont on n'a pas retrouvé les restes.] Enfin, il est répréhensible de renouveler la prière funèbre pour un mort.

§ 13. De l'imâm dans les prières funèbres.

On préfère à tout autre, comme imâm plus convenable dans une prière funèbre, celui que le défunt aura chargé, dans ses dernières volontés ou par testament, de présider à cette prière, dans l'espoir que, par cet individu, la prière sera plus méritoire et plus efficace auprès de Dieu. Ensuite [si le défunt n'a désigné personne], l'imâm que l'on doit préférer, c'est le khalife, non un représentant du khalife [ce représentant fût-il un émir ou un k'âd'i], à moins cependant que ce représentant ne soit légalement revêtu des fonctions d'imâm et du droit de faire le prêche [et la prière solennelle] les jours de vendredi. [Mais lorsqu'il sera reconnu que l'imâm choisi et préféré par le défunt ne l'a été que par raison d'inimitié pour son plus proche parent, homme d'ailleurs religieux et réputé pour ses œuvres de bien, la volonté du défunt ne sera point suivie et la prière funèbre sera présidée par ce plus proche parent.]

Ensuite [s'il n'y a pas de khalife présent, ni représentant ou délégué du khalife qui remplisse, par nomination légale, les fonctions d'imâm et de prédicateur les jours de vendredi], l'imâmat pour la prière funèbre revient [de droit et avant tous les autres] au plus proche parent du mort, en ligne mâle seulement [au fils d'abord, et après lui selon l'ordre suivant, en prenant toujours le plus haut placé dans la série, lorsque certains degrés manquent : au petit-fils, puis au père, au frère du défunt, au neveu, à l'aïeul, à l'oncle, au cousin, etc. et ainsi de suite]. Dans le cas où il y aurait plusieurs parents [de même degré très-rapproché, soit qu'il n'y ait qu'un convoi, soit que plusieurs convois soient réunis pour une seule prière funèbre], on désignerait pour imâm [parmi ces parents], celui qui serait le plus distingué [en science, en piété, en savoir, en vénération], quand même il serait le plus proche parent dans la ligne féminine.

[S'il ne se trouve pas d'homme pour officier comme imâm,] les femmes réciteront la prière funèbre, chacune à part, mais en même temps et en prenant soin de marcher d'ensemble dans toutes ses parties. [Aucune de ces femmes ne fera fonction d'imâm.] Un juriste est d'avis (*s'ouh'k'ih'*), [et ce juriste est Ibn el-H'âdjib,] que les femmes, dans cette circonstance, prieront toutes les unes après les autres. [Cette opinion pèche en ce qu'elle rentre dans la répétition de la prière funèbre.]

§ 14. Inviolabilité des terrains de sépultures. — Fouilles des tombeaux.
— Exhumations. — Profondeur des fosses.

Le lieu de sépulture d'un mort devient un terrain immobilisé. [Du moment que le mort y a été déposé, il n'est plus permis d'employer ce terrain à quelque usage que ce soit; ce terrain est sacré, inviolable, et, comme dit le commentateur, il est neutralisé et nul n'a plus le droit d'en disposer pour autre chose que pour une sépulture.]

Il est blâmable de marcher ou de passer sur une fosse ou un tombeau [lorsqu'un tumulus les signale, et qu'il y a place à côté pour passer; mais il est permis de s'asseoir dessus ou de s'y appuyer. L'inviolabilité du tombeau ne permet à personne d'en prendre la moindre partie pour des constructions étrangères. L'inviolabilité n'existe pas pour la sépulture de l'enfant à terme, mais mort-né, ou d'un fœtus abortif].

Il est défendu de fouiller les sépultures tant qu'il y reste des débris ou des ossements de morts [et quelle que soit la durée du temps passé depuis l'inhumation]. Mais il est licite d'ouvrir ou de fouiller un tombeau : — 1° dans le cas où les objets en nature qui ont servi à ensevelir le cadavre auraient été pris ou retenus par force ou injustement [soit par le défunt lui-même, soit par quelqu'un de ceux qui lui ont rendu les derniers devoirs], et où ces objets [ayant d'ailleurs une certaine valeur, au moins relativement à celui qui les possédait,] seraient réclamés [avec preuves de l'injustice

ou de la violence à laquelle il a fallu céder] par celui
à qui ils appartiennent réellement; — 2° dans le cas
où le lieu de sépulture aurait été pris sur la propriété
d'un individu sans autorisation directe, et où le propriétaire réclamerait [la restitution du terrain usurpé
pour l'inhumation]; — 3° dans le cas où quelques objets de prix [argent, ou parures, ou vêtements, etc.]
auraient été oubliés lors de l'enterrement. [Dans le premier cas, si celui qui a fourni les effets d'ensevelissement n'a pas fourni ces objets en nature et comme lui
appartenant, mais a seulement fourni aux dépenses pour
en faire l'acquisition, il n'a pas le droit de réclamer l'ouverture de la sépulture, mais simplement le remboursement de la somme dépensée. Si les réclamations ne
s'élèvent que lorsqu'il est probable que les enveloppes
ou linceuls du cadavre sont dégradés, il n'y a pas lieu
non plus à consentir à ouvrir la sépulture. De même,
si des objets de prix ont été oubliés dans une fosse ou
un tombeau, on ne cédera aux sollicitations des deman-
deurs que lorsqu'il est permis de juger, d'après le
temps qui s'est écoulé depuis l'inhumation, que les
objets réclamés ne sont pas encore dégradés ou dénaturés. Dans toute circonstance, il faut qu'il soit reconnu
que les objets sont de valeur suffisante pour exiger la
fouille de la sépulture] (99).

Lorsqu'une fosse aura été creusée dans un terrain
consacré aux sépultures publiques, et qu'un autre mort
[que celui pour lequel cette fosse avait été préparée] y
aura été enterré, ce dernier n'en sera point retiré, et

les frais [de fossoyeur et autres frais, s'il y en a,] seront à la charge des héritiers du défunt. [D'après quelques juristes, les héritiers ou parents seront tenus de faire creuser une fosse nouvelle semblable en tout à la première; car il y a eu abus de confiance. Mais la disposition textuelle de la loi est de payer les frais de fossoyeur et autres frais, quelles que soient les récriminations et les répugnances des héritiers. Les docteurs de la loi permettent l'exhumation pour motifs d'utilité publique, et par ordre de l'autorité supérieure. Ils citent, à ce sujet, l'exemple de Mouâ'ouïa qui fit exhumer tous les martyrs morts à la journée d'Oh'od, à l'époque du Prophète. Mouâ'ouïa fit publier par un crieur que tous ceux qui avaient eu des morts à la bataille d'Oh'od devaient les exhumer et les transporter hors de l'endroit où ils avaient été réunis et enterrés. « Et, dit Djâber, nous ouvrîmes et fouillâmes les sépultures, nous enlevâmes les morts, et leurs chairs étaient encore fraîches. »]

Le maximum de profondeur à donner aux fosses et aux tombeaux des morts doit être au degré qui suffit pour empêcher les émanations nuisibles de s'échapper au dehors, et pour préserver le cadavre [de la voracité des bêtes sauvages, des loups, des hyènes, des lions, etc.].

§ 15. De l'ouverture ou section des morts. — Des femmes qui meurent en état de grossesse. — Usage de la chair humaine.

On peut, sur la simple déposition, avec serment, d'un témoin, ouvrir un cadavre pour en extraire un objet

précieux [qui aura été avalé, que cet objet ait appartenu ou non au défunt, qui d'ailleurs a voulu en frustrer
les autres. Des juristes soutiennent qu'il n'y a pas lieu
à l'ouverture d'un cadavre dans le cas où l'individu aurait avalé l'objet précieux par peur, ou sans le vouloir,
ou comme médicament, tel qu'une perle précieuse].

On n'ouvrira point le ventre d'une femme morte enceinte, pour en retirer l'enfant [lors même, dit le Moudaouéneh, que l'enfant s'agiterait encore dans le sein de
sa mère et que l'on pourrait espérer de lui conserver la
vie; seulement on n'enterrera pas la mère avant que le fœtus ne soit mort, le cadavre de la femme commençât-il
à se décomposer]. Cependant des autorités de la plus
haute considération assurent qu'il est permis d'ouvrir le
ventre d'une femme morte enceinte, mais à la condition
qu'il y ait espoir de sauver la vie à l'enfant. [Alors, dit
El-Lakhmi ainsi que d'autres légistes, il faut que la
femme soit enceinte de sept mois ou de neuf mois ou de
dix. De l'avis des juristes, il faut pratiquer l'ouverture
d'après le procédé indiqué par les hautes autorités médicales, c'est-à-dire, ouvrir le ventre au niveau environ
des hanches, sur le côté gauche, si l'enfant est du sexe
féminin, et sur le côté droit, si l'enfant est mâle.]

(*Nota :* Ainsi, relativement à l'ouverture du cadavre
d'une mère pour sauver la vie à un enfant, il y a dissi-
dence, et il y a presque unanimité pour ouvrir le cadavre d'un individu, femme, ou mère, ou autre, dont
on veut retirer un objet précieux, une perle, etc.)

[Pour les animaux, c'est-à-dire le bétail, on peut,

à discrétion, et lorsqu'on espère retirer le produit vivant, éventrer les femelles qui meurent pleines.]

Lorsqu'une femme enceinte vient de mourir, si l'on peut extraire l'enfant par les voies naturelles ordinaires [c'est-à-dire par les parties génitales], on l'extraira.

Les autorités les plus respectables défendent de manger la chair des morts [la chair humaine], dans quelque cas de nécessité que ce soit. Cependant des légistes l'ont permis et avec raison, lors de nécessité absolue. [Quelques-uns de ces légistes ont défendu de faire cuire la chair humaine, en quelque circonstance que ce puisse être.]

La femme non musulmane, qui meurt enceinte par le fait d'un musulman, doit être inhumée dans le cimetière des musulmans [par honneur pour l'enfant qu'elle porte dans son sein. Mais si elle est entre les mains de ses coreligionnaires, ceux-ci l'enterreront comme il leur plaira]. Si elle est inhumée par les musulmans dans leur cimetière, ils ne la placeront pas dans la direction de leur k'ibla, ni dans la direction de la k'ibla des coreligionnaires de cette femme. [La k'ibla des chrétiens et des juifs est Jérusalem.]

§ 16. Des morts en voyage sur mer. — Du musulman mort chez un infidèle. — Devoirs envers des parents morts, non musulmans. — Deux conditions essentielles pour que la prière funèbre soit le plus utile au défunt.

Le fidèle qui meurt en mer sera jeté dans les flots après qu'il aura été enseveli convenablement [lavé, parfumé s'il se peut, et qu'on lui aura récité la prière funèbre, placé dans la direction de la k'ibla et tenu couché sur le côté droit]; on ne le jettera à la mer que si l'on ne peut espérer de toucher terre avant que le cadavre n'entre en putréfaction.

On ne fera entendre de cris de douleur et de plaintes auprès d'un mort que lorsqu'il en aura exprimé le désir et la volonté.

On ne laissera point rendre les derniers devoirs [c'est-à-dire pratiquer la lotion, l'aromatisation, etc.] à un musulman mort, par un proche parent qui serait infidèle. [Mais ce parent peut suivre le convoi.]

Un musulman ne lavera pas le corps même de son père [et par conséquent, et à plus forte raison, ne priera pas pour lui,] si celui-ci est mort infidèle. [Ce musulman ne suivra pas non plus le convoi de son père infidèle;] il ne le déposera pas dans la fosse mortuaire [il laissera ce soin aux coreligionnaires du mort], à moins qu'il n'y ait lieu de craindre que le corps ne soit abandonné sans sépulture; alors le fils, quoique musulman, enveloppera son père dans quelque espèce de suaire que ce soit et le fera enterrer sans appareil ni cérémonie.

La prière funèbre régulière et selon les formes voulues est infiniment plus méritoire et plus profitable au mort que des prières surérogatoires isolées. Cette supériorité en valeur repose sur deux conditions : — 1° que cette prière funèbre soit faite par plusieurs fidèles [qui s'acquittent ainsi d'un devoir fraternel envers un musulman]; — 2° que le mort ait, en quelque sorte, droit à la prière de ces fidèles, comme leur étant voisin, par exemple [ou parent, ou ami], ou comme étant homme de bien et de vertu [et pouvant attirer ainsi sur ceux qui suivent ses funérailles, ou qui l'ont connu, etc. les bénédictions du ciel].

CHAPITRE III.

DES PRÉLÈVEMENTS OU IMPÔTS APPELÉS *ZÉKÁT*.

SECTION I".

PRÉLÈVEMENTS SUR LE BÉTAIL.

§ I. Dispositions générales.

La loi ordonne, à titre d'obligation canonique, des prélèvements ou impôts [100] sur des quantités déterminées de troupeaux possédés en toute propriété et depuis une année complète, animaux paissants, animaux de travail, produits vivantsde ces troupeaux. Mais il n'y a pas de prélèvements sur les animaux obtenus par le croisement d'animaux domestiques avec des bêtes sauvages [tels que les produits obtenus par le croisement volontaire ou provoqué d'une vache sauvage ou grande antilope avec un taureau, ou d'une gazelle mâle avec une brebis ou une chèvre].

Si le propriétaire reçoit [en don ou par héritage, ou acquiert par achat ou autrement,] de nouveaux animaux, ne fût-ce qu'à un seul jour de distance avant la fin de l'année de possession, on ajoute ce qui a été reçu ou acquis, à la quantité légalement imposable déjà en possession du propriétaire; mais on n'ajoute pas ces animaux, reçus ou acquis récemment, à la quantité précédente [afin de compléter par eux un nombre imposable], si cette quantité précédente n'est pas déjà à un nombre passible de prélèvement [à moins toutefois que ces nouveaux animaux ne soient des produits nés chez le propriétaire; car ce ne sont plus alors des acquisitions, mais bien un développement naturel de ce que possédait déjà le propriétaire; c'est un profit, non un acquêt. De plus, on ne compte ensemble, pour en former une quantité imposable, que les animaux d'espèces analogues ou de variétés semblables, comme nous l'indiquerons bientôt].

§ 2. Prélèvements sur les chameaux.

Pour chaque nombre de cinq chameaux [qui est le chiffre légal de possession au-dessous duquel la loi n'exige rien], l'impôt est d'une brebis [de deux ans accomplis, ou d'un mouton de deux ans accomplis], si la plus grande partie du menu bétail du pays n'est pas en chèvres [ou si le nombre des moutons est égal à celui des chèvres]. Si, dans le pays, les chèvres sont plus nombreuses, l'impôt est d'une chèvre, quand même cela serait en désaccord avec ce que possède le propriétaire [c'est-à-dire quand même le propriétaire n'aurait pas de chèvres, ou en aurait moins que de moutons et de brebis. Si ce propriétaire n'a ni chèvres, ni moutons, ni brebis, il doit s'en procurer au plus proche pays]. D'après un juriste autre que les quatre principaux commentateurs du Moudaouéneh, un jeune chameau [mâle ou femelle] peut remplacer parfaitement, pour l'impôt, la brebis, ou le mouton, ou la chèvre [car il est d'une valeur plus considérable, fût-il âgé de moins d'un an].

Jusqu'au chiffre de vingt-cinq chameaux, [l'impôt est d'une brebis ou d'un mouton pour chaque nombre de cinq chameaux : — une brebis ou un mouton pour cinq chameaux, jusqu'à neuf; — deux brebis ou deux moutons pour dix chameaux, jusqu'à quatorze; — trois, pour quinze chameaux, jusqu'à dix-neuf; — quatre, pour vingt, jusqu'à vingt-quatre; — mais, pour vingt-cinq chameaux,] l'impôt est d'une chamelle âgée d'un an accompli. [Elle doit être sans défauts, et être la propriété entière et sans partage, du propriétaire.]

Si le propriétaire n'a pas de chamelle de cet âge et qui soit exempte de défauts et de tout droit de copropriétaire, il donnera un chameau de deux ans accomplis; [et, s'il n'a pas de chameau de cet âge, il se procurera une chamelle d'un an. On ne remplace l'un par l'autre qu'en cas de manque absolu, et selon l'indication donnée ici par la loi. L'impôt n'augmente pas depuis le chiffre de possession vingt-cinq jusqu'à trente-cinq; mais, lorsque le chiffre est arrivé] à trente-six, le prélèvement est d'une chamelle de deux ans accomplis [101]. Sur quarante-six chameaux, le prélèvement est d'une chamelle de trois ans accomplis [non de quatre

ans ou de deux ans. De trente-six à quarante-cinq chameaux, le prélèvement ne change pas, de même que de
quarante-six à soixante].

A soixante et un [jusqu'à soixante et quinze], l'impôt
est d'une chamelle de quatre ans accomplis.

A soixante et seize [jusqu'à quatre-vingt-dix], l'impôt
est de deux chamelles de deux ans accomplis.

A quatre-vingt-onze jusqu'à cent vingt, l'impôt est
de deux chamelles de trois ans.

A cent vingt et un jusqu'à cent vingt-neuf, le prélèvement est, au choix du collecteur, de deux chamelles
de trois ans accomplis, ou bien de trois chamelles de
deux ans. Et, dans ce dernier cas, ou les premières
ou les secondes sont prises pour l'impôt, quand il n'y
a que des unes ou des autres, dans le troupeau. [Le
collecteur n'a pas le droit d'exiger qu'on lui amène de
quoi choisir, s'il n'y a que des unes ou des autres; c'est-
à-dire qu'il n'a pas le droit d'obliger le propriétaire à
chercher ailleurs ce qui manque pour pouvoir faire un
choix.]

Ensuite [au delà du chiffre cent vingt-neuf], pour
chaque dix chameaux de plus, il y a augmentation de
l'impôt ou prélèvement, et la cote ou fixation en est
changée [et prend un mode de détermination basé sur
la combinaison des multiples de quarante et de cinquante, isolés ou réunis]. Ainsi, chaque nombre quarante qui se trouve dans le total est taxé à une chamelle
de deux ans accomplis, et chaque nombre cinquante
qui se trouve dans le total est taxé à une chamelle de

trois ans accomplis. [Voici comment se met en œuvre
ce principe d'application par lequel est fixé le prélèvement sur les troupeaux de chameaux les plus considérables, et à l'infini.]

[Pour cent trente chameaux, le prélèvement est d'une
chamelle de trois ans accomplis, et de deux chamelles
de deux ans accomplis :

	Chameaux.	Chamelles.	Chamelles.
	Pour 130...............	1 de trois ans, et	2 de deux ans.
	140...............	2............	1
	150...............	3............	0
Prélèvement.	160...............	0............	4
	170...............	1............	3
	180...............	2............	2
	190...............	3............	1
	200...............	4......ou bien	5

Pour ce dernier chiffre de deux cents, le prélèvement
est de quatre chamelles de trois ans accomplis, ou bien
de cinq chamelles de deux ans accomplis, au choix du
collecteur.]

[Les proportions d'âge des chamelles remplissent le
but de la loi, au delà du nombre deux cents dans un
troupeau, et indéfiniment, selon le même principe de
calcul que voici. A cent trente, le prélèvement est d'une
chamelle de trois ans, et de deux chamelles de deux
ans, parce que cent trente se compose de deux fois
quarante et d'une fois cinquante, et que chaque nombre
de quarante chameaux qui entre, ou seul, ou avec le
nombre cinquante, dans la composition du troupeau de
chameaux, à commencer par le troupeau de cent trente

chameaux, est taxé à une chamelle de deux ans, et que chaque nombre de cinquante qui entre dans la formation du total du troupeau, soit seul, soit avec le nombre quarante, est taxé à une chamelle de trois ans. D'après ce même principe de fixation, cent quarante chameaux présentant un nombre composé de deux fois cinquante et une fois quarante, devront fournir à l'impôt deux chamelles de trois ans accomplis et une chamelle de deux ans accomplis. Par suite, cent cinquante donnera un prélèvement de trois chamelles de trois ans accomplis, et rien autre, car cent cinquante est seulement un multiple de cinquante; et cent soixante étant un multiple de quarante par quatre, le prélèvement est de quatre chamelles de deux ans. Enfin, deux cents étant un multiple de cinquante et un multiple de quarante, la taxe de l'impôt est de quatre chamelles de trois ans accomplis, ou de cinq chamelles de deux ans accomplis, au choix du collecteur, si les deux âges et les deux nombres se trouvent dans le troupeau; sinon, le collecteur doit prendre, sans faire d'observation, celui des deux nombres à prélever qui est présent et complet.]

La chamelle âgée d'un an [et qui est entrée dans sa seconde année] est appelée, en arabe, *bint makhâd'*. Les autres âges ont aussi leurs noms distinctifs. [La chamelle est en gestation une année. L'année suivante elle allaite son petit, elle est saillie, et est au moins sous la présomption de gestation; ensuite le fœtus s'agite (*makhâd'*) dans le sein de la mère. *Bint-makhâd'* signifie donc une petite chamelle dont la mère est pleine et sent le fœtus s'agiter en elle. Avant d'avoir un an, le chameau qui tette encore est appelé *h'oouâr, qui revient à sa mère*; sevré, il est appelé *fac'îl, qui a été éloigné de sa mère*. La chamelle de deux ans, et par ce genre de désignation on entend toujours que le nombre d'années est accompli, est appelée *bint leboûn, la fille de celle qui a du lait, de celle qui allaite* un nouveau petit. La chamelle qui est âgée de trois ans accomplis est appelée *h'ik'k'a*, du mot qui signifie *droit, ce qui revient de droit, ce que l'on mérite*, parce qu'elle est en âge d'être fécondée et d'être appliquée aux transports et aux fardeaux. En conversation vulgaire on prononce *h'eggueh, h'egya*. La chamelle de quatre ans complets, et qui est entrée dans sa cinquième année, est appelée *djéza'*, qu'en langage vulgaire on prononce *jéda'*. Elle est ainsi nommée de la racine verbale *djézaa'*, rejeter, changer, parce qu'elle a rejeté et changé sa dent antérieure.]

§ 3. Prélèvements sur le bétail à cornes ou d'espèce bovine, bœufs, vaches et buffles.

Pour chaque nombre légal de trente bœufs [c'est-à-dire bœufs, vaches et buffles], l'impôt est fixé à un veau [ou une génisse] de deux ans accomplis [*tabî'*; du mot *tabia'*, suivre, parce qu'il suit encore sa mère].

Pour chaque nombre de quarante têtes bovines, l'impôt est d'une vache *moacinna* de trois ans accomplis. [Elle est appelée *moucinna*, parce qu'elle a changé sa première incisive; de *sinna*, dent. — Cet impôt reste le même jusqu'à la limite de cinquante-neuf; mais à soixante jusqu'à soixante-neuf, il est de deux veaux de deux ans. Ensuite chaque nombre trente et chaque nombre quarante, qui entre dans la composition de la totalité du troupeau, donnera, le premier, c'est-à-dire le nombre trente, un prélèvement d'un veau de deux ans, et le second, c'est-à-dire le nombre quarante, un prélèvement d'une vache de trois ans. C'est le même procédé de calcul que celui qui est indiqué pour les chameaux, à propos des nombres quarante et cinquante. Par suite de cela, le collecteur peut choisir, à son gré, dans le nombre cent vingt, ainsi qu'il suit :]

Pour le nombre de cent vingt têtes bovines, le prélèvement revient au mode de calcul qui est suivi pour deux cents chameaux [c'est-à-dire que pour cent vingt têtes bovines l'impôt est de trois vaches âgées de trois ans accomplis, ou de quatre veaux âgés de deux ans, au choix du collecteur, et à condition que ces veaux et les vaches et les bœufs se trouveront en même temps dans le troupeau; sinon, le collecteur prend celui des deux prélèvements qui est complet, et il n'a rien à réclamer. C'est, en effet, la même circonstance que celle qui se présente pour le chiffre de deux cents chameaux.]

§ 4. Prélèvements sur le menu bétail.

[Par menu bétail, l'auteur veut indiquer, en général, les troupeaux de chèvres.]

Pour quarante têtes de menu bétail [102], le prélèvement est d'une brebis d'un an accompli, ou d'un mouton d'un an accompli, ou d'une chèvre, ou d'un bouc, également d'un an accompli.

Pour cent vingt et une têtes [jusqu'à deux cents], le prélèvement est de deux brebis.

Sur deux cent une têtes du même bétail [jusqu'à trois cent quatre-vingt-dix-neuf], on lève trois brebis.

Sur quatre cents têtes, le prélèvement est de quatre brebis; et, au delà de ce nombre quatre cents, on lève une brebis sur chaque cent en surplus [c'est-à-dire cinq sur cinq cents, six sur six cents, etc.].

§ 5. Manières de procéder aux prélèvements dans les différents cas de composition des troupeaux.

Le propriétaire est obligé de livrer au collecteur, des animaux de moyenne taille et de moyenne qualité [quelle que soit l'espèce d'animaux, chameaux ou chamelles, veaux, ou vaches, ou bœufs, ou buffles, moutons ou brebis, chèvres ou boucs], et cela lors même que tout le troupeau ou tout ce que possède le propriétaire ne serait qu'en animaux de première qualité [gras, forts et robustes], ou ne serait qu'en animaux de mauvaise qualité [maigres, chétifs, malades, dégradés], à moins toutefois que le collecteur ne consente à accepter les animaux défectueux et mauvais. Mais le collecteur ne doit point accepter d'animaux au-dessous de l'âge déterminé par la loi.

[Lorsque le nombre légal de tels ou tels animaux que possède un propriétaire est au-dessous de la li-

mite passible de prélèvement], on forme ce nombre en
ajoutant et additionnant ensemble les variétés analogues,
les chameaux arabes avec les dromadaires ou chameaux
du Khoraçân, les bœufs et les vaches avec les buffles,
les chèvres avec les moutons et brebis.

[Dans ce cas d'additions de variétés entre elles pour
obtenir un nombre imposable,] si les deux variétés sont
en quantité égale dans la composition du nombre imposable [par exemple, vingt moutons et vingt chèvres,
ou bien quinze bœufs et quinze buffles], le collecteur a
le choix de prendre dans telle ou telle des deux variétés, l'animal qu'il a à prélever, dans la supposition
que le prélèvement n'est que d'un seul animal. Quand
les deux variétés sont en nombre inégal [par exemple,
vingt chameaux, ou vingt buffles, ou quarante moutons,
et que le reste du nombre imposable pour ces trois
sortes d'animaux, est complété, celui des chameaux par
dix dromadaires, celui des buffles par dix bœufs, celui
des moutons par dix chèvres], alors le collecteur prend
le prélèvement sur la variété la plus nombreuse. [Dans
l'exemple cité, ce sera une chamelle d'un an pour les
vingt chameaux, un veau d'un an pour les vingt buffles,
et un mouton ou une brebis pour les trente moutons.
Quant aux dix autres têtes, qui font l'appoint dans
chaque quantité, pour la porter à un chiffre légal, il n'y
a rien à prélever sur elles.]

Lorsque le prélèvement doit être de deux animaux,
on en prélève un sur chacune des deux variétés présentes, si chacune est en nombre égal [si, par exemple,

il y a dans la composition du nombre imposable, trente-huit chameaux et trente-huit dromadaires, ou bien, trente bœufs et trente buffles, quatre-vingts moutons et quatre-vingts chèvres], ou bien si [les deux variétés n'étant pas égales] la plus petite des deux quantités intégrantes est juste un nombre taxé par la loi et non un chiffre intermédiaire entre deux nombres à chacun desquels l'impôt change. [Tel serait le troupeau de cent moutons et quarante chèvres ; le chiffre quarante, emportant l'obligation d'un prélèvement légal, entraîne l'autre nombre cent dans sa limite de légalité et d'impôt. Mais si la plus petite des deux quantités est au-dessous d'un nombre taxé par la loi, si, par exemple, il y a cent moutons et vingt et une chèvres, il n'y a rien à prendre sur ce nombre moindre, bien que réuni à cent il forme cent vingt et un, nombre taxé.] Dans le cas contraire [c'est-à-dire, quand la moindre quantité n'est pas juste un nombre taxé, comme cent vingt et un moutons et quarante-neuf chèvres], c'est sur la plus grande des deux quantités que se prélèvent les deux animaux exigés par la loi. [On ne prélève rien sur l'autre quantité ; de même encore, s'il y avait, par exemple, cent trente moutons et trente chèvres.]

Quand le prélèvement doit être de trois animaux et que les deux quantités additionnées entrent en chiffre égal dans le total [comme cent un moutons et cent une chèvres], on prélève d'abord un animal sur chacune des deux quantités, puis le collecteur a le choix du troisième [sur celle des deux quantités qu'il lui plaira].

Lorsque les deux quantités n'entrent pas en chiffre égal dans le total, le procédé de levée est analogue à celui du cas précédent. [Ainsi, lorsque la moindre des deux quantités est juste un nombre taxé, c'est sur elle que se prélève le troisième animal; tel serait l'exemple de quarante chèvres et de cent soixante et dix moutons ou brebis, ou de quarante moutons et de cent soixante et dix chèvres. Les deux autres animaux se prélèvent sur la plus grande des deux quantités.]

Quant au prélèvement qui doit être de quatre animaux et au delà, il est établi sur le nombre des cents. [Ainsi, sur un troupeau de quatre cents têtes de menu bétail, composé de trois cents moutons, et l'autre cent de moutons et de chèvres, on prélève d'abord trois moutons pour les trois premiers cents; le quatrième cent est considéré comme étant seul, et le collecteur lève l'autre animal selon la composition de ce quatrième cent; s'il est composé d'un nombre égal de moutons et de chèvres, alors le collecteur choisit ce qui lui reste à prélever, sinon il prend sur la variété qui est la plus nombreuse.]

Enfin, sur un troupeau de quarante buffles et de vingt bœufs, le collecteur prend deux veaux de deux ans. [Le premier est pour trente buffles, chiffre légal pour subir l'impôt du gros bétail, et le second est pris sur le plus grand nombre de ce qui reste du troupeau, c'est-à-dire, les bœufs ou les vaches qui sont au nombre de vingt dans les trente autres têtes.]

§ 6. Prélèvements relatifs aux cas d'échange, de vente et d'achat
de bétail.

Celui qui [possédant depuis le temps voulu, des troupeaux en nombre imposable, et qui] voulant éviter
de satisfaire à l'impôt, échange [en tout ou en partie]
son bétail contre un autre bétail [de même espèce,
ou d'espèce différente, ou meilleur ou moins bon, ou
plus nombreux ou moins nombreux, ou qui le vend, et
cela afin de pouvoir dire au collecteur, « Ce bétail, je
le possède depuis moins d'un an; » ou bien, « Je n'ai
plus de bétail »], celui-là paye également la taxe voulue
par la loi [proportionnellement au nombre du bétail
primitif, non du bétail qu'il a eu en échange; et s'il a
vendu, il payera la taxe en espèces monnayées]; cette
disposition légale a force de loi, même lorsque l'échange
[ou la vente] a eu lieu [avec la préméditation et l'intention indiquées] peu de temps avant la fin de l'année
de possession. Cette dernière circonstance relative au
temps est établie par Ibn-Ioûnès.

[Quand un propriétaire a vendu, c'est-à-dire, a
échangé contre des marchandises ou contre des valeurs
monétaires, un troupeau qui, par exemple, était resté
chez lui pendant six mois, et qu'ensuite ce troupeau
vendu est demeuré chez l'acheteur pendant quelque
temps,] si le troupeau redevient la possession du propriétaire vendeur, soit par rédhibition pour cause de
défaut et d'invalidité dans les animaux vendus, soit
par reprise faite par le vendeur pour cause de faillite

[ou d'insolvabilité] de l'acquéreur, on établit au compte du vendeur, le temps [pendant lequel le troupeau est demeuré chez l'acheteur, et le prélèvement s'effectue comme si le troupeau n'avait pas été vendu et n'était pas sorti d'entre les mains du propriétaire. Cependant on ne prélève rien sur le propriétaire, si l'acheteur, pendant le temps qu'il a gardé le troupeau, en a livré le prélèvement au collecteur; et dans cette occurrence le propriétaire en tient compte à l'acheteur dont il reçoit ou retire le troupeau].

On agit de la même manière envers le propriétaire qui, ayant acheté des animaux destinés au commerce [c'est-à-dire, à être vendus] et n'étant même pas en nombre imposable, les a échangés contre une valeur imposable en or ou en argent, ou contre un nombre imposable d'animaux de variété analogue [tels que des chameaux contre des dromadaires, des bœufs contre des buffles, des moutons contre des chèvres, et *vice versâ*. Dans ce cas, dis-je, on tient compte du temps de possession nécessaire pour exiger l'impôt, à partir du moment où le propriétaire a possédé les animaux qu'il a échangés ou qu'il a vendus à prix d'argent]. La même règle de supputation de temps subsiste, — lors même que les valeurs ou animaux en nombre imposable, reçus par le propriétaire, seraient en remplacement de ses animaux morts entre les mains d'un autre individu; — ou encore lorsque le propriétaire d'animaux pour ses usages et besoins particuliers, animaux d'ailleurs en nombre imposable, les a échangés contre des valeurs, ou contre des animaux analogues, en nombre passible ou non passible d'impôt.

Mais ce procédé de supputation n'a plus lieu : — quand l'échange des animaux [achetés ou dans un but de commerce ou dans un but d'usage particulier et domestique] s'est fait contre des animaux d'une autre espèce [tel que l'échange de chameaux contre des bœufs ou des moutons ou des chèvres, etc. et *vice versâ*. Alors le propriétaire en question recommence l'année de jouissance ou de possession, à compter du jour où lui sont rentrés les animaux reçus en échange]; — quand le propriétaire [qui a vendu ses animaux] redevient possesseur de ces mêmes animaux par résiliation de vente de la part de l'acheteur [avant ou après le payement. Dans ce cas encore, le propriétaire vendeur recommence de même l'année de possession]; — quand un individu échange une somme d'argent, en quantité imposable, contre du bétail également en nombre imposable [par exemple, trois mois après avoir subi l'impôt de l'argent. Cet individu commence l'année de possession à partir du moment où il a acheté le bétail, c'est-à-dire, à partir du jour où il a échangé son argent contre du bétail].

§ 7. Prélèvements sur les troupeaux mis en commun par des associés.
— Répartition de la taxe entre les associés.

Lorsque des propriétaires mettent en commun leurs troupeaux, ces propriétaires sont considérés par la loi, comme un seul individu, pour ce qui est dû d'impôt, — 1° relativement au nombre des animaux à fournir au prélèvement; — 2° relativement à l'âge des animaux exigés; — 3° relativement à l'espèce ou variété des animaux à donner pour la contribution. [Ce n'est que sous le point de vue de ces trois indications que les associés sont considérés comme ne formant qu'un propriétaire. Sous le rapport de responsabilité, de garanties, de soins, de dépenses d'entretien, etc. ils sont considérés comme individus distincts entrant chacun proportionnellement à leur mise en communauté, dans ce qu'exige, sur ces différents points, la prospérité du troupeau.]

[Dans la mise en commun, la loi catégorise, comme en toute circonstance, les animaux analogues, c'est-à-dire chameaux avec chameaux, bœufs avec bœufs, moutons avec moutons, etc. En ne regardant les associés que comme un seul propriétaire, la loi leur laisse des avantages positifs. Ainsi en supposant l'association de trois individus qui apportent chacun une mise de quarante moutons, la somme totale sera de cent vingt. Or sur un troupeau de cent vingt moutons, la loi ne prend qu'une brebis, et dans le cas d'association supposé, ce sera une brebis à la charge de trois sociétaires. L'impôt pour chacun d'eux ne sera donc que d'un tiers de brebis, tandis que, isolément et sans la mise en commun, chacun aurait été, pour quarante moutons, soumis à un prélevement d'une brebis. Maintenant deux associés apportent-ils chacun une mise de trente-six chameaux, le troupeau, étant de soixante et douze têtes, fournira à l'impôt une chamelle de quatre ans accompli, ce qui fait une demi-chamelle de quatre ans payée par chaque sociétaire, tandis que chacun, isolément, aurait livré, pour trente-six chameaux, une chamelle de deux ans. Il y a donc profit sous le rapport de la quantité, sous le rapport de l'âge et sous le rapport de l'espèce. Enfin deux propriétaires mettant en commun, l'un quatre-vingts chèvres, l'autre quarante moutons, devront, considérés comme un seul propriétaire d'un seul troupeau, fournir à la taxe légale une chèvre d'un an accompli, et les deux tiers seront à la charge de celui qui a apporté quatre-vingts chèvres, et l'autre tiers à la charge du second associé.]

La société est considérée comme étant un seul individu, aux six conditions suivantes, à savoir :

1° Que les sociétaires aient eu avant tout, l'intention formelle de se mettre en société;

2° Que les sociétaires soient tous musulmans;

3° Tous de condition libre;

4° Que chacun d'eux possède en troupeaux un nombre passible de prélèvements [quand même il n'en mettrait qu'une partie en commun; dans ce dernier cas, ce qui ne serait pas mis en commun serait compté avec la masse du troupeau de l'association, pour en déterminer le prélèvement];

5° Que chaque associé soit en toute propriété possesseur d'un troupeau imposable depuis un an révolu [durée que la loi a fixée pour établir le droit de prélèvement];

6° Que chacun des associés [et Khalil en suppose deux, car toutes choses sont égales pour plusieurs comme pour deux], que chacun, dis-je, mette son troupeau en commun, dans le but de constituer une propriété réelle, fructueuse, ou bien de s'assurer certaines facilités ou certains avantages relativement au plus grand nombre [c'est-à-dire, au moins à trois] des cinq circonstances que voici et dont les associés profiteront tous en frères franchement unis; savoir : — 1° relativement à un abri pour les troupeaux, contre les chaleurs du jour; — 2° relativement à l'abreuvement des animaux; — 3° relativement à une bergerie ou tout lieu de séjour pour les troupeaux; — 4° relativement à la garde des troupeaux dans les pâturages, par un berger ou plus, d'après le consentement des associés; — 5° relativement aux saillies ou aux usages des étalons ou des mâles des troupeaux.

[L'association doit avoir pour motifs les indications précitées; en d'autres termes, le but doit être de profiter de la plus grande partie des cinq circonstances mentionnées, qui ne se trouvent réunies toutes chez aucun des associés. Ainsi, l'un peut avoir un excellent abri de jour, l'autre une bergerie meilleure; l'un peut ne pas avoir d'eau en assez grande abondance, l'autre en avoir avec surabondance; l'un peut n'avoir pas de bon étalon, ou n'en point avoir du tout; ou bien deux associés peuvent en avoir chacun un, et tout le troupeau commun sera livré aux saillies de ces deux étalons, ou d'un seul, s'il n'y en a qu'un seul; les pâtres peuvent tous ensemble, ou séparément, ou en tel nombre déterminé, et du consentement des associés, faire paître le troupeau, selon qu'il est plus ou moins nombreux ou qu'il y a plus ou moins de travail pour soigner les étables ou les bergeries, pour traire le laitage. Tout devenant commun et partagé, il y a économie ou facilité pour tous, et pour tous aussi il y a avantage et profit. Les associés peuvent encore, par le fait de leur association ou communauté, prendre plus facilement à louage des ouvriers, des ustensiles, creuser des puits, etc. ce à quoi nul d'entre eux, isolément, ne pourrait suffire assez largement et convenablement.]

Ce qui sera fourni au collecteur, pour le prélèvement légal, sera réparti sur tous les associés en quote-parts proportionnelles à la mise de chacun d'eux, lors même qu'un des associés [ou une partie des associés] a, dans la masse commune, un nombre d'animaux intermédiaire entre deux quantités imposables. Ces répartitions se déterminent d'après la valeur de ce qui a été livré au prélèvement [valeur estimée au taux du jour où l'impôt a été recueilli. Là encore est un des avantages de l'association, comme nous l'avons déjà indiqué tout à l'heure. Deux individus ayant mis en commun, l'un neuf chameaux, et l'autre six, c'est-à-dire chacun un nombre intermédiaire à deux limites imposables, devront, pour le troupeau, trois brebis au collecteur. Ces trois brebis étant la taxe de quinze chameaux, pour la répartition de ce que doit supporter chaque associé, on divise trois en quinze, ce qui fait, pour chaque

chameau, $\frac{1}{15}$ de trois brebis; par conséquent, $\frac{27}{15}$ sont
à la charge du propriétaire des neuf chameaux, c'est-à-
dire, une brebis plus $\frac{4}{5}$; par suite, $\frac{15}{18}$ sont à la charge
du propriétaire des six chameaux, c'est-à-dire, une bre-
bis, plus $\frac{1}{6}$. Si l'un des deux associés a neuf chameaux,
et l'autre cinq, nombre légal et exact pour une limite
d'impôt, le collecteur prélève, pour les quatorze, une
taxe de deux brebis, et le calcul de répartition est le
même que le précédent. Mais si le collecteur a pris à
chaque associé une brebis, le propriétaire des neuf chameaux doit, pour rétablir la proportion réciproque, remettre à son associé $\frac{2}{7}$ de brebis.]

La répartition se fait encore proportionnellement
entre les associés, lorsque [la part de chacun étant
égale, mais au-dessous du nombre voulu], le collecteur
ou percepteur, interprétant mal le principe de la loi
des prélèvements, prend l'impôt sur la totalité du troupeau, qui, par le fait seul de l'association, présente
alors un chiffre imposable. [Ce troupeau ne devrait pas,
d'après la loi sur le cas d'association, payer d'impôt,
puisque chaque associé ne possède pas en propriété
possessoire un troupeau imposable.]

La répartition est proportionnelle aussi, lorsque la
masse du troupeau commun, qui, d'ailleurs, dépasse
un nombre passible d'impôt, appartient, en parties iné-
gales, aux associés, et que le collecteur, s'expliquant mal
la loi, prélève d'abord la taxe voulue pour tel nombre
imposable [qui est la propriété d'un associé], et prélève encore un surplus sur un nombre imposable abso-

lument parlant, mais qui n'est que la conséquence de l'association ou du mélange des troupeaux [et non un chiffre primitivement imposable. Par exemple, deux propriétaires, l'un ayant cent moutons, et l'autre vingt-cinq, se mettent en société; si le collecteur, appliquant faussement la loi, lève sur la masse du troupeau deux brebis ou deux moutons, il y a prélèvement d'un mouton ou d'une brebis en excès; car celui qui ne possède que vingt-cinq têtes de menu bétail ne doit rien au prélèvement, et celui qui en possède cent n'en doit payer qu'une. Or, dans ce cas, si le collecteur a cru de son droit de lever deux brebis, elles seront réparties proportionnellement sur les deux associés; $\frac{4}{5}$ des deux brebis seront à la charge du propriétaire des cent moutons, et $\frac{1}{5}$ sera à la charge du propriétaire des vingt-cinq moutons. Selon d'autres légistes, une brebis sera à la charge du propriétaire des cent moutons, et le prix de l'autre brebis sera divisé en cent vingt-cinq, et réparti sur les deux associés].

Les répartitions [indiquées dans les deux alinéa précédents] ne seront opérées [comme il vient d'être dit] que lorsque le collecteur aura prélevé l'impôt, en interprétant faussement la loi, non en n'agissant que par l'impulsion d'une brutalité ignorante. [Dans cette dernière hypothèse, celui auquel le collecteur aura pris au delà de ce qui convient, le supportera comme perte purement personnelle et dans laquelle n'entre point la solidarité des autres associés.] Il n'y a pas non plus de répartition d'un prélèvement [fait illégalement sur un troupeau commun], lorsque les mises des sociétaires ne complétent pas une quantité imposable. [Par exemple, sur un troupeau de vingt moutons appartenant en parties égales à deux associés, si un prélèvement a été exigé et pris d'un associé, celui-ci en supportera seul la perte.]

Si un propriétaire de quatre-vingts têtes de menu bétail les met en commun avec deux moitiés de ce même nombre et qui appartiennent à deux individus séparés [c'est-à-dire s'il les met en commun avec quatre-vingts autres têtes de menu bétail appartenant chaque moitié à un individu séparé de l'autre, et non associé avec lui], ou bien, si le propriétaire des quatre-vingts têtes de menu bétail en met seulement la moitié en commun avec quarante qui sont la propriété d'un seul individu, la loi [dans le premier cas] ne considère ce propriétaire des quatre-vingts que comme associé d'une seule association; et le prélèvement est, sur lui, d'une brebis, et, sur chacun des deux autres, d'une demi-brebis. [Dans le second cas, le prélèvement étant d'une brebis, les deux tiers en sont au compte du propriétaire des quatre-vingts, et l'autre tiers au compte du propriétaire des quarante.] Dans ces circonstances [de fractions d'impôts à supporter par les associés], chacun s'acquitte en payant la valeur estimative de chaque quotité au collecteur.

§ 8. Époque annuelle des prélèvements sur les troupeaux. — Circonstances qui modifient la conduite des collecteurs ou percepteurs
officiels.

La règle veut que les collecteurs partent pour recueillir les prélèvements sur les troupeaux, même dans
les années de sécheresse et de disette, à l'époque juste
où les pléiades se lèvent au moment de l'aurore [103].
Cette époque est d'obligation canonique [pour le payement des impôts], à condition, bien entendu, qu'il y
ait des collecteurs désignés, et qu'ils arrivent dans ce
temps aux localités où ils doivent opérer les prélèvements. [S'ils arrivent plus tard, c'est-à-dire après un an
écoulé, ils ne prélèvent que sur le nombre actuel des
troupeaux. Quand même les propriétaires auraient
égorgé ou perdu de leurs animaux, on ne doit établir
l'impôt que sur le nombre présent au moment où arrive le collecteur.]

L'héritier qui hérite [d'un propriétaire de troupeaux,
lequel propriétaire est mort après l'année de possession
accomplie, mais] avant que le collecteur ne soit venu
recueillir l'impôt, commence son année de jouissance
[relativement au prélèvement futur], du jour où il est
héritier [à condition, cependant, que cet héritier ne soit
possesseur que d'un troupeau trop faible pour être passible d'un prélèvement. S'il possède déjà un troupeau en
nombre imposable, alors on ajoute l'héritage du troupeau à l'ancien troupeau, et le prélèvement s'opère sur
le tout.]

On ne doit point exécuter en premier lieu, des volontés d'un mort qui prescriraient de disposer d'une
partie d'un troupeau [par exemple, pour des aumônes,
pour des bonnes œuvres particulières], on n'exécutera
point, disons-nous, ces volontés du défunt, avant d'a-
voir satisfait au prélèvement légal [si ces volontés ont
été exprimées et indiquent un temps avant l'arrivée
du collecteur. Telle serait la volonté testamentaire d'un
mourant qui ordonnerait de consacrer le tiers de ses
biens, chose qui n'est pas rare parmi les musulmans,
au rachat de prisonniers et au soulagement de malades].
    C'est [sortir des intentions de la loi, et] faire un acte
nul, que d'extraire [avant l'arrivée du collecteur] les prélèvements à fournir sur les troupeaux, et surtout de
disposer soi-même de ces prélèvements en faveur des
pauvres.
    Si le troupeau, au moment de la tournée et de la
perception du collecteur, est au-dessous du nombre imposable, et qu'ensuite, après le départ du collecteur,
ce troupeau [par suite d'échanges ou par les naissances
de nouveaux produits] se trouve, lors du retour du collecteur, être accru au nombre voulu pour l'impôt, le
propriétaire [ne doit pas encore subir de prélèvement;
il] a commencé sa première année de jouissance [année
qui ne doit être comptée que lorsqu'elle est complétement écoulée au moment où le collecteur opère les
rentrées à l'époque légale. En d'autres termes, l'impôt
n'est exigible, pour un troupeau en nombre voulu, que
si le propriétaire a joui de ce troupeau pendant une

année entière, à l'époque légale où le collecteur se présente].

Si le collecteur nommé officiellement pour la levée des impôts retarde [et passe quelques années sans faire] la collecte, et que le propriétaire ait disposé lui-même, en faveur des pauvres, des animaux qui devaient être livrés au percepteur officiel, le propriétaire est quitte envers la loi [il n'a fait en cela que ce qu'il lui est permis de faire]. Cette disposition légale est donnée par El-Lakhmî.

Mais lorsque le propriétaire n'a rien extrait de ses troupeaux, et n'a disposé de rien [pendant tout le temps que le collecteur n'a point paru], les prélèvements se déterminent [en revenant sur le passé depuis l'absence du collecteur, et se comptent] d'après les mouvements d'accroissement et de diminution, à partir de la première année [c'est-à-dire l'année qui a suivi la dernière collecte des prélèvements. Ainsi, en supposant que le collecteur ou percepteur, par causes de troubles, de guerre, etc. n'ait pas levé l'impôt depuis quatre ans, qu'à la dernière levée il ait trouvé cinq chameaux chez un propriétaire, et qu'à son retour, après quatre ans, il lui trouve vingt chameaux, il prélèvera un impôt de seize brebis, ou moutons, ou chèvres, qu'il sache ou non de combien a été l'augmentation du troupeau pour chaque année en particulier. Il prélève donc quatre brebis par année, et comme si le troupeau était au nombre de vingt depuis quatre années. Mais si les chameaux, lors de la collecte passée, étaient au nombre de vingt, et que, maintenant, après une absence de quatre ans, de la part du collecteur, il n'y ait plus que cinq chameaux, le prélèvement n'est que de quatre brebis, ou moutons, ou chèvres, comme si la diminution, quelle qu'en soit, d'ailleurs, la cause, était au chiffre cinq depuis quatre ans.]

On doit être attentif à modifier la levée de l'impôt [c'est-à-dire qu'on ne le tarife plus rigoureusement et en masse, sur la diminution ou l'augmentation du troupeau pour chacune des années pendant lesquelles n'a pas paru le collecteur], lorsque le prélèvement [ainsi généralisé et exigé] abaisse le chiffre du troupeau au-dessous du chiffre légal imposable, ou bien abaisse la qualité, c'est-à-dire le degré d'âge et de valeur des animaux [demandés par la loi, pour les impôts, aux différents nombres imposables. Ainsi, en supposant que le collecteur n'ait pas levé les impositions depuis quatre ans, et que le troupeau qui, à la dernière levée, était de cent moutons, ne soit plus maintenant que de quarante-deux, si l'on prélevait, selon le principe général, l'impôt d'un mouton pour chacune des quatre années passées, le troupeau se trouverait réduit à trente-huit. Or la loi défend de rien prélever sur un troupeau de moutons qui est au-dessous du nombre quarante. Une fois donc que l'on aura, dans le cas supposé ici, levé trois moutons, le troupeau sera au-dessous du chiffre imposable, et le collecteur ne doit plus rien prendre; il y a donc, pour lui, perte du prélèvement d'une année ou d'un mouton].

[Pour ce qui concerne l'abaissement de la qualité, un exemple éclaircira le fait. Supposons que le collecteur n'ait pas paru depuis cinq années, et que, lors de sa dernière collecte, le troupeau d'un propriétaire était de soixante chameaux. A la réapparition du collecteur, le troupeau n'est plus que de quarant-sept chameaux; le prélèvement alors est, pour les deux premières des cinq années, de deux chamelles de trois ans accomplis, taxe fixée pour un troupeau de quarante-six à soixante chameaux. Cela pris, le troupeau n'est plus que de quarante-cinq; et comme en aucune circonstance on ne doit prélever de chamelle de trois ans sur un troupeau au-dessous de quarante-six chameaux, le collecteur ne peut plus exiger, pour les trois autres années, que trois chamelles de deux ans accomplis, âge fixé pour l'animal à prélever sur un troupeau de trente-six à quarante-cinq chameaux. Le nombre et l'espèce des animaux à prélever peuvent, en même temps, être changés aussi. Dans le dernier exemple cité, si, après les cinq années, les soixante chameaux sont réduits à vingt-cinq, le prélèvement sera d'une chamelle d'un an accompli, pour la première année; puis le nombre imposable, n'étant plus le même, et ne devant plus fournir que des moutons, ou brebis, ou chèvres, donnera, pour les quatre années, seize moutons; car le nombre de quatre moutons ou brebis est l'impôt pour un troupeau de vingt à vingt-quatre chameaux.]

Il faut être également attentif à tenir compte de l'époque à laquelle un troupeau s'est complété [par échanges ou naissances de produits], et est arrivé ainsi au nombre imposable qu'il n'avait pas lors de la dernière levée des impôts; et, pour la désignation de l'époque, on en croit la déclaration du propriétaire. [Un troupeau qui n'était que de trente moutons, c'est-à-dire non passible de prélèvement, s'est-il complété le nombre imposable, c'est-à-dire le nombre quarante ou cinquante, pendant trois ans que n'a pas paru le collecteur, ce troupeau ne devra fournir au prélèvement que deux années, si, d'après la déclaration simple et sans serment du propriétaire, le troupeau n'est complété que depuis deux ans; et toujours on observera que le prélèvement s'arrête au nombre inférieur au chiffre voulu pour la taxe légale. Ainsi, dans le cas de quarante, on ne pourrait lever qu'un mouton.]

Mais on ne tient pas compte de la diminution d'un troupeau [pour en retirer le prélèvement], quand l'individu propriétaire a disparu avec un troupeau imposable [et a échappé ainsi, une ou plusieurs années, à l'acquittement de son impôt. Lorsque cet individu revient ou que l'on peut recouvrer ce qu'il doit d'impôts, on évalue tout l'arriéré, sur le nombre qu'avait le troupeau au moment de la fuite, excepté pour la dernière année ou année du retour. Ainsi, l'individu a-t-il disparu avec trois cents moutons, pendant cinq ans, si à son retour il n'a plus que quarante moutons, on lui prend douze moutons ou un sur cent, selon les statuts de la loi, pour les quatre premières années de disparition, et un mouton pour la dernière année, la possession n'étant alors que de quarante. On ne tient nul compte des déclarations de l'individu relativement à l'époque de la diminution. Bien plus, si ce propriétaire qui a disparu avec ses trois cents moutons reparaît n'ayant plus rien, il n'est pas moins obligé de payer le passé. Qui fuit ne reste pas moins responsable].

Si le troupeau de celui qui a disparu s'est augmenté, le fugitif [à son retour] fournit un prélèvement proportionnel à ce qu'était le troupeau dans chacune des années d'absence, à commencer par la première; mais alors [pour établir les différences de chaque année] doit-on croire à la déclaration du propriétaire? El-Mâzerî apporte, en réponse à cette question, deux dires opposés. [L'un est pour l'affirmative en toute circonstance; l'autre, pour la négative, quand l'individu revient sans avoir intention de réparer sa faute.]

Lorsque le collecteur a demandé à un propriétaire quel est le nombre d'un troupeau, et que le troupeau compté se trouve être différent en moins ou en plus de ce qui a été déclaré [soit parce qu'il en est mort quelque animal, soit parce que l'on en a égorgé, soit parce qu'il y a eu quelques naissances, etc.], le collecteur doit s'en tenir au compte qu'il trouve, soit qu'il n'ait pas cru à la déclaration qui indiquait un nombre trop élevé, soit qu'il y ait cru et que le nombre se soit présenté moindre. Du reste, relativement à la déclaration erronée qui dénoncerait plus que le nombre réel, il y a, chez les juristes modernes, divergence d'opinions, et la circonstance n'est pas nettement éclaircie et jugée (*téreddoud*).

[Suivant les uns, on acceptera la déclaration comme vraie, et l'on agira en conséquence; suivant les autres, on comptera et l'on s'en tiendra au chiffre trouvé.]

Sur les troupeaux des dissidents ou des sectaires schismatiques, on lève aussi l'impôt [lorsqu'on le peut et dès qu'on le peut], en reprenant l'arriéré depuis leur séparation de la société musulmane orthodoxe, à moins qu'ils n'assurent avoir payé cet impôt [et alors leur déclaration est acceptable et suffit]. Mais leur déclaration serait sans valeur et rejetée, s'ils s'étaient séparés de l'orthodoxie dans le but de se dispenser de l'impôt même.

SECTION II.

PRÉLÈVEMENTS SUR LES PRODUITS DU SOL.

§ 1. Prélèvements sur les grains, les graines, les olives, le raisin sec.

A partir d'une quantité de cinq *ouask'*[104] ou charges et au delà, même en terre de *kharâdj* ou terre tributaire, c'est-à-dire, à partir de seize cents *rit'l* ou livres, chaque livre pesant cent vingt-huit drachmes, des drachmes de la Mekke au poids de cinquante grains et $\frac{1}{5}$ de grain d'orge moyenne pour chaque drachme, on prélève, sur les grains et seulement sur les fruits susceptibles de dessiccation, et même employés frais (tels que le raisin sec], la moitié du dixième de ces grains et fruits, débarrassés, comme il convient, de substances étrangères

[de cailloux, de poussière, etc.]; — de même sur l'huile
des graines ou fruits huileux [comme l'olive, le sésame];
— et sur le prix de ces graines ou fruits qui ne sont
pas propres à fournir de l'huile [que leur prix soit ou
non de vingt *dînâr*, somme imposable pour les valeurs
monétaires]; — et sur le prix des récoltes non soumises
à la dessiccation [comme le raisin ordinaire]; — et sur
le prix des fèves vertes.

Mais on ne prélève le demi-dixième ou la demi-dîme
sur cinq ouask' de ces fruits ou de ces légumes de certaines espèces, et sur le prix de l'huile de cinq ouask'
ou sur le prix de cinq ouask' pour d'autres espèces, que
si les récoltes en sont produites au moyen d'une irrigation artificielle; sinon, l'on prélève le dixième ou la
dîme entière, et cela quand même le cours ou la prise
d'eau d'arrosage aurait été acheté par le cultivateur, et
quand même cette eau aurait été amenée sur les terres
aux frais et dépens du propriétaire [en pratiquant, par
exemple, une voie d'écoulement à partir d'une source,
d'un lac, d'une rivière, d'un fleuve. Par irrigation artificielle, on entend ici toute application directe de la
force de l'homme ou de la force des animaux à la mise
en travail d'une machine, quelque simple qu'elle soit,
pour arroser ou pour transporter l'eau].

Si les terres sont abreuvées par les deux procédés
[c'est-à-dire, et par simple écoulement parti d'une première masse d'eau et par l'emploi de moyens mécani-
ques ou irrigation artificielle], l'impôt à prélever est
déterminé sur ce double fait. [Si l'irrigation par cours

simple a lieu sur la moitié ou à peu près de la terre en culture, on taxe les produits de cette partie à un prélèvement d'un dixième, et ceux de l'autre partie, arrosée artificiellement, sont taxés à un demi-dixième. Cette différence en moins, dans le dernier cas, est un bénéfice accordé par la loi, en compensation des frais qu'entraînent l'établissement et l'entretien des machines, l'achat et l'entretien des animaux, le salaire des ouvriers. Le Prophète a dit : « Tout ce qu'arrosent le ciel et les sources doit un impôt d'un dixième. »]

Mais si la plus grande partie des terres est abreuvée par l'un ou par l'autre des deux procédés, prélèvera-t-on l'impôt sur le tout, en raison du mode d'irrigation qui a prédominé? Il y a sur ce point opposition d'avis. [Les uns veulent que, dans tous les cas, on tienne compte de la quantité des terres arrosées de telle façon, et de celles qui sont arrosées de telle autre façon. Les autres prétendent que lorsque la plus grande partie, c'est-à-dire environ les deux tiers, est arrosée par l'un des deux moyens, on fixe tout l'impôt d'après ce mode d'irrigation; car, disent-ils, la récolte obtenue aussi abondante qu'elle peut l'être est le terme extrême vers lequel tend le cultivateur.]

[Sous la dénomination générale de *grains*, employée ici par Khalîl, il faut, disent les commentateurs, comprendre dix-neuf sortes de grains, formant trois classes différentes :

1° Les grains légumineux à cosses ou enveloppes, ou siliques, au nombre de sept : — les pois chiches,

—les fèves,—les haricots,—les lentilles,—les lupins,
— les pois de plein champ, — et les pois ordinaires;

2° Les grains proprement dits, au nombre de huit :
— le blé, — l'orge, — le *soult* (ou *gymnocrithon* des
Grecs, ou le *tragos* de Dioscorides), — le froment d'A-
rabie (ou *tritici genus bicoccon*) [105], — le riz, — le
doukhn (pennisethum typhoïdeum), — les *zoura* (ou doura,
en langage vulgaire : le doura ordinaire ou petit doura,
sorghum vulgare, et le maïs, *zea maïs*), — le raisin
sec;

3° Les grains huileux, au nombre de quatre : — les
olives, — la graine de sésame, — la graine de raifort
rouge — et la graine de carthame].

[Lorsqu'une ou quelques-unes des espèces analogues
de grains légumineux, à siliques, ne s'élèvent pas, pour
un cultivateur, à une quantité imposable,] on compte
ensemble les quotités de diverses espèces [et si ces
quotités additionnées forment cinq ouask', on en retire
le prélèvement légal]. On compte ensemble le blé,
l'orge et le soult. Ces évaluations par masses réunies
se font pour les mêmes espèces de grains, fussent-ils
recueillis par le cultivateur sur des territoires de dis-
tricts différents, mais toujours à la condition que l'une
des deux espèces [dont on calcule ensemble les quan-
tités] ait été semée avant la moisson ou la récolte de
l'autre. [Car l'intervalle de temps d'une moisson d'une
espèce, à l'autre moisson, est l'année ou durée de possession légale pour permettre d'exiger l'impôt.]

[Dans ces évaluations par additions de masses qui,

isolées, ne forment pas une quantité imposable,] on compte la récolte d'une semaille intermédiaire à deux autres semailles, avec la récolte de l'une et de l'autre, ou bien de l'une ou de l'autre de ces deux semailles. [Toutefois il faut les conditions suivantes, qui entrent dans le principe conditionnel exprimé par la disposition légale précédente. Il faut que, sur trois semailles, la seconde ait été faite avant la récolte de la première, et que la troisième ait été faite après cette récolte de la première et avant la récolte de la seconde. Dans cet état de choses, on compte ensemble les trois récoltes, ou bien deux d'entre elles seulement, mais toujours une des deux extrêmes avec celle du milieu, pour arriver, s'il y a possibilité, à composer une quantité imposable; et selon que l'addition du produit de la récolte intermédiaire à celui des deux autres forme une quantité imposable, on la taxe au taux de la loi, et la récolte qui n'entre pas dans la formation du nombre imposable reste en immunité.] On ne compte jamais ensemble la première des trois récoltes indiquées, avec la troisième [car il n'y a pas entre elles le rapport de contiguïté exigé par la loi, c'est-à-dire, l'antériorité de la semaille de la troisième par rapport à la récolte de la première].

On ne compte les grains indiqués précédemment [savoir : le blé, l'orge, le soult, et les grains siliqueux ou légumineux,] ni avec l'*a'las* ou froment d'Arabie, ni avec le doukhn, ni avec les doura, ni avec le riz; ces quatre derniers sont aussi des espèces différentes, qui ne se

comptent pas non plus l'une avec l'autre. Pour le sésame, la graine de raifort rouge et la graine de carthame, on agit comme pour les olives [c'est-à-dire que
l'on ne compte et ne complète point les quantités de
ces graines en les ajoutant l'une à l'autre, par la raison
qu'elles sont considérées aussi comme espèces différentes; mais on prend l'impôt sur les huiles obtenues
de cinq ouask' de ces graines, de même que pour l'huile
d'olive]; il n'en est pas ainsi de la graine de lin. [La
graine et l'huile de lin ne sont soumises ni l'une ni l'autre
à l'impôt, parce qu'elles n'entrent dans aucun aliment.]

Pour compléter le poids ou la quantité imposable
du riz et du froment d'Arabie, on compte avec chacun
d'eux les écorces et les débris qui en ont été séparés en
les mondant. [Ainsi, lorsqu'il y a quatre ouask' de riz et
un ouask' d'écorces et de brisures ou riz cassé, on retire,
sur ces cinq ouask', le dixième ou le demi-dixième, selon
que le riz a été cultivé par irrigation naturelle ou par
irrigation artificielle. Mais si le propriétaire a disposé,
en faveur des pauvres, de la quotité de l'imposition,
sans avoir mondé le riz, la loi laisse passer le fait comme
valide.] On compte aussi, pour compléter une quantité
et la rendre imposable, ce qui [après maturité conve-
nable] a été donné [par le propriétaire ou cultivateur,
soit en cadeaux, soit] en aumônes aux pauvres [mais
sans qu'il y ait eu intention de faire servir cette aumône à
l'acquittement de l'impôt]. On compte également, pour
compléter une quantité et la rendre imposable, ce que
l'individu a donné soit par tas ou autrement, comme

salaire aux ouvriers [106]; mais on ne compte point ainsi ce que les animaux mangent pendant qu'ils travaillent à dépiquer les grains [et à les transporter étant encore en tiges; car il est difficile alors de prévenir ces pertes. On tient compte seulement de ce que ces animaux mangent à l'état de repos [107]].

§ 2. Époque des prélèvements sur les produits du sol. — Prélèvements sur les héritages, les legs, les biens vendus.

Le moment d'opérer le prélèvement sur les grains et les fruits est : — pour les grains, l'époque de leur maturité complète [c'est-à-dire l'époque à laquelle ils sont parvenus au point de n'avoir plus besoin d'être arrosés, lorsque leur sève est épuisée et desséchée et qu'ils ne peuvent plus rien perdre du développement qu'ils ont acquis]; — pour les fruits, l'époque à laquelle ils sont d'usage convenable [lorsqu'il est permis et bon de les vendre, lorsque les dattes sont rouges, lorsque le raisin est doux, lorsque les olives sont noires].

Si l'héritier [de cultures dont les produits en grains et en fruits ne sont pas en quantité imposable] hérite avant l'époque de maturité des grains et des fruits, il ne doit subir aucun prélèvement [à moins que cet héritier ne possède déjà personnellement, en grains et en fruits, une quantité qui, réunie avec les produits de l'héritage, forme une valeur imposable. Mais, dans cette dernière supposition, il ne subira le prélèvement qu'au moment de la maturité du tout].

Le prélèvement légal est à la charge de celui qui [a donné en cadeaux ou en aumônes, ou qui] a vendu ses grains ou ses fruits [en tout ou en partie] après la maturité. [Car c'est pendant que l'individu possédait, que l'époque de l'impôt est arrivée, et à ce moment-là les pauvres étaient les associés de ce propriétaire, relativement à la dime ou à la demi-dîme de ce qu'il possédait.] Mais si cet individu ne peut payer le prélèvement [s'il a disparu, s'il a perdu ou dissipé le prix de la vente, etc.], c'est à la charge de l'acheteur [ou du donataire] que sera l'impôt [si toutefois on trouve chez l'acheteur, par exemple, non d'autres marchandises semblables, mais les marchandises mêmes qu'il a achetées du vendeur en question. Ensuite, cet acheteur retirera du vendeur, d'autres marchandises en acquittement du prélèvement fourni, des frais de transport, etc. Si l'on ne trouve plus chez l'acquéreur les marchandises mêmes, on revient au vendeur, on le poursuit, et, en quelque temps que ce soit, on retire de lui le prix du prélèvement dont il est débiteur].

Les frais d'entretien et de soins d'un legs partiel et défini, d'une culture, sont à la charge de celui que le défunt a désigné nominalement légataire de ce legs partiel [soit que ce légataire ait hérité avant l'époque de la maturité, soit qu'il ait hérité après cette époque; car, au moment de la mort du testateur, le légataire est en plein droit de propriété]. Les frais susmentionnés ne sauraient jamais être à la charge des pauvres [lorsque le testateur leur a légué une partie de ses biens; car alors il n'a désigné personne nominalement. De plus, comme prolétaires et pauvres, considérés du point de vue le plus général, ils n'ont droit à rien sur les biens de qui que ce soit, avant l'époque de la maturité, époque à laquelle la loi lève pour eux ce que le riche leur doit sur ce qu'il possède].

Quand le legs [avec désignation nominale du légataire] est un nombre de mesures de grains ou de fruits [ou un nombre de ouask'], les frais d'entretien de la culture demeurent à la charge du mort jusqu'au moment de la maturité.

§ 3. **Estimation et prélèvement des raisins et des dattes.** — Les prélèvements se prennent sur les produits tels qu'ils sont.

Pour les dattes [que l'on se propose ordinairement de conserver sèches] et pour les raisins [que l'on veut aussi garder à l'état sec], on en estime sur pied les quantités ou ouask', par simple estimation à l'œil, et cela à l'époque où ces fruits sont assez mûrs pour être vendus, parce que alors les propriétaires peuvent les destiner à divers usages et emplois [sécher les uns, manger les autres à l'état frais, en faire des présents, les vendre en tout ou en partie, etc.].

L'estimation des dattes s'évalue dattier par dattier [afin d'éviter toute appréciation trop hasardée et surtout nuisible au propriétaire]. On aura soin, en calculant l'estimation pour les dattes et pour les raisins, de défalquer ce que, par la dessiccation, ils perdent en poids

[car c'est par le nombre des ouask' que s'établit le pré-
lèvement]. Mais on ne tient pas compte de la perte probable [par la chute spontanée du fruit, par ce qu'en
mangeront les oiseaux, et par toute cause ou accident
imprévu; d'ailleurs la loi, en rejetant surtout la première des causes de perte, a eu en vue d'en laisser profiter les pauvres].

Un seul commissaire-priseur suffit pour les estimations de ces fruits. [Mais il faut qu'il soit musulman,
probe, intègre, expert dans ces sortes d'estimations.
Cette disposition légale a pour but de se conformer à
la conduite du Prophète, qui n'envoyait qu'un seul com-
missaire, A'bd-Allâh-ibn-Raouâh'a, pour estimer les
dattes des Beni-Khaïbar.] Mais si plusieurs commissaires
[procèdent ensemble à l'estimation et qu'ils] diffèrent
entre eux sur les quantités appréciées, on s'arrête à la parole du plus expérimenté d'entre eux [quelle que soit
la quantité qu'il ait indiquée. S'ils ont fixé une estimation chacun isolément et en temps différent, on suit le
jugement du premier].

Lorsque les commissaires sont tous d'égale expérience,
on prend de chacun d'eux un chiffre d'appréciation, par
proportion de leur nombre. [Ainsi, les commissaires
étant trois, on prend le tiers du chiffre d'appréciation
de chacun d'eux et l'on en compose l'expression estimative générale. En supposant que les trois commissaires aient donné, l'un un chiffre de 110, l'autre un
chiffre de 96 et l'autre un chiffre de 90, on prend le
tiers de chacun de ces chiffres, on réunit ces trois tiers

et l'on a pour estimation générale et définitive, 98, nombre sur lequel on base la quotité de l'impôt.]

Si après l'estimation établie il survient quelque malheur [ou quelque accident qui occasionne la perte ou totale ou partielle des dattes, des raisins], on en tient compte au propriétaire pour l'impôt [et si les pertes abaissent la quantité de ces fruits au-dessous du degré déterminé pour exiger l'impôt, on ne prend plus de prélèvement].

Lorsque le poids de ces fruits [après qu'ils sont cueillis] est au delà de ce qu'avait présumé l'estimation donnée par un expert juste et probe, il convient de retirer l'impôt proportionnel de ce surplus. [Ici le fait est l'analogue d'un jugement erroné que l'on rectifie ensuite. Il est évident que dans le premier cas, c'est-à-dire, celui de perte ou de diminution, l'erreur doit être vérifiée et justifiée par expertise et non admise comme telle sur la simple déclaration du propriétaire; car celui-ci pourrait avoir été lui-même, et de dessein prémédité, la cause coupable du déficit.] Mais pour le cas où l'estimation serait, par erreur, en deçà de la vérité, est-il réellement de simple convenance de retirer du surplus un impôt proportionnel à ce surplus, ou bien est-ce un devoir obligatoire et positif? Il y a sur ce point deux avis contradictoires donnés par les commentateurs du Moudaouéneh.

Le prélèvement sur les produits du sol se prend sur les grains et les fruits tels qu'ils sont [bons ou mauvais], de même que pour les dattes, qu'il y ait dans les uns et dans les autres une seule espèce ou deux espèces de chaque genre. [On prélève de chaque espèce, en proportion de sa quantité absolue.] Mais s'il y a plus de deux espèces, on prélève l'impôt, sur l'espèce de qualité moyenne [non la meilleure, ni la plus mauvaise].

SECTION III.

PRÉLÈVEMENTS SUR L'OR ET L'ARGENT.

—————

§ 1. Quotité des prélèvements sur les valeurs d'or et d'argent, et sur les bijoux.

Sur deux cents *dirhem* ou drachmes des dirhem déterminés par la loi religieuse [108], ou sur vingt *dînâr* et au delà de ces deux limites de nombre, ou bien sur une somme représentant cette valeur [de deux cents dirhem ou de vingt dînâr] par des quantités variables de ces deux sortes de monnaies [c'est-à-dire, par exemple, cent dirhem et dix dînâr ou bien cent cinquante dirhem et cinq dînâr], le prélèvement ou impôt légal est du quart du dixième [ou deux $\frac{1}{2}$ pour cent].

Ce prélèvement se perçoit même sur les sommes qui appartiennent à l'enfant ou à l'aliéné; et même aussi quand les pièces d'argent ou d'or perdraient en poids [un, deux, ou trois grains], ou seraient de mauvais aloi, ou contiendraient trop d'alliage [en cuivre ou en plomb];

il suffit qu'elles aient cours comme pièces acceptées
pour bonnes et à la valeur qui leur est attribuée. Si
elles ne sont pas reçues dans le public [à cause de leur
mauvais aloi et de la faiblesse de leur titre], on ne tient
compte que de leur valeur intrinsèque et positive.

Pour que le prélèvement au taux indiqué soit exigible, il est de principe fondamental que la somme précisée par la loi soit possédée en toute propriété par
l'individu [qu'il n'en doive rien, qu'il ne l'ait pas trou-
vée] et que la possession date d'une année entière. La
loi a des exigences différentes [comme on le verra bien-
tôt], quand il s'agit de valeurs d'or et d'argent métalliques encore dans la mine ou en minerai.

Le prélèvement à payer pour des sommes que l'on
a mises en dépôt se calcule sur le nombre d'années que
le dépôt est demeuré entre les mains du dépositaire. [Il
en est de même pour des sommes dont le propriétaire a
détaché une partie pour des achats qu'il a envoyé faire
dans un autre pays, ville ou village, achats qui ont eu
lieu seulement après que l'année légale de possession
était terminée].

On opère encore le prélèvement annuel [comme dans
le cas précédent, c'est-à-dire en calculant le nombre
des années passées,] sur les sommes mises en activité
dans le commerce, par l'aide d'un commis payé [car
ce commis est alors le représentant du propriétaire].
Mais le prélèvement ne se perçoit pas ainsi [c'est-à-dire
en tenant compte des années précédentes] : — sur une
somme qui a été détournée injustement d'un individu,

ou retenue par violence [car le propriétaire réel n'en
a pu retirer aucun profit. Lorsque la somme est rendue
par celui qui l'avait détournée ou retenue, le propriétaire réel en paye l'impôt d'une année au moment où il
touche son argent; et il y comprend l'impôt des intérêts, si le détenteur les lui paye]; — ni pour des espèces enfouies et cachées et dont on a perdu la trace
[si on les retrouve, il est de devoir d'en payer alors une
année d'impôt]; — ni pour une somme que l'on a perdue en route, en marche [si on la retrouve, on en paye
aussi alors une année d'impôt];—ni pour des sommes
livrées, sans caution ni garantie, à un individu [pour
les faire fructifier commercialement et] à condition que
cet individu en garde pour lui le profit. [Mais dès que
le propriétaire sera rentré dans ses fonds, il en payera
une année d'impôt.]

On ne prélève rien non plus sur les espèces en or ou
en argent venant d'un héritage [ou d'une donation, ou
d'un présent, ou d'une aumône, ou d'une gratification,
ou d'une donation de produits], lorsque l'individu ignore
le fait qui le constitue héritier [ou donataire, ou des-
tinataire], ou encore lorsque la justice [ou le fondé
de pouvoir ou le chargé d'affaires] n'a remis les valeurs
[ou notifié le fait] à celui qui doit recevoir, qu'après
une année écoulée depuis que la succession a été parta-
gée et que les autres héritiers ont touché leurs parts
[ou depuis que la donation, ou l'aumône, etc. etc. a été
ordonnée. L'année de possession, en toute propriété,
condition voulue par la loi pour la légitimité du prélè-

vement, ne commence que du moment de l'entrée en
jouissance].

Par suite du même principe, on ne prélève pas d'impôt sur des valeurs en or ou en argent venant d'un legs,
lorsqu'il s'est passé une année avant que les sommes
soient consignées aux légataires [et lorsque la mort du
défunt a eu lieu avant la fin de la dernière année de
possession].

La loi exempte de prélèvement : — l'or ou l'argent
que peut posséder tout individu de condition serve
[quand même la valeur en serait au chiffre imposable,
et, quelle que soit la position de l'esclave, qu'il soit à
l'état ordinaire d'esclave ou affranchi partiellement,
qu'il soit sous la promesse d'affranchissement posthume
ou d'affranchissement contractuel, ou bien que la femme
esclave soit devenue mère par le fait de son maître ou
patron et que celui-ci n'ait plus le droit de l'aliéner, etc.];
— les sommes en espèces possédées par un individu qui
les doit à des créanciers [de manière qu'après les dettes
payées il ne lui resterait plus une somme passible de
l'impôt]; — la valeur en surplus du prix intrinsèque,
acquise aux matières d'or ou d'argent, par le fait du
monnayage ou par l'art du bijoutier, ou par la beauté
du travail, ou du produit obtenu de la mise en œuvre de
l'or ou de l'argent primitif [le prix intrinsèque de l'or
et de l'argent est, dans cet état de choses, seul im-
posé]; — les bijoux, même dégradés mais non brisés
en nombre de morceaux, et lorsque l'on se propose de
les donner à réparer ou à refaire [s'ils restent brisés

en nombre de morceaux, c'est-à-dire hors de tout
usage comme bijoux, ils doivent être frappés de l'impôt, après un an de possession en cet état]; — les parures et bijoux qui même appartiennent à un homme
[soit qu'il les destine à sa femme, ou à sa fille, ou à
une sœur ou autre proche parente, soit qu'il veuille les
employer à s'en faire, par exemple, un anneau ou un
scel, à s'en attacher des dents, à s'en fabriquer un nez,
à en orner un sabre, un K'oran]; — les parures et bijoux destinés à être loués [même à des hommes].

Mais les parures et les bijoux sont soumis à l'impôt :
— s'ils sont d'usage prohibé par la loi [tels que des anneaux en or et des bracelets en or, pour un homme,
les petits vases à *keuh'l* et à *miroued* en or ou en argent,
pour une femme ou pour un homme [109], des ustensiles de ménage en or, excepté les petits objets d'orne-
ment]; — s'ils sont réservés, en cas de revers ou de
besoins imprévus, pour l'avenir [car alors c'est une possession qui représente des espèces monnayées]; — s'ils
sont conservés comme don nuptial pour une fiancée; —
s'ils sont destinés à être vendus comme objets de commerce [les eût-on acquis d'abord dans l'intention de s'en
servir en parures seulement; dès qu'ils sont devenus
marchandises, ils sont soumis à l'impôt proportionnellement à leur valeur en espèces]. Les bijoux dont il est
question sont passibles de prélèvement ou d'impôt, lors
même qu'ils portent des pierreries enchâssées; mais on
ne prélève l'impôt que sur le poids de l'or et de l'argent,
dont on fait la pesée après avoir détaché les pierreries

[perles ou gemmes], si cela est possible sans la moindre dégradation et le moindre préjudice. Si la séparation des pierreries [peut se faire sans dommage, on la répète tous les ans; si elle] est impossible sans dégradation aucune, on estime ce qu'il y a, dans les bijoux, en valeur d'or ou d'argent [après une pesée exacte, et l'on impose en raison de cette estimation. Il est toujours bien entendu que, dans toute circonstance, il est indispensable qu'il y ait le poids légalement imposable, représentant vingt dînâr, et qu'il y ait aussi possession pleine et entière, depuis un an complet].

§ 2. Prélèvements sur les profits et gains.

Les profits produits par un capital exploité commercialement se confondent avec le capital, quant à l'époque de possession, et se comptent avec lui [pour l'amener au degré imposable s'il n'y était pas, et, en toute circonstance, pour calculer et fixer la taxe d'impôt. N'y eût-il qu'un jour que ces profits sont réalisés, le propriétaire doit payer l'impôt du tout pour une année entière; car les profits sont nés du capital, en sont le fruit; c'est ce qu'établit cette maxime jurisprudentielle: l'année de possession d'un gain est l'année de possession du capital]. Il en est de même pour les profits apportés par la vente des grains recueillis d'une terre prise à bail afin de faire commerce des récoltes. [Dès que le locataire a réalisé les profits de sa spéculation à chaque année, il est immédiatement débiteur du prélèvement

d'un an; de même encore celui qui possédant, par
exemple, depuis huit mois, une somme de douze dinâr, en achète des marchandises qu'il revend, quatre
mois après, pour vingt dinâr, est, dès qu'il a touché
le prix de sa vente, débiteur du prélèvement d'une année; car il est considéré comme possédant, depuis une
année, une ressource qui, après douze mois, a été par
elle seule de vingt dinâr.]

On reporte encore à la date de l'emprunt d'une somme
d'argent [ou à la date d'une acquisition faite à crédit],
les profits en nombre imposable gagnés commercialement avec la valeur de cette somme dont le débiteur
n'avait pas, par devers lui, de quoi représenter le montant. [Ainsi, l'individu qui ayant emprunté une somme
de vingt dinâr en a acheté de suite des marchandises,
ou bien l'individu qui a pris à crédit des marchandises
pour une somme de vingt dinâr, et, après un an, les a
vendues et a réalisé un gain de trente dinâr, doit, une
fois que le douzième mois est écoulé depuis l'emprunt
ou l'achat à crédit, payer l'impôt d'un an, mais seulement pour les trente dinâr qu'il a gagnés. C'est encore
ici l'application du principe jurisprudentiel précédemment exposé.]

Enfin, les profits produits commercialement par une
partie d'une somme dont une autre partie a été ensuite
dépensée se comptent aussi, même avec ce qui a été
dépensé, à condition que lors de la mise d'une partie
en commerce, la somme entière [fût-elle d'ailleurs au-
dessous du chiffre imposable] soit possédée depuis une

année complète. [Par exemple, un individu, possesseur de douze dinâr depuis un an entier, achète des marchandises pour sept dinâr et dépense les cinq autres; ensuite peu de temps après l'achat, ou longtemps après, même un, deux ou trois ans après et plus encore, il vend ses marchandises pour quinze dinâr; cet individu doit alors payer l'impôt de vingt dinâr; car il a possédé pendant une année entière les douze dinâr primitifs dont une partie est l'origine des quinze dinâr gagnés, lesquels doivent être comptés avec les cinq dinâr encore présents lors de l'achat qui a amené ensuite ces quinze dinâr, et avec lesquels ils représentaient virtuellement alors la somme de vingt dinâr. En effet, les marchandises qui ont été la source d'où sont venus les quinze dinâr étaient entre les mains de l'individu en même temps que les cinq dinâr dépensés ensuite. Mais si les cinq dinâr ont été dépensés avant que l'achat fût contracté, il n'y a plus lieu à les compter avec les quinze dinâr retirés des marchandises vendues; il n'y aurait d'impôt à payer que si les marchandises avaient été vendues pour une somme de vingt dinâr.]

§ 3. De la fixation de l'année de jouissance légale pour les possessions récentes. — De l'adjonction des valeurs et des possessions récentes et éventuelles, aux valeurs et aux possessions déjà possédées, relativement à la fixation de l'époque de jouissance.

L'année légale de jouissance pour une quantité imposable de valeurs monétaires nouvellement survenues, c'est-à-dire éventuelles, commence au moment où l'individu en devient possesseur direct. Mais cette disposition de la loi concerne seulement les valeurs qui ne sont le fruit ou le produit d'aucune autre valeur déjà possédée par l'individu précité [celles qui ne sont pas le résultat d'un échange ou d'une réparation de torts ou dommages matériels], mais bien les valeurs qui proviennent, par exemple, d'une donation, d'un bienfait [ou d'un héritage], ou qui sont le prix d'objets exempts d'impôts, tel serait le prix d'objets servant aux usages domestiques et qui auraient été vendus. Les valeurs ainsi survenues et qui [soit au moment où elles sont reçues, soit seulement sur la fin de l'année de possession,] sont au-dessous du chiffre légal imposable [au moment de la collecte des prélèvements], se réunissent à d'autres valeurs trop faibles aussi, survenues d'une manière analogue; et [si cela est nécessaire à la formation d'une valeur imposable que ne présentent pas deux premières valeurs ensemble,] ces deux dernières valeurs reçues sont réunies à une troisième [et ainsi de suite, afin de composer une somme passible de prélèvement; de plus, la durée légale de la jouissance ne commence que du jour où la somme aura été complétée. Ainsi, un individu reçoit-il en don quinze dînâr, ou bien vingt dînâr, mais qui de vingt se trouvent bientôt réduits à quinze; s'il reçoit ensuite un autre don de cinq dînâr, on réunit le tout; la somme est ainsi élevée à vingt dînâr, qui l'année suivante seront soumis à l'impôt. On agirait de même si le chiffre n'était d'abord qu'à dix dînâr, puis, par un nouveau don, arrivait à quinze dînâr, et enfin, par un troisième don, à

vingt dinâr; mais toujours l'année légale de jouissance
ne commence que du moment où le chiffre imposable
des valeurs est complété].

Les valeurs ainsi reçues ne se réunissent et ne se
comptent avec celles qui sont survenues ensuite, que
si les premières reçues n'ont pas été possédées en quantité légalement imposable pendant un an entier. Si elles
ont été tout d'abord en quantité imposable [et possédées
ainsi pendant tout le temps voulu], on les soumet à
part à l'impôt, comme étant en pleine possession de
l'individu depuis une année.

Deux sommes imposables [survenues éventuellement,
comme il vient d'être dit tout à l'heure, par don ou par
héritage, etc. mais à trois mois de distance l'une de
l'autre, par exemple], se trouvent-elles ensuite ne plus
former une valeur imposable [après une année de possession et après un prélèvement opéré sur elles], alors
l'impôt sur cette valeur n'est plus permis et il] ne sera
plus exigible [pour l'année qui va suivre, que si une
nouvelle somme, survenant d'une manière analogue
aux deux premières, complète un chiffre imposable,
ou] que si par quelque commerce au moyen de ces deux
premières sommes réduites, ou au moyen d'une seule
des deux, certains gains et profits ont apporté de quoi
compléter avec ces sommes une valeur imposable au
moment où se termine l'année de possession de la première, ou avant ce moment. L'impôt sera alors prélevé
sur les deux sommes [chacune à l'époque qui sera le
terme légal pour la durée d'une année de possession,

c'est-à-dire, à trois mois de distance l'une de l'autre];
si une spéculation commerciale a été tentée avec les
deux sommes, les profits seront divisés et reportés sur
chacune des deux, par quote-part proportionnelle [et
l'ensemble de chaque somme avec ses profits particuliers sera soumis à l'impôt]. Si les profits ont eu lieu et
ont été réalisés, par exemple un mois après que l'année
de la première somme est révolue [et par conséquent avant
le terme de possession annuelle de la seconde somme],
l'année de possession de la première est reportée à ce
mois, et l'année de possession de la seconde somme
reste à la limite où elle doit être régulièrement. Enfin,
si les profits ne sont réalisés qu'à la fin de l'année de
possession de la seconde somme, le terme de l'année
de possession de la première somme est transféré au
terme de l'année de la seconde [et alors on lève l'impôt
sur les deux ensemble].

Il en est de même lorsque l'on ne sait pas certainement à quelle année de possession de l'une ou de l'autre
somme rapporter les profits [c'est-à-dire, lorsque l'on
ne sait pas bien s'ils ont été réalisés après l'année de
possession de la première somme ou à la fin de l'année
de la seconde; dans cette circonstance, on impose les
deux sommes, en plaçant le terme de l'année de possession des deux au terme de l'année de la seconde].
On reporte même le commencement de l'année de
possession de l'une et l'autre somme après la fin de
l'année révolue de possession de la seconde somme, si
les profits ne sont réalisés qu'après cette année de pos-

session de cette dernière somme [c'est-à-dire, que l'année commencera, pour les deux sommes, au moment de la réalisation des profits].

Si l'année légale de possession se passe en entier sur une première somme qui est survenue [par don, ou par héritage, etc. laquelle somme est au chiffre voulu pour le prélèvement, mais sans avoir été réunie à une autre somme qui est survenue plus tard et qui est au-dessous de la valeur imposable], et si cette première somme [après l'année de possession] a été dépensée [ou a disparu] avant que ne soit accomplie l'année de possession de la seconde somme qui est au-dessous du chiffre imposable [et est survenue comme la première], il n'y a plus à exiger aucun prélèvement. [Mais si la première somme, supposée de vingt dînâr, a subi l'impôt d'une année de possession, et que trois mois après il survienne une nouvelle somme de dix dînâr, et si la moitié de la première somme se trouve dépensée à la fin de la seconde année de possession et par conséquent trois mois avant le temps de possession voulu pour le droit d'imposer la seconde somme, la moitié restant de la première somme sera imposée à la fin de l'année de possession des dix dînâr de la seconde somme, qui alors remplacent ceux qui ont été dépensés. Si, au contraire, cette moitié a été aussi dépensée ou perdue avant que ne soit accomplie l'année de possession relative à la seconde somme de dix dînâr, ces dix dînâr restant ne doivent subir aucun impôt.]

On commence séparément une année de possession

[c'est-à-dire sans en rien réunir à ce que l'on possède déjà], avec des bénéfices récents, retirés de marchandises achetées en vue de les revendre comme objets de commerce, quand ces bénéfices ne proviennent pas cependant de la vente de ces marchandises [mais quand ils sont produits en mettant à location ces marchandises], quand ce sont, par exemple, des valeurs produites, — par la mise en œuvre d'un esclave [que l'on cède à louage, bien qu'il soit destiné à être revendu comme objet de commerce], — par le prix d'un arrangement pour l'affranchissement contractuel d'un esclave [qui avait été acheté afin d'être revendu], — par le prix retiré de fruits [dattes ou autres,] achetés pour être vendus; toutefois il faut que l'individu en ait acheté les arbres avant leur fécondation, que, pendant qu'il les possédait, ils aient produit leurs fruits, et qu'ensuite il ait vendu ces fruits isolément].

Le même fait a lieu pour les valeurs produites — par la laine qui a crû, après l'achat, sur des moutons; — par le lait retiré de brebis ou d'autres animaux de bétail;— par la location de maisons ou de constructions.

Mais on ne commence pas une année de possession pour les bénéfices que l'on retire ou de fruits d'arbres, ou de laine de moutons, lorsque [au moment de la conclusion du marché] les arbres [tels que les dattiers surtout] étaient en fécondation ou en floraison, ou que les moutons avaient une laine près d'être tondue. [Ces fruits, alors, et cette laine sont considérés comme une autre marchandise dont l'impôt se prélève en même temps que celui des arbres et des moutons.]

Celui qui a loué et semé des terres dans un but de négoce sur les produits de ces terres doit payer l'impôt sur le prix de ce qu'il en récolte [à compter du jour qu'il entre en jouissance, et à condition que le prix réalisé soit une somme imposable, et que la récolte en nature soit au-dessous de la quantité de produits imposable; autrement l'impôt serait payé en nature].

Mais, pour que le prélèvement indiqué ici soit exigible, est-il indispensable que même les grains-semences soient des grains qui aient été achetés en vue de faire commerce? Il y a, sur ce point, opposition d'opinions. [Les unes admettent cette nécessité, les autres la rejettent.] Du reste, il n'y a de prélèvement à percevoir sur les prix des récoltes des terres, que si l'individu a loué ces terres dans un but commercial seulement, et les a cultivées uniquement dans le même but.

En général, toutes les fois que [dans les circonstances qui viennent d'être signalées, c'est-à-dire quand les bénéfices sont des produits en dehors de toute vente de marchandises, des produits agricoles, des produits de terres prises à louage, soit en vue de commerce, soit aussi en vue de besoins personnels et de subsistance, en un mot, dans quelque circonstance que ce soit, toutes les fois, dis-je, que] le prélèvement peut être perçu normalement sur les objets en nature [ces objets étant de quantité et d'espèce imposables], on lève l'impôt

[dime ou demi-dime] directement sur ces objets eux-
mêmes.

Relativement aux sommes réalisées par les ventes des
produits qui déjà [aux termes et intentions de la loi]
auront été soumis aux prélèvements en nature, ces
sommes [qui sont une propriété nouvelle] seront elles-
mêmes frappées de l'impôt, après une année écoulée
[à compter du moment où les produits susmentionnés
auront fourni au prélèvement].

§ 4. Prélèvements sur les créances.

L'individu doit payer le prélèvement sur ses créances
[après une année de possession des valeurs ou depuis
qu'a eu lieu le dernier prélèvement], lorsque les valeurs
de ces créances étaient primitivement en espèces d'or
ou d'argent et entre les mains de l'individu [ou d'un
représentant reconnu et accepté par lui], ou bien lorsque
ces valeurs étaient des objets de commerce ou marchandises. Mais on n'exige le prélèvement que lorsque le
propriétaire [rentre dans ses fonds, et qu'il en] reçoit
les valeurs en espèces d'or ou d'argent [non en marchandises ou objets analogues], et quand même ces
valeurs seraient reçues par un tiers à qui le propriétaire
en aurait fait don ou donation, ou que ce propriétaire
les aurait portées en solde de compte à un créancier.

[Pour que la loi exige d'un individu le prélèvement
sur les valeurs qu'il a prêtées,] il faut :

1° Que la somme recouvrée vienne tout entière de

valeurs prêtées, et ait atteint le chiffre imposable [soit que la quantité de ce chiffre ait été reçue en une seule fois, soit qu'elle l'ait été en plusieurs fois, comme dix dînâr un jour, cinq dînâr un autre jour, et cinq dînâr un troisième jour]. Le prélèvement reste également obligatoire, quand même une partie de la somme reçue aurait disparu, ou bien aurait été employée avant que la somme fût arrivée au complément du chiffre imposable [c'est-à-dire quand même une partie des dix dînâr ou même les dix dînâr reçus en une première fois, auraient été employés ou dépensés avant la réception des autres; car alors c'est toujours, pour celui qui a prêté, une possession, laquelle s'est élevée au chiffre légal, et a duré une année].

2° Ou bien que la somme recouvrée ait été amenée au chiffre imposable par des profits en espèces d'or ou d'argent, et que le tout soit la propriété entière de l'individu, et propriété datant d'une année de possession. [Ainsi, l'individu qui a acquis, en profits et gains, dix dînâr qu'il conserve pendant une année, et qui ensuite recouvre dix dînâr de sa créance, doit payer alors un impôt, d'après le taux légal, d'un demi-dînâr sur les vingt dînâr, et cela quand même il aurait dépensé ou perdu les dix dînâr de profit avant de recevoir l'à-compte de la dette; car les profits s'ajoutent à ce que l'individu reçoit après ces profits réalisés, et non à ce qu'il aurait reçu auparavant. Si donc l'individu reçoit, après un an écoulé, cinq dînâr de sa créance, puis gagne dix dînâr, et les dépense un an après, puis reçoit dix dinâr de sa créance, il ne payera d'impôt que pour les deux sommes de dix dinâr chacune].

3° Ou bien, que la somme reçue en à-compte de la dette ait été complétée par une autre somme retirée d'une mine d'or ou d'argent. [Si donc un individu reçoit dix dinâr de sa créance, lesquels il garde pendant une année, et qu'il retire ensuite dix dinâr d'une mine d'or ou d'argent, on réunit le tout, et l'on prélève l'impôt sur les vingt dinâr.] Cette disposition légale est signalée par El-Mâzerî.

Du reste, les valeurs prêtées subissent l'impôt [qui, d'ailleurs, est toujours supporté par le prêteur], à partir de l'année de possession de ces valeurs [ou à partir de l'année à laquelle elles ont été frappées du dernier impôt, soit qu'elles restent plusieurs années entre les mains du débiteur, soit qu'elles n'y restent que quelques mois, ou n'y restent qu'un jour]. Mais l'impôt n'en est dû qu'un an après avoir touché les valeurs, même dans le cas où celui qui doit retirer une somme imposable qui lui revient différerait de la retirer, dans l'espoir de se soustraire à l'impôt, comme aussi dans le cas où cette somme serait une donation, ou une réparation d'un dommage [ou une amende expiatoire, ou une récompense d'un service rendu, etc. Dans cette catégorie rentre aussi la portion du don nuptial qui n'est pas livrée par le mari, et aussi une somme provenant de la renonciation de la femme à ses droits pécuniaires, lors du divorce par consentement mutuel; car la femme, en se mariant, ne reçoit qu'une partie du *makr* ou don nuptial; le mari est obligé de lui payer le reste ou à une époque convenue, ou quand il se sépare d'elle].

Le prélèvement ne se perçoit pas [après l'année de possession ou depuis un prélèvement déjà perçu] sur une créance dont la valeur est venue d'objets acquis d'abord pour les besoins et les usages domestiques, et ensuite vendus à crédit à échéance déterminée. [Le vendeur diffère-t-il, au delà du terme échu, de recevoir sa créance afin de se soustraire au prélèvement, dès que ce vendeur a touché son argent,] on prélève l'impôt pour chaque année du temps passé, à partir du moment où il aurait dû régulièrement se faire rembourser.

Si la dette est un dû pour une location [par exemple, d'un esclave ou d'un objet loué à quelqu'un, et que l'on ait différé de recevoir ce dû afin de se soustraire au prélèvement], ou bien si la dette vient du prix d'effets ou objets considérés comme possessions survenues éventuellement [tels que des objets reçus d'une succession, puis vendus par l'héritier, qui ensuite diffère d'en recouvrer le prix], dans ces deux cas, les opinions varient. [Des juristes veulent que s'il y a eu retard intentionnel de recevoir la créance, l'impôt soit prélevé sur tout le passé; d'autres veulent que l'on commence simplement une année de possession, à partir du moment où la dette a été payée et touchée.]

L'année de possession [pour ce que l'on recouvre d'une dette, recouvrement, d'ailleurs, qui est au-dessous du chiffre imposable,] ne se compte que du moment où s'est complétée, par recouvrement subséquent, une somme imposable. [Ainsi, lorsque le créancier a reçu dix dinâr d'un débiteur, et, deux mois après, dix autres dinâr, l'année de possession ne commencera que du jour où la seconde somme aura été reçue, et l'impôt sera prélevé, à la fin des douze mois à partir de cette seconde époque, sur les vingt dinâr, soit qu'il reste quelque chose des dix premiers dinâr, soit qu'il n'en reste plus rien.]

On ne compte plus l'année de possession d'un premier recouvrement, à partir du jour d'un second recouvrement, si le premier, qui était au chiffre imposable, se trouve réduit au-dessous de ce chiffre, au moment où l'on reçoit le second. [Si donc un créancier a reçu, sur sa créance, vingt dinâr, et en a payé l'impôt, et si, trois mois après, il a reçu dix dinar, et en a également soldé le prélèvement, l'année suivante les vingt premiers dinâr sont réduits au-dessous du nombre imposable; mais, par la présence des dix autres dinâr, la première somme, se trouvant complétée, subit l'impôt pour son année particulière. Il en sera ainsi tant que cette somme restera à un chiffre complété par son adjonction aux dix dinâr. Bien plus, lorsque les deux sommes seront réduites au point qu'elles ne forment plus par leur réunion une quantité imposable, elles seront encore taxées de prélèvement, toujours d'après l'année de possession des premier vingt dinâr, tant qu'il y aura entre les mains du débiteur de quoi compléter, avec ce qui reste des deux recouvrements partiels, une somme qui soit d'une valeur imposable.] On continue [en se conformant aux indications précédentes] le prélèvement annuel sur les recouvrements opérés, à quelque degré qu'ils soient successivement réduits et diminués.

Si un créancier [qui ne possède, par exemple, que la valeur de sa créance, ou qui n'a entre les mains qu'une somme par laquelle il ne pourrait pas compléter un capital imposable, même avec le recouvrement de tout ce qui lui est dû,] prend un dînâr [de cette dette ou de cette somme sur laquelle s'est écoulée une année de possession, eût-il déjà recouvré une partie de cette somme], et si un peu plus tard il prend un autre dînâr et qu'il achète, en deux fois, avec ces deux dînâr [avec l'un d'abord, puis avec l'autre], une certaine quantité de marchandises qu'il revend ensuite, chaque masse à part, pour une somme de vingt dînâr chacune, ou bien si [les ayant achetées ensemble avec les deux dînâr réunis] il revend le tout pour quarante dînâr, ou même s'il vend la première partie après avoir acheté la seconde [de manière que la possession des deux lots de marchandises ait été un moment simultanée, et si enfin le second lot a été vendu vingt dînâr comme le premier], le prélèvement doit être fait sur les quarante dînâr [ensemble et comptés en un seul capital]. Mais si le premier lot de marchandises acquis a été vendu avant l'acquisition de l'autre [il n'y a pas eu possession simultanée d'une valeur représentant un capital de quarante dînâr, et] le prélèvement ne doit se percevoir que sur vingt et un dînâr [c'est-à-dire, les vingt et un

dinâr qui, immédiatement après la vente opérée, étaient
le capital présent; sur le prix réalisé de la seconde
vente, c'est-à-dire, les dix-neuf dinâr qui sont le profit
net, on ne prélève rien. Seulement, l'année de possession pour le tout ensemble commence du jour où la
première somme de vingt et un dinâr a été atteinte de
prélèvement].

§ 5. Des prélèvements sur les recouvrements et les profits réalisés
à époques certaines et par portions.

Quand il y a confusion et incertitude sur les circonstances [c'est-à-dire, les époques et les quantités] des
recouvrements partiels des créances [dont il faut fixer
le prélèvement], on réunit les époques des derniers
recouvrements à l'époque du premier [et l'on compte
le tout ensemble à partir de l'époque du premier]. Pour
les profits éventuels (voy. § 3 de cette section) on procède par voie inverse: on réunit les premiers au dernier
[et on compte le tout ensemble à partir de l'époque
de celui qui a été reçu le dernier. L'explication des
circonstances, indiquées si sommairement ici, est donnée, par les légistes commentateurs, de la manière sui-
vante].

[Le cas de confusion et d'incertitude prévu par la
loi, relativement aux recouvrements et aux profits éventuels, est un fait d'oubli et d'inexactitude de la part de
ceux qui les reçoivent, propriétaires, ou héritiers, ou
donataires, etc. Si donc un individu a oublié l'époque

des rentrées partielles d'une créance, excepté l'époque de la première rentrée, il doit rapporter et réunir les époques de toutes les rentrées à l'époque de la première, qu'il sache ou non quelle somme il a reçue à chacune de ces rentrées en particulier; et la durée de possession se compte à partir de la première rentrée ; puis, de là s'établit la quotité des prélèvements. Si l'individu, sachant les époques des rentrées, ne sait pas combien il a recouvré dans chacune d'elles en particulier, parce que les sommes, dans chacune, étaient différentes, mais qu'il sache seulement les quantités d'un certain nombre de ces rentrées, il doit réunir les rentrées les plus fortes à la première, les rentrées moins fortes à la seconde, les autres moindres encore à la troisième, et ainsi de suite. Cette manière d'agir est prescrite dans l'intérêt des pauvres, qui sont les destinataires fixés par la religion pour profiter des prélèvements imposés à ceux qui possèdent. Quant aux mots *premières* et *dernières*, il ne faut point les entendre dans le sens rigoureux d'ordre de chiffres, d'ordre régulier et exact de quantités de valeurs, de temps, etc. mais bien comme une place donnée simplement sous forme de rang et de liste.]

[Pour les profits éventuels, disent encore les commentateurs, si l'individu auquel ils sont survenus en a oublié les époques d'arrivée, excepté celle du dernier, il doit réunir et rapporter les époques d'arrivée de tous les autres à l'époque d'arrivée du dernier; et l'année de possession se compte à partir de l'arrivée de la dernière valeur éventuelle. Lorsque l'individu connait les époques auxquelles lui sont survenues ces valeurs, et qu'il ignore combien il a reçu à chaque fois, il doit, à ce qu'il parait, réunir les plus fortes de ces valeurs à la dernière reçue, c'est-à-dire, dans l'ordre inverse de celui qui est suivi pour les recouvrements. Enfin, lorsque tout détail est oublié, époques et quantités respectives de chaque somme, on réunit et rapporte tout à la dernière somme.]

On réunit et compte tout recouvrement partiel qui est au-dessous du chiffre imposable, avec les autres recouvrements semblables [afin d'en composer une somme passible d'impôt], et cela dans quelque état de choses que ce soit [c'est-à-dire, soit que les sommes partielles, recouvrées précédemment, existent encore ou non, ou que, dans les intervalles qui en ont séparé les entrées, il soit survenu des profits éventuels].

Quant à un profit éventuel, on le réunit et compte toujours avec un recouvrement partiel d'une dette, quand ce recouvrement a lieu seulement après l'advention de ce profit [soit que cette réunion du profit et du recouvrement donne ou ne donne pas une valeur imposable; on réunit et compte ensemble les valeurs survenues éventuellement et le recouvrement indiqué, même si les valeurs éventuelles sont dépensées avant la rentrée du recouvrement. On ne réunit jamais ces sortes de valeurs à un recouvrement qui les a précédées et qui est dépensé avant l'arrivée de ces sommes ou après cette arrivée, mais avant qu'elles soient possédées depuis un an. Du reste, le principe est résumé en peu de mots par les juristes : « Les sommes éventuelles, disent-ils, s'unissent et se comptent avec les recouvrements qui ont lieu après elles, non avec ceux qui ont lieu avant elles; mais les recouvrements s'unissent toujours entre eux. » Khalîl donne un exemple et dit :]

Un individu prend ou reçoit cinq dinâr sur une créance, un an après l'époque de possession ou un an après le prélèvement payé, et il dépense ces cinq dinâr; ensuite il reçoit éventuellement [en cadeau, par exemple,] une somme de dix dinâr, qu'il dépense seulement après une année [ou qu'il conserve]; si, après cela, il a retiré ou recouvré de sa créance dix dinâr, en pareil cas il payera le prélèvement pour ces deux sommes de dix dinâr [lorsqu'elles auront ensemble une année de propriété; car il y aura eu, pendant un certain temps, simultanéité de possession de ces vingt dinâr]. Quant aux cinq premiers dinâr [dépensés avant que les dix de la somme éventuelle ne soient survenus], ils ne seront frappés d'impôt que lorsque l'individu aura recouvré cinq autres dinâr [ce qui, avec les dix recouvrés déjà de la dette, formera un recouvrement offrant une valeur imposable. D'autre part, si ces cinq premiers dinâr n'eussent pas été dépensés ou perdus, avant que ne fût accomplie l'année de possession de la somme éventuelle, ils auraient été réunis à celle-ci.]

SECTION IV.

PRÉLÈVEMENTS SUR LES OBJETS OU EFFETS DE COMMERCE.

[Les effets, par opposition à ce que l'on désigne par
or et argent, troupeaux, terres en culture, sont de trois
sortes : — 1° Effets marchandises, c'est-à-dire, effets ou
objets acquis, soit par échange contre des valeurs d'or
ou d'argent, dans le but d'en retirer un gain, soit en
payement de bénéfices ou de profits produits par une
somme mise en spéculation entre les mains d'un commerçant; — 2° Effets d'usages intéressés, c'est-à-dire,
destinés à rapporter profit au propriétaire par voie de
louage ou de location, tels que les profits retirés d'un
esclave acheté dans le but de le placer à louage ; —
3° Effets d'usages personnels et domestiques, et ne ren-
trant ni dans l'une ni dans l'autre des deux catégories
précédentes. C'est de ces trois sortes d'effets que veut
parler Khalil dans cette section.]

[L'impôt se lève : — sur la valeur estimative des effets
placés comme créances et mis en vente, — ou sur le
prix réel des objets lorsqu'on les vend après les avoir
gardés en réserve pour un moment de hausse sur la
place ou le marché; dans ce dernier cas, du moment
que l'on a reçu le prix, on commence l'année de possession, pour le prélèvement. Les objets possédés par
voie directe de donation, de don, d'héritage, et qui
sont de la catégorie des possessions que nous avons ap-

pelées éventuelles, sont exempts d'impôt jusqu'au moment où on les vend; alors le prix devient, à compter du jour où on le reçoit, une possession qui, un an après, subira l'impôt.]

On prélève [en tenant compte de l'époque légale de possession] un impôt sur les prix ou valeurs des effets ou objets [tels que les étoffes, les esclaves,] qui ne subissent pas [comme le subissent les troupeaux et les produits du sol] l'impôt en nature, et qui sont acquis comme propriété possessoire par échange d'autres objets ou effets [faisant partie de ce que l'acquéreur possédait en bien propre, non en bien provenant d'héritage, de donation, de don nuptial, de dommages-intérêts, etc.].

[Comme conditions légales de prélèvement,] il faut encore [de la part de celui qui possède ces objets ou effets acquis par voie d'échange ou de transaction] : — l'intention de les mettre en spéculation de commerce; — ou l'intention double de les faire fructifier par voie de louage et de les vendre ensuite lorsqu'il y aura un bénéfice à en retirer; — ou l'intention de les vendre après en avoir fait usage [telle est une esclave qu'un individu achète pour s'en servir comme de concubine et de servante, et qu'il a projet de vendre ensuite lorsqu'il y trouvera quelque bénéfice]. Ces conditions sont exprimées par El-Lakhmî et par Ibn-Ioûnès.

Il n'y a pas à prélever d'impôt, lorsque les objets ou effets ont été achetés et acquis sans les conditions ou les intentions qui viennent d'être précisées, c'est-à-dire, ont été acquis simplement — comme objets d'usages ordi-

naires, et particuliers, — ou comme objets à placer à
louage pour le profit du propriétaire, — ou comme objets à louer ainsi et à appliquer également aux usages
domestiques et personnels [c'est-à-dire encore, en un
mot, sans nulle intention de vente et de trafic].

Pour que l'impôt soit exigible sur les prix ou valeurs des effets, il est nécessaire — que ces effets proviennent d'autres effets [c'est-à-dire, qu'ils aient été
acquis par échange d'autres effets qui auraient été des
objets d'usages domestiques et particuliers, ou même
des objets de spéculation commerciale]; — ou bien
qu'ils viennent d'échanges d'objets primitivement payés
en espèces d'or ou d'argent, quelque minime, d'ailleurs,
qu'ait été, dans le principe, la valeur ou la quantité des
effets ou des espèces d'or ou d'argent [ces espèces et
ces effets premiers eussent-ils été d'abord au-dessous
du chiffre imposable].

Pour que l'impôt soit exigible, il faut encore que les
effets [ou mis en commerce actif, ou gardés en réserve
pour une époque présumée plus avantageuse,] soient
vendus et soient payés en espèces sonnantes, lors même
que ce payement en espèces serait en compensation de
ces effets qu'un individu aurait laissés se dégrader et se
perdre. [En tout cas, si la valeur retirée est un chiffre
imposable, on la soumet à la taxe du prélèvement.]

Les règles du prélèvement sur les créances s'appliquent au prélèvement sur les objets ou effets [toutes
les conditions qui viennent d'être citées relativement
à ces derniers se trouvant d'ailleurs remplies], dans

le cas où l'individu attend pour vendre ses marchandises [gardées en réserve ou en magasin], que le cours
commercial de la place s'élève [et puisse donner, à la
vente un plus large profit. Quant à ce qui vient d'être
dit, savoir, que la règle du prélèvement, dans la circonstance ici mentionnée, est la même que celle du
prélèvement sur les créances, cette disposition légale
ne doit s'entendre que de musulman à musulman. Pour
les infidèles, il y a quelque différence, et il en sera
question ailleurs. Les objets ou effets pris ou retenus
par violence ou par injustice ne doivent point être soumis à l'impôt; car le propriétaire de ces objets est alors
sous le coup du malheur; c'est un cas analogue à celui
de l'individu dont les créances, estimées d'abord à une
valeur de tant, ont été détruites et perdues par un accident imprévu].

Si l'individu ne spécule pas [sur l'espoir d'une hausse,
et vend chaque jour au taux courant, même sans profit,
comme le marchand en boutique, le tailleur, le marchand d'huile en détail, le marchand de fourrures ou
de passementeries, de pelleteries, etc.], on prend l'impôt — sur ce qu'il a d'or et d'argent [et sur ce qu'il a
en bijoux de commerce]; — sur ses créances échues
en numéraire, et dont le remboursement est certain;
mais, s'il en est autrement [c'est-à-dire, si les créances
de l'individu sont en objets qu'il espère pouvoir retirer, ou en numéraire placé à échéance fixe, et dont le
remboursement paraît assuré], on fait l'estimation du
tout [ou bien on détermine le compte de tout, et,

d'après cela, on prélève l'impôt]. On estime ou compte aussi une créance qui serait une somme livrée en payement anticipé pour des grains à livrer à une époque convenue[110]. Enfin le marchand [qui a sans cesse ses marchandises en vente, qui, ne spéculant point sur une chance à venir, ne les réserve pas pour des époques présumées plus favorables,] doit faire, chaque année, l'évaluation ou inventaire de ses marchandises, lors même que la vente est demeurée presque nulle ou sans profit. [L'estimation une fois fixée, on détermine le prélèvement.]

Les créances qui ne présentent pas de chance de remboursement ne sont pas soumises au prélèvement [car elles sont comme si elles n'existaient pas, ou sont considérées comme des sommes perdues ou retenues injustement. Lorsqu'on les a touchées, on paye une année d'impôt]. Il en est dè même pour les valeurs prêtées à titre gratuit. Toutefois, il a été décidé, après discussion [par le k'âd'i l'iàd'], que le marchand [à commerce courant et aux taux de chaque jour, c'est-à-dire, le marchand en détail ordinaire, le marchand en boutique,] doit aussi établir l'état et le compte de ses créances à titre gratuit. [Car ces créances sont de la catégorie des sommes placées en sûreté; mais le principe de ne point prélever d'impôt sur ces sommes est le plus justement et le plus généralement suivi.]

Maintenant, le prélèvement à percevoir du commerçant [à commerce courant] doit-il être fixé à partir du moment où les sommes premières ont été imposées

ou possédées, ou bien à partir d'une époque moyenne
entre ce moment et le moment auquel elles ont été
mises en marchandises ou objets de commerce? [Par
exemple, l'individu qui a payé son impôt au commencement de l'année, ou qui, à cette époque, possédait
une somme imposable, et qui, quatre mois après, a
acheté des marchandises, devra-t-il payer l'impôt relatif
à ces marchandises, à partir du commencement de l'année ou bien à partir de quatre mois après le commencement de l'année?] Il y a sur ce point deux opinions
[l'une, soutenue par plusieurs juristes, veut que l'impôt soit compté à partir du moment de possession ou
du moment du dernier prélèvement; l'autre est celle
d'El-Mâzerî et d'El-Lakhmî, et parait être préférée].

[L'époque à laquelle les prélèvements se recueillent
généralement est d'ordinaire le premier mois de l'année ou mois de moh'arrem, et les gens de commerce
doivent, en bons musulmans et aussi par égard et par
bonté pour les pauvres, dresser l'état de leurs marchandises, établir et balancer leur doit et avoir, leur
inventaire complet, recettes, dépenses et profits, afin de
satisfaire promptement et facilement au collecteur. L'é-
poque des prélèvements est différente pour les marchands qui voyagent; on leur fixe celle à laquelle il leur
est plus commode de s'acquitter envers la loi, et à laquelle ils peuvent être présents au lieu de leur résidence.]

Ce que, par la vente, le commerçant en détail journalier aura gagné en surplus de l'estimation que l'on
aura faite avec lui de ses marchandises, sera passé [sans

impôt] en faveur et au compte du commerçant [afin de lui permettre de suffire aux mouvements de hausse du marché, d'opérer de nouvelles acquisitions. Mais si ce surplus était le résultat d'une erreur, on en tiendrait compte pour le prélèvement].

Si un excédant se trouve dans des bijoux en vente commerciale [et qui n'ont pu, lors de l'appréciation précédente, être convenablement estimés parce qu'ils portaient des pierreries enchâssées dont ensuite on a pu les débarrasser sans inconvénient afin de peser exactement la matière d'or ou d'argent, pour ce cas d'excédant], on agit d'une manière opposée [on tient compte de la différence et l'on prélève un surplus proportionnel à cette différence].

Le blé [et les autres produits de la terre qui, comme lui, sont soumis à la dîme ou à la demi-dîme], les marchandises et objets retirés à un acquéreur failli ou insolvable, l'esclave affranchi sous forme contractuelle et qui ne peut satisfaire aux obligations de son contrat [tous ces effets ou objets, lorsqu'ils sont dans le mouvement de négoce d'un commerçant en détail journalier], rentrent dans les conditions précédentes relativement aux prélèvements à percevoir sur les objets de commerce. [Le marchand les inventorie, en additionne la valeur avec celle de son numéraire, et solde l'impôt du tout, à moins, cependant, que le blé et les autres produits du sol ne soient en quantité suffisante pour fournir l'impôt en nature; car alors le prélèvement s'opère sur ces produits du sol eux-mêmes, non sur

leur prix d'estimation. Une fois que tous ces objets ont
été imposés comme marchandises, ils sont considérés
comme étant de même espèce commerciale. Il en est
de même pour les animaux imposables que possède un
marchand qui trafique sur ces animaux; on en fait l'inventaire, on ajoute le prix d'évaluation aux sommes
possédées par le marchand, et l'impôt se prélève sur la
somme totale, à moins que le nombre des animaux ne
soit au chiffre passible d'impôt; car alors on lève l'impôt
en nature. Ensuite, lorsque le marchand a vendu ces
animaux, l'impôt est prélevé pour une année sur le prix
de vente, à compter du jour où le prélèvement précédent a été payé.]

[Les marchandises retirées par cause d'annulation
de vente, ou par cause de faillite ou d'insolvabilité de
l'acheteur, rentrent dans la catégorie commerciale même
qu'elles avaient auparavant, — ou en réserve pour un
autre temps où le commerce est présumé devoir être
plus productif, — ou en mouvement de trafic actif journalier. L'esclave revient à sa position première de simple
esclave.]

Les objets qui sont en commerce actif journalier
deviennent objets de commerce de réserve [ou en gros
ou d'emmagasinement], par la seule intention et volonté
du propriétaire commerçant; de même, les objets en
commerce actif et aussi les objets en réserve deviennent effets d'usages personnels et domestiques [et sortent
ainsi de la catégorie des effets imposables], par la seule
intention et volonté du possesseur [pourvu que ces

changements d'états ne soient pas opérés dans l'intention seule de frustrer l'impôt]. Le changement contraire ou transfert inverse sur les mêmes sortes d'objets ne peut plus avoir lieu [c'est-à-dire, que les objets et effets acquis pour les usages domestiques ne peuvent pas passer dans l'une ou l'autre des deux sortes de commerce par la seule volonté et intention du possesseur,] quand même les objets devenus objets d'usages personnels et domestiques auraient été achetés primitivement dans une ...ention de commerce [mais auraient été appliqués aussitôt aux usages domestiques. La volonté ne peut pas retirer des objets de l'état d'usage domestique; car c'est l'état primitif et naturel de toute possession. La volonté suffit pour y faire rentrer les objets de commerce, mais non pour les en faire sortir. La volonté ne suffit pas non plus pour faire passer des objets de commerce en grand ou en réserve, à l'état d'objets de commerce actif; car les objets de commerce en réserve sont presque à l'état d'objets d'usages particuliers et domestiques].

Lorsqu'un même commerçant a les deux espèces de marchandises, c'est-à-dire, marchandises en réserve pour des spéculations plus ou moins éloignées, et marchandises en commerce journalier, et que les unes et les autres sont en valeurs égales, ou bien que les marchandises en réserve sont plus considérables que les autres, chacune des deux espèces subit le prélèvement conformément à ce qu'elle est. [On dresse l'état des unes et des autres; les valeurs des marchandises en com-

merce actif sont totalisées tous les ans avec le numéraire, et l'impôt est prélevé sur le tout en masse, après
chaque année écoulée. Pour les marchandises gardées
en réserve, on en prélève l'impôt quand elles sont vendues, et cela à partir d'une année depuis le moment
de leur acquisition.]

Si les marchandises en commerce actif sont plus
nombreuses et plus considérables que les autres, on
établit le prélèvement comme si toutes étaient en commerce actif. [On dresse l'inventaire général chaque
année; on totalise le prix d'estimation du tout avec le
numéraire, et là-dessus se taxe et se prélève l'impôt.]

Dans l'inventaire ou état des marchandises, on ne
comprend point les ustensiles [et les meubles qui servent
à contenir, ou supporter, ou conserver, ou transporter
les marchandises, ni les outils et les instruments d'un tis-
serand, ni les bêtes de labour et les bêtes de somme d'une
métairie uniquement commerciale dans ses travaux agricoles, ni les chameaux de transport; ces animaux et ces
objets sont regardés par la loi comme objets d'usage
domestique. Mais s'il y a des ustensiles, outils, instruments en or ou en argent, on les pèse, et on les soumet à l'impôt. On ne fait pas figurer en inventaire le
prix de l'affranchissement contractuel d'un esclave].

L'appréciation inventoriale générale de l'infidèle converti à l'islamisme, et qui faisait le commerce actif,
doit-elle avoir lieu, pour l'année, à partir du jour de son
islamisation, [et doit-on, après cette année, prélever
sur lui l'impôt,] ou bien, doit-on laisser ce nouveau

converti commencer une année de possession, à partir
du moment où il rentre dans ses fonds? A ce sujet, il
y a deux dires contradictoires indiqués par El-Mázerî.

SECTION V.

PRÉLÈVEMENTS SUR LES VALEURS CONFIÉES À UN INDIVIDU, SOUS LA
CONDITION QU'IL AURA UNE PART DANS LES BÉNÉFICES, C'EST-À-DIRE,
PRÉLÈVEMENTS DANS LE CAS DE SOCIÉTÉ EN PARTICIPATION.

Tant que des valeurs qui ont été remises à un individu pour les employer commercialement, et à condition qu'il aura une part dans les bénéfices, ont une
existence connue ou un emploi connu, le prélèvement
qu'elles doivent est payé [tous les ans] par le bailleur,
soit que ce bailleur et son coïntéressé fassent tous
deux le commerce actif, soit que le dépositaire inté-
ressé le fasse seulement. [Mais il faut encore que les
valeurs remises au coïntéressé soient plus considérables
que celles qu'a gardées le bailleur, si celui-ci fait le
commerce en réserve; si ce bailleur fait le commerce
actif, il faut qu'il ait gardé plus qu'il n'a confié à son
coïntéressé.] Toutefois l'impôt à payer, par le bailleur,
sur le capital général [et aussi sur ses bénéfices personnels seulement], ne sera point soldé au moyen du
numéraire qui est entre les mains du mandataire inté-
ressé [à moins que celui-ci ne consente à le solder.
D'autre part, si le bailleur et son associé participant
font tous les deux le commerce actif, et que le capital
ait été partagé en sommes égales, ou que l'associé parti-

cipant ait entre les mains une plus forte partie du capital, chacun des deux paye l'impôt dans le cas de partage égal du capital, et, dans l'autre cas, l'impôt est payé
par celui qui a par devers lui la plus forte partie de ce
capital].

Lorsque le bailleur ne sait plus ce que sont devenues
les valeurs qu'il a remises à son coïntéressé [lorsqu'il ne
sait plus si elles existent encore pour lui, si elles sont
en profit ou en perte, parce que le coïntéressé est en
commerce lointain, en voyages de spéculations, et qu'il
peut avoir tout perdu, ou être mort], ce bailleur attendra, pour payer l'impôt, qu'il ait des nouvelles po-
tives du capital remis à son associé. [Le propriétaire
bailleur peut toutefois payer prématurément l'impôt, et
s'il y a ensuite à ajouter quelque chose, il l'ajoutera.
Mais, si le capital a été grevé, et que l'impôt payé se
trouve être trop élevé, il paraît que le bailleur n'a rien
à réclamer.]

Le propriétaire bailleur [après qu'il a reçu des nouvelles du capital remis par lui à son coïntéressé] paye
l'arriéré de l'impôt et jusqu'à la fin de l'année dans
laquelle il a eu connaissance de l'état de ses valeurs [et
cet impôt est proportionnel à l'état actuel des valeurs].

Si les valeurs étaient plus considérables dans chacune
des années qui ont précédé [l'année dans laquelle le
bailleur a reçu des nouvelles de ses capitaux engagés], ce
surplus qu'elles avaient à cette époque est rejeté hors
de compte et n'entre pour rien dans ce qui regarde la
fixation du prélèvement. [Car le propriétaire n'a tiré

aucun avantage de ce surplus primitif. Ainsi en supposant que trois années se soient passées, y compris celle où il y a eu nouvelle des valeurs, si ces valeurs représentaient quatre cents dînâr la première année, puis trois cents la seconde année, puis deux cent cinquante la troisième année, l'impôt ne sera prélevé que sur deux cent cinquante dînâr pour la troisième année, et cet impôt sera le même pour chacune des deux premières années, moins ce qu'aurait prélevé l'impôt s'il eût été perçu. Il faut toujours pour tous ces prélèvements, lorsque les valeurs sont en marchandises, qu'il y ait eu des fonds réalisés par la vente, ne fût-ce qu'un dirhem ou une drachme.]

Si les valeurs, au commencement, étaient moindres qu'elles ne le sont [à l'année où l'on en a reçu nouvelle], elles subissent un prélèvement proportionnel à ce qu'elles ont été dans chaque année. [Si donc il a été remis, la première année, une valeur de vingt dînâr, et que, la seconde année, cette valeur se soit élevée à vingt-cinq dînâr, et, la troisième année, à trente dînâr, le prélèvement de cette dernière année sera fait sur trente dînâr, celui de la seconde sur vingt-cinq, et celui de la première sur vingt.]

Si les valeurs remises ont été plus considérables d'abord, puis moins considérables [qu'elles ne le sont à l'année où l'on en reçoit nouvelle], c'est sur le minimum auquel elles sont descendues que se détermine le prélèvement pour le temps qui a précédé l'année du minimum. [Par exemple, si les valeurs, à la première

année, étaient de cinq cents dînâr, à la seconde de deux
cents dînâr, et, à la troisième, de quatre cents dînâr,
le prélèvement sera taxé, pour chacune des deux premières années, d'après le chiffre de la seconde ou deux
cents dînâr, et le prélèvement de la troisième année
sera taxé sur quatre cents dînâr. De même si, à la première année, les valeurs étaient de vingt dînâr, à la
seconde de vingt-cinq, à la troisième de quarante, le
prélèvement sera taxé sur vingt-cinq dînâr pour chacune des deux premières années, et sur quarante pour
la troisième, toujours en en défalquant ce que les prélèvements précédents en ont enlevé.]

Lorsque les deux associés intéressés, bailleur et participant, font le commerce en réserve ou en gros ou
sédentaire, c'est-à-dire, non actif journalier, ou bien,
lorsque l'associé participant fait seul le commerce de
réserve [et que le bailleur, ayant un commerce actif, a
confié la moitié de ses fonds au coïntéressé], les valeurs
consignées sont considérées comme une créance. [Dans
ces deux cas, les valeurs ne sont frappées de prélèvement
que lorsqu'elles ont été recouvrées par le propriétaire
bailleur; de plus, l'impôt n'est perçu qu'un an après
ce recouvrement, quel qu'ait été le nombre d'années
passées depuis la consignation des valeurs. Dans la circonstance présentée ici, il faut que celui qui fait le
commerce en gros, n'ait pas donné ou reçu des valeurs
moindres que n'en a reçu ou donné son associé; car le
payement de l'impôt est de devoir pour celui qui a le
plus de ces valeurs.]

L'impôt doit se prélever, sans les retards indiqués précédemment, sur le bétail acheté avec les valeurs consignées à titre de part dans les bénéfices [ou de société en participation], en toute circonstance possible [c'est-à-dire, quel que soit le genre de commerce que fassent le bailleur et le consignataire cointéressé]; ensuite ce qui a été perçu pour l'impôt est entièrement à la charge du bailleur [car le consignataire ou commissionné participant ne représente guère ici qu'un homme gagé. L'impôt, disons-nous, se prélève sans les retards indiqués, ce qui signifie, sans attendre que le propriétaire capitaliste ait nouvelle du fait ou des valeurs consignées, et qu'il règle ses comptes avec son cointéressé, et même encore si le bailleur est présent; car, dans le cas indiqué ici, l'impôt se lève en nature. Les fruits imposables subiraient aussi l'impôt sans les délais précités. Enfin le prélèvement est mis uniquement à la charge du bailleur, et est regardé comme une perte accidentelle. En supposant, par exemple, que quarante dînâr aient'été remis au cointéressé, et qu'il en ait acheté quarante moutons, le collecteur prélèvera un mouton qui vaut un dînâr; mais, ensuite, le cointéressé vend ses trente-neuf moutons pour une somme de soixante dînâr; le profit est de vingt et un dînâr, et le capital n'est plus que de trente-neuf; ou bien encore, le mouton prélevé peut être, selon certains juristes, considéré comme mort accidentellement; le capital restera donc à quarante dînâr, et le bénéfice sera de dix-neuf dînâr].

Mais les esclaves achetés avec des valeurs remises à

un individu [associé en participation] sont-ils dans le même cas que le bétail, par rapport au prélèvement qui se perçoit au profit immédiat des pauvres pour le jour de la fête de l'interruption du jeûne? [En d'autres termes, ce prélèvement sera-t-il toujours à la charge du bailleur de fonds, sans être reporté jamais en défalcation sur les bénéfices?] ou bien, le prélèvement sera-t-il mis en compte avec les dépenses nécessaires à l'entretien des esclaves [et avec les pertes]? Il y a sur ce point deux opinions. [Selon le Moudaouéneh, le prélèvement qu'indique la loi pour le donner aux nécessiteux, à la fête qui suit le mois de jeûne, lequel prélèvement est fait sur les esclaves et mamelouks achetés comme spéculation commerciale avec les valeurs susmentionnées, doit être à la charge du bailleur seul, et les dépenses doivent être prises sur les valeurs remises à l'individu coïntéressé. Du reste, le principe le plus généralement suivi est que le prélèvement susdit, perçu sur les esclaves, est uniquement à la charge du bailleur de fonds. La question en litige, et qui a donné lieu à deux opinions, est réellement double, et la voici : le prélèvement se percevra-t-il en nature sur les animaux achetés avec les valeurs dont le propriétaire bailleur n'a pas de nouvelles? La réponse est affirmative, et ce prélèvement sera à la charge seule du bailleur. Le prélèvement se fera-t-il de même, en nature, lorsque les valeurs sont présentes et que leur état est connu, ou bien se fera-t-il à prix d'argent payé par le bailleur, comme lorsqu'il s'agit de prélèvement sur les esclaves?

La réponse est généralement résolue par la donnée exprimée dans le Moudaouéneh, et qui vient d'être énoncée.]

La part des bénéfices qui, dans la société en participation, est revenue au commissionné participant [après le partage des profits et gains], n'est soumise qu'à un prélèvement d'une année, lors même que cette part des bénéfices est au-dessous du chiffre d'une valeur imposable ; mais il faut toujours que les valeurs qui lui ont été remises soient restées entre ses mains pendant une année au moins. [Le prélèvement est toujours pour un an seulement, les bénéfices eussent-ils continué nombre d'années à se produire et à s'accroître. L'impôt se prélève sur la quote-part des bénéfices du coïntéressé ou participant, même lorsqu'elle est au-dessous du chiffre imposable, parce que cet individu est considéré comme ne faisant qu'un avec le bailleur.] La loi ne prescrit le prélèvement sur la part des bénéfices du coïntéressé que si le commissionnant ou bailleur et le commissionné sont tous les deux musulmans, de condition libre, et sans dettes ni l'un ni l'autre.

Le lot du bailleur, c'est-à-dire, tout son capital et les bénéfices qu'il a réalisés [par les valeurs remises à son associé participant, et même tout ce qu'il possède, commercialement parlant], doit former une valeur imposable, pour pouvoir être soumis au prélèvement [et cette condition de former une valeur imposable est indispensable pour qu'il soit permis de frapper d'impôt le participant ; car ce que cet individu reçoit pour sa part

des bénéfices est regardé comme une suite et un complément de ce que possède le bailleur, et c'est pour
cela encore que le participant, quand même ses bénéfices ne s'élèvent pas à une valeur imposable, paye
l'impôt; par suite, si le bailleur n'est pas imposé, le
participant ne doit pas l'être non plus].

Quant à considérer l'associé participant, — ou comme
associé réel du bailleur [par la raison que ce participant
a toute liberté d'action dans la mise en œuvre des valeurs qu'il a reçues, et aussi par la raison qu'il n'est
pas responsable des pertes et déficit], — ou comme
un commis salarié [par la raison qu'il n'a aucune part
dans les fonds qu'il a en maniement, et par la raison
aussi que si le bailleur n'a pas de valeur imposable, le
participant ne sera pas non plus imposé], il y a, parmi
des juristes de haute considération, diversité d'opinions
(*khilâf*).

SECTION VI.

CIRCONSTANCES QUI DISPENSENT OU NE DISPENSENT PAS DES PRÉLÈVE-MENTS EN TOUT OU EN PARTIE, PRINCIPALEMENT SUR LES VALEURS EN NUMÉRAIRE.

Les dettes [quelles qu'elles soient, ou en numéraire,
ou en effets, ou en grains, ou en bétail, etc.], ne dispensent point un individu de payer le prélèvement —
sur ses produits agricoles [grains et fruits], — sur ses
troupeaux, — ou sur une mine qu'il exploite [— ou sur
des valeurs trouvées sous terre ou dans des ruines, etc.],

quand même ce qu'il retire ou possède de toutes ces choses [111] est seulement équivalent [ou bien est inférieur, ou supérieur] à ce qu'il a de dettes.

La disparition de l'individu, même l'état de captivité entre les mains des ennemis, ne dispensent pas du prélèvement. [Si l'individu est pris par l'ennemi, il envoie, s'il le peut, l'indication de ce qu'il doit, ou de ce qu'il devra à telle époque, et, bien qu'il soit absent, on perçoit son impôt.]

[Une dette quelle qu'elle soit, et au-dessous de la valeur d'esclaves que l'on possède, ne dispense pas de payer sur les esclaves ou mamelouks, l'impôt destiné aux pauvres, le jour de la fête qui suit le mois de jeûne.] Mais une dette [ou des valeurs reçues pour commercer à titre de société en participation, ou bien des sommes reçues à l'avance pour des marchandises à livrer plus tard à époque fixée, sommes ou valeurs que l'on ne peut payer par d'autres valeurs, en un mot, une dette quelconque et] égale à la valeur d'un esclave ou de plusieurs esclaves que l'on possède, dispense de fournir sur cet esclave ou ces esclaves [ou mamelouks], l'impôt destiné aux pauvres pour la fête de la rupture du jeûne.

Les dispositions de la loi s'expriment dans un autre sens, pour ce qui regarde les valeurs en numéraire [c'est-à-dire, que toute dette en général détruit l'obligation d'impôt sur les valeurs numéraires égales aux dettes, et sur les sommes qu'elles réduisent au-dessous du chiffre imposable. Le prisonnier en pays ennemi, ou entre les mains de l'ennemi, ou l'individu disparu, ou absent par force, ne doivent rien non plus sur les valeurs numéraires qu'ils ont laissées chez eux ou emportées avec eux; car ils n'ont pu les faire fructifier, et alors elles sont pour eux comme si elles n'existaient pas. Une dette dispense aussi de l'impôt sur les objets et effets de commerce, c'est-à-dire, sur une valeur égale à la dette, parce que l'impôt se prélève sur le prix ou sur l'estimation de ces objets, non sur ces objets eux-mêmes].

Tout prélèvement qui n'a pas été acquitté [quel qu'il soit], une dette à échéance fixe, dispensent aussi de l'impôt sur une valeur en numéraire équivalente à la somme du numéraire nécessaire pour éteindre ces dettes [ou sur une valeur en numéraire qui, par l'acquittement du prélèvement qui est dû ou de la dette à échéance, serait abaissée au-dessous du chiffre imposable. Ainsi, celui qui a entre les mains vingt et un dînâr et qui en doit deux pour une dette à échéance fixe ne subit pas de prélèvement, pas plus que celui qui possède deux cents dînâr et qui les doit pour des impôts non acquittés].

Dispensent encore de l'impôt sur les valeurs en numéraire [dans les limites et conditions qui viennent d'être mentionnées], par exemple : — la dette d'un don nuptial ou d'une partie de ce don [ainsi le mari qui, ayant vingt dînâr depuis un an, doit un de ces dînâr à sa femme, soit à titre de dette à échéance fixée ou à terme indéfini, pour le complément du don nuptial, ne subit pas de prélèvement]; — les dépenses nécessaires pour une pension alimentaire qu'un mari paye à une femme qu'il a répudiée [soit qu'il ait été condamné ou non, à payer cette pension, par le tribunal du k'âd'i]; — les sommes nécessaires à une pension alimentaire pour un enfant, lorsque cette pension a été ordonnée par le tribunal du k'âd'i [ou du gouvernant ou chef de la province. Quand une femme est répudiée et qu'elle a un enfant encore en bas âge, la loi impose au mari une pension alimentaire pour la mère et l'enfant, pension qui est en proportion des moyens d'existence de l'époux et père, et qui, en cas de refus ou de contestation, est fixée par le k'âd'i, ou par l'autorité locale. Ainsi, dans la circonstance précitée, l'individu qui possède vingt dinâr depuis un an, et qui, par jugement du k'âd'i, est obligé de donner vingt drachmes par mois pour une pension alimentaire, ne subit point de prélèvement]. Mais l'individu [après qu'il a été condamné par un jugement valide, à payer telle pension alimentaire,] peut-il être exempté ou non de l'impôt, s'il était précédemment dans un état convenable d'aisance? Il y a, à cet égard, deux opinions opposées. [L'une est affirmative; l'autre est négative, en tout état de choses, et s'appuie sur le fond du principe de la loi. La première prétend qu'en cas de certaine aisance antécédente, l'impôt est dans les limites de la légalité. Mais Khalil paraît pencher pour l'opinion négative.]

Enfin, les sommes d'une pension alimentaire fournie par un enfant à son père ou à sa mère [ou à l'un et à

l'autre] dispensent de l'impôt sur les valeurs en numéraire de cet enfant, mais dans deux cas : — 1° lorsque
cette pension alimentaire a été ordonnée par un jugement émané du tribunal de l'autorité compétente [ce
fait constitue une dette à la charge de l'enfant et le
dispense ainsi du prélèvement sur les sommes qu'il aura
à fournir]; — 2° lorsque le père ou la mère, ou tous
deux, ont emprunté au nom de leur fils [que le k'àd'i a
condamné à leur payer une pension alimentaire] de
quoi suffire à leurs dépenses [et lorsque les parents se
sont arrangés alors de manière que celui qui a prêté
reprenne du fils ce qui leur a été prêté. Mais si les
parents pourvoient à leurs besoins en vendant des objets qu'ils possèdent, et s'ils réclament de leur fils le
prix de ce qu'ils ont vendu, le fils peut refuser d'ac-
quiescer à leur réclamation; ce cas, d'ailleurs, ne le
dispense point du prélèvement sur ce qu'il possède en
valeurs numéraires.]

Une dette expiatoire [pour une amende en réparation
ou en compensation d'un dégât ou d'un dommage, pour
un piaculum ou prix du sang, etc.], une dette contractée afin de satisfaire aux œuvres et aux sacrifices religieux
[du pèlerinage obligatoire, ou d'un simple voyage pieux
à la Mekke, hors de l'époque du pèlerinage], ne dispensent point du prélèvement sur les valeurs numéraires
possédées par un fidèle.

Une dette [comme on vient de le voir dans cette sec-
tion] dispense du prélèvement sur les valeurs en numéraire, excepté lorsque l'individu possède — des produits

passibles de la dîme ou de la demi-dîme et qui déjà ont subi le prélèvement [tels que cinq ouask' de grains, ou qui, à cause de leur quantité, telle que quatre ouask', n'ont pu y être soumis; l'individu, dans cette circonstance, ne peut être dispensé de payer le prélèvement sur son numéraire, parce que ces produits, susceptibles de dîme, sont mis en remplacement de la dette et sont comptés pour elle; la dette est considérée comme étant sur ces produits]; — ou une mine d'or ou d'argent [qu'il exploite ou fait exploiter]; — ou un contrat d'estimation d'un affranchissement contractuel; — ou une valeur d'estimation d'un esclave qui a une promesse d'affranchissement posthume [mais qui est regardé alors comme simple esclave et sans promesse d'affranchissement; car il est permis, selon certains juristes, de le vendre. Ensuite il faut que la dette ait été contractée avant l'arrangement de l'affranchissement de l'esclave en question]; — ou une valeur estimative représentant le prix du service domestique que peut faire encore un esclave à qui l'affranchissement a été promis pour une époque fixée; — ou une valeur représentée par une somme à recouvrer pour le travail domestique d'un esclave [ou d'un affranchi auquel on a promis la liberté pour une époque déterminée et] placé en service et à louage [chez un individu pour un nombre fixe d'années, par exemple]; — ou le prix que vaudra l'esclave [mis en location] lorsque [sorti de ce service] il sera livré à celui qui l'achète actuellement. [Or, dans le cas de dette qui, étant seule, empêcherait le prélèvement sur des

pièces d'or ou d'argent, si, de toutes ces valeurs particulières qui viennent d'être énumérées, il s'en trouve
depuis un an écoulé, une ou plusieurs à la disposition
de l'individu qui a la dette dont on veut parler ici, il
compte cette valeur ou ces valeurs à la place de sa dette
en numéraire et comme devant ou pouvant acquitter
cette dette, et le prélèvement se perçoit sur le numéraire.]

On agit de même encore envers l'individu endetté,
relativement à tout ce qu'il possède — de créances
échues et dont le remboursement est assuré; — ou de
créances non encore échues, dont le recouvrement est
également assuré; — ou d'objets meubles ou immeubles
dont l'année de possession est accomplie. Mais il faut
que ces objets soient de la nature de ceux que l'on
peut vendre pour la liquidation d'une faillite, ou pour
le payement des dettes d'un débiteur insolvable. [Tels
sont les objets de commerce ou marchandises, des
armes, des harnachements, une maison, des anneaux,
des vêtements, excepté les vêtements particuliers du
failli ou du débiteur insolvable.] Ensuite l'estimation
de ces objets [qui sont entre les mains de l'individu
endetté] se précise au moment où l'on perçoit les prélèvements. [Tout cela se compte en remplacement des
dettes de l'individu susdit et se considère comme étant
les valeurs des dettes mêmes, comme étant ce qui peut
servir à les éteindre; et alors l'impôt se lève sur le numéraire présent.]

Mais on ne fait point servir à représenter et remplacer

le montant d'une dette, les valeurs qui, comme l'esclave fugitif, [à qui l'on avait promis l'affranchissement posthume, et comme les chameaux enfuis,] ont disparu; et cela, quand même on espère que ces valeurs se retrouveront [ou reparaîtront, et reviendront à leur maître; car on ne peut vendre un esclave fugitif, ni des chameaux enfuis]. On ne fait pas servir non plus à représenter et remplacer le montant de dettes, une créance sur le remboursement de laquelle on ne peut plus compter. [Car elle est comme si elle n'existait pas.]

Une dette à laquelle le créancier renonce en faveur du débiteur [dette qui est de nature à dispenser de l'impôt sur les valeurs en numéraire], — des objets ou marchandises abandonnés à un débiteur, objets ou marchandises qui peuvent représenter et remplacer une dette en numéraire, — ne doivent pas être frappés d'impôt avant que celui à qui cette dette ou ces objets ont été abandonnés n'ait vu passer une année depuis la renonciation ou l'abandon en sa faveur. Par analogie, l'individu qui se mettrait aux gages d'un autre, au prix, par exemple, de soixante dînâr pour trois ans, ne saurait être passible du prélèvement légal qu'après l'année de possession [de chaque partie ou tiers de cette somme, l'individu eût-il reçu de suite et à l'avance tout le prix de son engagement de trois ans. Ce n'est qu'à la fin de la seconde année, qu'il devra l'impôt sur les vingt premiers dînâr; à la fin de la troisième année, il ne devra que l'impôt sur quarante dînâr, moins ce qu'a enlevé le premier prélèvement; et à la fin de la quatrième année, il devra l'impôt sur les soixante dinâr, moins ce qu'auront enlevé les deux premiers prélèvements. L'argent reçu à l'avance est une dette, non une possession possessoire].

Un individu débiteur d'une somme de cent dinâr, et possédant deux sommes de chacune cent dinâr, mais dont l'année de possession de l'une a commencé au mois de moh'arrem (premier mois de l'année), et l'autre au mois de redjeb (septième mois de l'année), payera l'impôt seulement des cent premiers dinâr [qu'il possède depuis moh'arrem; en redjeb, il ne payera rien pour les cent autres dinâr, parce qu'ils sont pour l'acquit de la dette. La loi se fait payer avant tout].

SECTION VII.

PRÉLÈVEMENTS SUR LES VALEURS MISES EN OUAK'F OU IMMOBILISÉES.

On prélève l'impôt sur les sommes d'or et d'argent mises en ouak'f[113] pour être prêtées; de même, aussi, sur les récoltes agricoles, sur les troupeaux et les produits qui en naissent, soit que le ouak'f ait été fait en faveur d'une mosquée ou de plusieurs mosquées désignées, soit qu'il ait été fait à titre vague [c'est-à-dire, en faveur d'individus indiqués en terme collectif, comme les pauvres, les malheureux], soit qu'il ait été fait en faveur d'individus désignés nominalement, lorsque le propriétaire immobilisant [ou un sien représentant direct] s'est chargé de soigner ces productions, ces trou-

peaux et ces produits. [Dans cet état de circonstances,
le prélèvement se perçoit en masse sur l'ensemble de
chaque chose mise en ouak'f. Il est bien entendu que
l'impôt n'est exigible alors que si la valeur consignée en
ouak'f ou immobilisée ou neutralisée dans son droit de
possession est à un chiffre imposable et est immobilisée depuis un an, ou a été imposée depuis un an. Par
récoltes agricoles, il faut entendre les grains, les fruits,
qui, par le fait de leur mise en ouak'f, doivent être donnés
aux pauvres ou à telle mosquée; l'impôt alors se prélève
en nature. Par les bénéfices des troupeaux mis en ouak'f,
il faut entendre que l'on retire de ce ouak'f le lait des
animaux, leur toison, qu'on fait servir ces animaux aux
transports, et toujours au profit de mosquées ou de
gens nommés ou non pour profiter des résultats. Par les
produits des troupeaux, on entend que l'on profite des
animaux nés de ces troupeaux, soit en les nourrissant
pour les appliquer aux travaux ruraux ou autres, soit
pour les placer à louage, soit pour les distribuer en
nature ou à la mosquée désignée, ou aux pauvres, etc.]

Mais si [le donateur immobilisant ne se charge pas
lui-même de soigner le ouak'f et que] les bénéficiaires
désignés nominalement chargent le donateur de soigner les biens qu'il a immobilisés en leur faveur, on ne
prélève d'impôt que sur chaque partie de ce qui revient
individuellement et isolément à chaque bénéficiaire,
pourvu que cette partie forme une valeur imposable.
[Si ces bénéficiaires sont indéterminés, non indiqués
nominalement, il n'y a plus de prélèvement à payer,

car personne n'est désigné. Le donateur, alors, n'a non plus aucun impôt à subir; car en abandonnant sa propriété aux malheureux ou à qui que ce soit, et à titre de ouak'f, il s'en est dépouillé; il n'en peut plus disposer.]

Quant à la manière de considérer un ouak'f fait en faveur de l'enfant d'un individu nommé par son nom, comme étant le même qu'un ouak'f à titre déterminé [parce que, partant du point de vue du père, non de l'enfant, le ouak'f est en faveur d'un individu désigné nominalement, car le père est nommé], ou bien, quant à la manière de considérer ce même ouak'f fait en faveur de l'enfant susdit, comme étant un ouak'f à titre vague [parce que, partant du point de vue de l'enfant, cet enfant n'est pas nommé individuellement], il y a deux dires ou opinions. [Des juristes veulent que ledit ouak'f fait en faveur d'un enfant de parents nommés spécialement soit un ouak'f à titre déterminé ou nominal; d'autres veulent que ce même ouak'f soit à titre vague.]

SECTION VIII.

PRÉLÈVEMENTS SUR LES MINES, LES TRÉSORS TROUVÉS, LES OBJETS REJETÉS PAR LA MER. — FOUILLES DES TOMBEAUX.

———

§ 1. Du droit de régler et de concéder les exploitations des mines. — Impôts sur les mines.

L'impôt se perçoit directement sur les mines d'or et d'argent natifs [non sur les autres mines, telles que celles de cuivre, de plomb, de fer, d'agate, de keuhl ou sulfure natif d'antimoine ou alquifoux, de mercure, etc. Les dettes, la disparition des propriétaires, l'état de captivité entre les mains des ennemis, ne dispensent nullement de cet impôt. Mais il faut toujours une possession du métal en quantité passible de la taxe; le taux de l'impôt est le même que pour les espèces monnayées].

Du reste, l'imâm, c'est-à-dire, le souverain [ou son représentant, ou son vassal,] règle à son gré tout ce qui concerne l'administration et l'exploitation de toute espèce de mine [or, argent, cuivre, fer, ou autres. C'est par l'autorité gouvernante que sont accordées et déterminées les concessions à titre d'exploitations, soit à vie, soit à époque limitée, ou que sont fixées les surveillances et les opérations administratives qui doivent suivre et observer les exploitations faites au profit de la communauté musulmane. Ces différents modes de règlementation se pratiquent dans les terres, ou conquises par la force, ou soumises pacifiquement, ou habitées par les vainqueurs et les vaincus, ou abandonnées par les vaincus]. L'autorité suprême règle tout ce qui concerne les mines, même lorsqu'elles se trouvent sur les terres d'un individu connu nominalement [qu'il soit ou non musulman, que ce soit en terre musulmane ou en pays conquis de vive force. Des concessions ont été et par conséquent peuvent encore être faites, avant la conquête, pour des mines situées en pays ennemi, bien entendu avec la réserve de l'accomplissement de la conquête. Des concessions anticipées de terres, en Syrie, ont été ainsi accordées par le Prophète, et elles ne furent reçues par les concessionnaires que même après la mort du Prophète. Ces concessions ont été ainsi accordées, parce que Dieu a donné à Moh'ammed son Prophète l'empire de la terre et du paradis; et, dès lors, comme le plus grand et le coryphée final des envoyés de Dieu, Mahomet pouvait et peut encore disposer des diverses parties de ce double empire, en faveur de qui que ce soit des musulmans].

Mais le droit de concessions [royales ou gouvernementales], et le droit de rien régler, n'existent pas pour des mines situées sur une terre possédée par des individus [même inconnus] qui en restent maîtres, à la suite d'une capitulation [qui leur en laisse la propriété]. Ces individus demeurent propriétaires discrétionnaires. [S'ils se convertissent à la foi musulmane, alors le gouvernement exerce son droit de régler l'exploitation et la concession.]

On réunit et compte ensemble les derniers produits des veines métalliques d'or et d'argent, avec ce que donnent de nouvelles veines [qui suivent les premières, dans une même mine, que les nouvelles veines se trouvent être ou non du même métal que les précédentes], et cela, quand même les travaux de fouille ou d'exploitation auraient chômé [par quelque motif que ce puisse être]. Mais on ne réunit point en un même compte [pour déterminer l'impôt] : — ce qui a été extrait d'une mine, avec ce qu'a fourni une autre mine [fût-ce dans le même moment et du même métal, or ou ar-

gent]; — ni ce qu'a fourni une nouvelle veine, avec ce
qu'a fourni une autre veine nouvelle [fussent-elles toutes
deux de même métal, les produits fussent-ils extraits en
même temps, ou bien, les produits de la première fussent-ils restés sans emploi jusqu'à ce qu'ils formassent
avec les produits de la seconde une valeur imposable].

Quant au principe de réunir des valeurs particulières
[qui sont au-dessous du chiffre imposable], et possédées
depuis un an complet, aux produits fournis par une
mine [et cela, dans le but de composer ainsi par la réunion de ces valeurs et de ces produits, une somme im-
posable] il y a divergence d'opinions parmi les légistes
modernes. [Les uns prétendent que la réunion doit
s'opérer, et même aussitôt que l'on pourra compléter
ainsi une valeur imposable. Les autres récusent ce principe de réunion.] Mêmes opinions contradictoires sur
cet autre point : Est-il de convenance légale de percevoir l'impôt sur les produits d'or et d'argent d'une
mine [produits d'ailleurs qui sont à une valeur impo-
sable], dès qu'ils sont extraits de la mine [et à l'état
de minerai]? ou bien, est-il plus convenable d'attendre
que les produits nets soient obtenus par le traitement
métallurgique du minerai brut? [Les opinions, disons-
nous, sont partagées. De plus, les uns prétendent que
si, par les travaux nécessaires pour extraire l'or ou l'argent du minerai, les frais de main-d'œuvre réduisent
la valeur des produits au-dessous du chiffre imposable,
la loi n'exige plus de prélèvement; les autres soutiennent que l'impôt est toujours exigible.]

Il est licite d'abandonner, à titre et à prix fixé de location, l'exploitation [ou discrétionnaire, ou limitée à telle profondeur et à telle étendue, dans telle ou telle direction,] d'une mine d'or, ou d'argent [ou d'argent et d'or en même temps], mais à condition, — 1° que le prix de location [ou d'entreprise] ne sera point payé en matières métalliques d'or ou d'argent [car le fait reviendrait à cette circonstance anormale : louer une terre pour en payer la location par ce qui en sera retiré]; —2° que ce qui sera extrait de la mine sera tout entier pour l'entrepreneur locataire. [Il est licite aussi d'abandonner gratis à quelqu'un l'exploitation d'une mine d'or ou d'argent. L'exploitation de toute autre mine, par exemple d'une mine de cuivre, ou de fer, ou de plomb, etc. peut être aussi donnée à location, et le prix de location être payé en or ou en argent. Il est désapprouvé, même alors, de payer avec les produits extraits de la mine.]

Dans le cas de location, on considère [pour percevoir l'impôt] les valeurs que le propriétaire et l'exploitateur locataire retirent en profits [et chacun de ces profits n'est soumis à l'impôt que s'il est à la valeur voulue par la loi pour être passible de prélèvement].

Mais deux opinions contradictoires sont exprimées par les juristes, sur la question suivante : Est-il permis de donner à exploiter une partie [un quart, un tiers, la moitié] d'une mine, sous la condition que l'exploitateur associé aura une part dans les bénéfices? [Lorsque ce genre de société en participation a lieu, celui qui est

associé au propriétaire, est considéré comme réellement
associé, non comme commis, et il ne paye l'impôt que
lorsqu'il a un bénéfice représentant une valeur régulièrement imposable. L'associé participant, qui a reçu
une somme pour la faire valoir commercialement, paye
l'impôt sur les bénéfices, même lorsqu'ils sont au-dessous d'une somme imposable; cette dernière circonstance a été indiquée précédemment.] (Voy. section V
de ce chapitre.)

Un morceau d'or ou d'argent massif [et dégagé du
mélange de substances étrangères] paye en impôt le cinquième de sa valeur [quel que soit l'individu qui l'ait
retiré de la mine, esclave ou libre, musulman ou infidèle; que la valeur du fragment ou lingot soit ou non
au chiffre imposable; que même cet or ou cet argent
soit en un ou en plusieurs morceaux trouvés ensemble
ou séparément. Ce prélèvement d'un cinquième est pour
le souverain, qui en dispose à sa discrétion, comme
du cinquième du butin pris sur l'ennemi].

§ 2. Prélèvements sur les trésors trouvés. — Fouilles des tombeaux
anciens. — Objets rejetés par la mer.

On prélève un cinquième de leur valeur [et au profit du souverain ou de son lieutenant] sur les trésors
trouvés et qui ont été enfouis ou cachés aux époques
du paganisme [113], quand même [à défaut de caractères distinctifs,] on douterait [si ces trésors ont été
cachés après ou avant la révélation de l'islamisme], et
même quand le trésor [ainsi que les morceaux d'or ou

d'argent pur qui ont été extraits d'une mine] serait au-
dessous d'une valeur imposable, ou même encore quand
il serait en objets autres que des matières d'or ou
d'argent [par exemple en perles et en pierreries, ou
en cuivre, ou en plomb, ou en fer; il en serait aussi
de même si l'on trouvait des colonnes de marbre ou de
pierres. Mais on ne prélève rien sur des constructions
découvertes dans des fouilles; elles entrent dans la catégorie des biens immeubles].

La loi prélève le *quint* ou cinquième de la valeur des
objets qui viennent d'être indiqués, quel que soit celui
qui les ait découverts, qu'il soit esclave ou infidèle [ou
pauvre, ou endetté, etc.], à moins toutefois qu'il ne lui
ait fallu supporter de grandes dépenses pour extraire le
trésor, ou qu'il ne lui ait fallu faire [par lui-même et
par l'aide de ses esclaves ou de ses domestiques], des
travaux considérables pour retirer de terre ou de ruines
le trésor [en or ou en argent]. Dans ces deux seules circonstances [de grandes dépenses ou de fatigues pour
des travaux considérables], la loi n'exige que le prélèvement ordinaire [imposé sur les espèces d'or ou d'argent, c'est-à-dire deux et demi pour cent. Néanmoins, si
les dépenses supportées par celui qui a trouvé le trésor
n'ont été que des frais de route, de voyage, le cinquième de la valeur trouvée est dû pour le prélèvement].

La loi désapprouve — celui qui creuserait des sépultures des Arabes antéislamiques, dans l'espoir d'en retirer des objets précieux, — et celui qui, même sans
creuser profondément la terre, va chercher dans les tom-

beaux [ne fût-ce que pour des évocations. La terre des sépultures antiques est impure; et de plus on pourrait, par malheur, en la bouleversant, fouiller le tombeau de quelque prophète ou saint personnage des âges anciens. Mais s'il n'est pas convenable de bouleverser le sol, simplement pour fouiller ces sépultures antéislamiques, il est permis d'y chercher des richesses, des parures, et l'on doit toujours payer le cinquième de ce que l'on trouve. Le Prophète indiqua, un jour, qu'un rameau d'or avait été déposé dans le lieu où avait été enterré Rouâ'l qui, dans l'expédition des Éthiopiens contre la Mekke, soixante et douze ans avant la révélation de l'islamisme, commandait les éléphants de l'armée et était un des premiers chefs des troupes d'Abraha l'Éthiopien [114]. Sur la parole du saint Prophète, la foule s'empressa d'aller fouiller le tombeau de Rouâ'l, et l'on trouva un rameau d'or pesant cent cinquante rit'l ou livres arabes.... Il est absolument défendu de fouiller les tombeaux des musulmans. Il n'est pas permis non plus de fouiller les tombeaux qui sont en pays musulmans, lorsqu'il n'est pas certain que ce sont des sépultures d'infidèles. Quant aux fouilles pour trouver des *objets transformés* [115], les uns les permettent, les autres les blâment].

Ce qui reste d'un objet précieux ou d'un trésor trouvé [en terre, ou dans une maison, ou dans une construction, ou dans des ruines,] appartient, après le prélèvement perçu, au propriétaire réel du sol où la trouvaille a été faite [quel que soit celui qui l'ait faite; car le propriétaire d'une terre la possède tout entière, superficie et intérieur, qu'il l'ait achetée, ou revivifiée et défrichée, ou reçue comme donation].

Le trésor trouvé appartient [après l'impôt prélevé] à celui qui est devenu maître du sol, fût-ce même l'armée qui l'a conquis. [Si le propriétaire musulman n'existe plus, ou ne se retrouve pas, le trésor appartient à ses héritiers, et, à défaut d'héritiers, le trésor est dans la classe des biens sans propriétaire.]

Si la terre où a été découvert le trésor est un terrain mort ou terre vague [sans propriétaire et sans culture], le trésor appartient à qui l'a découvert [et ne doit pas être soumis à l'impôt d'un cinquième].

Le trésor qui a été enfoui ou caché dans une terre d'infidèles qui ont capitulé [en stipulant le maintien et le respect de leurs propriétés], leur appartient [à tous en général et sans devoir de quint ou impôt du cinquième]. Mais si le trésor a été découvert par le propriétaire d'une maison, dans sa maison même, ce trésor est à ce propriétaire individuellement [à la condition, cependant, que ce propriétaire soit de ceux qui ont accepté la capitulation; s'il n'en était pas, le trésor qu'il a trouvé dans sa maison appartiendrait à la communauté des individus qui ont capitulé. Si ce propriétaire susdit est des individus qui ont capitulé, le trésor trouvé chez lui, par lui ou par un autre, lui appartient toujours].

Les valeurs qui [ayant quelque signe par lequel on puisse les reconnaître] ont été cachées par un musulman ou par un sujet conquis non musulman et payant la capitation[116], rentrent [lorsque quelqu'un autre que le propriétaire les découvre] dans la catégorie des objets trouvés.

Les objets de prix que la mer rejette sur ses rivages, tels que l'ambre[117], [les perles, etc. et tout objet dont personne n'a été propriétaire], appartiennent à celui qui les trouve et ne sont point soumis au droit de quint ou cinquième. [Si les objets avaient appartenu à des individus des époques antéislamiques, ou bien s'il y a lieu de rester à douter qu'ils aient appartenu à des individus de l'époque islamique, ces objets sont tenus pour trésors ou objets cachés ou enfouis, dont le maître est ignoré, et l'impôt du cinquième est licite. S'ils sont reconnus pour avoir appartenu à des musulmans, ou à des sujets non musulmans qui payent la capitation, ils sont dans la catégorie des objets trouvés.]

SECTION IX.

EMPLOI ET DISTRIBUTION DES PRÉLÈVEMENTS. — PRÉLÈVEMENTS LIVRÉS HORS DE L'ÉPOQUE LÉGALE. — PRÉLÈVEMENTS SUR LES HÉRITAGES ET SUR LES VOYAGEURS.

§ 1. Distribution et répartition des prélèvements à huit catégories d'individus. — Circonstances d'exclusion.

PREMIÈRE CATÉGORIE.

Les pauvres [qui ne peuvent subvenir à leurs besoins] et les indigents, c'est-à-dire ceux qui sont le plus dé-

nués de ressources, ont droit légalement à la distribution des prélèvements collectés. On croira à toute déclaration de pauvreté et d'indigence, à moins que quelque
indication douteuse ne paraisse [telle serait la déclaration d'un individu qui affirmerait la perte entière de ce
qu'il possédait; dans ce cas, il faudrait aller aux preuves;
de même, s'il se déclarait réduit à l'impossibilité de
payer une dette, etc.]

Le pauvre et l'indigent doivent être bons musulmans
[pour avoir droit à une part dans les prélèvements.
Rien ne sera donné aux malheureux qui ne sont point
dans la vraie foi islamique, à moins qu'ils ne soient
disposés à accepter toutes les croyances orthodoxes.
Rien non plus ne sera accordé aux musulmans qui prétendent qu'A'li, le quatrième khalife, est le Prophète
de l'Islâm, et que l'ange Gabriel s'est trompé en portant la révélation divine à Mahomet; ou bien, qu'il y
a eu deux messies dans l'islamisme, l'un parlant, ou
Mahomet, l'autre muet, ou A'li; ou bien, que les imâm
ou docteurs de la foi savent ce qui a été et ce qui sera].

Les autres conditions nécessaires à tout individu
[pour avoir droit au partage des prélèvements] sont :
— d'être de condition libre [cependant on n'exclut pas
du partage l'affranchi contractuel qui aurait besoin de
secours pour obtenir définitivement son affranchissement. On n'accorde rien aux esclaves, car ils ont la pro-
tection et les soins de leurs patrons; et si ceux-ci deviennent nécessiteux, ils peuvent vendre leurs esclaves,
ou hâter l'affranchissement de ceux auxquels ils ont pro-

mis la liberté]; — de manquer d'une partie même médiocre du nécessaire [pour vivre une année]; ou de
manquer de ce qui suffit aux dépenses communes d'entretien [ou de vêtements]; — de n'avoir ni métier, ni genre
d'industrie qui puisse fournir aux besoins et à la subsistance [de l'individu et de sa famille, soit habituellement,
soit à un moment donné par suite de stagnation, même
passagère, dans les affaires de commerce, dans les travaux, etc.]; — de ne point appartenir, en ligne de filiation
mâle directe, à la famille des Hâchem [118]; mais il n'en
est pas de même pour les descendants de Mout't'aleb,
frère de Hâchem. [Si une seule des conditions qui sont
énoncées pour cette catégorie, et qui donnent droit au
partage des prélèvements, vient à manquer, ce droit
n'existe pas. Ainsi,] il est antilégal qu'un créancier fasse
participer aux prélèvements un débiteur insolvable, en
lui comptant à décharge [totale ou partielle] de la dette,
une portion d'un impôt [en disant, par exemple, à ce
débiteur qui ne peut pas payer un dînâr qu'il doit : Tu
me dois un dînâr; je t'en tiens quitte, en le comptant
et le retenant sur le prélèvement que j'ai à payer.]

DEUXIÈME CATÉGORIE.

Il est permis de faire participer aux produits des prélèvements, — les affranchis des Beni-Hâchem; — celui
qui pourrait suffire à ses besoins d'existence [par son
travail, mais avec peine]; — celui qui possède même
des valeurs passibles d'impôt [lorsque ces valeurs ne
peuvent suffire pour toute l'année aux besoins de sa

famille nombreuse; on donne alors à cet individu de quoi vivre pour l'année, et cela quand même il aurait un domestique [119], une demeure assez vaste, mais qui ne serait pas trop grande pour sa famille].

Il est permis encore de donner à un pauvre [sur les prélèvements],—une valeur qui dépasse le chiffre d'une valeur imposable [dût le pauvre, par là même, pouvoir faire alors bonne vie]; — une valeur suffisante pour qu'il puisse vivre toute l'année. [Si le partage des prélèvements se fait à deux époques de l'année, on donnera, si l'on veut, à ce pauvre, sa quote-part annuelle en deux fois ou en une seule fois, soit en numéraire, soit en grains et en fruits, soit en bétail.]

Mais est-il dans l'esprit de la loi de donner une part des prélèvements à un débiteur insolvable, et ensuite de reprendre cette part afin d'en acquitter sa dette? Il y a divergence d'opinions à ce sujet, et la question est encore indécise (*téreddoud*). [Beaucoup de légistes graves et respectables sont pour la négative.]

TROISIÈME CATÉGORIE.

Aux produits des prélèvements participent, — le collecteur de ces prélèvements; — celui qui les distribue; [— celui qui enregistre les noms des contribuables avec les quotités des prélèvements; — celui enfin qui réunit les contribuables pour la collecte de l'impôt]. Ces employés doivent être musulmans, libres, justes et probes, instruits et expérimentés dans tout ce que pres-

crit la loi sur les prélèvements ou zékât; nul d'entre
eux ne doit être ni de la descendance directe et mâle
de Hâchem, ni infidèle; enfin ces employés, fussent-ils
riches, entrent dans le partage des prélèvements [car la
part qui leur est dévolue, ne l'est qu'à titre de salaire
de leurs fonctions].

On commence tout d'abord par donner aux employés
[les seuls qui viennent d'être nommés, et, en première
ligne est le collecteur, puis le distributeur], ce qui leur
revient [comme salaire]; puis les pauvres et les indigents reçoivent leur part. Tous [employés, et pauvres,
et indigents,] doivent être dans les conditions sur lesquelles la loi établit leur droit à la répartition. [Il faut
toujours commencer par les individus employés à la
collecte et à la distribution; car c'est une dette à la charge
des prélèvements. Et même, si tout ce qu'il y a eu de
collecté ne suffisait qu'à payer les employés, tout devrait leur être abandonné. On distribue aux pauvres et
aux indigents, avant de rien consacrer aux affranchisse-
ments; car le plus pressant est de soulager les besoins
des nécessiteux. Cependant, on leur préférera, dans
l'ordre de distribution, les infidèles qui aiment les musulmans, qui peuvent leur venir en aide dans les guerres
et penchent à embrasser la foi islamique; on les attire
ainsi dans la voie de la vérité, la voie de Dieu; et si
on leur donne avant de rien accorder aux nécessiteux,
c'est qu'il faut songer à sauver et préserver les hommes
du feu éternel, avant de songer à les préserver de la
faim. Nul ne doit recevoir assez pour vivre dans l'abon-

dance. Si l'employé est endetté, il ne recevra rien pour acquitter directement ses dettes, à moins que ce ne soit un don du souverain imâm ou souverain de l'État.]

On n'accorde rien [à titre de salaire] sur les prélèvements, à ceux qui sont chargés du soin ou sont préposés à la garde de ces prélèvements [soit en animaux, en grains ou en fruits, soit en espèces monnayées, soit en aumônes pour la fête du *fit'r* ou rupture du jeûne du ramad'ân. Les individus chargés du soin et de la garde des collectes sont payés aux frais du trésor public].

QUATRIÈME CATÉGORIE.

On accorde une part dans les prélèvements, aux infidèles qui sont amis des musulmans [et qui peuvent leur être de quelque secours dans les guerres, ou qui penchent à embrasser l'islamisme]. On leur concède une part des prélèvements pour les décider [à renoncer à leur foi erronée et] à professer la foi islamique. Toutefois, pour accorder cette part, il y a la règle à suivre. [Car ce n'est qu'une chose permise dont il faut examiner et reconnaître l'opportunité. On ne donne à ces infidèles que lorsque l'on peut avoir besoin d'eux et de leur secours, ou lorsqu'on est sûr de leur désir sincère de se déclarer musulmans, et que leur admission au partage peut les y décider.]

On emploie une part des prélèvements pour acheter la liberté d'un esclave qui est musulman, surtout lorsqu'il est atteint de quelque infirmité grave [par exemple, s'il est aveugle, s'il est avancé en âge, car alors il a plus besoin de compassion et de secours]; mais il faut qu'il n'ait aucune forme de contrat ou de promesse qui lui assure sa liberté pour l'avenir. [Ainsi, il ne doit pas être à l'état d'esclave auquel est accordé un affranchissement partiel ou contractuel, ou une promesse de manumission posthume.] L'esclave, affranchi par une valeur détachée des prélèvements, reste sous le patronage des musulmans, qui alors ont droit d'hérédité sur cet affranchi [car sa liberté a été payée par eux]. Si un fidèle [avec le prix du prélèvement qu'il a à payer] affranchit un esclave et établit comme condition que c'est lui, payant, qui affranchit l'esclave [et qu'il cède aux musulmans, à la société musulmane, le droit d'hérédité sur ce que l'affranchi laissera en mourant, cette condition est contraire à l'esprit de la loi et ne peut avoir ni force ni valeur; car celui qui affranchit réellement est celui qui a droit d'hérédité sur l'affranchi et le garde en quelque sorte sous son patronage. Si donc la condition a été établie, comme il vient d'être dit, par celui qui affranchit], cet individu n'est pas dispensé de payer la portion d'impôt qui lui est personnelle. Il en est encore de même, si de sa quote-part d'impôt il délivre un captif des mains des infidèles [ou des rebelles. Le

prix d'un tel rachat ne saurait être appliqué à l'acquittement de ce que l'on doit pour les prélèvements; car
la société musulmane n'a alors ni droit de patronage,
ni droit d'hérédité sur l'individu délivré par ce rachat,
double cause indispensable pour que le prélèvement
consacré ou à un affranchissement, ou bien à un rachat,
soit considéré comme légalement acquitté. Néanmoins,
l'affranchissement de l'esclave et le rachat du captif,
une fois conclus, sont deux faits accomplis qui restent
avec toute leur valeur d'exécution].

SIXIÈME CATÉGORIE.

On accorde une part des prélèvements à un individu
pour l'acquittement de dettes envers les hommes [non
de dettes ayant un caractère religieux, telle qu'une
dette d'un prélèvement inacquitté; non pour l'acquittement d'un *piaculum* ou prix d'expiation d'une faute ou
d'un crime. On accorde un secours au débiteur musulman, libre, non d'origine hâchémite, surtout s'il est
poursuivi et menacé par ses créanciers]. On donne une
part des prélèvements pour le débiteur en question, lors
même qu'il est mort [car le débiteur mort a plus besoin
encore de ce secours que le débiteur vivant].

Il faut aussi [comme raison qui établisse et valide le
droit du débiteur à une part des prélèvements] que la
dette soit de nature à entraîner l'incarcération. Mais on
refuse toute participation aux prélèvements lorsqu'elle
servirait à éteindre des dettes, — contractées par une

mauvaise conduite [par la débauche, l'usage des liqueurs fermentées, etc.] — ou contractées dans l'espoir de prendre part aux aumônes fournies par les zékât [et lorsque l'individu a de quoi suffire à ses besoins. Si l'individu a été forcé, par la nécessité, de contracter une dette, il aura part à la distribution des prélèvements]. Quant à celui qui, dans sa mauvaise conduite, a fait des dettes, s'il se repent et s'il a résolu de mieux se conduire, il aura part aux prélèvements. Cette dernière disposition légale est énoncée par un légiste autre que les quatre principaux légistes [mais en première ligne par Khalîl (*istah'san*). Le légiste indiqué est Ibn-A'bd-es-Sélâm].

Dans tous les cas, on n'accorde une part des prélèvements à l'individu endetté, que lorsqu'il a livré à ses créanciers ce qu'il a de numéraire entre les mains, et lorsqu'il leur a donné, des autres choses qu'il possède, le surplus de ce qui lui est nécessaire. [Ainsi l'individu doit-il, par exemple, quarante dînâr, et a-t-il par devers lui vingt dînâr; il donnera à ses créanciers les vingt dînâr qu'il possède, et les vingt autres seront acquittés par une part prise pour lui sur les prélèvements. Mais il doit donner d'abord en à-compte sur sa dette, ce qu'il possède en surplus de ce qu'il lui faut pour vivre. Si donc il a une maison, par exemple, de la valeur de cinquante dînâr, et qu'une maison de trente dînâr lui suffise, on vend sa maison pour cinquante dînâr, on lui en achète une autre de trente dînâr, et les vingt dînâr sont livrés aux créanciers, Si ces vingt dînâr ne suffisaient pas pour l'acquittement de la dette, l'individu

recevrait de la masse des prélèvements ce dont il a besoin pour éteindre cette dette.]

Une part des prélèvements est consacrée, — aux
hommes [musulmans et libres, étrangers ou non à la
famille directe des Beni-Hâchem, capables de porter
les armes,] qui font la guerre [contre les infidèles, et
qui combattent *dans la voie de Dieu*]; — à l'acquisition
ou à la préparation des armes, des chevaux dont les
soldats ont besoin; cette part est consacrée aux milices,
lors même que les individus sont riches.

On admet aussi à la répartition des prélèvements,
les espions [que l'on envoie observer et reconnaître les
mouvements et les projets de l'ennemi, quand même
ces espions ne seraient pas musulmans, et que, de plus,
ils seraient de la descendance des Beni-Hâchem].

Mais rien ne doit être employé des prélèvements,
pour les [constructions et l'entretien des] fortifications
[ni pour les travaux de guerre défensive contre les in-
fidèles], ni pour les constructions de vaisseaux de guerre
[ni pour les constructions de mosquées, de ponts, ni
pour l'ensevelissement des morts].

On prend sur les prélèvements réalisés, de quoi
donner à l'étranger [musulman, libre, non hâchémite,]

qui a besoin de secours pour regagner son pays [que
cet étranger ait ou n'ait pas, dans son pays, une existence aisée. On lui donne ce qui est nécessaire pour
ses frais de route]. Mais il faut encore comme conditions : — que son voyage n'ait point été entrepris dans
un but coupable [par exemple, pour un meurtre, un
vol, une vengeance, etc. à moins que l'individu ne
renonce à son projet, ou ne se repente du mal qu'il a
commis, et qu'il n'ait en même temps à craindre la mort
de la part de ses ennemis]; — qu'il ne trouve personne
qui veuille lui prêter ce dont il a besoin, bien qu'il ait
dans son pays une position aisée [ou bien encore, lorsque,
trouvant à emprunter, il n'a dans son pays qu'une existence gênée et qui laisse à ceux qui voudraient lui prêter
quelque argent, la crainte de ne pas être remboursés].

L'étranger voyageur qui déclare être dans le besoin
sera cru sur parole. S'il reste dans le pays [où il a reçu
des secours pour continuer son voyage], on lui reprend
ce qu'il a encore de la part qu'il a reçue [à moins
qu'il ne soit pauvre et malheureux]; on agit de même
envers celui qui, devant aller en expédition contre les
infidèles [et ayant touché pour cela une part des pré-
lèvements], reste dans le pays et ne part pas. [Ce dernier individu doit rendre tout ce qu'il a reçu; ce qui
en manquerait lui serait mis en compte à titre de dette.
Car ce qui lui a été donné n'était point une aumône ou
un secours, mais une sorte de prêt qu'il devait acquitter par l'accomplissement du fait même pour lequel
il avait reçu ce prêt.]

Relativement à un individu à qui il a été donné de quoi payer une amende, une dette, et qui ensuite n'a plus besoin de ce qu'il a touché pour acquitter cette dette, il y a désaccord sur ce qu'il convient de faire. [Il n'est pas précisément admis qu'il faille abandonner à cet individu ce qui lui a été accordé. El-Lakhmî seul est d'avis que la règle est de retirer ce qui a été livré.]

§ 2. Mode de distribution des prélèvements.

On accorde aux malheureux une part des prélèvements double de celle des sept autres catégories ensemble. [Le reste est partagé en lots égaux pour chaque catégorie qui est présente. Le lot des malheureux est double, parce que c'est principalement pour eux que la loi divine a consacré les prélèvements sur les biens ; Dieu a dit dans le saint K'oran : « Les prélèvements et les aumônes pascales sont pour les pauvres. » Mais dans la distribution des prélèvements, les employés, comme il a été dit, doivent être payés avant tout.]

Le délégué pour le partage des prélèvements sera dans l'esprit de la loi et dans le sens des devoirs qu'elle recommande, s'il s'adjoint un coadjuteur ou aide-conseiller qui le puisse éclairer et informer. [La loi blâme celui qui seul, en sa qualité de délégué de l'autorité, prend toute la responsabilité du partage, et ne croit ni risquer d'errer dans l'appréciation et la connaissance des droits de chacun, ni risquer d'être circonvenu ou surpris par aucune influence. Il est aussi plus sûr et plus sage de procéder à ces répartitions en se tenant à l'écart, dérobé aux regards de la multitude.]

La loi frappe de blâme le délégué qui [lorsqu'il s'est adjoint un coadjuteur conseiller] désigne en particulier les parents ou proches du propriétaire contribuable, pour recevoir une part des prélèvements. [Il est également blâmable pour le conseiller ou coadjuteur de désigner en particulier ses proches pour prendre part aux répartitions, s'ils n'ont pas tous les droits voulus au partage.]

Maintenant, est-il défendu à une femme de donner à son mari le prélèvement qu'elle doit payer, ou bien n'encourt-elle alors que le blâme de la loi? Il y a sur ce point deux opinions exprimées par les commentateurs du Moudaouéneh. [Le Moudaouéneh défend à la femme de rien donner à son mari, des prélèvements qu'elle a à payer. Des juristes ont soutenu cette disposition du Moudaouéneh; d'autres l'ont expliquée comme étant un simple cas de blâme.]

§ 3. Circonstances particulières dans l'appréciation des valeurs monnayées, pour les prélèvements. — Destruction des monnaies.

Il est permis de payer en or les prélèvements dus sur les valeurs en argent, et réciproquement [de payer en argent les prélèvements dus sur les valeurs en or, que l'or et l'argent soient ou non monnayés. Mais la loi répugne à ce que l'on accepte des valeurs d'or monnayées en place d'argent à l'état minéral brut, et réciproquement].

Dans tous les cas, les payements indiqués en or et en argent se font toujours au taux courant du moment [et par compensation relative, c'est-à-dire selon le taux relatif et comparé des deux espèces de valeurs : en terme légal ordinaire, dix drachmes d'argent pour un dînâr ou pièce d'or appelée dînâr, et réciproquement. Mais si à l'époque du prélèvement, le dînâr, par exemple, vaut, au cours du jour, plus de dix drachmes, le surplus sera payé, et le tout ne représentera qu'un dînâr. Il en sera de même si le dînâr vaut moins de dix drachmes, c'est-à-dire que moins de dix drachmes équivaudra à un dînâr].

On tient compte sur la valeur à recevoir, du prix de fabrication ou de monnayage, quand même la valeur donnée en prélèvement serait de même métal que la valeur sur laquelle le prélèvement est perçu. [Il n'en serait pas ainsi, bien entendu, si les valeurs imposées et la quotité perçue sont en numéraire d'or ou d'argent. Ainsi lorsqu'un individu qui doit payer un demi-dînâr pour vingt dînâr monnayés qu'il possède, paye le demi-dînâr par un demi-dînâr monnayé, il n'y a rien à défalquer ou augmenter relativement au prix de fabrication ou de monnayage de ce demi-dînâr. Mais si un individu possédant quarante dînâr monnayés veut payer le dînâr qu'il y a alors à percevoir, en poudre d'or ou en or métallique brut, il livrera une quantité d'or dont le prix égale le dînâr à l'état monnayé, et dans ce cas le poids de l'or métallique brut dépassera nécessairement un peu le poids d'un dînâr monnayé.]

On ne tient pas compte relativement aux prélèvements à recevoir sur les bijoux [et les ustensiles en or
ou en argent], du prix de main-d'œuvre, quand le prélèvement est payé en même métal que les bijoux [ou
ustensiles. Ainsi sur des bijoux dont le poids équivau-
drait à cent dînâr, et dont le travail vaudrait cent vingt
dînâr, le prélèvement n'est déterminé que sur cent dinâr, valeur intrinsèque]. Mais en serait-il de même si
le prélèvement était payé en métal différent de celui
des bijoux [si l'on payait en argent le prix d'impôt sur
des bijoux ou des ustensiles en or, et réciproque-
ment]? Il y a à cet égard divergence d'opinions chez
les juristes modernes (*téreddoad*). [L'opinion la plus
acceptée est que l'on ne considère jamais que la valeur
simple.]

Il n'est pas permis à un individu de briser ou dégrader les monnaies [d'or ou d'argent pour en retirer de
quoi fournir au prélèvement, par exemple, pour retirer un demi-dînâr]; il n'est pas permis de dégrader
ou de détruire les monnaies, à moins que l'individu ne
veuille [les fondre pour les appliquer à des usages spéciaux, ou] les convertir en bijoux [pour sa femme, ou
sa fille, etc.]

§ 4. Lieux de distributions des prélèvements. — Intention pieuse.

Il est d'obligation canonique pour le fidèle qui paye
l'impôt religieux, d'avoir l'intention sincère et pieuse
de donner, de ses biens, ce que la loi prescrit. [Cette

intention doit aussi être sentie lorsqu'il prend, de ce qu'il possède, ce qu'il a à payer, ou lorsqu'il le livre, ou, mieux encore, à ces deux moments. Cette intention doit aussi être sentie par celui à qui est confié le soin des biens des mineurs et des aliénés.]

Les produits prélevés doivent être distribués dans le lieu où ils ont été collectés et où sont les propriétaires ou les propriétés dont ces produits sont recueillis [à condition, bien entendu, qu'il y ait là des individus ayant droit au partage des collectes. Il existe dans cette volonté de la loi une intention d'harmonie à entretenir entre le riche et le pauvre. Les grains et le bétail sont distribués dans le pays où ils sont prélevés, ou bien dans le pays où sont les propriétés. L'argent et les effets sont distribués dans le pays où résident les propriétaires]. La distribution [de toute la collecte ne peut-elle avoir lieu dans le pays même, elle] ne doit pas s'étendre aux habitants malheureux ou autres, d'endroits éloignés [de plus de l'espace au delà duquel il n'y a plus ni demeures, ni jardins ou potagers appartenant à la localité], à moins qu'il n'y ait pas dans le pays et dans les alentours, de gens ayant droit aux partages. Alors [on distribue la moindre partie des collectes dans le pays et dans les environs rapprochés, car l'impossibilité de tout distribuer est un signe d'aisance; et ensuite] on transporte aux localités voisines la majeure partie de ces collectes [mais toujours en passant de proche en proche pays, pour y faire les répartitions aux nécessiteux et autres ayants droit].

Les frais de transport alors, s'il y en a, seront à la
charge du *feï* ou trésor public [120] ; s'il n'y a pas de *feï*
[ou si l'on ne peut aisément opérer le transport], on
vend la collecte [dans le pays où elle a été réunie], et,
du prix de la vente, on achètera, dans les pays où l'on
fera la répartition, des valeurs ou objets analogues [ou
bien l'on y distribuera les produits directs de la vente.
Mais celui qui préside à ces opérations n'est responsable d'aucun déficit]. De même encore, si dans le pays
où la collecte a été réunie, il n'y a personne qui ait droit
aux produits prélevés [on les transporte ailleurs, aux
frais du trésor public, ou bien on les vend, etc.]

Du reste ces transports doivent être hâtés de manière que les distributions [du numéraire et des trou-
peaux] soient achevées avant la fin de l'année [c'est-
à-dire avant le temps fixé pour les nouveaux prélève-
ments].

§ 5. **Des prélèvements fournis avant ou après les époques légales. —
Circonstances de protestation. — Blâme des permutations. — De
quelques abus à éviter.**

Il est en dehors du devoir et contraire à toute règle :
— 1° de fournir avant l'époque voulue [l'époque de
maturité parfaite, et aussi après la maturité], les prélèvements sur les récoltes passibles de la dime ou de la
demi-dime [c'est-à-dire sur les grains et les fruits]; —
2° d'avancer le prélèvement sur une créance [qui n'a
pas encore été remboursée]; — 3° d'avancer le prélè-

vement sur les marchandises de commerce en réserve
[soit avant qu'elles soient vendues, soit qu'étant vendues, le prix n'en soit pas encore recouvré]; — 4° de
transporter la collecte des prélèvements, à des localités où les besoins sont moindres que ceux du pays où
elle a été opérée; — 5° de chercher à faire participer
aux répartitions, des individus qui n'y ont aucun droit,
et dont il sera impossible ensuite de retirer ce qu'ils
auront reçu; l'imâm, c'est-à-dire le souverain, a seul
le privilége d'assigner un lot des prélèvements à celui
qu'il juge y avoir droit [et l'on ne doit pas retirer des
mains de l'individu la part qui lui a été ainsi accordée, lors même que celui qui l'a reçue est ensuite reconnu comme n'y ayant aucun titre]; — 6° de consentir
à payer les prélèvements à un collecteur qui en fera
mauvais emploi, en abusera [ou en détournera quelque
chose; car on l'aide dans ses œuvres de mal, dans ses
projets coupables. Le devoir alors est de refuser, et
de fuir, emportant, s'il est possible, tout ce qui peut
immédiatement être frappé d'impôt. Mais si le collecteur prélève plus que ne le veut la loi, et qu'il distribue
le tout à qui de droit, c'est une faute qu'il vaut mieux
supporter que condamner par un acte de protestation
et de résistance passive]; — 7° de consentir à permuter
les espèces des prélèvements [au lieu de les livrer en
nature].

La loi n'exprime pas de blâme, — si dans les deux
derniers cas précités (le sixième et le septième), l'individu, tout en consentant à payer, a témoigné de sa

répugnance [à se soumettre, et s'il a protesté]; — si dans le quatrième cas, la collecte a été transportée dans des localités où les besoins sont les mêmes que ceux du pays où les prélèvements ont été recueillis; — si, dans le premier cas, les prélèvements sur le numéraire [les objets de commerce] et le bétail ont été mis à part, un mois, par exemple, avant l'époque annuelle voulue [surtout s'il n'y a pas de collecteur pour la localité].

Lorsque le prélèvement préparé avant le temps légal [par exemple, plusieurs jours, ou un mois, ou deux mois auparavant], vient à se perdre [à se gâter, ou à périr, avant l'époque à laquelle il doit être remis à sa destination, ce prélèvement ne compte pour rien et] l'on en perçoit un autre sur ce qui reste entre les mains du propriétaire [à condition néanmoins que ce reste soit au chiffre ou à la valeur imposable; sinon l'on ne prélève plus rien].

Si une partie [ou la totalité] d'une valeur qui était au chiffre ou à la quantité imposable vient à se perdre [après l'année révolue], et que l'on n'ait pu en fournir le prélèvement [soit à cause du manque d'individus qui aient droit au partage, soit parce que l'on n'a pas pu faire parvenir le prélèvement à qui de droit, soit par l'absence même de la valeur au moment voulu], il n'y a plus de prélèvement à exiger. De même encore il n'y a plus rien à prélever, si [après l'année révolue] le propriétaire a mis à part le prélèvement pour le livrer, et si ce prélèvement s'est perdu [sans qu'il y ait eu né-

gligence de la part de ce propriétaire. Si le prélèvement
a été mis à part quelque temps avant la fin de l'année,
et s'il s'est perdu, il est exigible, à moins que cette
mise à part n'ait eu lieu qu'un ou deux jours avant que
l'année ne fût écoulée.

Si le prélèvement a été mis à part [après l'année ré-
volue], et qu'après cette mise à part la quantité ou la
valeur principale [dont a été séparé ce prélèvement]
vienne à se perdre ou à périr, le prélèvement reste
prélèvement [et doit être livré à qui de droit]. Mais
lorsque c'est le prélèvement [mis à part ou non] qui
vient à se perdre ou à périr, et dont le payement a été
retardé après l'année de perception [bien que ce payement eût pu être fait en son temps], le propriétaire en
demeure responsable. Il n'en serait pas ainsi, si le retard n'était que d'un jour ou de deux jours, et si l'individu avait mis l'attention nécessaire à conserver ce
prélèvement].

Le propriétaire est encore responsable s'il a rentré
dans son habitation les dîmes et demi-dîmes qu'il doit
livrer en impôt, et s'il a négligé d'en avoir soin [à tel
point qu'elles se soient perdues ou gâtées]. Mais il n'est
pas responsable s'il a rentré chez lui ces dîmes et demi-
dîmes, afin de les mieux conserver [et que cependant
elles se soient altérées ou perdues].

Dans le cas où l'on ne peut savoir [si l'intention du
propriétaire était véritablement de conserver ces dîmes
et demi-dîmes, et où ce propriétaire déclare que telle
était réellement son intention], la question reste in-

décise, parmi les juristes modernes, relativement à la
conduite à tenir pour ces prélèvements. [Toutefois les
opinions les plus nombreuses indiquent qu'il est préférable d'admettre la réalité de l'intention de conserva-
tion qu'annonce le propriétaire.]

§ 6. Impôts sur les héritages. — Cas de tromperie en fait de droit aux
répartitions. — Prélèvement sur les voyageurs.

On perçoit les prélèvements sur les biens laissés par
un défunt [mais en se basant sur les indications testamentaires de l'individu]. Ces prélèvements s'opèrent
d'autorité et même par la force des armes, s'il y a résistance de la part du possesseur ou héritier. [Et alors,
l'*intention* sentie par l'imâm pour le payement de cette
dette de prélèvement suffit pour en sanctifier la perception. L'héritier qui résistera sera mis en prison; car il
retient injustement la part des pauvres et des malheureux ; et s'il est puissant, il sera attaqué et violenté par
la force armée.] De plus, l'héritier réfractaire au prélèvement sera, au moyen de corrections, ramené à résipiscence.

Les prélèvements, même en or et en argent, sont
remis à l'imâm lorsqu'il est homme de justice et de
probité [et consciencieux observateur de la loi].

Si un esclave, se donnant pour individu de condition libre, reçoit une part des prélèvements [et qu'ensuite il soit reconnu pour être de condition serve, on
lui reprend ce qui lui a été donné. S'il ne lui en reste

qu'une partie, ou s'il ne lui en reste plus rien, c'est sur sa personne que se récupère la perte qu'il a causée. Cette disposition légale est énoncée par Ibn-Ioûnès. [Le patron de l'esclave, — ou payera le dommage, — ou livrera l'esclave en payement, — ou le vendra pour réparer le tort. Si le distributeur a été dupé par tout autre individu qui n'a nul droit aux partages, et que ce soit l'imâm lui-même qui ait présidé aux répartitions, il n'y a rien à redemander; mais si l'imâm n'a pas présidé aux répartitions, l'on rend responsable de la part détournée frauduleusement celui qui l'a reçue, et ce dernier doit la rapporter.]

On perçoit un prélèvement sur ce qu'un voyageur a de valeurs avec lui [lorsqu'il les possède depuis un an, ou qu'elles ont déjà été imposées il y a une année. Le droit de ce prélèvement est fondé sur ceci : Propriété ayant son propriétaire présent avec elle]. On perçoit aussi le prélèvement sur les biens ou valeurs que ce voyageur n'a pas avec lui [et qui sont dans son pays, ou dans d'autres endroits. Le droit de cette perception est basé sur ceci : Là où est le propriétaire, il paye les prélèvements]; il en est ainsi s'il n'a pas [aux lieux où sont ses propriétés,] de chargé d'affaires qui paye au nom du propriétaire. [Si, dans son pays, le voyageur a un représentant qui acquitte les prélèvements, on n'a rien à exiger de ce voyageur, pour les biens ou valeurs qu'il n'a pas avec lui.] Bien plus, il ne sera obligé à un prélèvement [sur ce qu'il a avec lui] que dans le cas où ce prélèvement ne lui sera pas préjudi-

ciable ou désavantageux [en le privant de moyens suffisants pour accomplir son voyage, pour mener à bonne
fin ses projets ou ses spéculations].

SECTION X.

DES PRÉLÈVEMENTS SPÉCIAUX POUR LES PAUVRES, LE JOUR DE LA FÊTE DU FIT'R OU RUPTURE DU JEÛNE DE RAMAD'ÂN.

---

§ I. Quantité et qualité des prélèvements pour la fête de la rupture
du jeûne.

Il est d'obligation imitative positive de donner pour
les pauvres [le jour de la fête du *fit'r* ou rupture du
jeûne de ramad'ân] un *s'â*, ou une portion de *s'â* [de
dattes, ou de grains, etc.] pris sur ce qui reste de la nourriture de l'individu et aussi de la nourriture de sa famille [121], eût-il même emprunté [des fruits, ou des
grains, etc. pour lui et les siens, et eût-il à craindre
d'avoir faim le lendemain s'il donne ce qui lui reste
de son emprunt ou de ce qu'il a chez lui.]

Le moment de faire cette aumône pascale [à ceux
qui y ont droit] doit-il être au commencement de la
nuit de la fête [122], ou à l'aurore qui suit cette nuit ?
Il y a diversité d'opinions sur le choix à faire de l'un
ou de l'autre de ces deux moments. [Mais on préfère
assez souvent le moment du coucher du soleil, c'est-à-
dire le moment où commence la fête, afin que les pauvres
jouissent immédiatement des bienfaits du saint jour.]

L'aumône du fit'r doit se composer des nourritures
le plus habituellement en usage chez celui qui donne
[et surtout de celles dont il se sustentait généralement
pendant le mois de jeûne], de celles qui sont soumises
naturellement à la dîme ou à la demi-dîme [telles que
le blé, l'orge, le riz, le doukhn, les doura, le raisin sec,
les dattes, etc.] et aussi [d'amandes,] de lait concrété
ou *lait pris*, excepté d'a'las ou gruau. On donne principalement pour les aumônes du fit'r, des grains et des
fruits, à moins que l'individu ne se nourrisse habituellement d'autres nourritures [c'est-à-dire, que d'ordinaire il se nourrisse d'a'las, de viande, de lait, etc.
alors il donne de ces nourritures, s'il lui est plus difficile d'en avoir d'autres].

§ 2. Du nombre relatif des aumônes pascales.

Chaque individu, selon qu'il le peut, est soumis à
l'obligation de l'aumône du fit'r pour lui-même et aussi
pour les musulmans qu'il doit nourrir ou qui sont à sa
charge, et aux besoins desquels il doit subvenir, savoir:
— ses proches [c'est-à-dire, ses enfants mâles, jusqu'à
ce qu'ils entrent en puberté et puissent gagner leur vie;
ses filles, jusqu'à ce qu'elles soient mariées ou deman-
dées en mariage; son père et sa mère, s'ils sont pauvres];
— ses femmes, légitimes, ou concubines [et même la
concubine dont il n'a pas encore usé, mais à laquelle il se
propose de faire bientôt partager sa couche; la femme
qu'il a répudiée avec réserve de la pouvoir reprendre];

— même les femmes ou la femme de son père [si celui-ci est pauvre]; — les domestiques [que le fidèle
doit nourrir comme étant domestiques nécessaires à ses
enfants et] nécessaires à sa propre femme ou à ses
femmes [et même encore, selon certains juristes, la
domestique au service de la femme du père, si cette
femme en a nécessairement besoin]; — ses esclaves
particuliers mâles ou femelles, même l'esclave affranchi
contractuellement [et l'esclave à qui a été promise la
manumission posthume, et l'affranchi à époque future
fixe, et la femme esclave que son patron a rendue mère.
Il est bien entendu que si l'individu doit donner l'aumône pascale au nom de ceux qu'il doit nourrir et en
son nom propre, pour eux en même temps que pour lui,
ce n'est que pour ceux ou au nom de ceux qui sont mu-
sulmans]; — même l'esclave fugitif [ou bien détourné
ou retenu injustement ou de force], mais dont il y a
lieu d'espérer le retour [ou la restitution]; — même
encore l'esclave [dont le patron a fait sa concubine et
qu'il a] vendue, et pour le prix de laquelle des valeurs
ont été remises à titre de garantie, ou bien vendue à l'op-
tion [car ces sortes de ventes ne sont véritablement con-
sommées qu'à l'expiration d'un délai déterminé avant
lequel le vendeur ou l'acheteur est libre de résilier son
marché]; — même aussi l'esclave qui a été mis au service d'un autre [pour un temps déterminé, quelle qu'en
soit la durée; l'aumône sera faite au nom de cet esclave par le propriétaire réel de l'esclave, non par celui
qui l'a à son service et le nourrit]. Si cet esclave a été

mis au service d'un autre individu, sous la condition
que la liberté sera accordée au terme du temps fixé pour
ce service, l'aumône à donner au nom de cet esclave
est à la charge de celui qui l'a à son service.

Quant à l'esclave qui est la propriété commune de
plusieurs maîtres, — et à l'affranchi partiel [dont une
partie est libre et l'autre partie esclave, comme disent
les commentateurs de la loi], la quotité de l'aumône
du fit'r [à donner au nom de l'un et de l'autre] est à
la charge des propriétaires et est, pour chacun, proportionnelle à la part qu'il a dans la possession de l'esclave; l'esclave affranchi partiellement ne doit rien sur
ce qu'il possède de sa propre personne [car il est encore
en partie esclave; il ne s'appartient pas. Relativement
à l'esclave en propriété commune, s'il appartient, par
exemple, à trois maîtres dont l'un en possède la moitié,
l'autre le tiers, l'autre le sixième, chaque patron donnera, au nom de l'esclave, une fraction de s'â correspondante à sa fraction de propriété. Cependant des juristes
de première autorité, s'appuyant sur l'esprit essentiel
du rite mâlékite, prétendent que le s'â doit être frac-
tionné seulement selon le nombre des propriétaires
de l'esclave, non selon la quotité de leur possession;
les trois possesseurs ou patrons indiqués n'en représentent alors qu'un, et chacun d'eux doit donner un
tiers de s'â pour l'aumône du fit'r. Relativement au s'â
qui doit être donné au nom de l'esclave affranchi partiellement, c'est-à-dire auquel deux des trois propriétaires susmentionnés auraient accordé la liberté pour

leur part, c'est le troisième propriétaire qui, selon quelques juristes, doit payer ce s'à tout entier].

Enfin, l'aumône à donner pour un esclave dont l'achat est entaché de nullité sera à la charge de l'acheteur [mais seulement si cet acheteur a reçu et emmené l'esclave].

§ 3. Du temps dans lequel doivent se donner les aumônes ou prélèvements pour le fit'r.—Un s'd est la mesure absolue.— Dispositions diverses.

Il est dans l'esprit de la religion, — de préparer l'aumône du fit'r ou aumône pascale, dans l'espace de temps compris depuis le lever de l'aurore jusqu'à la prière publique;— de composer cette aumône des meilleures nourritures dont l'individu qui donne, fait usage habituellement dans le pays où il réside; — de donner du blé criblé [débarrassé de paille et de glume, non altéré; de même aussi pour les autres grains]; mais il n'est pas d'obligation de retirer l'orge qui se trouve mêlée au blé [dans une proportion au-dessous d'un tiers].

La loi recommande au musulman dont l'état de pauvreté ou d'esclavage n'existe plus au jour de la fête, de donner l'aumône pascale [en reconnaissance du bienfait qu'il a reçu de Dieu. Et si l'esclavage a cessé la veille ou le matin de la fête, le patron, par esprit de piété, donnera aussi l'aumône au nom de l'esclave qu'il a affranchi].

Il est de convenance de remettre les aumônes du fit'r entre les mains de l'imâm, lorsqu'il est homme probe et consciencieux. [Ensuite celui-ci les distribue aux pauvres et aux indigents.]

La loi ne prescrit que la mesure d'un s'â et rien de plus [par chaque fidèle en état de le donner, et même par chaque fidèle de condition riche ou aisée. Donner de plus, c'est sortir du désir de la loi, et même se rendre presque répréhensible; c'est, au moins, ne rien faire de méritoire].

§ 4. **Prélèvements de l'aumône sur les voyageurs.** — On peut livrer les prélèvements avant le jour de la fête du fit'r. — Peut-on livrer les prélèvements à l'imâm ou aux pauvres directement? — Omission des aumônes du fit'r. — Les aumônes ne sont que pour les musulmans libres.

Il est dans l'esprit de la religion que le voyageur aussi donne l'aumône pascale; et il est permis à ce voyageur de la donner en espèces de nourritures habituellement en usage dans le pays qu'il habite. Il peut donner ou un s'â seulement à plusieurs malheureux collectivement, ou plusieurs s'â ou mesures à un seul malheureux. Il est licite encore au voyageur, à moins que ce soit par calcul d'avarice, de donner des nourritures [grains ou fruits] de qualité inférieure [mais qui sont d'usage ordinaire dans le pays qu'il habite, et bien qu'il en consomme pour lui-même de meilleures].

Il est permis de livrer les aumônes pascales, depuis deux ou trois jours avant la fête, par exemple.

En terme général, est-il permis au fidèle de distribuer par lui-même, ou par qui il lui plaît, les aumônes destinées aux malheureux pour le jour de la fête? ou bien doit-il remettre ces aumônes à quelqu'un qui soit officiellement chargé de les distribuer? Il y a sur ce point deux dires contradictoires.

Le fidèle n'est ni dispensé ni tenu quitte des aumônes pascales qu'il n'a pas données dans le moment voulu [c'est-à-dire, le soir qui précède le jour de la fête, ou à l'aurore de ce même jour. L'individu doit s'acquitter de cette dette religieuse, quel que soit le temps écoulé depuis qu'il a manqué à ce devoir, quel que soit même le nombre des années passées, à moins qu'il ne soit réduit à une condition de vie telle qu'il ne puisse acquitter sa conscience].

Enfin, les aumônes du fit'r ne se distribuent qu'aux musulmans libres, malheureux. [On n'en distribue rien ni à ceux qui président à la répartition de ces aumônes, ni à ceux qui les gardent, ni aux milices, ni aux infidèles qui penchent à embrasser l'islamisme, ni aux espions envoyés pour observer l'ennemi, ni au voyageur dans la gêne, à moins que ces individus, excepté les infidèles, ne soient pauvres, indigents et malheureux. On n'emploie rien non plus de ces aumônes à acheter des esclaves, à en affranchir, à payer des dettes. Elles ne doivent être que pour la nourriture des pauvres et des nécessiteux musulmans et de condition libre.]

CHAPITRE IV.

DU JEÛNE.

SECTION Ire.

MOIS DE JEÛNE OBLIGATOIRE, OU MOIS DE RAMAD'ÂN.

---

§ 1. Détermination du commencement et de la fin du mois consacré
au jeûne, ou mois de ramad'ân.

On est assuré que le mois de ramad'ân commence,
lorsque l'on est certain que le mois de cha'bân [qui le
précède] est entièrement accompli [et lorsque l'on a
pu vérifier exactement le premier et le dernier jour
de cha'bân]; ou bien lorsque deux musulmans [libres,
hommes] probes, consciencieux, déclarent avoir aperçu
le croissant de la lune de ramad'ân, et cela dans une
ville, et quand même le ciel est parfaitement pur[123].

Si le croissant de la lune du mois qui suit le mois
de jeûne n'est pas aperçu après trente jours de jeûne
bien comptés, et que l'air et le ciel soient purs, le témoignage des deux individus qui ont déclaré avoir vu
le croissant du commencement de ramad'ân est considéré comme une erreur [et le jeûne continue encore

un jour, s'il le faut ; car c'est pendant les trente jours ou les vingt-neuf jours de ramad'ân même, que doit s'observer le jeûne d'obligation divine ; le surplus n'a que le mérite d'un jeûne surérogatoire].

Une déclaration faite par un nombre suffisant de personnes [c'est-à-dire au moins par cinq, qui assurent avoir vu le croissant de la nouvelle lune,] fait encore loi pour fixer le premier jour du jeûne de ramad'ân.

L'obligation de commencer le jeûne devient générale et absolue, après les deux constatations obtenues par les deux déclarations [celle des deux musulmans, hommes libres et probes, et celle d'un nombre suffisant de témoins]. La déclaration d'un seul musulman probe et consciencieux [ne suffit pas pour fixer le jeûne de tous les fidèles ; elle] suffit seulement pour l'obliger à commencer le jeûne, lui et ceux des siens qui composent sa famille, et tous ceux qui [dans un village, par exemple], n'ont pas cherché à apercevoir le croissant de la lune.

Lorsqu'un musulman consciencieux et homme de bien, ou même, dit El-Lakhmî, tout autre musulman [qui n'aurait ni apparence, ni réputation de conduite irréprochable], ou un musulman que l'on pense être homme de bien et probe, a aperçu le croissant, il doit aller en déposer la déclaration à qui de droit [au k'âd'i, ou au gouvernant, ou au chef de l'endroit]. Si ces individus qui ont aperçu le croissant ne commencent pas leur jeûne, ils seront obligés de se soumettre à un jeûne satisfactoire et à un jeûne expiatoire [124], à moins qu'ils ne se soient mal expliqué la loi [et qu'ainsi ils ne se soient pas crus tenus de jeûner avant les autres]. Mais encore, à cet égard, il y a deux opinions expri- mées par les commentateurs du Moudaouéneh. [La peine du jeûne satisfactoire est consentie par eux tous, mais le jeûne expiatoire ou les réparations expiatoires sont acceptés par les uns et récusés par les autres. Toutefois le vrai, le principe fondamental est que les pratiques expiatoires sont alors un devoir imprescriptible.]

On ne s'en rapportera ni au dire ni à l'indication d'aucun astronome [mais uniquement aux procédés de vérification énoncés précédemment] pour constater le commencement du mois de ramad'ân.

Le fidèle qui seul a vu le croissant de la lune de chaouâl [mois qui suit celui de ramad'ân], ne doit point rompre le jeûne [en buvant, ou mangeant, ou co- habitant avec sa femme, le matin du jour qu'il croit être le premier de chaouâl], et cela quand même ce fidèle aurait parfaitement aperçu le croissant de la nou- velle lune. [Il doit agir ainsi pour ne pas être accusé d'impiété et d'irréligion par les autres.] Toutefois, dans le cas indiqué, le jeûne peut être rompu, si le fidèle se trouve dans une circonstance qui l'autorise à ne pas jeûner [par exemple, s'il est en voyage, s'il est malade; il en est de même pour la femme dont les menstrues viennent de paraître].

Mais convient-il [pour établir que le mois de rama- d'ân est écoulé] de compter le nombre des jours pas- sés depuis la déclaration d'un musulman probe et consciencieux qui a assuré avoir vu le croissant de la

nouvelle lune au commencement de ramad'ân, et la déclaration de celui qui assure avoir aperçu le croissant
de la lune de chaouâl? Il y a ici divergence d'opinions
parmi les juristes modernes. [Mais les autorités les plus
respectables proscrivent ce genre de calcul de jours. Il
faut, pour le minimum, vingt-neuf jours au mois de
ramad'ân, et au plus trente jours, à moins que l'on ne
puisse voir le croissant de la nouvelle lune de chaouâl et
qu'il y ait eu doute sur le premier jour ou la première
nuit de ramad'ân.]

D'autre part, est-il obligatoire de commencer le jeûne
[ou de le continuer un jour de plus, s'il y a doute et
que les trente jours ne soient pas passés], lorsqu'un rite
différent et opposé en cela au rite mâlékite aura prononcé sa décision, d'après le témoignage d'un fidèle? Il
y a encore ici divergence dans les opinions des juristes
modernes (téreddoud). [Les plus graves autorités sont
d'avis qu'il n'y a point lieu à se guider alors sur une
décision d'un autre rite, car il s'agit ici d'une question
d'obligation religieuse et d'acte religieux imprescriptible, qu'il n'est en conséquence nul besoin de prendre
avis de personne d'étranger au rite, et qu'il faut se conformer sans hésitation à ce que ce rite établit et règle
en principe.]

L'apparition du croissant de la nouvelle lune pendant
la journée [avant ou après midi] indique que le premier du mois [de ramad'ân, ou de chaouâl, ou de tout
autre,] datera de la nuit suivante. La certitude acquise
dans le cours de la journée, au commencement de ra-

mad'ân, que le croissant nouveau a été aperçu dans la nuit, établit l'obligation de se mettre immédiatement à jeûner [lors même que l'on aurait déjà mangé]. Et l'individu qui, ayant eu cette certitude acquise dans la journée, n'a pas commencé son jeûne, est passible du jeûne expiatoire, s'il a, de propos délibéré, continué pendant cette journée à violer ses devoirs [en mangeant, ou buvant, ou cohabitant avec sa femme. Celui qui, au contraire, aura commencé son jeûne, n'aura à subir qu'un jeûne satisfactoire].

§ 2. Des jours appelés *douteux*. — De la rupture du jeûne.

Lorsque la trentième nuit de ramad'ân est nébuleuse ou nuageuse, de manière à ne pas permettre d'apercevoir le croissant de la nouvelle lune, le matin suivant est le matin d'un jour *douteux* ou jour de prohibition [125]. Cependant le jeûne est permis, ce jour-là, — à celui qui d'habitude jeûne à des époques fixées dans la semaine ou dans l'année; — à celui qui veut le jeûner par esprit d'humilité et de piété; — à celui qui a un jeûne satisfactoire à accomplir; — à celui qui doit accomplir un jeûne votif dont le jour fixé à l'avance vient coïncider avec le jour douteux, mais non un jeûne votif qui aurait été promis exprès le jour du fit'r.

Par esprit de religion, l'on s'abstiendra, dans le jour douteux, de rompre le jeûne jusqu'à ce qu'on ait la certitude que ce jour n'appartient pas à ramad'ân. [Dès que cette certitude est acquise, on cesse de jeûner. Si l'on avait rompu le jeûne et qu'il fût ensuite vérifié que le jour appartient encore à ramad'ân, on est obligé à un jeûne satisfactoire, ou aux réparations expiatoires, selon qu'on se sera remis à jeûner, ou que l'on aura, exprès, continué à ne pas jeûner, ce jour-là.]

Mais la règle religieuse ne recommande pas de ne pas rompre le jeûne, lorsqu'il n'y a qu'à attendre la vérification de probité et de sincérité de deux individus qui ont déclaré, par serment, avoir aperçu le croissant de la nouvelle lune de chaouâl [126]. On peut aussi se dispenser, dans le jour de doute, de reprendre le jeûne, lorsqu'ont cessé d'exister, ce jour-là, des motifs qui exemptent du jeûne, eût-on même reconnu que l'on est encore dans le mois de ramad'ân. De ces motifs qui dispensent de jeûner ce jour-là sont, par exemple, [l'état de menstrues, les couches, les voyages, l'aliénation, un accès de folie, une maladie sérieuse, la gêne dans laquelle se trouve une nourrice qui perd son nourrisson, la crainte de tomber en syncope, de perdre connaissance par quelque cause que ce soit, l'apparition de la puberté,] le besoin indispensable de boire, le besoin forcé de manger [bien que l'individu ait déjà bu et mangé dans le jour]. Ce jour-là, celui qui arrive de voyage, et qui d'ailleurs n'a pas jeûné pendant ce voyage [peut, à son arrivée, ne point se soumettre aux privations de ramad'ân, etc.] peut cohabiter avec sa femme [légitime, ou sa concubine, ou toute autre femme qui lui est soumise sous le rapport de la cohabitation], pourvu que la femme avec laquelle il se met en relation virile soit à l'état de pureté [c'est-à-dire, soit purifiée de ses mens-trues, ou de ses suites de couches. Cette cohabitation lui est permise lors même que la femme, si elle n'est pas musulmane, jeûnerait; telle serait une chrétienne ou une juive].

Il est aussi d'une bonne piété d'éviter de trop parler pendant le temps du jeûne [à moins que ce ne soit de Dieu et de la religion].

Il est recommandé par la loi de se hâter de rompre le jeûne de la journée [dès que l'on est assuré que le soleil est couché], et de retarder, autant que possible, le repas d'avant l'aurore. [Dès que le soleil avait dis-paru de l'horizon, le Prophète se mettait à manger quelques dattes fraîches ou sèches; s'il n'en avait pas, il avalait quelques gorgées d'eau. Les dattes, au nombre de trois, sont préférables à toute autre nourriture pour commencer à rompre le jeûne; car elles font cesser plus facilement les éblouissements et les étourdisse-ments causés par le jeûne.]

(D'ailleurs ces nourritures légères, des amandes, du raisin sec, etc. ne sont qu'une préparation au repas qui se prend peu après. D'ordinaire, si la soif est vive, il faut boire peu et doucement, par gorgées moyennes, et avaler entre ces gorgées quelque peu de nourriture. Ces recommandations sont importantes, car il est dé-fendu de rien boire, ni rien manger, quelque peu que ce soit, depuis le point de l'aube et depuis le moment où l'on peut distinguer un fil blanc d'un fil noir, jus-qu'après le coucher du soleil. La moindre chose qu'un musulman sent arriver à ses lèvres, il crache de suite. Plusieurs même n'osent pas avaler leur salive. En principe général, rien ne doit entrer dans le corps par quelque moyen ou quelque voie que ce soit. Il est aussi défendu de priser et de fumer.)

§ 5. De plusieurs jeûnes méritoires. — De la convenance à s'acquitter promptement des jeûnes satisfactoires. — Aumônes qui doivent remplacer le jeûne.

Il est méritoire pour le voyageur, d'observer le jeûne [bien que la loi l'en dispense]; il convient surtout qu'il jeûne, quand il a la certitude d'arriver chez lui après l'aurore. [Car, une fois de retour, le voyageur est obligé au jeûne.]

Il est méritoire pour tous les fidèles qui ne sont pas en pèlerinage, de jeûner le jour où les pèlerins, à la Mekke, vaquent aux cérémonies du mont A'rafa. [Mais le jeûne de ce jour est défendu aux pèlerins, afin qu'ils conservent toutes leurs forces et s'acquittent alors convenablement de leurs devoirs.]

Il est également méritoire de jeûner, — depuis le premier jour inclusivement du mois de zil-h'eddjeh jusqu'au 10 exclusivement [car le 10 est le jour de la grande fête du pèlerinage, la fête des immolations]; — le jour de l'*a'choúrá* [dixième jour de moh'arrem, premier mois de l'année], et même le *táçoáá'* ou neuvième jour de moh'arrem. Ces deux jours et surtout l'a'choúrá sont des jours bénis. De grands miracles et de grands événements sacrés [127] se sont accomplis jadis le jour de l'a'choûrâ] ; — le mois de moh'arrem, celui de redjeb (le septième mois de l'année), celui de cha'bân (le huitième de l'année). [Moh'arrem et redjeb, avant l'islamisme, étaient du nombre des mois sacrés, c'est-à-dire, des mois pendant lesquels la guerre et les incursions étaient défendues. A'ïcheh, la femme bien-aimée du Prophète, disait : « Je n'ai vu personne jeûner plus souvent que le Prophète pendant le mois de cha'-bân. » Il ne jeûnait jamais, à la suite l'un de l'autre, que ce mois et celui de ramad'ân.]

[Comme acte méritoire et qui montre la sincérité de la conversion,] il convient que l'infidèle qui embrasse l'islamisme un jour de ramad'ân, jeûne à partir du moment de sa profession de foi, et se soumette ensuite au jeûne satisfactoire pour les jours qui se sont passés de ce mois, jusqu'au moment de la conversion.

Il est de devoir pour tout musulman, de s'acquitter promptement des jours de jeûne satisfactoire [ou ex-piatoire] qu'il a à subir. Et il peut jeûner, à la suite les uns des autres et sans interruption, les jeûnes pour lesquels la loi n'impose pas l'obligation de les jeûner à la suite l'un de l'autre [tels que trois jours de jeûne ex-piatoire pour un serment non accompli, puis les jours manqués involontairement dans le ramad'ân, etc.] On peut faire précéder ces jeûnes satisfactoires pour les manques involontaires dans le ramad'ân, par d'autres jeûnes également satisfactoires, tels que le jeûne *témet-tou'* que l'on aurait à refaire aussi. Mais on n'accomplit ces jeûnes satisfactoires avant les jeûnes satisfactoires du ramad'ân, que si l'espace de temps le permet [avant l'arrivée du ramad'ân suivant; sinon, il faut de suite s'acquitter du jeûne satisfactoire, ou expiatoire, relatif à ce mois sacré. Quant au jeûne *témettou'*, il est spécial à certaines circonstances du pèlerinage, comme nous le verrons plus tard].

Le fidèle qui, à cause de son grand âge, ne peut jeûner, donnera tous les jours [en compensation du jeûne qu'il ne peut accomplir] une aumône satisfactoire [d'un moudd de grain ou de fruits, si toutefois son état d'aisance le lui permet; car Dieu ne prescrit aux hommes que ce qui leur est possible]. Même aumône est imposée à celui qui ne peut supporter la soif pendant le temps de jeûne.

Il est méritoire de jeûner trois jours [au choix du fidèle] dans chaque mois de l'année. [Mâlek, le fondateur du rite mâlékite, jeûnait le 1er, le 11 et le 21 de chaque mois.] Mais il est bon d'éviter — que ce soient les trois jours *blancs* de chaque mois [c'est-à-dire les jours qui suivent chacune des treizième, quatorzième et quinzième nuits du mois. Ces nuits ont été dites nuits *blanches*, et les jours qu'elles précèdent ont été dits jours *blancs*, parce que ce sont les trois nuits que la lune *blanchit* et éclaire le plus parfaitement de sa pâle lumière]; — que ce soit aussi le 6 du mois de chaoûál [ou jour qui suit la cinquième nuit de la fête du fit'r. On évite de jeûner ce jour-là, de peur que quelque musulman simple d'esprit ne s'imagine que ce jeûne est d'obligation à la suite du ramad'ân].

§ 4. Des actes blâmables pendant le jeûne. — De la conduite à tenir
pour celui qui ne peut s'assurer exactement du mois du jeûne.

Il est blâmable [pour celui qui accomplit un jeûne
obligé, ou surérogatoire,] — de goûter si un mets est
convenablement salé, de mâcher quoi que ce soit
[comme substance parfumée, ou nourriture à donner
à un enfant], bien qu'ensuite on s'efforce de tout rejeter, et de n'en rien garder dans la bouche [128]; — de
prendre pendant la journée [c'est-à-dire pendant les
heures du jeûne] des médicaments contre le stoma-
cace, le scorbut, [le ramollissement des gencives,] à
moins qu'il n'y ait à craindre des résultats fâcheux ou
l'aggravation du mal par l'absence de médication dans
la journée [et alors on n'aura rien à subir comme
jeûne satisfactoire, si l'on n'a rien avalé]; — de faire
vœu de jeûner un jour fixe, toujours le même, dans la
semaine [par exemple, tous les jeudis. Cette forme
votive a un air de paresse et présente une régularité
d'obligation qui n'appartient qu'aux prescriptions religieuses imposées par la loi].

Il est blâmable aussi pour celui qui jeûne, — de se
laisser aller aux caresses préliminaires de l'acte conjugal, de donner un baiser, par exemple; — de s'occuper l'esprit d'idées voluptueuses; — [de se livrer à des
caresses innocentes; — de fixer trop longtemps les regards sur une personne dont la vue éveille des émotions
de plaisir], si même on a l'expérience que cela ne pro-
duira pas d'excrétion [séminale ou d'excrétion de li-

quide préalable limpide]. Quand on a l'expérience [ou
seulement que l'on doute] de ce dernier résultat, le
péché est positif. [Il y a à subir un jeûne satisfactoire
pour le cas d'éjection séminale, et un jeûne expiatoire
pour le cas d'éjection de liquide limpide.]

Il est blâmable, — d'appliquer des ventouses [ou de
pratiquer une saignée] à un malade pendant la journée
[à moins qu'il n'y ait nécessité absolue et parfaitement
reconnue et prouvée]; — de se soumettre, par simple
intention de piété, à un jeûne volontaire, avant de
s'acquitter d'un jeûne votif, ou d'un jeûne satisfactoire.

L'individu à qui il est impossible de s'assurer, par
lui-même, de l'apparition du croissant de la nouvelle
lune de ramad'ân, et qui ne peut non plus s'en informer [tel est un prisonnier de guerre en pays étranger,
chez des infidèles, un incarcéré, etc.], doit compter
tous ses mois à jours complets [ou trente jours]. S'il
ne sait pas exactement en quel mois il se trouve [et
que cependant il aperçoive la première apparition du
croissant de chaque mois], il doit jeûner le mois qu'il
pense être le mois de ramad'ân. S'il n'a rien qui le
conduise à penser que tel mois est le mois sacré, il
jeûnera à son choix le mois qu'il voudra. [S'il présume que tel mois où il se trouve doit être le mois de
cha'bân, ou le mois de ramad'ân, il jeûnera les deux
mois. Mais s'il soupçonne que le mois présent est ou
ramad'ân ou chaouâl, il ne jeûnera qu'un mois.]

Lorsque le mois qu'il a jeûné se trouve être [par suite

d'éclaircissements ou de renseignements, etc.] le mois qui suit ramad'ân, l'individu est quitte envers la loi, si le nombre de jours qu'il a jeûné est le même que celui des jours de ramad'ân [sinon, il complète le nombre réel par un jour de jeûne satisfactoire, et toujours aussi il jeûne un jour pour le jour de la fête].

Mais si l'individu apprend ou reconnaît que le mois qu'il a jeûné était celui qui précédait le mois de ramad'ân, ce jeûne ne suffit plus et ne compte pour rien [car il a eu lieu avant le temps légal]. Il en est de même encore s'il pense seulement que le mois qu'il a jeûné, a précédé celui de ramad'ân. [Ce jeûne est sans valeur, par la seule raison qu'il est possible qu'il ait eu lieu avant le temps légal.]

Maintenant, si le mois que l'individu [supposé dans le cas précité] a cru devoir jeûner se trouve être juste le mois de ramad'ân, ce jeûne est-il suffisant et satisfait-il à la loi? Il y a, sur cette question, divergence d'avis chez les juristes modernes.

SECTION II.

CONDITIONS REQUISES DANS LES PERSONNES, POUR LA VALIDITÉ DU JEÛNE.

La validité du jeûne quel qu'il soit [jeûne de ramad'ân, jeûne votif, ou expiatoire, ou surérogatoire, tel que celui de l'a'choûrâ, etc.], repose sur les conditions indispensables que voici :

1° L'intention de jeûner exprimée positivement pendant la première nuit de ramad'ân [c'est-à-dire, la nuit qui précède la première journée du mois], ou exprimée au moment de l'aurore. [L'expression de l'intention, à quelque instant de la nuit que le fidèle la prononce, ne l'empêche ni de boire, ni de manger, ni de se coucher, ni de se livrer à l'acte conjugal, pendant cette nuit; l'obligation de s'abstenir de tout cela ne commence qu'aux premières lueurs de l'aurore et lorsque l'on peut distinguer un fil blanc d'un fil noir. Mais l'apparition des menstrues, d'un accès de folie, la perte de la présence d'esprit, rompt la valeur de l'intention et l'annule.]

L'intention exprimée une seule fois suffit pour tout un jeûne dont les jours doivent légalement se suivre sans interruption [tels que le jeûne de ramad'ân, le jeûne expiatoire de deux mois]. Mais l'intention exprimée une seule fois ne suffit pas pour les jeûnes dont les jours sont réunis [seulement par la volonté ou au gré du fidèle], ni pour les jeûnes de certains jours déterminés [dans la semaine, ou le mois, ou l'année. Toutefois, d'après le Moudaouéneh, une seule intention suffit pour chacune de ces espèces de jeûnes].

L'intention exprimée une fois ne suffit plus pour un jeûne qui doit être sans interruption, lorsqu'il vient à être interrompu par une circonstance forcée, telle qu'une maladie, un voyage. [Il faut renouveler l'intention et l'exprimer pendant la nuit, lorsque l'on va reprendre le jeûne.]

2° La nécessité d'être libre de certains incidents qui empêchent de jeûner. [Telles sont les menstrues, les suites de couches. En pareil cas,] il faut que la femme soit débarrassée de ses menstrues ou des suites de couches avant les premières lueurs de l'aurore, ne fût-ce que d'un moment [et quand même elle ne se purifierait pas par un bain, ou une lotion générale, avant ou après l'aurore]. Si la femme n'est pas sûre d'avoir été débarrassée de ses menstrues avant l'aurore [elle doit jeûner de même, parce qu'il est possible qu'elle ait été débarrassée avant l'aurore; mais aussi] elle devra, après le mois de ramad'ân, se soumettre à un jeûne satisfactoire [car il est possible qu'elle n'ait été débarrassée qu'après l'aurore; et si elle a jeûné étant en état de menstrues, le jeûne de ce jour a été nul].

3° La lucidité de l'esprit et de la raison. Dès lors l'individu qui a été privé de sa raison, même pendant nombre d'années, ou l'individu qui a été privé de sa présence d'esprit pendant une journée entière, ou la majeure partie de la journée, ou moins encore, et qui n'est pas revenu à lui avant l'apparition de l'aurore, cet individu, dans ces différentes circonstances, est obligé de remplacer les jeûnes ou journées de jeûnes manqués, par autant de jeûnes satisfactoires. Cette obligation n'a pas lieu, si l'individu privé de connaissance est revenu à lui-même avant l'aurore [au moment de prononcer l'intention de jeûner], lors même qu'ensuite il perdrait de nouveau connaissance et resterait ainsi la moitié du jour. [Il est évident qu'il faut que l'individu, pour avoir le mérite d'accomplir un devoir, sache et comprenne ce qu'il fait. Celui qui a été en aliénation

mentale, même pendant nombre d'années, et qui reprend sa raison, est obligé au jeûne satisfactoire pour
tout le temps de jeûne qu'il n'a pu observer, même à
compter dès avant l'âge de puberté. Mais nombre de
juristes rejettent l'obligation pour celui qui a été ainsi
en état de folie, d'aliénation, de se soumettre au jeûne
satisfactoire pour le passé. D'autre part, celui qui serait, par une circonstance quelconque, par l'ivresse, etc.
privé de sa présence d'esprit depuis l'aurore jusqu'au
soir, ou au delà du midi, ou moins encore, n'a pas le
mérite d'avoir satisfait à l'obligation du jeûne; car il
n'avait pas la conscience de ses actions et de ses devoirs, et il sera tenu de subir, au temps convenable,
un jeûne satisfactoire.]

4° L'éloignement et l'abstinence [durant la journée,
c'est-à-dire, durant l'espace de temps consacré au jeûne],
de tout acte de copulation [et, ajoutent positivement
les commentateurs, de tout acte de sodomie ou de bestialité, ou d'abus d'une femme morte; mais ces actes,
de la part d'individus impubères, ne rompent et n'invalident pas le jeûne, parce qu'il n'y a pas d'excrétion
génitale, ou séminale]; — l'éloignement de toute circonstance capable de provoquer l'excrétion séminale,
ou l'excrétion du liquide séminiforme limpide; [mais
les pollutions pendant le sommeil, comme incidents
involontaires, sont hors de la règle;] — l'éloignement
de toute provocation au vomissement, aux renvois ou
régurgitations. [Le vomissement forcé n'oblige à aucune
réparation pénitentiaire.]

5° Ne laisser arriver aucune substance soluble ou absorbable, et même, d'après El-Lakhmî, aucune substance insoluble ou inabsorbable, dans l'intérieur du corps, par le moyen du lavement et par l'injection dans les parties génitales; — ne laisser aucune substance soluble ou absorbable parvenir seulement au gosier, fût-ce même par les voies nasales, ou auriculaires, ou oculaires; — ne point aspirer d'odeurs ou de vapeurs parfumées; — ne laisser retourner dans l'intérieur du corps, en matières de vomissements [ou de régurgitations, ou de vomituritions], et en matières pituiteuses [ou d'expectorations, ou de mucosités nasales], que ce que l'on ne peut réussir à rejeter au dehors; — ne point avaler l'eau qui, malgré l'individu, arrive vers l'entrée du gosier, dans le rincement de la bouche, dans le nettoyage des dents, des gencives et de la langue avec le miçouàk [ou cure-dent en pinceau].

SECTION III.

DES ŒUVRES RÉPARATOIRES OU PÉNITENTIAIRES POUR LES MANQUES PENDANT LE JEÛNE.

----

§ 1. Du jeûne satisfactoire.

Le fidèle est toujours obligé de réparer par d'autres jours de jeûne, tous les jours dans lesquels son jeûne obligatoire a été forcément rompu [quel qu'ait été le motif de cette rupture], lui eût-on, dans un moment de sommeil, versé dans la bouche un liquide [qui est arrivé jusqu'au gosier et dont une très-légère quantité a été avalée. Cet individu ainsi surpris et qui, par circonstance forcée, a rompu son jeûne, se soumettra à un jour de jeûne satisfactoire].

Il en est de même, — pour la femme [légitime, ou concubine] qui, endormie [pendant la journée], aurait été surprise ainsi et mise alors en cohabitation par son mari [ou par son patron]; — pour celui qui, à l'aurore [ou au coucher du soleil], mange et boit sans être bien sûr qu'il est réellement avant l'aurore [ou après le coucher du soleil, ou encore si le doute lui est venu subitement après le repas fini].

Celui qui par lui-même n'est pas capable de reconnaître et apprécier les circonstances variées sur lesquelles sont basées la validité et l'exactitude du jeûne doit se diriger sur ceux qui [hommes de piété et de savoir,] peuvent lui servir de guides [et de conseils]; et s'il ne trouve personne sur qui il puisse se diriger, il combine sa conduite par procédés de prudence [en retardant, par exemple, son repas du coucher du soleil, de peur de devancer l'heure légale, et en avançant celui du matin, de peur d'être surpris par l'aurore].

Le fidèle n'est pas tenu de se soumettre à un jeûne satisfactoire pour un jeûne votif dont il a fixé l'époque et auquel il a manqué [en tout ou en partie] par raison de maladie, ou par oubli [ou par accident qui l'a privé de sa présence d'esprit au moment fixé], ou bien, relativement à la femme, par raison d'apparition des mens-

trues [ou par raison d'accouchement, ou de retour des
lochies].

Le jeûne satisfactoire est imposé à celui qui a rompu,
de propos délibéré et sans motif acceptable aux yeux
de la loi, un jeûne surérogatoire, et même encore
quand le motif du fidèle serait [un fait permis par la
loi, tel serait] un serment de répudiation parfaite ou
irrévocable [129]. Toutefois, il est certains motifs qui
excusent de rompre le jeûne surérogatoire; tel serait
l'ordre d'un père [ou d'une mère, musulmans], ou
d'un cheikh [à qui l'individu se serait déclaré comme
jeûnant, et qui, l'un ou l'autre, le presserait de manger];
l'individu peut alors rompre son jeûne, quand même
son père [ou sa mère], ou son cheikh, n'aurait pas fait
serment de le lui faire rompre.

§ 2. Des expiations ou œuvres et pratiques expiatoires infligées pour certaines infractions au jeûne de ramad'ân.

Les peines expiatoires [dont il est question ici ne
s'appliquent qu'aux infractions du jeûne de ramad'ân,
non du jeûne ou surérogatoire, ou votif, ou même expiatoire, ou de tout autre jeûne quel qu'il soit. Les
peines expiatoires] sont imposées à tout musulman
qui, non point par raisonnement spécieux et recher-
ché pour s'expliquer la conduite qu'il a à tenir dans
certains actes ou certaines circonstances relativement
au jeûne [130], et non point parce qu'il ignore les
conditions d'un jeûne parfait [et les conditions qui
peuvent l'invalider], se permet, de pleine volonté, de

propos délibéré, et cela seulement pendant les journées du jeûne de ramad'ân [comme nous venons de le
dire], — de se livrer à la cohabitation conjugale ; —
de révoquer, de jour [c'est-à-dire dans la journée qui
suit la première nuit de ramad'ân], l'intention exprimée [pendant la nuit] d'accomplir le jeûne du
mois sacré ; — de manger ; — de boire ou avaler du
liquide par la bouche seulement [non par le nez dans
le cas d'injections dans les narines, etc.], et lors même
que le liquide avalé [en quelque petite quantité que ce
soit et s'il change seulement le goût de la salive], vien-
drait d'un miçouâk ou cure-dent qui ne serait qu'un
morceau d'écorce de noyer dont l'individu se serait
servi exprès pendant le temps du jeûne [les Mar'rébins
et les Indiens emploient très-souvent, disent les commentateurs, ce genre de cure-dent qui laisse longtemps
son odeur dans la bouche] ; — de provoquer l'excrétion séminale [sans relations de cohabitation, mais par
des caresses voluptueuses données à une femme, etc.],
ne fût-ce même que par des préoccupations érotiques
prolongées [ou des regards amoureux prolongés]. Mais
si, contre l'habitude [et contre l'expérience souvent répé-
tée] de l'individu en pareil cas de préoccupations érotiques, l'excrétion survient, les pratiques expiatoires ne
sont plus imposées à cet individu [il se soumettra seulement au jeûne satisfactoire] ; telle est du moins la
décision acceptée par El-Lakhmî.

Maintenant, si l'excrétion a eu lieu par l'influence
d'un seul regard dirigé exprès sur une femme, y a-t-il

motif d'application des peines expiatoires? Sur cette question, deux opinions contradictoires ont été énoncées. [L'une rejette l'application de la loi, c'est-à-dire, des peines expiatoires; l'autre l'approuve et l'ordonne. La première s'appuie sur le Moudaouéneh, qui d'ailleurs n'inflige que le jeûne satisfactoire; l'autre prétend que si l'individu, par ce seul regard qui a provoqué et amené une excrétion séminale ou un simple suintement, avait un but de volupté, il doit se soumettre à l'expiation.]

Les œuvres ou peines expiatoires [ou les *expiations* pour certaines infractions au jeûne de ramad'ân] sont [au choix du coupable]: — 1° de donner à soixante pauvres ou indigents, chacun un moudd de grains ou de fruits. Cette expiation est la plus méritoire et la plus agréable à Dieu. [On répétera cette aumône autant de fois qu'il y a eu de jours dans lesquels on a enfreint le jeûne, non autant de fois qu'il y a eu infraction à la règle dans un même jour. Les soixante moudd doivent être distribués à soixante malheureux, ni plus ni moins;] — 2° ou de jeûner deux mois entiers à la suite l'un de l'autre et sans aucune interruption [en commençant par le premier jour d'un mois, et en se contentant d'une seule expression d'intention]; — 3° ou d'affranchir un esclave mâle ou femelle [qui soit musulman, sain et bien portant, quand même il serait borgne], affranchissement qui est la même expiation que celle par laquelle un individu rachète le droit de cohabiter avec sa femme, lorsqu'il s'était dépossédé de ce

droit en disant à cette femme : « Tu es pour moi comme
le dos de ma mère. » [Et alors l'individu qui désire
rentrer en relations avec cette femme doit subir une
expiation, affranchir par exemple un esclave, soit qu'il
ait cet esclave en sa possession, soit qu'il l'achète pour
l'affranchir.] (Voyez vol. III, chap. vii, *Des assimilations
injurieuses.*)

Lorsqu'un individu, pendant la journée, a cohabité
avec une de ses esclaves, ou de ses concubines, ou de ses
femmes légitimes [musulmane, pubère], laquelle a témoigné toute sa répugnance à transgresser la règle du
jeûne [et à céder aux exigences auxquelles elle a dû
cependant condescendre], cet individu subira la peine
expiatoire en place de la femme avec laquelle il a eu
cohabitation. [Mais si cette femme n'avait pas toute sa
lucidité d'esprit, si elle était encore trop jeune pour bien
comprendre la valeur de l'acte auquel elle a été soumise, ou si elle n'était pas musulmane, l'individu ne
doit rien subir pour elle.] Toutefois la peine expiatoire
à laquelle doit se soumettre le coupable [en place de
la femme qu'il a entraînée à lui céder] ne peut être le
jeûne [car personne ne peut jeûner en place d'un autre].
De même encore il n'affranchira pas un esclave, comme
œuvre d'expiation de ses rapports avec une esclave ou
une concubine. [L'expiation de la faute qu'il a fait
commettre doit être alors de donner soixante moudd
de grains ou de fruits aux malheureux.]

Si le fidèle qui s'est rendu coupable de cohabitation
[comme nous venons de le dire] ne peut satisfaire à

la peine que la loi lui impose de subir en place de sa femme, celle-ci la subira [soit par l'aumône de soixante moudd, soit par un jeûne de deux mois, soit par l'affranchissement d'un esclave]. Lorsque cette femme a satisfait à cette expiation, non par le jeûne [mais par l'aumône prescrite, ou par l'affranchissement d'un esclave], elle reprend plus tard de son mari l'équivalent qui correspond à la moindre des deux valeurs, de l'esclave affranchi ou des mesures de nourritures ou de grains. [Ainsi en supposant que la femme ait affranchi un esclave qu'elle avait, ou qu'elle a acheté exprès pour l'affranchir, et qui valait plus de soixante moudd ou mesures de grains ou de fruits, le mari ne sera tenu de rembourser à sa femme que le moindre des deux prix, c'est-à-dire celui des soixante moudd. Il en serait de même aussi, lorsque, le mari étant en état de satisfaire à la loi, la femme, de son propre mouvement, aurait acquitté, pour son mari, la peine expiatoire.]

Mais le mari ou le patron est-il passible de la peine expiatoire à la place de la femme [légitime, ou esclave] qu'il a embrassée seulement [ou caressée] malgré elle, et lorsque par l'effet de ces caresses il leur est survenu à tous deux une excrétion génitale ? Il y a, à cet égard, deux opinions appuyées sur les données du Moudaouéneh. [Une de ces opinions déclare que nulle peine expiatoire n'est alors imposée à la femme et que l'homme seul en est passible pour son compte personnel. La femme n'aura alors qu'un jeûne satisfactoire à accomplir. L'autre opinion, qui est contraire, a peu de partisans.]

Quant à cette autre question : si c'est l'homme qui a été poussé, malgré sa répugnance, à entrer en cohabitation, est-il passible de la peine expiatoire pour infraction aux règles du jeûne de ramad'ân ? Il y a encore sur ce point deux dires opposés. [Mais il est de principe fondamental que tout individu entraîné, malgré sa répugnance, à un acte quelconque qui rompt le jeûne de ramad'ân, ne saurait être passible de la peine expiatoire.]

Il n'y a pas de peine expiatoire imposée à celui ou à celle — qui, sans y penser, et par simple oubli, rompt le jeûne de ramad'ân ; — qui, atteint de souillure majeure [spermatique, ou menstruelle, ou résultant de suites de couches], ne peut se purifier qu'après l'aurore ; — qui a fini le dernier repas de la nuit au moment de l'aurore [et a jugé d'après cela qu'il n'était pas nécessaire de jeûner la journée, et n'a pas jeûné] ; — qui, revenu de voyage pendant la nuit, a pensé que, pour la journée suivante, il n'était pas obligé de jeûner [et qui a mangé au moment de l'aurore et même après l'aurore ; — ou qui, revenu de voyage avant le coucher du soleil, mange ou boit le matin suivant, parce qu'il ne se croit pas obligé de jeûner immédiatement] ; — ou qui, ayant fait un voyage à une distance moindre que celle qui permet d'abréger les prières quaternaires, juge à propos [parce qu'il a fait le trajet à pied, par exemple,] de se dispenser du jeûne ; — ou qui aperçoit le croissant de la lune de chaouâl [avant ou après midi, le trentième jour du jeûne, croit que la nouvelle lune date de la nuit passée], et d'après cela se décide à rompre le jeûne. [Toutes ces manières de s'expliquer ces circonstances sont dites, *Explications rapprochées ou simples*, et ne supposent pas la volonté prononcée de se soustraire au jeûne.]

Mais les peines expiatoires sont imposées à ceux qui cherchent, dans les circonstances où ils se trouvent, des *explications éloignées* et inacceptables, pour autoriser leurs jugements [plus ou moins excentriques et irréguliers]; — tel est l'individu qui, ayant aperçu la nouvelle lune de ramad'ân [et étant allé le déclarer], n'a pas été cru dans sa déclaration [et qui s'est considéré comme n'étant pas obligé de commencer le jeûne]; — tel est aussi celui qui, un jour, rompt le jeûne, et allègue pour raison qu'un accès de fièvre [ou tierce, ou quarte, par exemple,] doit, comme d'habitude, l'attaquer ce jour-là; cet individu est passible des peines expiatoires, bien que l'accès de fièvre survienne réellement [et, à plus forte raison, si l'accès ne survient pas]; — ou telle est la femme qui, sachant qu'à jour fixe ses menstrues reparaissent, rompt le jeûne ce jour-là, et voit en effet reparaître ses menstrues dans le cours de la journée; — ou tel est celui qui s'étant fait appliquer des ventouses scarifiées, ou, en ayant appliqué à un autre, s'imagine que, pour ce motif, il peut se permettre de rompre le jeûne, et le rompt en effet; — ou tel encore celui qui, ayant [dans une journée de ramad'ân] déchiré la réputation [et, selon l'expression arabe, mangé la chair] d'un fidèle absent, se persuade

que par cette conduite coupable il a invalidé son jeûne,
et, pour cela, l'interrompt. [Dans tous ces cas d'explications anormales au point de vue de la loi, dans ces
incidents que l'individu cherche à faire entrer dans la
série des motifs qui dispensent du jeûne obligatoire,
dans ces circonstances où parfois les causes acceptées
faussement comme valables viennent après les effets,
tels que dans les cas d'indisposition, de fièvre tierce ou
quarte, enfin dans toutes les applications torturées des
dispositions et concessions de la loi, l'individu, en suivant ces voies erronées et éloignées de la simple intelligence des devoirs, devient coupable et est passible des
peines expiatoires et du jeûne satisfactoire.]

Du reste, toute infraction qui entraîne les peines expiatoires entraîne aussi, pour le coupable, l'obligation
du jeûne satisfactoire; et toute infraction ou faute qui,
dans le jeûne de ramad'ân, mérite la peine expiatoire,
fait encourir, dans le jeûne de simple dévotion et non
d'obligation imprescriptible, la peine d'un jeûne satisfactoire.

§ 3. Circonstances qui excluent la peine du jeûne satisfactoire.

La loi n'inflige pas de jeûne satisfactoire, — à celui
qui est surpris de vomissement involontaire; — ni à
celui qui, malgré lui, avale une mouche [un moucheron,
ou un autre insecte]; — ni à celui qui avale, même assez
abondamment, de la poussière qui, dans les chemins,
voltige en l'air; — ni à celui qui avale de la farine répan-

due dans l'air, ou de la poussière qui s'élève des grains lorsqu'on les mesure [ou lorsqu'on les dépique], ou bien du plâtre ou de la chaux qui trouble l'air autour des chaufourniers [ou autour de ceux qui transportent ou mesurent ces matières, etc.] ; — ni à celui qui est soumis à une injection d'un liquide [ou à l'introduction d'un corps solide] dans le méat urinaire [mais le cas d'injection vulvaire oblige au jeûne satisfactoire] ; — ni à celui auquel on pratique des onctions médicamenteuses sur une plaie profonde occupant un point du ventre ou du dos [car l'onguent ou la matière de l'onction ne peut alors pénétrer dans les organes digestifs] ; — ni à celui qui est atteint d'une maladie occasionnant un écoulement continuel ou à peu près continuel, de liquide spermatiforme, ou un flux liquide transparent ou opaque. (Ce dernier cas s'applique aussi à la femme et paraît indiquer l'état leucorrhéique, quelle qu'en soit la cause.)

Enfin, est aussi dispensé du jeûne satisfactoire l'individu qui, s'il est à manger, ou à boire, ou s'il est en cohabitation sexuelle, s'interrompt subitement dès qu'il aperçoit la lueur de l'aurore. [Et si, à ce moment de l'aurore, l'individu était à manger, il peut s'abstenir de se rincer la bouche.]

§ 4. Choses permises relativement au jeûne. — De quelques circonstances qui obligent à la rupture du jeûne.

Il est permis au fidèle qui jeûne, — de se servir, tant qu'il lui plaira, du miçouâk sec ou cure-dent en pinceau [car le Prophète en faisait usage quand il jeûnait, et l'employait alors à se nettoyer les dents, les gencives et la langue, avant toutes ses prières, afin de se parfumer la bouche et de donner aux paroles qu'il prononcerait en priant, une odeur agréable]; — de se rincer la bouche lorsque la soif devient accablante; — de différer de se purifier de souillures majeures ou spermatiques ou menstruelles, jusque vers le moment de l'aurore. [D'après une tradition reçue d'A'ïcheh et d'Oumm-Selma, femmes du Prophète, il arriva à Mahomet de se trouver le matin en état de souillure majeure, bien qu'il n'eût pas eu de rêves voluptueux. Mais c'était par le fait du diable; car rien ne peut nous défendre contre ces œuvres du malin esprit. Le Prophète, malgré son impureté alors, n'interrompait pas son jeûne;] — de jeûner toute sa vie. [Cependant le Prophète répondit un jour à quelqu'un, à propos de ce jeûne perpétuel : « Qui jeûne toujours ne jeûne jamais et ne rompt jamais le jeûne »;] — de jeûner le vendredi seulement [pendant les onze mois ordinaires de l'année, bien que le vendredi soit le jour saint et férié de la semaine]; — de ne pas jeûner dans un voyage pendant lequel on abrége les prières quaternaires, mais à condition que l'on se soit mis en route avant le lever de l'aurore et que l'on n'ait pas exprimé préalablement l'intention de jeûner pendant ce voyage. [Cette intention alors doit se renouveler chaque nuit, pour la journée suivante.] Si l'une ou l'autre de ces diverses circonstances relatives au voyage vient à manquer, le fidèle est obligé de se soumettre à la peine

satisfactoire, quand même le jeûne n'est pas d'obligation divine. Et, dans le cas où il s'agirait du jeûne de
ramad'ân, l'individu ne serait passible des peines expiatoires que s'il avait exprimé, seulement pendant le
voyage, l'intention de jeûner; de même encore s'il avait
bu ou mangé après son retour chez lui.

Le fidèle malade a le droit de ne pas jeûner, lorsqu'il
y a à craindre que, par le jeûne, il n'augmente ou ne
prolonge sa maladie. [Mais, dans toute circonstance de
maladie, on doit se conduire en cela d'après l'avis d'un
médecin consciencieux, ou de gens prudents et éclairés.]

Lorsqu'il y a danger pour la vie, ou lorsqu'il y a à
craindre de grandes souffrances, ou des conséquences
graves, par suite de l'observation du jeûne, le malade
est obligé de ne pas jeûner. Telle est aussi, par exemple,
la position d'une femme enceinte, d'une femme qui allaite son enfant et qui [lorsque son nourrisson ou bien
elle-même est malade] ne peut se procurer le secours
d'une nourrice à gages ou autrement [c'est-à-dire par
bienveillance ou gratis]; dans ces diverses circonstances, si la femme enceinte, ou la femme qui allaite,
redoute quelque maladie, quelque danger pour son
enfant, ou pour son nourrisson, ou pour elle-même,
elle doit rompre le jeûne, ou ne pas jeûner. Quand la
femme qui allaite, se procure une nourrice à gages, le
prix de ces gages sera tenu au compte de l'enfant [s'il
a plus tard quelque aisance]. Mais si les biens de l'enfant se perdent, ces frais de gages doivent-ils être à la
charge ou du père ou de la mère qui seraient dans l'ai-

sance? Il y a deux opinions sur ce point. [Mais il est
presque généralement admis que les dépenses doivent
être à la charge du père; car la mère a grandement payé
de sa personne en nourrissant l'enfant. Quant à la mère
qui a cédé son nourrisson, si elle est en bonne santé,
elle doit se mettre à jeûner. Lorsque la mère et son
nourrisson se trouvent également en bonne santé, la
mère doit jeûner.]

§ 5. De l'exécution des peines satisfactoires pour le jeûne.

Il est d'obligation canonique que la durée du jeûne
satisfactoire soit égale au nombre de jours ou au temps
pendant lequel le fidèle a involontairement manqué au
devoir du jeûne. [Si le fidèle, par exemple, a été obligé,
pour cause de maladie, de se dispenser de jeûner pendant tout le ramad'ân, il jeûnera un autre mois tout entier, que ce mois soit plus court, ou plus long d'un jour,
que le ramad'ân.]

Le fidèle s'acquittera du jeûne satisfactoire aux
époques ou moments de l'année dans lesquels le jeûne
est permis, excepté, bien entendu, pendant le mois de
ramad'ân. [Par suite de cette indication de temps, il est
évident que les jeûnes satisfactoires ne doivent point
avoir lieu pendant les grandes fêtes du fit'r et des sacrifices. Il convient de ne point s'acquitter de ces jeûnes
les jours du tàçoûâ', de l'a'choûrâ, des cérémonies du
mont A'rafa, ni même le lundi et le jeudi de chaque
semaine, quand les jours de jeûne satisfactoire sont en
petit nombre.]

On doit remplacer par autant de journées de jeûne satisfactoire, les jours dont on se rappelle avoir omis involontairement le jeûne. Mais doit-on remplacer par d'autres jours de jeûne satisfactoire, les jours de jeûne satisfactoire que [de propos délibéré] l'on n'a pas observés selon les règles établies? Il y a, à cet égard, divergence (*khiláf*) dans les opinions des juristes. [Une fois que le fidèle a commencé un jeûne satisfactoire, il est tenu d'en suivre régulièrement l'accomplissement; et s'il rompt un jour ce jeûne, il le remplacera par deux autres jours, l'un pour le jour qu'il doit jeûner, l'autre pour l'infraction commise. Telle est la disposition le plus généralement admise.]

Celui qui, de volonté déterminée, rompt le jeûne de ramad'ân, ou un jeûne surérogatoire, sera ramené à résipiscence [et puni par les coups, ou par la prison, ou par l'un et l'autre, sans préjudice de ce qu'il a à subir de la peine religieuse expiatoire], à moins qu'il ne témoigne de son repentir et ne promette de ne plus tomber dans la même faute.

Lorsque le fidèle aura négligé de s'acquitter des jeûnes satisfactoires pour des infractions involontaires dans le jeûne du mois de ramad'ân, et les aura différés jusqu'à une époque très-rapprochée de ramad'ân suivant, il devra, dans chacun de ses jours de jeûne satisfactoire, donner aux pauvres un moudd de grains ou de fruits, mesure du moudd du Prophète, sur qui soient les grâces et bénédictions de Dieu! si toutefois ce fidèle peut s'acquitter, pendant le mois de cha'bân, de tous

ses jeûnes arriérés. Il donnera, disons-nous, un moudd
seul pour chaque jour, à un malheureux; le surplus
qu'il donnerait ne sera point compté en déduction
[sur le lendemain, ou sur un autre jour; le coupable
doit un moudd à un malheureux, pour chaque jour;
s'il en donne davantage, ce surplus n'est considéré que
comme une œuvre surérogatoire de charité. Ainsi, celui
qui aurait cinq jours de jeûne satisfactoire à subir et qui,
par insouciance ou par négligence, aura attendu, pour
s'en acquitter, jusqu'au 25 de cha'bân ou cinq jours
avant le nouveau ramad'ân, livrera, pour chacun de ces
jours, un moudd de grains à un indigent, ou, comme
le permettent plusieurs casuistes, un moudd partagé
entre deux indigents ou même plus, et cela quand
même le fidèle ainsi arriéré serait tombé subitement
malade et ne pourrait jeûner les cinq jours de jeûne
qu'il a sur la conscience. Quelle que soit la circonstance qui dispense alors l'homme ou la femme de jeûner, le moudd sera toujours livré à un pauvre ou à deux
au plus. Si les délais dataient de deux années, la peine,
pour chaque jour, serait de deux moudd; tel serait le
cas de celui qui aurait, comme nous l'avons supposé,
cinq jours à jeûner et qui, sur le point de s'acquitter
de ce devoir, tomberait malade et ne jeûnerait pas; si
l'année suivante, et bien qu'il ait jeûné le ramad'ân dernier sans rien omettre, il néglige encore de réparer ses
cinq jours arriérés, et qu'il ne jeûne pour cela qu'à
dater du 25 de cha'bân, il devra, disons-nous, deux
moudd par jour aux pauvres].

Quant au fidèle qui, ayant à jeûner quelques jeûnes satisfactoires seulement, n'a pu s'en acquitter qu'au mois de cha'bán, par raison d'une maladie qui a duré tout le reste de l'année, il ne doit point donner le moudd de grains ou de fruits aux pauvres.

Du reste, celui qui est obligé de livrer cette aumône expiatoire, la livrera les jours pendant lesquels il jeûnera, ou bien il livrera tous les moudd ensemble, après le jeûne satisfactoire accompli [ou même auparavant; mais cette dernière manière d'agir est presque blâmable].

SECTION IV.

DU JEÛNE VOTIF.

L'accomplissement du jeûne votif est d'obligation canonique [131]. La durée ou le nombre de jours du jeûne votif doit s'étendre à la limite la plus éloignée que comporte l'expression du fidèle qui a prononcé le vœu sans préciser d'intention exactement fixée ; ainsi l'expression *un mois* comporte le chiffre de trente jours [c'est-à-dire trente jours de jeûne], si toutefois on ne commence pas ce mois de jeûne à l'apparition du croissant de la nouvelle lune [ou au premier jour lunaire] de ce mois.

De même, l'expression *l'année* [comportant dans sa plus ample extension le chiffre de douze mois] oblige à une année entière de jeûne, à commencer du moment où le fidèle [à son choix] se mettra à accomplir son vœu. Ensuite on complète par des jeûnes satisfactoires les jours de l'année pendant lesquels le jeûne est interdit [c'est-à-dire le premier jour de la fête du fit'r et les trois premiers jours de la fête des sacrifices, et aussi les jours de maladie, les jours de menstrues, etc.].

Mais si le fidèle en faisant son vœu a désigné telle ou telle année, ou s'il a dit, par exemple, « cette année-ci, » indiquant par là le reste de l'année courante, il doit alors commencer son jeûne au commencement de l'année indiquée, ou le jour même qu'il a prononcé son vœu pour jeûner le reste de l'année courante. Et dans ces deux dernières formes de désignations précises, l'individu n'a pas ensuite de jeûne satisfactoire à subir pour les jours de l'année pendant lesquels le jeûne n'est pas permis. Il en serait autrement si, par cause de voyage [ou par oubli, ou par autres raisons de valeur analogue], il rompait son jeûne votif; la peine satisfactoire est alors obligatoire.

C'est au matin qui suivra la nuit du retour d'un voyage, que le fidèle commencera le jeûne qu'il aura fait vœu d'accomplir le jour de son arrivée, à moins que cette nuit n'appartienne à un des jours des fêtes solennelles [ou au mois de ramad'ân, ou que la femme arrivant ainsi de voyage ne se trouve en état d'impureté menstruelle, ou de suites de couches]. Si le retour de voyage a lieu dans une journée ou dans une nuit des fêtes solennelles [ou du mois de ramad'ân, comme nous venons de le dire, ou avec les motifs de dispense indiqués relativement à la femme,] il n'y a plus lieu à accomplir le vœu.

L'individu qui aura oublié à quel jour il avait fixé son jeûne votif jeûnera la semaine tout entière : telle est l'opinion d'El-Lakhmî.

Il est conforme à la loi de jeûner le quatrième jour de la fête des sacrifices, lorsque l'on en a fait vœu mais sans désigner ce jour précisément [comme lorsque l'on a promis, par exemple, de jeûner dans le mois de zil-h'eddjeh ou mois du pèlerinage], et aussi lorsque l'on a précisé nominativement ce jour. Mais il n'est pas permis de jeûner les deux jours qui le précèdent, excepté pour le pèlerin qui, à la Mekke, n'ayant pas de quoi faire son offrande ou sacrifice, jeûne ces deux jours-là en compensation. [Il y a encore d'autres jeûnes prescrits pour pèlerinage.] (Voy. chap. vi, *Du pèlerinage*, vol. II.)

Il n'est pas d'obligation canonique [mais simplement de convenance religieuse] de continuer, sans interruptions, un jeûne votif d'une année ou d'un mois, ou de plusieurs jours [quand même le fidèle n'aurait pas spécifié que ces différents jeûnes seraient accomplis sans interruption].

SECTION V.

Si le voyageur qui, pendant le ramad'ân, entreprend un voyage [assez éloigné pour exempter du jeûne], observe cependant le jeûne, mais dans la pensée de le faire servir à autre chose [qu'à satisfaire au devoir d'abstinence imposé pendant ce mois aux fidèles], par exemple, de faire servir ce jeûne à l'acquittement de jeûnes satisfactoires relatifs à ramad'ân passé ou à ramad'ân présent, ou à l'acquittement du jeûne de ramad'ân présent, en même temps qu'à l'accomplissement d'un vœu [ou, enfin, de le faire servir à une partie d'un jeûne expiatoire, ou simplement à une œuvre ordinaire de dévotion], ce voyageur n'obtient aucun de tous ces résultats. [Le jeûne ainsi déplacé par l'intention, ou partagé en plusieurs destinations, n'a aucun caractère, reste sans effet et non avenu.]

La femme, lorsque son mari a besoin d'elle pour quelque chose que ce soit, n'a le droit de faire aucun jeûne de dévotion sans la permission du mari. [Elle ne peut, sans cette permission, ni faire de retraite spirituelle, ni accomplir de jeûnes autres que ceux auxquels elle est obligée par la loi générale. Il en est de même pour la concubine et pour l'esclave rendue mère par son patron, non pour l'homme esclave et pour la femme esclave n'ayant que des fonctions de servante. Si la femme était chrétienne, son mari la laisserait jeûner en même temps que les chrétiens. Quand la femme, ou la concubine, ou l'esclave rendue mère, se sera décidée à commencer un jeûne de dévotion, sans permission, le mari ou le patron fera, à son gré, rompre le jeûne, ou en empêchera la validité, par le moyen de la cohabitation. Mais si le jeûne est une œuvre satisfactoire, ou expiatoire, en un mot un devoir obligé, le mari ou le patron n'a pas le droit de l'interrompre ou de l'annuler.]

CHAPITRE V.

DE LA RETRAITE SPIRITUELLE.

SECTION Ire.

DE LA RETRAITE SPIRITUELLE EN GÉNÉRAL.

La retraite spirituelle est une pratique surérogatoire [ou de pure dévotion, non une pratique d'obligation imitative, bien que le Prophète en ait donné l'exemple; il ne faisait de retraite spirituelle qu'à intervalles irréguliers et éloignés].

Cette pratique ou œuvre pieuse n'a de mérite et de valeur que lorsqu'elle est accomplie par un musulman [libre, ou esclave,] doué de raison et de discernement [car, avant toutes choses, il faut la foi et la raison pour donner une valeur réelle à un acte religieux].

La retraite spirituelle, pour être méritoire, doit être accompagnée d'un jeûne de quelque espèce que ce soit [ou obligatoire, ou surérogatoire, etc.], même quand la retraite n'est que votive [et qu'elle ne doit avoir que la durée désignée par l'intention et par le vœu du fidèle].

La retraite spirituelle doit s'accomplir dans une simple mosquée publique [plutôt que dans une mosquée destinée et consacrée aux réunions des prières solennelles], à moins que le fidèle ne se trouve dans les conditions qui l'obligent à assister à la prière publique du vendredi, et que ce jour sacré de la semaine n'intervienne dans le nombre des jours que le fidèle a voués et destinés à la retraite. Dans ce cas, il fera cette retraite dans une mosquée qui soit consacrée à la prière hebdomadaire solennelle [132]. S'il ne se mettait pas dans une mosquée de cette catégorie, il devrait sortir pour se rendre à la prière du vendredi, et par là sa retraite serait rompue et annulée.

SECTION II.

CIRCONSTANCES RELATIVES À L'INTERRUPTION ET À LA VALIDITÉ DE LA RETRAITE.

La retraite spirituelle est annulée, si [même par devoir,] le fidèle sort de la mosquée, dans le cas, par exemple, de maladie survenue à son père, ou à sa mère, ou à l'un et à l'autre. Il n'est pas permis au fidèle de sortir de retraite pour assister aux funérailles de son père et de sa mère en même temps. [Mais si l'un des deux existe encore, le fidèle assistera aux funérailles de celui qui vient de mourir, et cela seulement par devoir de piété filiale envers le survivant. Encore alors le bénéfice de ce qui est déjà accompli de la retraite spirituelle n'en est pas moins annulé. Si le fidèle avait perdu ou son père ou sa mère, et que le survivant vînt à mourir, le fidèle n'interromprait pas sa retraite pour

assister aux funérailles du dernier défunt; il est dispensé alors, par le fait de la mort, de tout acte de piété
filiale directe.]

Il n'est pas permis non plus au fidèle de quitter
la retraite, par exemple, pour une déposition ou une
déclaration juridique à laquelle il est obligé par la
loi. Le fidèle fera sa déclaration ou déposition dans la
mosquée [en présence du k'ād'i, qui viendra y recevoir
cette déclaration ou déposition]; ou bien, un délégué
[du tribunal se rendra à la mosquée et] recueillera du
fidèle le témoignage exigé.

La valeur et le fait même de la retraite spirituelle
deviennent nuls, — lorsque, par exemple, l'individu
apostasie; — ou lorsqu'il se trouve dans des conditions,
ou fait naître des circonstances, qui rompent ou invalident le jeûne auquel il est obligé [et alors il faut
recommencer]; — ou lorsqu'il s'est enivré pendant la
nuit [c'est-à-dire pendant qu'il lui est permis de manger et de boire]; — ou lorsqu'il commet quelque faute
grave [qui, cependant, n'invalide pas le jeûne, tels seraient la médisance, la calomnie, le vol, etc.]. Toutefois, relativement à l'effet de ces fautes graves sur la
valeur de la retraite spirituelle, il y a deux avis opposés. [Le plus généralement admis est que ces fautes
annulent la valeur de cet exercice religieux.]

Pour que la retraite spirituelle ait son mérite [et ne
soit point invalidée], le fidèle doit, pendant tout le
temps qu'elle dure, — s'abstenir de toute relation de
sexe; — éviter même un seul baiser qui pourrait être

donné ou reçu avec plaisir [non un simple baiser d'a-
dieu, ou un baiser de caresse à un enfant]; — éviter
aussi un contact ou un attouchement voluptueux. Ces
conditions sont également obligatoires pour la femme,
— même lorsqu'elle est en menstrues [— lorsqu'elle
est par conséquent sortie du lieu de sa retraite; car l'apparition des menstrues, en rendant la femme impure,
l'oblige à suspendre tout exercice religieux]; — lorsque
la femme, en cet état d'impureté, oublie qu'elle est sous
les conditions morales de sa retraite interrompue. [Si
alors elle se laisse aller à quelque acte voluptueux, sa
retraite est annulée. De plus, celui qui touche, avec une
intention de plaisir, sa femme en état de menstrues,
perd aussi la valeur de la retraite.]

SECTION III.

CIRCONSTANCES PARTICULIÈRES RELATIVES AUX FEMMES ET AUX ESCLAVES, POUR LA RETRAITE SPIRITUELLE.

Lorsque le patron a permis à son esclave, ou le mari
à sa femme, de faire une retraite spirituelle votive [et
dont la durée est déterminée, ou bien une autre retraite
ordinaire, ou tout autre acte religieux], le patron ou
le mari ne doit plus s'opposer à l'accomplissement de
cet exercice religieux [tel ou tel], dès que l'esclave ou
la femme a prononcé le vœu, ou a commencé à se
mettre en retraite [ou en exercice religieux].

La femme doit conduire à fin une retraite spirituelle

commencée. Elle doit également, dans le cas d'une retraite votive qu'elle n'aurait pu accomplir par raison imprévue de viduité ou de répudiation, exécuter son vœu
au moment où sera fini le temps d'attente légale imposée
à toute femme dès qu'elle se trouve veuve ou est répudiée. (Voy. chap. IX, *De l'attente légale imposée à la femme
veuve ou répudiée*, vol. III.) [Si, par exemple, une femme
perd son mari, ou est répudiée pendant qu'elle est en retraite spirituelle, elle ne doit point quitter sa retraite ou
l'interrompre. Pour le second cas indiqué, si une femme,
après avoir promis de faire, à telle époque, une retraite
spirituelle, devient subitement veuve ou est répudiée,
ou bien encore si, après avoir été répudiée ou être devenue veuve, elle fait vœu d'accomplir une retraite,
cette femme doit d'abord se soumettre à l'attente légale; et une fois que ce temps d'attente est écoulé, la
femme doit accomplir la retraite qu'elle a fait vœu d'accomplir. Mais, si l'époque fixée pour la retraite votive
est alors passée, cette retraite n'est plus obligatoire pour
la femme.]

[Nous venons de voir que la femme veuve ou répudiée ne doit pas, pour aller se mettre en retraite, sortir de chez elle pendant le temps légal qu'il lui est
enjoint d'attendre avant de pouvoir se remarier; mais
il n'en est pas ainsi pour le cas suivant:] Si la femme
soumise au délai légal qui lui est imposé, fût-ce même
par suite de la mort de son mari [circonstance qui,
plus encore que la répudiation, oblige à une attente
rigoureuse et à une manière de vivre plus retirée, si

la femme, dis-je, qui subit ce délai], vient à se disposer par l'*ih'râm* ou la mise en abstinence pieuse, au pèlerinage, elle sera affranchie de l'obligation de rester enfermée chez elle en attente légale, et elle partira pour le pèlerinage. [Bien plus, le temps nécessaire pour le voyage et pour le pèlerinage sera compté comme entrant dans la durée du délai légal, et la femme, à son retour, terminera chez elle ce qui lui restera encore à attendre pour pouvoir contracter un nouveau mariage.]

L'esclave qui s'étant engagé par un vœu à faire une retraite spirituelle n'aura pas pu l'accomplir, parce qu'il en aura été empêché par son maître [dont il n'avait pas pris préalablement le consentement], devra s'en acquitter, s'il lui arrive d'être affranchi [avant que l'époque de l'accomplissement du vœu soit passée].

Le patron n'empêchera pas son affranchi contractuel, homme ou femme, de faire une retraite dont cet affranchi peut s'acquitter sans nuire sérieusement à ses devoirs et à ses engagements envers son patron.

SECTION IV.

DE LA RETRAITE D'UN JOUR. — DE LA NON-INTERRUPTION DE LA RETRAITE.

Celui qui fait vœu de passer en retraite une nuit doit y passer un jour entier [ou vingt-quatre heures consécutives, en commençant au coucher du soleil, et mieux quelques instants auparavant. Celui qui fait vœu

de passer une journée en retraite doit également y
passer vingt-quatre heures, à partir du coucher du soleil. La raison de ce principe est que le jeûne est une
des conditions de la retraite, et il faut alors un jour
complet et régulier, c'est-à-dire la nuit et la journée,
non la journée puis la nuit]. Mais celui qui a fait vœu
de passer une partie d'une journée en retraite n'a rien
promis de valable, et n'est obligé à rien [parce que l'on
ne jeûne pas une partie d'une journée seulement].

La retraite sera accomplie en entier, sans aucune interruption, lorsque l'on ne s'est proposé d'abord qu'une
retraite généralement parlant [c'est-à-dire, sans que
l'on ait rien précisé sur la manière de la parfaire].

L'intention de faire la retraite avec ou sans interruption [et pendant tant de jours] doit se sentir dans
le cœur, et s'exprimer au moment où l'on entre en
retraite.

SECTION V.

DE LA STATION SPIRITUELLE (DJIOUÀR ET DJOOUÀR).

Les conditions qui règlent l'exécution et la validité
de la retraite sont les mêmes pour la station spirituelle
en général [c'est-à-dire pour la station spirituelle dont
le fidèle n'a point déterminé à l'avance le mode d'accomplissement, pour laquelle il n'a point indiqué s'il
la ferait la nuit ou le jour, ou bien s'il la ferait avec
ou sans interruption, en observant ou n'observant pas
le jeûne. Du reste, c'est en commençant la station spi-

rituelle qui consiste à passer un certain temps dans une mosquée, que le fidèle doit exprimer s'il veut faire cette station avec ou sans interruption, en jeûnant ou ne jeûnant pas].

Mais les conditions d'une exécution non-interrompue de la station spirituelle n'ont plus lieu, si cette station est désignée pour être accomplie pendant la journée seulement [ou pendant la nuit seulement].

Il suffit d'exprimer par la parole [et sans qu'il soit besoin de la sentir au fond du cœur], l'intention de faire une station spirituelle. [L'intention pour la retraite doit, au contraire, partir du cœur et être exprimée par la parole.]

Dans la station spirituelle que le fidèle a déclaré vouloir faire pendant la journée seulement [sans y joindre la nuit], il n'y a pas obligation de jeûner. Relativement à l'obligation de passer à la mosquée toute la durée du jour où l'on y entre, il y a deux opinions. [L'une affirme, l'autre nie. L'une veut que toujours la station soit d'un jour au moins; l'autre admet qu'elle peut n'être que de quelques heures seulement.]

SECTION VI.

DÉPLACEMENTS POUR DES JEÛNES VOTIFS ET DES RETRAITES VOTIVES.

Celui qui a fait vœu d'aller jeûner [soit le jeûne de ramad'ân, soit un jeûne surérogatoire,] sur quelque point habité du rivage de la mer, à un port ou à une

rade [par exemple, à Alexandrie, à Damiette, à S'fâ-
k'ès, à Tripoli, etc. et de même encore à une des trois
Mosquées, c'est-à-dire, à la Mekke, ou à Médine, ou à
Jérusalem], ira dans le lieu qu'il s'est désigné et s'acquittera de son vœu. Également, celui qui a fait vœu
d'aller accomplir une retraite spirituelle à une des trois
Mosquées par excellence se rendra au lieu saint qu'il
aura choisi pour s'y acquitter du vœu formé.

Du reste, ces vœux ne sont d'exécution obligatoire
que quand il s'agit des trois Mosquées. Pour toute autre
mosquée, le fidèle peut accomplir ses vœux dans le
lieu qu'il habite [surtout si ce lieu est plus noble que
celui où ce fidèle avait promis d'aller. Seulement, cette
supériorité de noblesse sacrée ne doit point être estimée comme plus grande, pour l'une ou l'autre des
trois Villes Saintes, relativement à la formation et à
l'exécution de vœux tels que ceux dont il est question
ici.]

SECTION VII.

DES CHOSES BLÂMABLES ET DES CHOSES PERMISES DANS LA RETRAITE SPIRITUELLE.

Le fidèle qui est en retraite spirituelle encourt le
blâme de la loi, — s'il mange hors de la mosquée [ne
fût-ce qu'à la porte de la mosquée. Il peut manger dans
le parvis ou *atrium*, ou sur une des galeries du minaret; hors de là, sa retraite serait invalidée]; — s'il ne
s'astreint pas à tous les détails d'observation et de règle

[et s'il se déplace de l'intérieur de la mosquée, du parvis, du minaret, pour autre chose que pour satisfaire aux besoins naturels];—s'il entre dans sa propre demeure [lorsqu'elle est auprès de la mosquée], fût-ce seulement pour ses besoins naturels [car la vue ou la rencontre de sa femme, ou d'une de ses femmes, ou de ses concubines, le distrairait de ses préoccupations pieuses. Mais il pourrait entrer au rez-de-chaussée de sa demeure, pour satisfaire ses besoins naturels, si les personnes qui habitent la maison étaient dans un étage supérieur. La femme même du fidèle en retraite n'ira point causer, ou manger avec lui à la mosquée];—si dans sa retraite il s'occupe d'études, de science [ou d'enseignement];—s'il s'occupe à écrire, même à copier le K'oran, et que ces occupations prennent une trop grande partie de son temps. [Le mieux est de s'abstenir complétement de ces sortes d'occupations.]

Les seules choses pour lesquelles la loi n'exprime pas de blâme sont celles-ci :—1° louer Dieu et invoquer ses grâces [dire le chapelet, méditer sur les merveilles de la puissance et de la bonté divines, demander les bienfaits de la Providence];—2° faire les prières d'obligation et d'autres prières encore;—3° lire ou réciter le K'oran et le méditer.

Le fidèle en retraite est même blâmable,—de rendre visite à un malade qui serait dans la mosquée [133];—de prendre part à des prières funèbres, quand même la foule qui suit les funérailles s'étendrait jusque contre lui;—de monter au minaret, ou sur la plate-forme ou toiture de la mosquée, pour chanter l'annonce de la prière [cependant il est permis à ce fidèle d'annoncer la prière dans l'intérieur, ou dans l'*atrium* de la mosquée]; — d'accepter la présidence de la prière, comme imâm.

Enfin la loi blâme le k'âd'i, ou le dépositaire de l'autorité, de faire sortir de la retraite le fidèle qui a un procès ou une affaire au tribunal, lorsque les intérêts de ce fidèle ne sont pas sérieusement compromis [et lorsqu'il ne lui reste plus que peu de temps à passer à la mosquée].

Il est permis à celui qui est en retraite spirituelle :— de lire ou de réciter le K'oran à d'autres fidèles, ou d'en écouter la lecture ou la récitation; — de saluer en paroles [c'est-à-dire sans se lever] ceux qui passent ou se trouvent près de lui [— de s'informer de leur santé et de la santé de leur famille]; — de se parfumer; — de faire les accords et le contrat de son mariage; — de conclure, sans changer de place, les arrangements d'un mariage pour un proche [par exemple, pour son fils encore jeune, ou pour sa fille, pour un pupille, un parent, un enfant adoptif, un esclave]; — de se tailler les ongles, les moustaches [ou de se raser la tête, le pubis, de s'épiler les aisselles], lorsqu'il sort de la retraite afin de se purifier par la lotion ou le bain le jour du vendredi [ou lorsqu'il sort afin de se purifier d'une souillure majeure, ou pour la lotion de la fête du fit'r, ou de la fête des sacrifices; mais on doit faire tout cela en dehors de la mosquée. Une saignée, une application de ventouses, pratiquée dans la mosquée, annule la retraite].

Il est permis au fidèle en retraite et qui est sorti de la mosquée pour laver ou faire laver son vêtement [et le purifier d'une souillure majeure], d'attendre que ce vêtement soit lavé et sec [s'il n'en possède pas d'autre, ou s'il n'en a pas d'autre sous la main].

SECTION VIII.

PRÉCAUTIONS ET ATTENTIONS RECOMMANDÉES DANS LA RETRAITE.— REPRISE D'UNE RETRAITE. — CONDITION INADMISSIBLE.

Il est de prudence convenable, aux yeux de la religion, pour quiconque se met en retraite, de se munir de plus d'un vêtement [afin de pouvoir en changer lorsque survient une souillure].

Il est aussi de convenance religieuse de ne pas rompre la retraite la nuit qui précède la journée des deux grandes fêtes [si l'une de ces fêtes arrive ou à la fin de la retraite ou pendant la retraite; le jour de la fête, l'individu ne doit plus jeûner].

On doit encore, d'après la recommandation de la loi, — entrer en retraite avant le coucher du soleil; mais il est loisible de n'y entrer qu'avant l'aurore;—faire durer la retraite pendant dix nuits et dix jours consécutivement [mais au delà de cette durée, la loi désapprouve et blâme]; — se placer et s'établir à l'endroit le plus retiré de la mosquée [afin d'éviter les distractions et de

se recueillir plus profondément] ; — préférer, pour le
temps de la retraite, le mois de ramad'ân, et préférer
de ce mois les dix derniers jours, parce que c'est dans
cette dernière dizaine de ramad'ân que se trouve, d'a-
près l'avis le plus général, *la nuit de la destinée* ou *leï-
let-el-k'adar* [134].

Toutefois les opinions varient sur l'époque de cette
nuit; se trouve-t-elle à une époque incertaine de l'année, ou bien se trouve-t-elle dans le mois de ramad'ân?
Là est le point de divergence des opinions. Cette nuit
a été indiquée d'une manière variable. [Les uns l'ont
laissée vague dans le cours de toute l'année; les autres
l'ont mise parmi les dix dernières nuits de ramad'ân.
Dans ce dernier mois elle n'a pas été indiquée invaria-
blement; les uns la placent au 21 du mois, les autres
au 23, et d'autres au 27. Une donnée reçue du Prophète indique que cette nuit est dans les 29, 27, 25 de
la fin de ramad'ân.] Et d'après la tradition, elle semble
devoir être placée au 27 du mois.

Dans une retraite votive [dont la durée a été déterminée, ou non déterminée], le fidèle à qui il est survenu
quelque maladie, un trouble dans les idées, un accès
de folie, doit aussitôt sortir de la mosquée; mais il reprendra et complétera, après la cessation de la maladie,
ou du trouble intellectuel, ce qui reste à faire de la retraite. De même encore, les circonstances dans lesquelles
il est défendu de jeûner, c'est-à-dire [non un oubli qui a
fait rompre le jeûne, mais seulement] une indisposition,
et, pour une femme, l'apparition des menstrues, et,

pour qui que ce soit, la solennité d'une des deux grandes
fêtes, imposent l'obligation de sortir de la mosquée; et
alors l'individu sera attentif à s'abstenir de tout ce que
la loi défend pendant la durée de la retraite [comme
nous l'avons déjà remarqué pour la femme à qui l'apparition de ses menstrues impose le devoir d'interrompre une retraite].

Si le fidèle [qui, par un des motifs énoncés, a dû
interrompre sa retraite,] met le moindre retard [après
la cessation de tout empêchement, à reprendre et compléter ce qui lui reste à accomplir], la retraite est annulée [et doit être recommencée], à moins que le retard n'ait été occasionné par une raison péremptoire,
que l'on ne soit, par exemple, à la nuit ou au jour
d'une des deux grandes fêtes [ou aux trois jours de la
fête des immolations, et que dès lors le moment de
reprendre la retraite coïncide avec ces jours de réjouis-
sance et de piété pendant lesquels le jeûne est défendu].

Si le fidèle établit comme condition qu'il s'affranchira de l'obligation de réparer ou de compléter ce que,
malgré lui, il ne pourra accomplir dans sa retraite, cette
condition est nulle et sans valeur. [Les règles et les devoirs qui fixent et composent la retraite doivent être
observés selon les dispositions qui les définissent et les
caractérisent.]

NOTES

ET ÉCLAIRCISSEMENTS.

NOTE 1. — PAGE 4.

Le mot arabe *istikhâra* que je traduis, « consulter par les voies pieuses la volonté de Dieu, » n'a pas d'équivalent en français. Voici en quoi consiste ce mode de consultation. On fait les ablutions, puis une prière dans la forme des prières ordinaires; on récite quelques passages du K'oran; on est alors, pour ainsi dire, en communication avec Dieu; on se couche occupé de pensées pieuses, et, dans le sommeil, Dieu, par les rêves qu'il envoie pendant la nuit, indique sa volonté, approuve ou désapprouve le dessein pour lequel on fait l'istikhâra.

NOTE 2. — PAGE 4.

Les termes ou mots qu'explique ici Khalîl sont ceux qu'il a adoptés dans son livre, comme sortes de sigles pour rappeler brièvement les sources et les autorités où il a puisé les principes qu'il expose dans certains cas particuliers parfois encore en litige.

Moudaouéneh signifie *mises en recueil* ou en forme de *díouán*; un *díouán* de poésies est un recueil de poésies. Ici, avec le mot *moudaouéneh*, les *collectes* (*collecta*), comme on dit les *Pandectes*,

est sous-entendu *maçâil*, propositions ; ce qui revient à , propositions mises en recueil, ou recueil de propositions, de dispositions
légales, ou articles de lois réunis en code.

Les recueils de législation musulmane qui font principalement
autorité sont au nombre de sept, et tous des premiers siècles de
l'hégire. Voyez l'Aperçu préliminaire.

NOTE 3. — PAGE 5.

Ikhtiâr, choix ; l'opinion qu'a choisie et préférée El-Lakhmi,
parmi les opinions des autres juristes qu'il avait examinés, con-
sultés ou lus.

El-Lakhmi, célèbre jurisconsulte du ve siècle de l'hégire, est
connu sous ce nom d'El-Lakhmi, le Lakhmien, parce qu'il eut
pour mère la fille d'un appelé Lakhm. Le nom véritable d'El-
Lakhmi est Abou-l-H'açan-A'li-ibn-Moh'ammed-er-Rabihi. Il vint
à S'fak'ès où il fut jurisconsulte. Il y mourut en 478 de l'hégire.

NOTE 4. — PAGE 5.

Terdjih', autorité, prépondérance d'avis. — Ibn-Ioûnès est
l'imâm Abou-Bekr-Moh'ammed-ibn-A'bd-Allâh-ibn-Ioûnès, le Si-
cilien, de la tribu des Tamimides. Célèbre jurisconsulte, célèbre
aussi par sa naissance et par sa générosité, il accrut encore l'éclat
de son nom par son ardeur à combattre les infidèles. Il mourut
en 451 de l'hégire.

NOTE 5. — PAGE 5.

Ibn-Rouchd, illustre jurisconsulte, est l'imâm Moh'ammed-
ibn-Ah'med-ibn-Rouchd, de Cordoue. Il fut surnommé Abou-l-
Oualid, le père d'El-Oualid. Il étudia la science de la religion
et la science du droit, en Espagne et dans le Mar'reb. Il mourut
en 520 de l'hégire.

NOTE 6. — PAGE 5.

El-Mâzeri est l'imâm Abou-A'bd-Allàh-Moh'ammed-ibn-A'li-ibn-O'mar, le Tamimide. Il est connu encore sous le simple nom d'Imâm. Le mot de Mâzeri est une désignation de pays, et signifie : « qui est de Mazra ou Mizra, ou Mazâra, ville de l'île de Sicile. » Il fut imâm en Afrique, c'est-à-dire dans les contrées comprises depuis Bark'a ou l'ancienne Pentapole inclusivement, jusqu'à la province de Bougie. Il mourut en 536 de l'hégire.

NOTE 7. — PAGE 6.

Les deux mots du texte *Mafhoûm el-chart'* sont une expression technique dans la logique arabe, et se disent d'une proposition qui rentre dans la série des *choses comprises* par leur simple énoncé, bien que le raisonnement ne puisse pas expliquer à fond la raison première de *ces choses*. Ainsi, « Quand l'homme a fait ses purifications, sa prière est bonne et valable, » est un exemple de *Mafhoûm el-chart'*. *Chart'* signifie condition requise, règle ; on comprend que la condition d'une bonne prière est d'être purifié ; mais comment s'expliquer, islamiquement parlant, pourquoi Dieu veut que les purifications soient faites de telle ou telle manière pour que la prière soit bonne ?

NOTE 8. — PAGE 6.

Il faut se rappeler, à propos de ce passage, que Khalîl, l'auteur de ce livre, vivait au viiie siècle de l'hégire ; il mourut l'an 776, ce qui, avec les différences des années lunaires, revient aux premières années du xve siècle de l'ère chrétienne. Voyez l'Aperçu préliminaire, paragraphes 15, 17, etc.

NOTE 9. — PAGE 7.

Le sens est : « que l'on corrige, ou modifie les termes ou les passages obscurs et d'apparence vague, par des explications ou des réflexions, ou des rectifications de style, écrites en marges, par des commentaires, des notes, des observations, etc. mais non en changeant ou altérant le texte original. »

NOTE 10. — PAGE 8.

Les souillures matérielles sont celles qui sont dues à la présence des matières des sécrétions naturelles et immondes du corps des animaux, telles que l'urine, les fèces, etc. sur quelque partie du corps du fidèle, sur les vêtements.

L'impureté ou la souillure non matérielle résulte du contact, par exemple, d'une personne impure, d'un corps impur qui ne laisse rien de sa substance sur celui qui l'a touché. D'autres circonstances, par le seul fait de leur incidence, mettent en état d'impureté : tel est un baiser voluptueux. En un mot, l'impureté est un fait virtuel; la souillure est un fait matériel.

Les choses ou substances, sous le point de vue de pureté, sont de quatre sortes : pures, impures, blâmables ou qui doivent répugner, douteuses.

NOTE 11. — PAGE 10.

Les *sak'i* ou *sak'teh* sont des réservoirs d'eau, assez profonds, de forme ronde ou carrée, à parois en maçonnerie; on en élève l'eau pour arroser les terres, au moyen d'un ou de deux animaux, bœufs ou vaches, ou mules ou mulets, ou chevaux, ou même de chameaux. L'attelage fait tourner un manége composé de deux roues dentelées, en bois, l'une horizontalement placée, l'autre perpendiculairement. Cette dernière roue porte un long

chapelet de vases en terre qui montent et descendent par le mouvement du manége, et qui versent l'eau qu'ils élèvent et apportent
du réservoir.

Sur les bords du Nil, les *sak'i* communiquent par en bas au
fleuve, et ne sont que comme des prises d'eau du Nil.

NOTE 12. — PAGE 12.

Les insectes, tels que les blaps, les pimélies, les scorpions, etc.
qui, en Orient, se trouvent constamment dans les habitations,
sont considérés par les musulmans comme n'ayant pas de sang,
et, par conséquent, pas de circulation.

NOTE 13. — PAGE 15.

Le principe relatif à la nature répugnante, ou immonde, ou
pure de l'animal, est celui-ci, « Toute femelle ayant un utérus
communique à son fœtus son degré de pureté ou d'impureté, »
et cela, quel que soit le père du produit, que ce père soit ou
non de même sorte que la mère. Ainsi le commentaire d'A'bd-
el-Bàk'y-ez-Zourk'ány, donne pour exemple d'animal dont on
répugne à manger la chair, le produit du vautour. « Tous les
vautours, dit-il d'après le livre *des mœurs des animaux*, sont femelles, et ne reproduisent que par suite d'une fécondation
étrangère, c'est-à-dire par le fait d'autres oiseaux d'espèce différente de celle des vautours, et même par le fait du renard. De
là l'idée de ce vers qui est l'expression proverbiale d'une injure :

En vérité, tu n'es qu'un vautour; la mère en est connue, mais le père,
qui le connaît?

NOTE 14. — PAGE 20.

Le *keuh'l* naturel est une sorte de collyre noir, un sulfure
d'antimoine, dont les femmes surtout se teignent les cils et les

sourcils, afin de se rendre l'œil plus vif et de dessiner l'arc des sourcils plus allongé, plus fin et plus tranché. Voy. note 109.

NOTE 15. — PAGE 21.

La sounna ou le h'adît est l'ensemble des lois ou règles de conduite tirées des paroles du Prophète, ou indiquées par ses actes. Le h'adît est, proprement dit, le recueil des paroles traditionnelles recueillies du Prophète par ses disciples, revêtues de plus ou moins d'authenticité, réunies ensuite par les disciples des disciples de Mahomet, et mises en sorte de digeste. La sounna est, pour les bons musulmans, un recueil de principes rigoureusement obligatoires. Beaucoup de h'adît, ou paroles du Prophète, ne sont que des maximes de morale générale, et non des préceptes de loi.

Parmi les pratiques qui entrent dans la composition de la prière, les unes sont dites *faráïd'* ou d'obligation divine et imprescriptible; les autres, *sounnieh,* sont d'obligation imitative, ou consacrées par l'exemple ou par la parole du Prophète; les troisièmes, *ouddjiba,* sont d'obligation canonique ou de règle canonique.

NOTE 16. — PAGE 30.

Les anneaux, généralement en usage parmi les hommes, et surtout les hommes pieux, les cheikhs, les ulémas, ne portent que le nom de l'individu, accompagné d'une devise pieuse et gravé sur une pierre, ordinairement une sanguine, qui forme le chaton; car, en Orient, on ne signe aucun acte, aucun billet, aucun ordre, par une signature courante et à la main; on y applique son cachet.

Khalil ne veut parler ici que de ces anneaux à signer, ou scels en anneaux, et, de plus, il ne veut indiquer que ceux qui sont en argent, les seuls dont l'usage soit légalement permis

aux hommes. Tout autre anneau, tout bijou en or, doit être
retiré des mains ou des bras, lorsqu'il s'agit de faire les ablutions et de prier. Si l'on ne peut enlever ces objets, ou s'ils sont
de nature à pouvoir être gardés, comme les bracelets en fer, ou
les grands anneaux en fer que portent les femmes au poignet,
au-dessus du coude, aux chevilles des pieds, et au cou, il faut,
en s'abluant, les faire tourner, les agiter, pour que l'eau aille
purifier les parties de la peau qu'ils recouvrent, et toute la superficie de ces objets eux-mêmes.

NOTE 17. — PAGE 32.

L'intention donne à tout acte son caractère et sa valeur; et
l'Arabe dit: L'acte est d'après l'intention, *innama el-a'mel b-innîeh.*

Les purifications sont au nombre des pratiques les plus importantes, les plus essentielles du culte. Cependant elles n'ont
point la puissance d'effacer les souillures de l'âme; les fautes,
les péchés ne s'effacent que par les mortifications, le repentir,
la douleur, les larmes de la pénitence.

Il y a, outre les ablutions, les bains ou lotions générales, qui
sont un moyen de purification pour certaines souillures, comme
après la cohabitation même légitime, après les menstrues, etc.

NOTE 18. — PAGE 35.

Généralement les musulmans se font verser de l'eau sur les
mains, ou s'en versent à l'aide d'une main sur l'autre main,
pour opérer les manœuvres de l'ablution, ou bien ils font leurs
ablutions dans une eau courante, ou dans un réservoir, ou dans
les piscines des mosquées. Chaque piscine fournit l'eau par
plusieurs becs ou robinets. Dans toutes ces circonstances, il est
toujours facile de reprendre dans les mains, ou de recevoir une
nouvelle quantité d'eau pour chaque partie à abluer, ou à toucher avec la main mouillée.

NOTE 19. — PAGE 36.

Les musulmans, pour prier, doivent toujours avoir la face tournée du côté de la Mekke; c'est ce que l'on appelle prendre la *k'ibla*, c'est-à-dire l'*orientation* nécessaire pour la validité de la prière. Nous avons quelque chose d'analogue dans l'orientation de nos églises, c'est-à-dire dans la direction que l'on donne d'ordinaire à la nef et à l'apside, du côté de l'Est.

NOTE 20. — PAGE 36.

On désigne sous le nom de circonstances méritoires, certaines paroles, certains détails de pratiques, certains actes, qui sont considérés comme bonnes œuvres, mais dont l'omission n'entraîne aucune culpabilité et ne constitue point un cas de conscience, un fait répréhensible aux yeux de Dieu.

NOTE 21. — PAGE 38.

Le *miçouâk* ou cure-dent est d'ordinaire une tige d'*arâk*, sorte de bois odorant. Cette tige est grosse comme le petit doigt, longue de quelques pouces et tailladée à une extrémité, de manière à présenter une sorte de brosse ou de pinceau. C'est cette extrémité que l'on promène sur les dents, les gencives, et même la langue, pour les nettoyer. Mais il faut, disent les docteurs musulmans, la promener dans le sens horizontal, et non selon le sens de la longueur des dents; c'est le diable qui se frotte les dents en long. Pour promener le miçouâk en large dans la bouche, il faut partir du côté droit; on tient l'instrument de la main droite, le pouce et le petit doigt placés en dessous, et les trois autres doigts placés en dessus. Il ne faut jamais saisir le miçouâk à pleine main; cela occasionne des hémorrhoïdes. Il est bon d'avaler sa salive lorsque l'on commence la manœuvre

du miçouàk; cela est utile contre la lèpre, le leucé, contre toute
maladie, excepté la mort. C'est l'avis des savants de l'islâm.

Il ne faut pas faire de miçouàk avec du bois de grenadier, ou
avec du basilic; leur usage provoque la lèpre; ni avec la tige de
blé, ou d'orge, ou de h'alfé (*arundo epigeios*); leur usage occasionne des démangeaisons ou prurits, le leucé ou lèpre blanche.
Il ne faut pas non plus employer de bois inconnu, de peur qu'il
ne soit de ceux dont l'emploi est défendu.

L'usage du miçouàk en bois d'aràk a de nombreux avantages. « Il parfume, disent les traditions dévotes, la bouche des
anges qui te gardent, et il parfume l'ange qui met sa bouche sur
la tienne lorsque tu lis le K'oran. » Il a encore, dit Ibn-A'bbàs,
la vertu de guérir de la stomatite scorbutique, d'éclaircir la vue,
de raffermir les gencives, de parfumer la bouche, de faciliter
l'expulsion de la pituite, de réjouir les anges, de rendre Dieu
propice, de faire aimer plus fortement la sounna, d'augmenter
les mérites de la prière, d'assainir le corps. On a encore ajouté
qu'il fortifie et augmente la mémoire, fait pousser les cheveux,
et éclaircit le teint.

On loue l'usage du miçouàk à toute heure et en toute circonstance; mais on le recommande particulièrement avant l'ablution,
avant la prière, avant de lire du K'oran, en se réveillant, en se
nettoyant la bouche après avoir mangé et bu; après avoir pris
des nourritures d'un goût fort et pénétrant; après un long silence, et aussi après avoir beaucoup parlé.

Voilà bien de l'importance attachée au cure-dent.

NOTE 22 — PAGE 39.

Le jour d'A'rafa est le 9 du mois de zil-h'eddjeh, et la veille
du grand *baïram* ou grande fête immolatoire pour les pèlerins, à la Mekke, et pour tous les musulmans. Mais comme dans
les différents pays habités par des musulmans, on n'est pas toujours certain d'avoir le 1er du mois conforme à celui des habi-

tants de la Mekke, parce que l'on ne peut compter ce 1ᵉʳ du mois que lorsque l'on aperçoit le croissant de la nouvelle lune, il est à craindre, dans les autres pays que le H'edjâz, que le jour compté pour le 9 du mois n'en soit le 10, et qu'on ne jeûne le 10 en croyant jeûner le 9.

Une année, il arriva au Prophète et à ses disciples, et aux autres musulmans, de continuer le jeûne du mois de ramad'ân jusqu'au 1ᵉʳ chaouâl ou mois suivant. Les nuages avaient empêché d'apercevoir la nouvelle lune, et par conséquent de compter ce jour-là le 1ᵉʳ du mois de chaouâl. Le même jour, dans l'après-midi, plusieurs musulmans déclarèrent et affirmèrent par serment au Prophète, qu'ils avaient aperçu le croissant de la nouvelle lune, la nuit précédente. A l'instant même, le Prophète ordonna de rompre le jeûne et de célébrer la fête.

Encore aujourd'hui, c'est sur la déclaration de deux musulmans, qui attestent par serment avoir vu la nouvelle lune, que l'on décide le 1ᵉʳ jour du mois de ramad'ân, et le 1ᵉʳ du mois de chaouâl, ou la fête pascale. On fixe de même le 1ᵉʳ du mois de zil-h'eddjeh pour fixer le 10 de ce même mois, ou la grande fête du pèlerinage. Il arrive assez souvent que dans deux pays, la date du mois diffère d'un jour. (Voy. chap. IV, *Du Jeûne*, sect. 1, § 1 et 2.)

Les deux grandes fêtes dont nous venons de faire mention sont les deux seules fêtes solennelles des musulmans. Le nombre des animaux qui sont égorgés en sacrifices ces jours-là est extraordinaire.

NOTE 23. — PAGE 40.

On sait que les musulmans portent des vêtements très-amples, à manches très-larges... O'mar-ibn-el-Khat't'âb, en satisfaisant à ses besoins naturels, se couvrait et se cachait toute la tête, honteux d'être, en pareille affaire, la face découverte devant Dieu.

En se couvrant on a pour but encore d'empêcher les mauvaises exhalaisons d'aller s'attacher aux cheveux, à la barbe.

NOTE 24. — PAGE 40.

Quand le fidèle va aux latrines, il doit en ouvrir la porte de la main gauche, et dire aussitôt ces paroles que disait le Prophète en circonstance semblable, « Mon Dieu ! protége-moi contre tout impur, contre tous les impurs et toutes les impures, » c'est-à-dire contre tous les diables, mâles et femelles. Car les latrines sont les demeures constamment fréquentées par les esprits immondes ; de même aussi, les lieux abandonnés, les déserts... En sortant des latrines, on ouvre la porte de la main droite et l'on dit, comme disait le Prophète : « Gloire à Dieu, qui a chassé de moi les choses désagréables et impures, et qui m'a gardé sain et sauf ! » Par la vertu des paroles pieuses, et surtout par le seul nom de Dieu, tous les diables sont mis en fuite..... Du reste les musulmans n'attachent pas d'autre valeur au mot diable que celle d'un diable réel, créature cornue, affreuse, etc. Il n'y a point là, pour eux, d'idée allégorique.

NOTE 25. — PAGE 44.

Les caractères de l'alphabet sont considérés, par les Arabes, comme quelque chose de sacré ; car ce sont les figures significatives avec lesquelles le Livre Saint, le K'oran, a été écrit dans le ciel.

NOTE 26. — PAGE 46.

Les juristes ou *faguíh* (ou mieux, *fak'ih*, au pluriel *fok'aha*) expliquent ainsi les deux degrés de sommeil dont il est question : le sommeil est complet, et *a pesé* sur l'individu, lorsque, par exemple, cet individu, tenant un éventail à la main au moment où il s'est endormi, l'a ensuite laissé tomber sans s'en apercevoir ni se réveiller. S'il s'en aperçoit et s'il se réveille, il n'était qu'en sommeil léger, incomplet, en somnolence.

NOTE 27. — PAGE 46.

Par *hermaphrodite incertain*, *khountâ mouchkil*, les Arabes entendent l'hermaphrodite dont on ne voit pas de prédominance
ou de caractère d'organes, soit mâles, soit femelles, en telle
sorte que l'on ne sait à quel sexe le rapporter. Car, selon qu'il
y a prédominance des organes virils, ou des organes femelles,
les Arabes désignent l'individu par *homme*, dans le premier
cas, et par *femme*, dans le second.

NOTE 28. — PAGE 50.

On enseigne à lire et à écrire aux enfants et même aux adultes,
en leur traçant, sur des planchettes en bois couvertes d'un enduit
blanc, solide et bien sec, des lettres ou des phrases arabes et
surtout des passages du K'oran. Dès que 'élève commence à lire,
on lui écrit sur sa planchette, successivement et avec le temps,
tout le K'oran, et l'élève l'apprend ainsi peu à peu. C'est là la
base de l'instruction. Quand l'élève a fini ainsi le K'oran, on le
lui fait recommencer et apprendre une seconde, une troisième
et une quatrième fois. L'élève apprend à écrire en copiant sur
sa planchette ce que le maître lui a écrit au-dessus.

Ces planchettes, blanchies et polies, rappellent l'idée des
album d'à présent en Europe, mais surtout les *album* de l'antiquité. Solon avait exposé au public ses lois écrites sur des tables
de bois. Dracon en avait fait de même.

Il paraît qu'à Rome, avant l'usage de colonnes et des tables de
cuivre sur lesquelles on exposait au peuple les décrets, les ordres, les résultats des guerres, etc. les annales où l'on consignait
par écrit les événements de l'année étaient écrites en noir sur
une planche de bois, blanchie avec de la céruse, et appelée pour
cela *album*. Les planches-album étaient exposées devant la demeure du pontife. Ces annales cessèrent environ 120 ans avant
J. C. Mais l'usage de l'album se conserva encore longtemps après.

NOTE 29. — PAGE 50.

Par le mot *lavage*, nous entendons l'acte de purifier par l'eau, soit une partie du corps, comme dans l'ablution, soit un endroit d'un vêtement qu'a atteint une matière impure, etc. Par *lotion*, nous entendrons l'acte de purifier tout le corps, par un bain général, et plus souvent encore par l'affusion de l'eau sur tout le corps, ou par le frottement à l'aide de la main à mesure que l'on verse de l'eau successivement sur les différentes parties du corps.

NOTE 30. — PAGE 53.

Le vendredi, comme on le sait, est le jour sacré des musulmans. Il est d'obligation de se purifier par une lotion générale pour assister à la prière publique et solennelle de midi et au prêche qui l'accompagne. Il est question de cette solennité hebdomadaire, sect. xv, chap. ii, *De la Prière.* Voy. aussi note 73.

NOTE 31. — PAGE 64.

Les lustrations pulvérales sont ainsi désignées, parce qu'elles se pratiquent, toujours à défaut d'eau, avec des substances en poudre, et principalement avec de la terre sèche et pulvérulente, sur laquelle on pose les mains qu'ensuite on promène une fois sur la face, puis chacune une fois sur chaque main et sur chaque bras jusqu'au coude. Les lustrations pulvérales sont évidemment inventées pour des peuplades qui, comme les Arabes de la presqu'île arabique, sont exposées souvent à courir les déserts, à manquer d'eau, ou à n'en avoir que pour la soif.

La purification pulvérale est une substitution circonstancielle de l'ablution et de la lotion. Selon les musulmans, elle a été prescrite par Dieu même, à la suite de la journée de Mériçak, où se trouvait Mahomet avec A'icheh, sa femme préférée, et avec Abou-Bekr[1]. Le lendemain de l'expédition, Mahomet, avec ses disciples, était dans le désert, et alors lui vinrent du ciel ces paroles, qui furent dès lors un oracle divin et, par suite une loi : « Si vous ne trouvez pas d'eau, purifiez-vous avec de la terre poudreuse et pure, prise à la surface du sol. » Aussitôt le Prophète, en présence de ses disciples, fit ses purifications avec du sable et s'acquitta ensuite de la prière.

NOTE 32. — PAGE 66.

Le *raka*, que l'on prononce vulgairement *réka*, se compose de plusieurs positions et mouvements réglés dans leur forme et leur succession, de saluts, de prosternations, de salutations, etc. Ainsi, pour un réka, il faut : 1° se tenir debout, composer son extérieur et se recueillir; 2° lever les mains jusque près des oreilles, la paume un peu en avant; 3° baisser les mains, les laisser pendantes sur les côtés du corps; 4° faire une salutation profonde, en pliant en même temps les genoux sur lesquels les mains reposent alors; 5° se relever et se tenir de nouveau les mains pendantes; 6° faire une prosternation en portant les deux genoux, puis la face par terre, ainsi que la paume des mains; 7° relever le corps, mais en demeurant agenouillé, une main sur chaque genou, et assis et appuyé sur les talons, le pied gauche renversé et tourné en dedans, et le pied droit soutenu et couché sur le pied gauche; 8° recommencer la prosternation, en portant la face et les mains par terre. Puis on se lève debout, on laisse pendre les mains sur les côtés du corps, et l'on revient ainsi à la première position.

Ces huit positions composent un réka, et chacune est ac-

[1] On traduit toujours le sens du nom d'Abou-Bekr, que les Turcs prononcent mal à propos *Abou-Békir*, par « le père de la vierge, » *Abou-Bikr*. La véritable glose est *Abou-Bakr*, « le père du jeune chameau, le père du chamelin. »

compagnée de certaines prières fixées dont quelques-unes ne
se répètent pas dans les réka suivants. A la fin du deuxième
réka, le fidèle reste assis sur ses talons et ayant les mains sur
ses genoux. Dans cette position, il récite le téchebhoud, sorte
de prière ou invocation pour appeler les grâces de Dieu principalement sur Mahomet. A la fin du dernier réka de chaque
prière, on récite le s'alaouàt, qui consiste à demander à Dieu de
bénir Moh'ammed (Mahomet); on récite un chapitre du K'oran,
à discrétion, et on termine par la profession de foi et par un salut léger, à droite et à gauche, aux anges gardiens. Voy. note 37.

NOTE 33. — PAGE 80.

L'auteur ne spécifie pas ici la jeune fille ; il dit simplement la
personne menstruée pour la première fois. Car assez souvent les
musulmans épousent, ou prennent pour concubines, des jeunes
filles non encore réglées et qui n'ont pas plus de huit ou neuf
ans. Cette habitude épuise rapidement la fraîcheur des femmes.
Elles sont enceintes de bonne heure, dès leur première puberté.
Aussi, à l'âge de vingt ou de vingt-cinq ans, une femme est vieil-
lie, flétrie, usée. Et les produits de ces unions précoces sont la
plupart chétifs et condamnés à mourir en bas âge.

NOTE 34. — PAGE 81.

Le texte de la loi insiste sur la durée des menstrues. Afin d'établir un principe général de conduite pour la femme relativement
aux devoirs religieux, il détermine la plus longue durée menstruelle et trois jours d'attente dans la majorité des cas. Cette
disposition légale est toute de bienveillance pour la femme,
pour sa faiblesse, ses infirmités; pendant le temps d'impureté
menstruelle, la femme n'est obligée à aucun acte religieux.

NOTE 35. — PAGE 83.

Le mois de ramad'ân, et non de ramazàn, comme le prononcent les Turcs, est le mois de jeûne ou de carême, et le neuvième de l'année lunaire des musulmans.

Le jeûne est rigoureusement observé dans l'islamisme, et celui que l'on soupçonne seulement de ne pas s'y soumettre est montré au doigt, est considéré comme un impie, un infidèle, comme un homme sans conscience et sans foi. Nul musulman n'oserait ou manger, ou boire, ou fumer, ou priser en public; il serait honni, et peut-être bafoué, insulté, et même cité ou traîné devant le k'âd'i.

Le jeûne consiste à ne rien prendre absolument en nourriture, ou boisson, ou tabac, pendant toute la journée depuis avant l'aurore jusqu'au coucher complet du soleil. Mais une fois le soleil disparu de l'horizon, on mange, on boit, on fume, on prise, et cela pour toute la nuit et tant que l'on veut ou tant que l'on peut; ainsi carême toute la journée, carnaval toute la nuit. Et les nuits de ramad'ân sont des nuits de joie, de visites, de repas en commun, de promenades, de contes, de rires, de pipes, de café... Il y a aussi des prières particulières. Il en est question au chapitre ii, *De la Prière*, section xi, § 3.

NOTE 36. — PAGES 36 ET 147.

L'auteur commence par indiquer le midi, parce que c'est aux yeux de la religion le moment le plus solennel du jour; c'est à ce moment que l'ange Gabriel fit pour la première fois sa prière avec Mahomet; mais sous le rapport du mérite des prières journalières et obligées, la prière du matin est la plus agréable à Dieu; car il est dit : « Prier est mieux que dormir. »

Il y a, selon les idées des Arabes, trois midis ou trois instants auxquels le soleil commence à *incliner* du côté de l'Occident. De ces trois midis, l'un est connu de Dieu seul; l'autre n'est connu que des anges; le troisième est celui des hommes.

Une tradition reçue du Prophète raconte que Mahomet demanda un jour à l'ange Gabriel: «Est-il midi? — Non, oui. — Comment, non, oui! — Prophète de Dieu, pendant le seul moment qu'il m'a fallu pour dire non, oui, le soleil a parcouru dans son orbite un espace de cinq cents années de voyage. Toutefois, les hommes peuvent facilement connaître le moment du midi humain, ou première inclinaison du soleil vers l'Occident. Pour cela, on plante dans un endroit dont l'aire est parfaitement unie et horizontale, un bâton bien droit. A mesure que le soleil s'élève, l'ombre décroît; au moment où il est à son apogée et s'arrête un instant, l'ombre reste immobile, n'augmente ni ne diminue; c'est là qu'est le milieu du jour. Puis le soleil commence à incliner vers l'Occident, et l'ombre du bâton commence à s'allonger; c'est ce premier moment d'inclinaison qui est le midi, moment à partir duquel l'ombre va se prolonger du côté de l'Orient; c'est d'alors que l'on marque le point au delà duquel la longueur de l'ombre devra être égale à la longueur du corps qui la projette; et c'est encore ce premier moment d'inclinaison qui est le midi de la prière. Lorsque l'ombre a acquis, à partir de ce qu'elle était à midi, la longueur du corps qui la projette, le temps de faire la prière du midi est entièrement écoulé. » La fixation du moment de la prière méridienne et de la durée du temps pendant laquelle on peut l'accomplir fut donc enseignée par l'ange Gabriel même, astronomiquement.

NOTE 37. — PAGE 86.

Dans son enlèvement au ciel, Mahomet vit Dieu face à face. Dieu lui révéla ses plus ineffables mystères, et lui ordonna d'établir cinq prières par jour, c'est-à-dire, dans les vingt-quatre heures. Ces cinq prières sont donc de précepte divin, d'obligation absolue. Selon Mahomet, l'institution primitive en remonte à cinq grands prophètes, Adam, Abraham, Jonas, Moïse et Jésus.

Adam, sortant du paradis, se trouva dans les ténèbres; à l'approche de l'aurore, il fit deux réka en action de grâces à Dieu qui lui rendait la lumière.

Abraham institua la prière méridienne, après que l'ange eut arrêté la main du saint patriarche lorsqu'il allait égorger Ismaël; car, selon les Arabes, c'est Ismaël leur ancêtre présumé, dont Dieu avait demandé le sacrifice. Abraham fit quatre réka en action de grâces.

Jonas institua la prière du milieu de l'après-midi, appelé a's'r en arabe. Il fit quatre réka, pour remercier Dieu de l'avoir sauvé des ténèbres de l'ignorance, des ténèbres de la mer, des ténèbres de la nuit et des ténèbres du ventre de la baleine.

La prière du coucher du soleil doit son institution à Jésus, qui la fit de trois réka. Le motif allégué par les musulmans est assez insignifiant; ce fut, disent-ils, pour reconnaître sa dépendance et celle de Marie, et pour adorer Dieu qui, à cette heure-là, fit entendre une voix du ciel.

Enfin, la cinquième prière, celle de la nuit close, fut établie par Moïse. Il la fit de quatre réka, pour remercier Dieu de l'avoir délivré des soucis et des inquiétudes qui l'agitaient, lorsqu'en quittant la ville de Madian pour retourner en Égypte, il se trouva, à la première heure de la nuit, seul dans la plaine de Ouàdi-Eimen.

Quant aux divers mouvements et attitudes des réka, c'est-à-dire tout le cérémonial pratique de ces prières, Mahomet les ordonna comme choses qui lui avaient été enseignées pendant sa retraite dans la grotte de H'ira, aux environs de la Mekke, par l'ange Gabriel en personne. Ce fut encore cet ange qui lui enseigna l'ablution et les procédés de l'ablution.....Relativement au nombre des réka dans les prières de précepte divin, la règle porte: deux réka, à la prière du matin; quatre, à celle du midi; quatre, à celle de l'a's'r; trois, à celle du mar'reb ou coucher du soleil; quatre, à la nuit close. Les prières surérogatoires simples ont un nombre pair de réka. Voy. note 60.

NOTE 38. — PAGE 87.

Dans les pays où le crépuscule est très-court, en Égypte par exemple, la prière de l'éché s'annonce sur les minarets une heure et demie environ après la disparition du soleil, et cela pendant toute l'année.

NOTE 39. — PAGE 89.

Par les deux midis, on entend le midi, et l'après-midi vers trois ou quatre heures, selon les saisons. Les deux *éché* sont le coucher du soleil et l'*éché* véritable, fixé à une heure et demie environ après le coucher du soleil.

On réunit ainsi sous une seule dénomination et deux par deux, ces époques du jour, parce que dans plusieurs circonstances, par exemple en voyage, il est licite de *réunir* deux prières ensemble, les deux midis, les deux éché. Voyez sect. xiv, § 3, chapitre ii, *De la Prière.*

NOTE 40. — PAGE 94.

La lance que l'on veut indiquer ici est la grande lance appelée *k'anât* par les Arabes, et non la lance *h'amra.* La grande lance ou *k'anât* avait douze empans ordinaires ou *spithames,* c'est-à-dire douze portées de l'extrémité du pouce à l'extrémité du petit doigt, dans le plus grand écartement possible de ces deux doigts.

NOTE 41. — PAGE 94.

Ces endroits du K'oran sont certains passages de onze chapitres du Saint Livre. A la récitation ou à la lecture d'un de ces passages, le fidèle, après tel mot de tel verset, est obligé de faire une prosternation, soit par crainte, soit par humilité, lorsqu'il entend les vérités terribles et majestueuses qu'expriment ces passages sacrés. Il est question de cette pratique pieuse, sect. x, chap. ii. Voy. aussi note 58.

NOTE 42. — PAGE 97.

Dans le principe on n'annonçait pas les prières; aussi le Prophète et ses disciples ne priaient pas toujours tous à la même heure. Mahomet résolut de régulariser lui-même les heures des prières et de les faire annoncer. Mais il lui répugnait de se servir de cloches ou de trompettes; il ne voulait point imiter les chrétiens ou les Hébreux. Il pensa d'abord à employer les feux ou les drapeaux; ensuite, ces moyens lui parurent insuffisants, inconvenants: les feux surtout rappelaient le culte des mages.

Un ange vint apprendre à A'bd-Allâh-ibn-Zeîd, dans un songe, comment il fallait décider la question. L'ange monte sur le toit de la maison et annonce la prière, avec les mêmes paroles qui sont encore d'usage aujourd'hui. A'bd-Allâh, en disciple pieux, s'empressa d'aller raconter sa vision à Mahomet, qui à l'instant même ordonna à Bilâl, autre disciple, de monter sur le toit de la maison où ils étaient, et d'annoncer la prière comme l'avait fait l'ange.

NOTE 43. — PAGE 105.

Le téchehhoud est une invocation particulière qui termine chaque réka. Dans cette invocation, on appelle les bénédictions de Dieu sur le Prophète et sur ceux qui prient. Elle se termine par la profession de foi : « J'atteste qu'il n'y a de Dieu que le Dieu unique et que Moh'ammed est son serviteur et son Prophète. »

NOTE 44. — PAGE 106.

Dans les prières en commun, l'imâm dirige, en intention, le salut de paix ou salut final sur toute l'assemblée des fidèles, et chaque fidèle le dirige de même sur l'imâm et sur l'assemblée. C'est un acte de communion.

NOTE 45. — PAGE 112.

On entend par *litâm* la manière de se couvrir le bas de la face jusqu'aux yeux, en ramenant et tournant sur la figure une extrémité du turban, ou une pièce d'étoffe isolée. Cette habitude de s'entourer la face est fréquente chez les Arabes scénites et les hordes des déserts, soit pour se garantir de la réverbération du soleil qui frappe sur le sable, soit pour se cacher au regard d'un ennemi.

NOTE 46. — PAGE 115.

La *Ka'ba* n'est qu'un simple oratoire de construction grossière placé au milieu d'un grand espace entouré de galeries. La Ka'ba est un carré fruste de vingt-cinq coudées de long, sur vingt-cinq coudées de large. C'est, selon les musulmans, le point unique de direction sur lequel doivent s'orienter les prières de tous les hommes. La chose est facile, si l'on admet, avec les musulmans, que la terre habitée est une surface plane.

La *Ka'ba,* dit l'islamisme, est placée juste vis-à-vis le *Beît-el-Ma'moûr,* ou demeure de félicité qui est dans le ciel, et qui est la k'ibla pour les prières des êtres célestes. Le Beît-el-Ma'moûr est l'ancienne Ka'ba que les anges enlevèrent au ciel et y déposèrent vis-à-vis la Ka'ba actuelle, à l'époque du déluge.

Le *Koursî* ou siége, qui est le huitième firmament, est la k'ibla des quatre archanges. L'*A'rch* est le trône de l'Éternel; il est sur le neuvième ciel ou le dernier et le plus haut des firmaments. L'A'rch est la k'ibla des séraphins et des chérubins qui portent le trône de Dieu.

Dans la division des cieux, Mahomet et les docteurs musulmans ont suivi les idées des anciens, idées que le Dante a suivies aussi dans sa distribution des étages de son Paradis et de son Enfer. Voy. M. Artaud, un vol. in-8°, Sur la vie et les ouvrages du Dante ; la figure qui y représente les divisions du Paradis rappelle les divisions uranographiques de l'antiquité.

NOTE 47. — PAGE 116.

La prière *ouitr* ou *s'alát-ouitr* (lisez en deux syllabes, comme *oui-tre*), est d'obligation canonique, et non de précepte divin. Elle se fait dans le troisième tiers de la nuit, toujours avant l'apparition de l'aurore, et en particulier. Mais un très-grand nombre de musulmans ne s'en acquittent point à l'heure qui lui est assignée. Ils la remplacent par une prière satisfactoire dans la journée. Voy. sect. xi, *De la Prière ouitr*, chap. ii.

NOTE 48. — PAGE 116.

Le *mih'ráb* est le point important d'une mosquée. Il consiste en une niche ou enfoncement cintré par le haut, plus ou moins riche en ornements d'architecture, soutenu souvent par des colonnettes, etc. Mais la circonstance de première nécessité dans un mih'ráb est sa direction, son orientation : il doit être placé de manière que les fidèles qui font face au mur dans lequel il est creusé soient dans la direction exacte de la Ka'ba. Il y a néanmoins peu de mih'ráb parfaitement orientés. Après que les musulmans se furent emparés de l'Égypte, ils eurent beaucoup de peine à s'assurer de la direction exacte des mih'ráb dans les premières mosquées qu'ils construisirent. Aujourd'hui les mih'ráb des mosquées d'Alexandrie, du Kaire, et de quelques mosquées

de Damiette et de K'oús, disent les savants arabes, sont orientés juste; mais ceux des mosquées de Mah'alleh, de Minieh, du
Faïoûm, sont orientés au Sud, et, par conséquent, ont leur
ki'bla sur le Soudan.

Si aujourd'hui les mosquées du Kaire et de toute l'Égypte
venaient à disparaître, et qu'il fallût en rebâtir d'autres, il n'y
aurait pas un uléma, pas un musulman, excepté ceux qui ont été
instruits dans les écoles dirigées à l'européenne et par des Euro-
péens, qui fût en état de déterminer rigoureusement la position
à donner à un mih'râb.

NOTE 49.— PAGE 117.

Le *h'idjr* est un emplacement sacré de six coudées d'étendue
à partir de la Ka'ba dont il fait partie, et dont il est comme le
parvis. Le h'idjr est en grande vénération pour les musulmans ;
c'est là, selon eux, que furent enterrés jadis Ismaël, et Hâdjar
sa mère.

NOTE 50. — PAGE 119.

Le *tekbír* ou *tekbíra* est une courte invocation, ainsi nommée
du mot *akbar* qui s'y trouve deux fois au commencement et deux
fois encore à quelques mots plus loin. Voici cette invocation :
« Dieu est grand! Dieu est grand! (Allâhou akbar! Allâhou
akbar!) Il n'y a de Dieu que Dieu! Dieu est grand! Dieu est
grand! Et la louange est pour Dieu. »

NOTE 51.— PAGE 120.

La récitation de certains passages du K'oran et même de chapitres entiers entre dans la composition régulière et obligée de
la prière. Mais cette récitation prolongée est spéciale à la prière
surérogatoire.

NOTE 52. — PAGE 122.

Le *fâtih'a* est la sourat ou le chapitre d'*introduction* du K'oran, et n'a que sept versets très-courts. C'est une sorte d'imitation de l'Oraison dominicale ou *Pater* des chrétiens, mais une imitation qui, malgré son ton grave et son parfum d'onction, est bien loin de la grandeur et de la puissance significative de l'Oraison chrétienne.

Le fâtih'a est désigné aussi par la qualification de *Mère du K'oran*, parce qu'il est l'origine du Saint Livre.

NOTE 53. — PAGE 126.

« Dieu entend ceux qui le glorifient. » La récitation de ces paroles, dans la prière, est devenue une pratique acceptée par imitation du Prophète. L'institution de cette pratique repose sur la tradition que voici :

Le pieux et sincère Abou-Bekr faisait toujours ses prières placé derrière le Prophète. Or, un jour Abou-Bekr, venant à la prière de l'a's'r, pensait avoir passé le moment de prier avec son maître; il en avait l'âme toute contristée, et il se hâtait..... Il entre à la mosquée et il trouve le Prophète prononçant le tekbîr de la salutation. — « Gloire à Dieu! » dit aussitôt Abou-Bekr en approchant, et il répète le tekbîr en se plaçant derrière le Prophète. Tout à coup apparaît l'ange Gabriel; et le Prophète se relevait de la salutation, quand l'ange dit : « O Moh'ammed, Dieu entend ceux qui le glorifient. » — « Dieu entend ceux qui le glorifient, » reprit aussitôt le Prophète. Et dès lors il prononça toujours ces paroles en se relevant de la salutation, dans ses prières.

NOTE 54. — PAGE 136.

Jamais on ne voit un musulman d'origine avoir les mains jointes et les doigts entre-croisés. On peut distinguer, par là, à la vue, un musulman d'un chrétien.

NOTE 55.—PAGE 142.

La disposition légale énoncée dans le passage auquel se rapporte cette note est remarquable par sa singularité. Le raisonnement et la volonté qu'exprime cette disposition condamnent l'individu à rester privé de l'usage d'un œil ou des deux yeux si seulement le traitement médical oblige le fidèle à demeurer constamment couché sur le dos pendant un certain temps. Pour des puérilités, la loi se montre ailleurs bienveillante, et ici, pour une circonstance grave, elle se déclare inexorable.

NOTE 56.— PAGE 175.

Les pratiques pénitentiaires sont imposées pour les omissions ou erreurs dans les prières surérogatoires, aussi bien que dans les prières d'obligation divine; car toute prière, quelle qu'elle soit, une fois commencée, doit être terminée selon les règles posées par la loi. Elle devient, pour le fidèle, un acte obligatoire dont l'accomplissement est fixé et déterminé.

NOTE 57.— PAGE 176.

Le premier réka des prières diffère des autres réka en ce qu'il a, de plus, les invocations ou glorifications appelées *tesbîh'*, *séna*, *tá'ouz*, *fâtih'a*, et encore l'élévation des mains. J'ai déjà indiqué ce qu'étaient ces formules, excepté le *séna*, qui consiste en ces mots : « Je te glorifie, ô mon Dieu; je te loue : que ton nom soit béni et que ta majesté soit exaltée; il n'y a pas d'autre Dieu que toi. »

NOTE 58. — PAGE 183.

Les onze passages ou versets du K'oran auxquels on doit se prosterner sont appelés, à cause de cela, *versets de prosternation*.

Les chapitres où ils se trouvent sont : la septième sourat ou septième chapitre intitulé *A'ráf*; la prosternation doit se faire quand on prononce le dernier mot de ce chapitre ; — la treizième sourat ou treizième chapitre, *Er-raa'd*, « le tonnerre, » verset 16, au mot *iç'al*, « les soirs, » on se prosterne ; — le seizième chapitre ou sourat, *l'abeille*, verset 52; au mot *iodmaroân*, « les ordres qu'ils ont reçus, » on fait la prosternation ; — la dix-septième sourat ou chapitre, *le voyage nocturne*, et commençant par *soubh'âna*, « louange à...! » au mot *khouchod'a*, « soumission profonde, » ver-set 109, on se prosterne ; — la dix-neuvième sourat ou dix-neu-vième chapitre, intitulé *Mariam*, « Marie; » au mot *boukíân*, « en pleurant, » verset 59 ; — le vingt-deuxième chapitre ou sourat, *du pèlerinage de la Mekke;* aux mots *má téchá*, « ce qui lui plaît, » verset 19; — le vingt-cinquième chapitre intitulé *El-fourk'án*, « la distinction entre le bien et le mal; » verset 61, au mot *nafoúr*, « leur éloignement s'en accroit; » — le chapitre xxvii, *En-neml*, « la fourmi; » au mot *a'z'ím*, « un grand trône, » verset 23; — la sourat xxxii intitulée *Es-sejdeh*, « l'adoration; » verset 15, aux mots *lá iaslakberoân*, « exempts de tout orgueil; » — le cha-pitre xxxviii, ayant pour titre mystérieux la lettre arabe *s'ád;* verset 23, au mot *anába*, « il revint à Dieu; » — le chapitre xli; il est appelé la sourat de *h'á mím*, à cause du nom de ces deux lettres arabes *h'á, mím*, qui précèdent le premier verset, comme lettres mystérieuses dont le sens est connu de Dieu seul ; ce chapitre est encore appelé *fous's'ilet*, « ont été développés, » parce que ce mot *fous's'ilet* se trouve dans le second verset; on nomme encore ce chapitre *h'á mím* de *fous's'ilet*, parce que plusieurs autres cha-pitres ont, avant leur premier verset, les lettres *h'á* et *mím;* et alors, pour distinguer cette quarante et unième sourat, on la dé-

signe par *h'á mím* de *fous's'ilet ;* enfin, on appelle encore cette
sourat : *h'á mím* de la prosternation ou de l'adoration, parce qu'il
s'y trouve un verset de prosternation. C'est au verset 37, après le
mot *ta'boudoûn,* « vous savez le servir, » que l'on se prosterne.
Voyez le K'oran, traduction de Kasimirski. Paris, 1841, édition
Charpentier.

NOTE 59. — PAGES 188 ET 192.

Le K'oran est divisé, par les musulmans, pour l'usage ordinaire des lectures, soit dans les cérémonies ou pratiques religieuses, soit pour l'enseignement de la jeunesse, soit dans les
prières de commémoraison des morts, en trente parties et chacune
de ses parties est subdivisée en deux *h'azb,* et chaque h'azb en
quatre autres subdivisions appelées *roub',* « quarts ».

Le K'oran, comme nous l'avons déjà indiqué, a six mille six
cent soixante-six versets ; mille versets, disent les docteurs musulmans, renferment des commandements ; mille, des défenses ; mille,
des promesses de bien et de bonheur ; mille, des promesses ou
menaces de malheur ; mille, des préceptes et règles de pratiques
religieuses et de soumission à la loi ; mille, des récits et histoires ;
cinq cents, les règles ou principes du bien et du mal, de ce qui
est permis et de ce qui est défendu ; cent, des invocations, et
des glorifications du nom et des attributs de Dieu ; soixante-six,
des données annulant d'autres données qui avaient précédé l'établissement définitif de la loi, et qui ont dû être abrogées par de
nouvelles dispositions.

NOTE 60. — PAGE 189.

Les prières surérogatoires ordinaires et simples, non les prières
térâouíh' et ouitr et la prière de l'aurore, ont, au maximum,
huit réka, au minimum, deux, et, terme moyen, six ; par conséquent, toujours nombre pair.

NOTE 61. — PAGE 191.

Prière *téràouîh'*, c'est-à-dire prière aux repos, prière aux pauses. Pendant ces pauses de longueur assez considérable, on se recueille et on médite, ou bien on récite du K'oran, ou bien on adresse au ciel des vœux, des invocations.

La prière téràouîh' proprement dite se compose de trente-six réka et se fait pendant chaque nuit du mois de ramad'ân ou mois de jeûne, après la prière de l'éché ou nuit close. Dans le rite chaféïte, cette prière n'est que de vingt réka. Après chaque couple de réka, on fait un salut, ce qui compose un térouîh'a, c'est-à-dire un des téràouîh' ou repos. *Térouîha* est le singulier de *téràouîh'*. La prière téràouîh' est appelée encore *téràouîh' el-k'iám* ou *téràouîh' debout* parce que, autrefois, on faisait de longues pauses en restant debout.

Bien que cette prière ne soit pas d'obligation divine, les musulmans l'accomplissent, en général, avec exactitude. Dans chacune de ces prières, c'est-à-dire dans chaque nuit de ramad'ân, quand ce mois a trente jours, il est méritoire de réciter au moins deux cent vingt-deux versets du K'oran, ce qui fait environ six ou sept par chaque réka. De cette manière, on récite, dans le mois, les six mille six cent soixante-six versets du Livre Saint. C'est une bonne œuvre que de réciter plusieurs fois le K'oran pendant le mois de jeûne. Il y a eu de pieux personnages, tels que Abou-H'anîfeh, qui le récitaient soixante et une fois dans ce mois.

NOTE 62. — PAGE 192.

Le Prophète ne s'acquittait que de vingt et un réka, soit qu'il fût seul à prier le téràouîh', soit qu'il fût avec ses disciples. Alors la récitation du K'oran se prolongeait et l'on se tenait debout pendant longtemps. Ce fut après l'époque d'O'mar-ibn-el-A'zîz, que les récitations furent abrégées, et on porta le nombre des réka à trente-six. Selon d'autres traditions, cette modification eut lieu du temps d'O'thman ou du temps de Meuâ'ouïa.

NOTE 63. — PAGE 192.

La prière ouitr, d'après le texte de Khalîl, est formée d'une *paire* ou d'une *couple* de réka; plus, d'un réka désigné spéciale-ment par le mot de *ouitr* ou *unique*, ainsi appelé parce qu'il doit être séparé de la *couple* par un salut de paix qui l'isole et le dis-tingue. C'est de là que cette prière a reçu sa dénomination. Le but réel est un réka *unique, séparé;* mais, comme on ne doit point accomplir, en fait de prières, un seul réka, il fallait prescrire avant celui-ci deux autres réka et les séparer du réka ouitr par un salut qui semblât l'isoler.

NOTE 64. — PAGE 192.

Ces deux formules consistent à dire le premier verset du cx111e chapitre du K'oran et le premier verset du cx1ve ou der-nier chapitre. Elles rappellent deux modes de serments employés avant l'islamisme; on jurait par le Dieu de l'aube du jour, par le Dieu des vivants, par le Dieu des étoiles, etc.

NOTE 65. — PAGE 203.

L'hermaphrodite dont parle Khalîl est toujours l'espèce que les Arabes appellent *indécis, de caractère indéterminable.* Voyez note 27.

NOTE 66. — PAGE 204.

Ibn-Maç'oûd, dont il est question dans ce passage et dont le nom est donné en comparaison proverbiale, lisait à ses disciples

ou récitait le K'oran selon le sens général, non selon l'exactitude
rigoureuse du texte, et son récit avait le ton et la valeur d'une
conversation, d'une conférence vulgaire et sans gêne, au lieu
d'avoir le ton de respect, de gravité et d'onction qui convient à
l'exposition des paroles saintes. Souvent encore Ibn-Maç'oùd
mêlait, dans ses lectures et ses récitations, le texte du K'oran et
les commentaires.

NOTE 67. — PAGE 204.

Le *d'ád* et le *zhá* sont deux lettres emphatiques. Mais les Turcs,
qui prononcent si mal l'arabe, donnent à ces deux lettres le son
du *z*. En Algérie, c'est l'inverse; on donne à toutes deux, généralement, le son du *d'* emphatique. Ces deux manières de prononcer identiquement ces deux lettres sont également vicieuses,
et entraînent, dans l'écriture de beaucoup de gens, un grand
nombre de fautes.

NOTE 68. — PAGE 204.

Les H'aroûrî (au singulier, H'aroûrîeh), ou habitants de H'a-
roûra, bourgade située à deux milles de K'oûfa, s'élevèrent
contre le parti d'A'li et se déclarèrent pour le schisme que ce
khalife poursuivait alors et qu'il voulait éteindre. Le schisme des
H'aroûri se rapprochait de celui des *Khaouáridj* ou *sortis* du sein
de la foi, contre lesquels A'li déploya une si grande violence, et
dont il fut victime.

NOTE 69. — PAGE 206.

Abou-K'obeïs est une montagne assez voisine de la Ka'ba, ou
sanctuaire de la Mekke. Cette montagne est en grande vénération :
— c'est sur elle que Dieu même porta la *pierre noire*, cette pierre
que tout pèlerin embrasse avec le plus profond respect; — c'est

sur cette montagne que le corps d'Adam a été déposé ; — c'est du haut de cette montagne qu'Abraham, après avoir, avec son fils Ismaël, bâti la Ka'ba, appela toutes les nations à visiter le Temple Saint, à y venir en pèlerinage. Par ordre de Dieu, Abraham monta sur Abou-K'obeîs et s'écria : « Peuples ! venez à votre Seigneur ! » et des millions de voix humaines répondirent ensemble : « Me voici prêt à t'obéir, ô mon Dieu. » — Enfin le dernier miracle opéré sur la hauteur d'Abou-K'obeîs est celui par lequel Mahomet, d'un signe de main, fendit la lune. De ce moment les musulmans établirent sur ce mont une sorte de chapelle qu'ils appelèrent, « Lieu de la fission de la lune, » *mah'all chak'k' el-k'amar.*

NOTE 70. — PAGE 221.

Pour *reprendre* et *reconstruire* une prière incomplète, on procède de la manière que voici :

« Après le salut final accompli par l'imâm, le fidèle se lève debout, commence un réka en récitant le fâtih'a, puis un chapitre du K'oran sur un ton de voix qui soit saisissable. Il *reprend* par ces deux parties verbales, d'abord, parce que c'est là ce qu'il n'a point fait en premier lieu avec l'assemblée, dans le cas que nous avons supposé. Ensuite le fidèle s'agenouille accroupi sur les talons, car le premier acte qu'il a atteint du réka fait en assemblée est semblable à un premier réka, et, sur ce premier acte qui était une salutation, il *reconstruit* les autres actes matériels de la prière. Ensuite le fidèle recommence un autre réka, par la récitation du fâtih'a et une courte récitation de K'oran qu'il fait d'un ton de voix perceptible ; il *reprend* encore ici les parties verbales qu'il n'a pas récitées dans le réka accompli avec l'assemblée. Après cette reprise, il ne reste plus accroupi ; il se relève, il commence son quatrième réka, mais il ne *reprend* alors que le fâtih'a, puis il arrive au téchehhoud et il termine par le salut final.

« Il a ainsi *reconstr"it* la série des actes matériels d'un réka, dans les trois réka qu'il n'avait pas accomplis en assemblée; et, dans cette reconstruction, c'est la salutation ou premier acte accompli avec l'assemblée, qui est la base ou la première pratique matérielle sur laquelle ou après laquelle *s'arrangent* et *se construisent* les autres.

« Si le fidèle n'a *atteint* que le troisième réka d'une prière ternaire, celle du mar'reb, il *reprendra*, après le salut de l'imâm, un réka qu'il commencera par le fâtih'a, puis la récitation de K'oran à voix saisissable, puis il *reconstruira* les pratiques matérielles, en commençant par s'agenouiller; après cela, il commence l'autre réka par le fâtih'a et une récitation de K'oran articulé d'un ton de voix perceptible; ensuite il fait le téchehboud et le salut final. » (*Extrait du commentaire d'El-Chabrakhîtî.*)

NOTE 71. — PAGE 230.

D'après la loi, le musulman est réputé voyageur, dès qu'il a franchi un espace de quatre *bérid*, c'est-à-dire quarante-huit milles ou seize parasanges.

Un bérîd, ou *une poste,* est donc de quatre parasanges, et la parasange est de trois milles; le mille est de trois mille cinq cents coudées; la coudée est la longueur comprise depuis le pli du coude d'un homme de taille ordinaire, jusqu'à l'extrémité du doigt médius, ce qui représente trente-six largeurs de doigt. Le doigt est un espace mesuré par la place qu'occupent six grains d'orge placés à la suite les uns des autres, *dos à ventre ;* et chaque grain d'orge est estimé à l'espace que rempliraient six poils ou crins de cheval commun.

La parasange perse était évaluée à trente stades grecs, environ deux mille huit cent trente-quatre toises.

Le mille, d'après les deux dictionnaires arabes les plus suivis, et d'après la majorité des érudits arabes les plus respectables, est de six mille coudées, chacune de vingt-quatre travers de doigt, ce qui est la coudée hachémite ou des Beni-Hâchem, plus courte que la coudée ordinaire. Les six mille coudées hachémites égalent à peu près cinq mille sept cent cinquante coudées ordinaires, de la coudée ordinaire appelée coudée de fer ou *octave*, et qui sert à auner. La coudée des Omiades ou Beni-Omaïa, est plus longue; cinq coudées omiades valent six coudées hachémites.

Quatre bérîd sont considérés comme deux stations ou haltes, ou deux jours de route, à pas ordinaire et avec des animaux chargés.

Il y a pour les musulmans trois espèces de voyages : — le voyage religieux ; — le voyage licite ; — le voyage illicite ou criminel. Le premier est d'obligation pour le pèlerinage et pour la guerre ; le second est pour le commerce et tous les besoins, travaux et devoirs ordinaires de la vie ; par le troisième on comprend les voyages ou excursions des voleurs, des pillards, des brigands, des corsaires, des esclaves fugitifs, des transfuges.

Les soldats, les femmes et les esclaves ne peuvent jamais se constituer par eux-mêmes en état de voyageurs, ou en état de non-voyageurs. La raison en est qu'ils sont tous sous la dépendance d'une autorité qui les commande à discrétion, et à laquelle ils sont tenus d'obéir et de se soumettre.

NOTE 72. — PAGE 230.

Le voyageur doit supprimer deux réka des prières quaternaires. S'il fait les quatre réka, deux seulement lui forment sa prière obligatoire, et les deux autres n'ont qu'une valeur de prière surérogatoire.

NOTE 73. — PAGE 247.

Le prêche et la prière qui doit le suivre forment toute la solennité du vendredi ou saint jour de la semaine, et correspondent aux cérémonies, prières et prônes par lesquels les chrétiens sanctifient le dimanche, et aux cérémonies et prières par lesquelles les juifs consacrent le samedi.

Le prêche et la prière du vendredi sont d'obligation divine. Tous les musulmans doivent quitter leurs travaux, leurs négoces, leurs occupations, leurs repas, etc. pour assister à cette cérémonie. Dans les villages, la mosquée ne peut servir à la prière solennelle du vendredi, pas plus qu'une grande mosquée qui serait hors de la cité, à une distance de plus d'une portée de flèche ou de quarante coudées, à moins que cette dernière mosquée n'ait été primitivement dans la cité.

Jadis le Prophète, après lui, les khalifes, et plus tard les sultans, présidaient, comme imâm, à la prière publique du vendredi. Les sultans, excepté deux, Mourad III et Moustafa Iᵉʳ, ne manquèrent jamais de satisfaire à ce devoir pieux. Souvent même, quoique malades, ils se rendaient à la cérémonie. Mah'-moûd Iᵉʳ fut fidèle à ces habitudes jusqu'à son dernier jour. Il se fit porter mourant à la mosquée, en 1754, le 13 décembre. Lorsqu'on le rapporta à la demeure impériale, il expira entre les deux portes du sérail... Mourad III, effrayé ou retenu dans son palais par les émeutes perpétuelles des milices, resta deux ans de suite sans paraître en public. Moustafa Iᵉʳ demeurait presque constamment enfermé, dominé qu'il était par les grands du palais, qui trouvaient leur intérêt à dérober aux yeux du peuple l'imbécillité du souverain.

Les mosquées, dans lesquelles on peut faire la prière publique du vendredi, ont un *minbar*, ou chaire à escalier droit terminé en haut par un espace carré, surmonté d'un ciel en bois ornementé de ciselures et de dessins en relief ou à jour. C'est là que se tient debout le *khat'îb* ou *prédicateur*, ayant à la main droite un long sabre de bois, dont la pointe est appuyée sur l'aire de l'espace où parle le *prédicateur*.

Mahomet institua lui-même le prêche ou khot'beh. Il le faisait tous les vendredis et aux deux grandes fêtes de l'année. Les khalifes suivirent l'exemple du Prophète. Ce ne fut qu'en 936 de l'hégire (ère chrét. 1324) que Mahomet VIII se dispensa de cette cérémonie, et, depuis ce temps, elle est restée confiée aux soins des imâm des mosquées.

Du reste, les prônes musulmans, tels du moins que je les ai entendus en Égypte, sont de simples narrations débitées sans effets de voix, sans intention de frapper par l'accentuation ou la forme calculée et oratoire de la parole.

Le prêche musulman est encore appelé plus explicitement *khot'bétéín*, ou *les deux prêches*, parce qu'il se compose toujours de deux parties bien distinctes : la première est une sorte de déclaration ou profession de foi sur les attributs de Dieu, un éloge du Prophète, de ses disciples et des premiers khalifes; l'autre, que l'imâm prêchant a soin de séparer de la première par une pause assez longue, et pendant laquelle il récite tout bas des passages du K'oran, fait mention du souverain régnant, de celui qui, dans les vice-royautés, par exemple, gouverne la province. Ensuite le prédicateur demande à Dieu de faire prospérer les armes et la puissance de l'islamisme et de dépouiller les nations infidèles de leurs biens, de leur prospérité, pour en gratifier les musulmans....

Le nom de *djouma'*, c'est-à-dire vendredi, signifie *réunion*. Les docteurs de l'islamisme ont expliqué, de je ne sais combien de façons différentes, cette dénomination.

Le jour du djouma' ou de la réunion a été appelé de ce nom, parce qu'il fut le dernier jour de la création, le jour où tout ce que l'Éternel avait voulu créer se trouva *réuni* dans l'ensemble de l'univers. Par ce dire, il paraît que la création commença le dimanche, appelé par les Arabes le *premier jour* de la semaine. En raison de ce que toute la création se trouva terminée et *réunie* dans l'univers, Dieu fit de ce jour le jour férié des musulmans.

Les docteurs de l'islâm ont donné encore comme motifs de la dénomination significative du vendredi les raisons suivantes; ils disent : — que ce fut le jour où Adam fut créé; — que ce fut le jour où Adam expulsé de l'Éden céleste, et séparé d'Ève, la retrouva et se *réunit* à elle sur la terre; — que ce jour est celui qui *réunit* en lui le plus de bénédictions, — et qui *réunit* les fidèles à la prière en communion; — qu'en ce jour Ka'b fils de Louaï, le septième aïeul de Mahomet [1], *réunissait* les hommes de sa tribu, leur recommandait le respect de la Ville Sainte, leur prédisait qu'il en sortirait dans l'avenir un grand prophète. Cette prédiction s'annonçait dans le désert, selon les savants arabes, cinq cent soixante ans avant la mission du Prophète. Mais cette indication chronologique est évidemment hors de sens, et inadmissible, puisqu'il n'y a que sept générations depuis Mahomet à Ka'b; d'après la supputation rationnelle de ces sept générations, Ka'b devait exister vers l'an 264 avant l'hégire, 307 ans après J. C.

Si l'on en croit certaines traditions, le jour du vendredi appelé pendant le paganisme arabe du nom d'*A'roûba,* ne fut appelé *djouma'* qu'à l'époque de Moh'ammed (Mahomet), par S'a'd fils de Zorâra qui, le premier à Médine (ou la ville par excellence), connue avant l'islamisme sous le nom de *Iatrib,* Yatrippa des latins, fit la prière publique du vendredi. C'était à l'époque où le Prophète venait de constituer Maç'a'b, fils d'O'maïr, émir ou gouverneur de Médine, et lui avait ordonné d'établir la prière publique du vendredi; car Mahomet n'avait pas encore pu établir cette prière à la Mekke. Maç'a'b alla trouver S'a'd, un des douze *nak'îb,* et lui enjoignit de se charger de la prière du saint jour. Le nak'îb était alors une sorte de chef ou tribun du peuple.

---

[1] Mahomet était fils d'A'bd-Allâh, fils d'A'bd-el-Mout't'aleb, fils de Hâchem, fils d'A'bd-Manâf, fils de K'oçaï, fils de Kilâb, fils de Mourra, fils de Ka'b, fils de Louaï, fils de R'âleb, fils de Fihr, fils de Mâlek, fils de Nad'r, fils de Kinâna, fils de Khozaïma, fils de Moudrika, fils d'Iliâs, fils de Moud'ar, fils de Nizâr, fils de Maa'dd, fils d'A'dnân.

Passé ce vingt et unième degré d'ascendance avitique, Mahomet dit que les généalogistes mentent... Dans un travail particulier sur les généalogies arabes ou filiations des tribus et des divisions de tribus, avant l'établissement de la religion islamique, j'ai examiné cette question d'avitisme et de successions de familles, et il m'a été impossible d'arriver à Ismaël, dont Mahomet, et avec lui tous les Arabes h'idjâziens, veulent descendre.

D'après l'ordre de Maç'a'b, S'a'd *réunit* quarante fidèles, fit avec eux la prière du vendredi à midi, et leur dit ensuite : « Ce jour est le jour du *djouma'* ou de la *réunion* des fidèles croyants. »

Le Prophète, la première fois qu'il célébra le djouma' en assemblée et régulièrement, était avec les Beni-Sâlem à Bat'n-el-Ouâdi ; Mahomet se rendait alors à Médine.

Le jour du djouma', disent les docteurs de l'Islâm, appartient spécialement, comme jour de bénédictions, aux peuples vrais croyants. Les juifs et les chrétiens, quand Dieu leur donna à choisir leur jour sacré dans la semaine, se sont, par la permission divine, trompés chacun dans leur choix, et se sont ainsi privés de la bienheureuse et sainte influence de ce jour béni. Dieu, dans son Saint Livre, le fixa comme jour sacré, à Mahomet et aux nations islamiques.

Moïse avait ordonné aux Hébreux de préférer à tout autre jour, le jour du vendredi. Mais les Hébreux, trop souvent indociles et raisonneurs, disputèrent à Moïse la supériorité et la valeur de sainteté du vendredi, et crurent que le samedi était plus propice, plus saint, plus béni. Alors Dieu dit à Moïse : « Laisse-les, eux et leur jour choisi. » Une tradition qui remonte à l'époque de Mahomet, indique que les juifs donnaient à la semaine le nom de *sebt* (sabbat) qui est aussi le nom du samedi, tout comme le nom de *djouma'* est aussi le nom de la semaine chez les Arabes. Cette dénomination générale de l'ensemble des six autres jours est fondée sur ce que la semaine a de plus noble et de plus sacré, le vendredi. Car, ajoutent les livres arabes, le meilleur jour que le soleil éclaire dans la semaine est, sans contredit, le jour du djouma', et le meilleur jour que le soleil éclaire dans l'année est le vendredi, quand il se trouve être le jour de la fête de la station à A'rafa, pendant le pèlerinage. De plus, toute l'année, pendant la nuit et la journée de chaque vendredi [1], Dieu fait grâce des feux de l'autre monde à six cent mille âmes de musulmans.

---

[1] La nuit du vendredi, c'est-à-dire la nuit du jeudi au vendredi ; car la première heure du jour commence au coucher du soleil.

Les mosquées, nom que nous avons traduit, en l'estropiant, du mot *mesguid* prononcé à la manière égyptienne, et plus régulièrement *mesdjid*, selon la prononciation des autres pays, sont de deux espèces. Le *mesdjid* est la mosquée simple, ou bien, selon l'origine et le sens du mot, le lieu où l'on se prosterne. La *djâmi'* ou la *réunissante* est le nom donné à toute mosquée où les fidèles s'assemblent pour la prière publique du vendredi. Ce mot est de la même racine verbale que djouma'; et djâmi' est exactement la traduction d'*ecclesia*, église, d'après l'origine ou l'étymologie grecque.

A la rigueur, et en cas de nécessité, on peut célébrer la cérémonie publique du vendredi dans un mesdjid; mais la règle est de la célébrer dans une djàmi'. Bien entendu, ces différences n'existent que dans les localités où se trouvent plusieurs mosquées. Du reste, le mot *djâmi'* est le mot qui a cours dans le vulgaire, et il implique alors le sens de mesdjid et de djâmi'. La djâmi' sert pour toute espèce de prière. Le mot *zaouïa* indique une chapelle ou un petit oratoire renfermant presque toujours les restes inhumés d'un saint personnage. En Barbarie, ce mot a un sens plus étendu, et désigne aussi des endroits ou sortes de chapelles où l'on instruit les enfants.

NOTE 74. — PAGE 250.

Les flambeaux en manière de cierges sont peu nombreux dans les mosquées. Les mosquées sont ordinairement éclairées au moyen de verres allongés, dans le fond desquels un petit tube de verre est en saillie. Dans ce tube on fixe un bâtonnet ou une allumette entourée de coton brut et qui fait office de mèche. On met de l'huile dans le verre et ensuite de l'eau. Les verres ainsi préparés sont suspendus par deux, trois, quatre, etc. sur le fond troué de boîtes carrées, au-dessous desquelles les verres dépassent, maintenus par leur bord sur la circonférence des trous. Ils éclairent ainsi par en bas, mais d'une assez faible lumière. D'autres fois ces verres sont suspendus dans des anneaux en fil de fer isolés, ou réunis en nombre variable.

NOTE 75. — PAGE 251.

La singulière disposition légale exprimée dans cette partie du livre de Khalîl est un hommage rendu aux hommes de distinction, aux hommes libres qui ont quelque valeur dans une localité de moyenne étendue. Mais aussi cette disposition leur impose un devoir dont l'oubli ou le non-accomplissement intégral ou partiel fait rejaillir des conséquences désagréables sur le reste de leurs concitoyens en prière... C'est toujours l'application de

Quidquid delirant reges plectuntur Achivi.

NOTE 76. — PAGE 251.

Par khalife, aujourd'hui qu'il n'y en a plus, il faut entendre, comme l'indiquent des commentateurs modernes de la loi, tels que le cheikh Ibrahîm-el-Chabrakhîtî, le gouverneur d'une province de l'empire, le chef de la prière et le dépositaire de l'autorité supérieure. Nul autre que ce chef suprême, même en voyage, ne présidera à la solennité du vendredi, dans une localité dépendante de son gouvernement et dans laquelle il se trouve.

NOTE 77. — PAGES 252 et 254.

La prière du midi, le vendredi, s'annonce par deux fois, une annonce une demi-heure avant midi, et une autre annonce à midi. La première s'appelle aussi le *sélam*, ou salut; à midi, c'est l'appel réel.

NOTE 78. — PAGE 257.

Le *moudebber*, ou affranchi par manumission posthume, est

l'esclave auquel son patron a promis la liberté par ces paroles:
« Lorsque je mourrai, tu auras ta liberté. » Après cette promesse
ainsi exprimée, l'esclave est appelé *moudebber*, arrangé, dont
l'état à venir est arrangé et réglé. Le patron ne peut plus aliéner
cet esclave. Le jour que le patron meurt, le moudebber est libre.
La femme esclave qui est devenue enceinte par le fait de son
patron ne peut plus être aliénée; elle est dite *oumm ouéled*,
« mère d'un enfant; » elle est libre dès que son patron est mort.

NOTE 79. — PAGE 264 [1].

Il est curieux de remarquer dans le passage auquel se rapporte
cette note, la prédominance de la loi religieuse sur la loi civile,
à tel point que la loi religieuse annule, sans forme de procès,
des actes commerciaux et civils.

NOTE 80. — PAGE 265.

Les Arabes mangent crus le poireau, l'ognon, l'ail, tous les
cucurbitacés, etc.

NOTE 81. — PAGE 266.

Il paraît que ce fut à la journée de Zât-er-Rék'â, l'an v de
l'hégire, que le Prophète, combattant les ennemis de la religion
nouvelle, fit pour la première fois la *prière de la peur* ou prière
des combats. « Nous avons manqué la victoire, dirent les infidèles ce jour-là; si nous avions fondu sur eux au moment où
ils priaient, nous triomphions. » Et alors descendit du ciel la
recommandation k'oranique de prier dans les combats.

Selon quelques traditions, le Prophète fit la prière de la peur
vingt-quatre fois, et selon d'autres, dix fois seulement. Aussi
est-elle considérée généralement comme d'obligation imitative.

[1] Le chiffre de cette note a été oublié dans le texte; il doit être à la
ligne 12, p. 264.

D'autres opinions appuyées sur le K'oran en font une obligation canonique. Jadis cette prière s'accomplissait toujours sous l'imà-mat du khalife, ou du sultan, ou d'un vicaire direct.

Pour faciliter l'accomplissement de la prière, en guerre active, on a toujours soin d'avoir pour imàm un individu qui soit à l'état de voyageur, si la majorité de l'armée est considérée comme en voyage. Aujourd'hui des aumôniers ou *oude'z'* accompagnent les différents corps d'armée.

NOTE 82. — PAGE 271.

Les deux grandes fêtes des musulmans sont : — *'id-el-fit'r* ou fête de la rupture du jeûne; elle se célèbre le premier jour du mois qui suit ramad'àn, le mois de jeûne; — *'id-el-ad'h'a* ou la fête des immolations; elle se célèbre le 10 du mois de zil-h'eddjeh ou mois du pèlerinage, qui est le troisième mois après ramad'àn (neuvième mois de l'année musulmane).

La fête du *fit'r* fut inaugurée, par le Prophète, la deuxième année de l'hégire, et elle se célèbre depuis cette époque. Le mot de *baïram*, employé très-souvent en Orient, en Syrie, en Égypte, est le mot turc qui signifie *fête*. La seconde des deux fêtes est dite encore *k'ourbán baïram* ou fête des sacrifices. Le mot *k'our-bán*, employé en turc dans cette dénomination, est arabe. Enfin cette fête a encore reçu le nom de *'id-el-kébír*, la grande fête, pour la distinguer du *'id-el-fit'r* que l'on désigne simplement par le nom de *'id*, la fête. Le mot *'id* est employé dans Khalîl pour désigner collectivement les deux fêtes.

Le *'id-el-fit'r* n'est réellement que d'un jour, et le *'id-el-ad'h'a* est de quatre jours. Mais ordinairement le peuple fête la première pendant trois jours de suite.

Sous les premiers khalifes, on annonçait la prière des deux fêtes du haut des minarets; mais les docteurs de la science, c'est-à-dire de la religion, ont aboli l'annonce de cette prière comme usage d'institution purement humaine.

NOTE 83. — PAGE 274.

Par *vivifier*, qui emporte ici évidemment l'idée de sanctifier, le texte arabe veut indiquer encore cette autre idée : mériter de vivre jusqu'à ce que le cœur soit dégagé de l'amour des choses mondaines, car il est dit : « Qui vivifie la nuit sainte des deux fêtes, son cœur ne mourra pas au jour où mourront les cœurs. » Ce qui s'explique : « Son cœur ne périra pas d'amour pour ce monde périssable et futile, mais il se remplira de l'amour des biens éternels; » et encore : « son cœur ne se troublera pas au Grand Jour. »

Une partie de la nuit sera méritoirement employée, si on la consacre à prier, ne fût-ce que quelques heures ou seulement une heure. Une prière de l'éché, faite à la mosquée principale et en assemblée, ou même seulement en réunion de fidèles, équivaut au mérite de la nuit passée en prières; et la prière du matin, faite dans les mêmes circonstances, équivaut au mérite du jour entier passé en prières.

NOTE 84. — PAGE 274.

Le Prophète, le jour de la fête des sacrifices, ne prenait de nourriture qu'à son retour de la Mosquée. Il mangeait alors du foie des animaux qu'il avait sacrifiés. Certains savants disent que l'on mange, ou prétendent que l'on doit manger du foie ce jour-là, parce que cette partie de l'animal est plus facile à cuire. Mais d'autres savants plus vénérés assurent que l'on doit, au premier repas de la fête, manger du foie, parce que le premier mets que mangent les élus en entrant au paradis, est un morceau de foie du taureau qui sur ses cornes porte la terre; ce mets est donné aux élus lors de leur arrivée dans l'autre monde, afin de faire cesser en eux l'amertume de la mort.

Selon plusieurs autres docteurs musulmans, au lieu de foie du taureau, il faut dire, foie de baleine, parce que, dans une tradition attribuée au Prophète, il y a ces mots : « Aux élus qui entrent au paradis on donne en abondance du foie de baleine. »

Les sacrifices sanglants étaient en usage chez les Arabes d'avant l'islamisme, et se pratiquaient lors des pèlerinages et des visites pieuses à la Ka'ba. Les sacrifices humains existaient aussi en Arabie, et, d'après une curieuse légende qu'il me serait trop long de rapporter ici, le père de Mahomet faillit être immolé par A'bd-el-Mout't'aleb, grand-père de Mahomet.

NOTE 85. — PAGE 278.

La forme de tekbîr entrecoupés, indiqués dans ce passage, est acceptée en mémoire de ce qui arriva au moment où Abraham allait immoler son fils Ismaël (non son fils Ish'âk', comme nous l'avons déjà fait remarquer). Dieu envoya l'ange Gabriel à Abraham, et l'ange vit le fils du saint patriarche-prophète, déjà étendu et sous le couteau. « Dieu est grand ! Dieu est grand ! » dit aussitôt Gabriel pour arrêter Abraham, qui comprit sur-le-champ la parole de grâce et répondit subitement : « Il n'y a de Dieu que le Dieu unique ; Dieu est grand ! » Et Ismaël qui les entendit s'écria : « Dieu est grand, et à Dieu soit toute louange ! » (Extrait du commentaire d'El-Chabrakhiti.)

NOTE 86. — PAGE 278.

La prière à l'occasion des éclipses fut instituée par le Prophète..... Lorsqu'Ibrahîm, fils de Mahomet, mourut, il y eut une éclipse de soleil. La foule parut stupéfaite de cette coïncidence ; Mahomet dit alors : « Je vous le déclare, le soleil et la lune sont deux merveilles du Très-Haut ; ils ne s'éclipsent ni pour la mort, ni pour la naissance de personne. Lorsque vous apercevrez de ces phénomènes, quittez tout pour prier. » Cette prière dont parle ici le livre de Khalîl a été établie pour rassurer les esprits contre la frayeur qu'inspirait l'apparition des

éclipses, et pour discréditer les idées superstitieuses du peuple
et les données bizarres et extravagantes des astrologues relativement aux pronostics et aux explications de l'art divinatoire.

La prière à l'occasion d'une éclipse de lune n'est pas obligatoire, si cette éclipse a lieu au coucher du soleil ou à l'aurore.
Aujourd'hui la prière à l'occasion des éclipses est presque abandonnée aux gens du commun.

NOTE 87. — PAGE 281.

Les musulmans, comptant par jours lunaires, sont assez rarement sûrs du premier jour de leurs mois Ils ne commencent
le mois, surtout pour la fixation du 1ᵉʳ de ramad'ân et pour celle
de la fête du fit'r ou 1ᵉʳ de chaouâl, qui est le mois suivant, que
lorsque l'on aperçoit le croissant de la nouvelle lune. Aucun al-
manach ne peut et ne doit remplacer le témoignage des yeux;
la loi veut que l'on *voie* le croissant de la lune. Voyez chap. IV.
Du jeûne.

NOTE 88. — PAGE 282.

La prière pour les temps de sécheresse a été instituée par le
Prophète. A une époque de sécheresse extrême, le peuple s'affli-
geait, s'effrayait; Mahomet monta en chaire, adressa une prière
à Dieu, et une pluie abondante tomba tout à coup et continua
pendant sept jours et sept nuits. Sous le khalife O'mar, pareil
miracle se répéta. O'mar avait à peine prié, que la pluie arriva.

NOTE 89. — PAGE 285.

L'auteur suppose ici que le musulman est mort de mort ordinaire, non comme martyr en combattant contre les infidèles; et
il admet aussi que le cadavre est presque entier; en cas de mu-
tilations trop considérables, on ne le lave qu'avec l'intention de
le nettoyer.

L'obligation de laver les morts diffère de toutes celles que nous avons exposées jusqu'à présent; elle est de la catégorie des obligations solidaires, et désignées par la qualification de *kéfâieh*, c'est-à-dire, qui obligent, il est vrai, tous les musulmans, mais dont tels ou tels sont dispensés, lorsque d'autres y ont convenablement satisfait. De ces sortes d'obligations sont les devoirs à rendre aux morts, la guerre, le choix et l'installation légale d'un magistrat.

Zemzem est le nom d'une source d'eau sainte que l'ange Gabriel, en visitant Hâgar et son fils Ismaël, lorsqu'ils étaient épuisés de soif, fit jaillir du milieu de sables desséchés, près de la Mekke.

Mahomet, après sa mort, fut lavé par ses femmes. A'ïcheh, sa femme bien-aimée, ne fut point lavée quand elle fut morte. Cette mère des Croyants, comme on qualifie aussi les autres femmes de Mahomet, avait voulu être enterrée sans être lavée et avec les vêtements qu'elle aurait au moment où elle expirerait. Ses dernières volontés furent respectées.

NOTE 90. — PAGE 290.

Les vœux que l'on fait pour les morts consistent à invoquer la miséricorde et la libéralité infinies de Dieu, à demander au Seigneur de réunir ceux qui meurent dans la foi de l'islamisme à leurs ancêtres, à leurs parents, de réunir les enfants à leur père, les père et mère à leurs enfants, de donner aux femmes la félicité des houris.

Mais, sur ce dernier point, il y a un embarras; les docteurs de la foi se sont demandé auquel de ses maris appartiendra la femme qui, comme cela arrive si souvent, aura eu, dans ce monde, plusieurs maris légitimes. Car les hommes retrouveront dans le paradis leurs femmes d'ici-bas, mais embellies de toute beauté, rajeunies de toute jeunesse, bonifiées de toute bonté; et, de plus, ils posséderont cinq ou six douzaines de houris tous les jours redevenues vierges, ainsi que les femmes qu'ils auront eues sur la terre.

Or, disons-nous, grande question ; mais les opinions émises par les docteurs se résument à ceci : — « La femme qui aura eu plusieurs maris dans ce monde sera donnée, dans le paradis, au premier qui l'aura eue pour épouse ; — Non, dit un autre savant, elle sera pour le dernier mari ; — Non ; elle sera pour le plus digne par ses qualités morales ; — Point du tout ; la femme choisira celui qu'elle voudra ; — Nullement ; on tirera au sort. »

Quant à l'homme qui aura eu plusieurs femmes qu'il n'aura pas répudiées, et qui n'auront partagé le lit d'aucun autre, cet homme-là est sûr de les avoir toutes dans le paradis.

NOTE 91. — PAGE 295.

Les Arabes et la généralité des musulmans couchent par terre ou sur de simples nattes, ou sur un ou deux matelas posés sur le sol ou sur une légère élévation bâtie en maçonnerie, rarement sur un lit assez haut. Ils se couchent toujours vêtus d'une partie de leurs habits, d'un caleçon, d'un *s'idéri* ou gilet avec ou sans manches, d'une calotte rouge autour de laquelle on roule ordinairement un mince turban.

NOTE 92. — PAGE 295.

Dieu lui-même recommande de se hâter d'enterrer le musulman mort : « Hâtez-vous d'inhumer vos morts, afin qu'ils jouissent promptement de la félicité éternelle, s'ils sont morts vertueux, et afin d'éloigner de vous des créatures condamnées au feu, si leur vie a fini dans le mal et le péché. »

Les musulmans considèrent comme un signe de mépris et de déshonneur, le retard apporté à l'inhumation d'un croyant. J'ai vu, sur le bord de la fosse, des morts qui n'étaient pas encore refroidis. C'est l'exagération du principe applicable comme moyen d'hygiène dans les pays chauds.

Cependant le Prophète mourut un lundi matin, et il ne fut enterré que le mercredi soir. Il est vrai que c'était un prophète!

NOTE 93. — PAGE 295.

Le *sidr* est une sorte de *zizyphus* dont les feuilles sont odorantes. Les Arabes disent qu'il croît dans l'Iémen et aux Indes orientales. On préfère les feuilles de cet arbre, parce qu'il y a un *sidr* immense dans le paradis; les branches et le feuillage en sont si démesurément étendus et étalés, qu'un cavalier, en un siècle, ne traverserait pas l'ombre qu'ils projettent.

NOTE 94. — PAGE 298.

J'abrégerai souvent l'expression *d'enveloppes d'ensevelissement* ou *pièces d'ensevelissement,* en employant simplement le mot *linceuls* au pluriel.

NOTE 95. — PAGE 299.

L'*a'zbeh* ou *a'zba* est aujourd'hui un mouchoir en soie ou en coton, généralement de couleur foncée, et que les femmes plient en triangle pour s'en entourer la tête; l'angle du milieu pend alors libre derrière la nuque.

L'*a'zbeh* qu'emploient aussi les hommes, aujourd'hui, est appelé par eux *s'oûfieh,* et est en soie et coton, ou en soie seulement, variée de couleurs vives et même de dorures dans le tissu. Mais l'*a'zbeh* dont il est question dans Khalil est un mouchoir ordinaire très-petit, et en coton; il a au plus une coudée de grandeur; le moyen a une palme d'étendue, et le plus petit n'a que quatre doigts.

NOTE 96.—PAGE 303.

Dans les fosses, même pour les pauvres, on établit autour du mort une petite construction qui forme une loge. On la termine et on la clôt en quelques instants, dès que le cadavre y est déposé. Cette construction grossière tient lieu de cercueil et en a la figure. On enterre le mort dans les linges seulement qui l'enveloppent et sans cercueil.

NOTE 97. — PAGE 305.

Le *ouars* est une plante odorante de l'Iémen, de l'Abyssinie, des deux rivages de la mer Rouge au Sud. Elle est livrée au commerce en Orient, dans l'Arabie, aux Indes, sous forme de poudre jaune brunâtre; elle donne une teinture jaune.

Dans l'Iémen, on la mêle à d'autres substances dont on compose un cosmétique qui sert à teindre la face et tout le corps en jaune. J'ai vu entre les mains de mon ami, M. F. Fresnel, au Caire, des dessins rapportés d'Arabie par le baron de Vredde, lesquels représentaient des femmes de la fameuse vallée de Do'àn vers le H'ad'ramaût, teintes en jaune-serin depuis les pieds jusqu'à la tête.

Le *ouars* paraît être fourni par l'*orobanche tinctoria*. Forskal en parle dans sa *Flora ægyptiaco-arabica*. La poudre de *ouars* se vend fort cher sur les bords de la mer Rouge, et s'exporte en pays étrangers, sous le nom de *ouars de Berbéra*. J'en ai dit quelques mots dans ma traduction d'un voyage au Dâr-Foûr; Paris, 1845, chez Benj. Duprat.

NOTE 98. — PAGE 316.

Les musulmans considèrent comme martyrs tous ceux d'entre eux qui meurent les armes à la main, ou exposés aux chances et aux périls de la guerre sainte, c'est-à-dire, de la guerre contre les infidèles ou contre les schismatiques, soit en conquêtes, soit en défense ou en résistance, soit en courses de pillages. Celui même qui, pendant le sommeil, et seul, est surpris et tué par l'ennemi, est martyr. Bien plus, tout musulman, tué par un infidèle, dans quelques circonstances que ce soit, est martyr. Le martyr qui périt dans la guerre contre les infidèles ne peut avoir, aux yeux des anges et de Dieu, un plus bel ornement que le sang dont il est couvert. C'est une image du baptême du sang chez les chrétiens.

Du reste, il y a trois catégories principales de martyrs : — martyr pour ce monde et pour l'autre monde ; — martyr pour ce monde seulement ; — martyr pour l'autre monde seulement.

Le premier est celui qui est mort au milieu des musulmans combattant pour la loi de Dieu et le triomphe de la foi, que les combattants aient ou non l'intention d'enlever du butin aux infidèles ; — le second est celui qui succombe en expédition intéressée pour lui, c'est-à-dire, dans le désir d'enlever du butin, ou de montrer son courage, ou d'acquérir de la gloire, ou de défendre son pays ou sa tribu, ou pour protéger ou conserver ce qu'il possède, biens et famille, ou pour sauver son honneur, etc. — le troisième est celui qui meurt noyé, ou brûlé dans un incendie, ou écrasé sous des ruines.

Le musulman qui meurt sur le champ de bataille, de quelque manière que ce soit, lors même qu'aucune blessure ne paraîtrait sur lui (car il peut avoir été étouffé au milieu des chevaux), et lors même encore qu'il aurait été tué par un musulman qui l'a frappé par erreur et en le prenant pour un infidèle, est martyr.

NOTE 99. — PAGE 322.

Je donne, avec quelque détail, les explications des commentateurs de la loi, afin de présenter les bases nécessaires pour résoudre les discussions qui pourraient s'élever à propos des questions d'inhumations, d'exhumations, de fouilles de sépultures, d'ouvertures cadavériques, d'opérations sur les femmes mortes enceintes, etc. Les musulmans ont une répugnance extraordinaire à troubler la paix des tombeaux, même dans les circonstances les plus graves, et lorsque la loi peut avoir besoin de vérifier les causes de la mort des individus.

NOTE 100. — PAGE 328.

Les *zékât* ou prélèvements correspondent à la taxe des pauvres en Angleterre. Ce sont, au point de vue musulman, des prélèvements purificatoires, des impositions ordonnées rigoureusement par la religion, fixées en proportions déterminées relativement à la nature et à la quantité des objets possédés. Le mot de *zékât* est le terme général ; le mot *a'chour, o'chr*, dîme, ne se dit que des prélèvements pris par dixième ou demi-dixième sur les produits du sol.

Les zékât, la prière, le jeûne et le pèlerinage constituent les quatre grandes obligations fondamentales de l'islamisme. « Sous le nom de *zékât* (comme le dit M. Worms dans son intéressant travail sur la Constitution de la propriété territoriale dans les pays musulmans, et subsidiairement en Algérie), la loi musulmane consacre des prélèvements qui tiennent à la fois de l'aumône et de l'impôt en ce que, tandis qu'elle laisse à la discrétion et à la bonne foi du musulman l'emploi de ce qui est prélevé sur la partie de ses biens connue de lui seul, elle prescrit la collection officielle de ses biens apparents par des agents spéciaux, délégués à cet effet par le souverain, et qu'enfin elle fixe irrévocablement le chiffre et la quotité de ces prélèvements. »

« Ces zékât, destinés à purifier aux yeux de la divinité les biens sur lesquels ils sont pris, constituent le premier impôt connu dans l'Islâm. Mahomet les institua pour l'entretien de ses premiers partisans..... Pendant les premières années de l'islamisme, ces zékât furent la base du trésor public des musulmans... puis devinrent le véritable fonds de charité de l'Islàm... »

« Le zékât (selon l'explication musulmane) est une ordon-
nance de Dieu, obligatoire pour tout individu de condition libre,
sain d'esprit et de corps, adulte et musulman, qui est pourvu
en toute propriété de la quantité de biens ou d'effets montant à
la valeur indiquée dans le langage de la loi, par le terme de
niç'âb, pourvu qu'il en soit en possession depuis l'espace complet d'une année. »

« En général, le niç'âb est fixé à la valeur de 200 dîrhem ou
drachmes, ce qui fait à peu près 120 ou 130 francs de notre
monnaie. » (Worms; voy. pag. 48, 49, etc.)

La loi islamique ne consacre les prélèvements sur les biens
que comme fait religieux pour elle. Car tout est subordonné
au principe prédominant de la société musulmane, c'est-à-dire
à la religion; les déterminations des règles et actes civils et politiques n'en sont que des applications aux éventualités et aux
besoins de la vie humaine dans ce qu'elle a de matériel et de
mondain. L'emploi des prélèvements est applicable en partie à
certains besoins de l'État. C'est par ces prélèvements retirés sur
les troupeaux et sur l'argent que l'expédition française a répandu
en Algérie, qu'A'bd-el-K'âder a fait face aux besoins de la guerre.
Voyez Exposé de l'état actuel de la société arabe, du gouvernement
et de la législation qui la régit, publié à Alger, en 1844, par ordre
du maréchal gouverneur général. Au chapitre II est présentée,
en abrégé, la manière dont A'bd-el-K'âder levait les zékât et les
dîmes, et les employait.

Khalil place ce chapitre des impositions religieuses à la suite
du chapitre des prières ou actes les plus importants de la religion, parce que ces impositions sont aussi, comme nous l'avons
indiqué, un devoir de religion, une purification et une sanctifi-
cation des biens et des propriétés. Il commence par l'impôt sur les
chameaux, parce que la richesse en chameaux est la plus belle,
la plus recherchée et la plus considérée parmi les Arabes, celle
qu'ils appellent spécialement : la richesse, la fortune.

NOTE 101. — PAGE 330.

Lorsque le petit de la chamelle a deux ans, elle allaite ordinairement un autre chamelin, si les saillies ont été opérées aux
époques convenables après la gestation et la mise-bas.

NOTE 102. — PAGE 335.

Il est à remarquer que l'auteur ne dit pas en cet endroit,
pour chaque nombre de quarante, etc. Cette expression suppose-
rait qu'à quatre-vingts il faudrait redoubler le prélèvement;
or, cela n'a pas lieu pour le menu bétail. Car le second terme
de légalité pour le second degré de prélèvement est à cent vingt
et un.

L'auteur indique, pour l'impôt, la brebis, ou le mouton, ou
la chèvre, tous âgés d'un an accompli, parce que la loi n'accepte
pas les animaux qui sont encore dans leur première année.

NOTE 103. — PAGE 350.

La détermination de l'époque des prélèvements sur les troupeaux, telle qu'elle est donnée par les musulmans, tient à ce
que, d'après le K'oran, on doit suivre l'année lunaire. Dans une
période de trente et un à trente-trois ans, tous les mois de l'année
lunaire ont parcouru la série des diverses saisons.

Comme il fallait collecter l'impôt des troupeaux, avant que
les Arabes ne les conduisissent à la recherche de pâturages,
c'est-à-dire, avant les grandes chaleurs de l'été, on a fixé le temps
des prélèvements à l'époque où la constellation des Pléiades se
lève au moment de l'aurore, ce qui a lieu dans les premiers jours
d'été. La loi défend aussi de collecter les prélèvements avant
cette époque, par condescendance pour les propriétaires, par vue
d'ordre administratif, et aussi pour laisser s'accomplir l'année

des jeunes animaux; car, en deçà d'un an, les animaux ne doivent pas être frappés de l'impôt. De plus, c'est à cette époque de l'année que les pauvres ont le plus besoin de secours.

« Les Pléiades, disent les commentateurs arabes de l'Afrique septentrionale, se lèvent, à l'aurore, le 27 de *béchens*, mois copte, ou au milieu du mois grec *yár* (ce qui correspond, en cette année 1848, au 4 ou 5 mai). La loi a fixé le départ des collecteurs à l'époque annuelle où les Pléiades se lèvent à l'aurore, parce que le lever de cette constellation varie pendant le cours de l'année. Selon les saisons, elle se lève à l'heure du coucher du soleil, ou au tiers de la nuit, ou au milieu de la nuit; et ce n'est qu'au commencement de l'été qu'elle se lève à l'aurore. Les Pléiades ne cessent guère d'être aperçues la nuit que pendant un mois de l'année; alors elles parcourent le ciel visible pendant le jour. »

NOTE 104. — PAGE 357.

Ce passage du texte de Khalîl jusqu'à ces mots, « on prend le dixième, » est traduit dans l'ouvrage de M. Worms sur la constitution de la propriété territoriale dans les pays musulmans, etc. un vol. in-8°, 1846. Franck, rue de Richelieu, 69.

Cinq ouask' font un peu plus de quinze quintaux et égalent soixante s'â. Le s'â vaut vingt-six rit'l ou livres, plus deux tiers; et le rit'l (que l'on prononce *rot'l* en langage vulgaire) vaut cent vingt-huit drachmes de la Mekke, ce qui ne fait guère plus de douze onces.

Cinq ouask' représentent trois cents s'â, et chaque s'â vaut quatre *moudd* (modius) du Prophète; les trois cents s'â valent donc mille deux cents moudd. En Barbarie, on prononce à tort *medd*. Le moudd vaut un rit'l un tiers de Bagdad. Le s'â et le moudd étaient les mesures employées par le Prophète.

Comme les mesures et les poids ont varié et diffèrent encore de pays à pays, l'auteur a dû préciser ceux que la loi a acceptés. Il a choisi le poids minime ou dirhem, c'est-à-dire la drachme de la

Mekke, comme point primitif ou poids étalon. La drachme d'É-
gypte est plus forte que celle de la Mekke, d'un grain et un dixième
et demi de grain.

Le poids de cinq ouask' a été déterminé au Kaire en 747 ou
748 de l'hégire, à l'aide du moudd du Prophète, et l'on a trouvé,
pour équivalent, six *ardeb* et demi et un demi-ouaïbeh. L'ardeb
de grains est de vingt-quatre *roub'*, et le roub' vaut un quart de
ouaïbeh. En 1042 de l'hégire, on a trouvé que les cinq ouask'
équivalaient à quatre ardeb et un ouaïbeh ou quatre roub'. Le
roub' vaut deux *maloua*.

Aujourd'hui l'ardeb vaut un hectolitre soixante-douze litres;
car six cents ardeb sont estimés l'équivalent de mille trente-deux
hectolitres.

NOTE 105. — PAGE 360.

Ce que j'indique, d'après les dictionnaires, par *tritici genus
bicoccon* ou *froment d'Arabie,* est appelé en arabe *a'las.* « C'est cette
céréale, disent les commentateurs arabes, dont les grains sont
réunis deux par deux sur la tige. Ce grain se rapproche de celui
de l'orge pour la longueur et est, du reste, plus rapproché du
blé. » Il me paraît être une avoine. Depuis très-longtemps les
Arabes la mondaient comme le riz; car les débris et cassures qui
en restent après le *mondage* sont, ainsi que ceux du riz, soumis
à l'impôt, dans certaines circonstances. Le *a'las* arabe serait donc
aussi le gruau, et l'on ne rencontrait guère l'avoine autrefois dans
le commerce que sous cette forme. Les chevaux jadis, comme
encore aujourd'hui, étaient nourris avec l'orge.

Le *soult* me paraît être le seigle. Les écrivains arabes le dé-
crivent ainsi : « Grain intermédiaire entre celui de l'orge et celui
du blé, mais sans épiderme et ne fournissant pas de son à la
mouture. On l'appelle en Barbarie, en Égypte, en Arabie : *orge
du Prophète, cha'îret en-nébî, cha'îr en-nébî.*

NOTE 106. — PAGE 363.

« ..... Comme salaire aux ouvriers. » Ce passage fait allusion à la manière dont on payait jadis et dont on paye encore aujourd'hui, dans les pays barbaresques et ailleurs, les mercenaires que l'on prend à gages pour les cultures et les moissons. Ainsi, comme salaire à un individu qui travaille et donne son temps et ses soins à un jardin potager ou fruitier, ou qui se charge de moissonner un champ, on abandonne une certaine quantité de la récolte. Au moissonneur on alloue, selon son désir et par convention, un tas de blé ou d'orge en chaume sur huit ou dix tas de grandeur indiquée approximativement, ou bien une javelle de tant de longueur sur huit, dix ou douze javelles semblables, ou bien tant de mesures du grain en nature, après la récolte, si cette récolte produit tant de mesures.

NOTE 107. — PAGE 363.

On extrait le blé, l'orge, etc. de la tige, en la faisant fouler par des bœufs ou par des chevaux. D'ordinaire, ces animaux traînent, sur les grains en tige, deux cylindres attachés à la suite l'un de l'autre, tournant chacun au moyen d'un axe passant par son extrémité dans une traverse en bois, munis de cercles en fer mince et placés de champ pour faire office de couteau ou hache-paille. C'est du moins là l'instrument dont on fait usage en Égypte pour dépiquer les grains.

Cet instrument chasse le grain de l'épi en même temps qu'il hache les chaumes. Ensuite, à l'aide du vent, on sépare le grain et la paille en les jetant en l'air.

NOTE 108. — PAGE 368.

Avant l'islamisme, les Arabes n'avaient pas de monnaies particulières. Ce qu'ils désignaient par *richesse* était toujours une richesse en troupeaux, en armes, en chevaux et surtout en chameaux. Les Arabes ne voyaient de monnaies que ce que le commerce leur en apportait de la Syrie, de la Mésopotamie, de la Perse et de l'Inde.

A l'époque où ils commencèrent leurs conquêtes, les Arabes adoptèrent les monnaies des peuples vaincus. Mais lorsqu'il fallut prélever le premier impôt religieux sur les Arabes eux-mêmes, et, de là, l'établir en principe permanent, on sentit la nécessité de créer un système monétaire. Le Prophète, les premiers khalifes, prenant modèle sur les autres nations, fondèrent, pour les Arabes, une base de monnaies établie sur trois espèces de valeurs considérées, au point de vue de la loi, comme trois étalons; ce sont : — le *dirhem* ou *derhem*, c'est-à-dire la drachme, δραχμὴ; — le *dínár* ou denier, δηνάριον; — le *k'irút'* ou carat, κεράτιον, graine de caroubier, Mais, de ces trois étalons, le dirhem est resté seul l'étalon réel, le terme de comparaison.

Le dinâr a souvent changé de valeur. Le dirhem vaut trois grammes huit cent quatre-vingt-trois milligrammes. (Voyez l'ouvrage cité de M. Worms, pag. 407 et suiv.) Le dirhem légal équivaut à soixante centimes, et le dinàr légal à six francs trente centimes.

Les valeurs monétaires indiquées par Khalil sont les types légaux établis à la Mekke. Les commentateurs que j'ai entre les mains indiquent que la valeur du dirhem ou pièce d'argent en question ici pour les prélèvements est du poids de cinquante grains d'orge ordinaire et deux cinquièmes de grain, ou de quatorze grains de caroube et dix-sept vingtièmes de grain. Ce dirhem, qui est par excellence le dirhem légal religieux, est plus faible que le dirhem d'Égypte, d'un grain de caroube et de trois vingtièmes de grain. Dès lors la quantité d'argent imposable étant, à la Mekke, de deux dirhem mekkois, la quantité imposable correspondante et égale en valeur intrinsèque est, en Égypte, de cent quatre-vingt-cinq dirhem et cinq huitièmes. Ensuite cinq *ok'ieh* (ou onces), l'ok'ieh étant de quarante dirhem, égalent les deux cents dirhem mekkois. Cette évaluation de l'ok'ieh ou once arabe est indiquée dans une tradition reçue d'A'icheh, la femme bien-aimée du Prophète : « Le Prophète, dit-elle, a donné en dot, à chacune de ses femmes, douze ok'ieh et demie ou cinq cents dirhem. »

La pièce d'or, ou le dînàr légal religieux, vaut dix dirhem ; celui d'Égypte était plus faible de trois grains de caroube et de trois quatorzièmes de grain. Dès lors vingt-trois dînâr et demi d'Égypte n'équivalaient qu'à vingt dînâr légaux. De toutes ces pièces d'or, il n'en existe presque plus.

Vingt-deux *douros* ou piastres fortes d'Espagne à écusson (ce que les Arabes ont pris pour une fenêtre, et, pour cela, ils appellent cette pièce d'argent *abou-t'ák'a*, pièce *à fenêtre*), sont la plus faible somme qui soit passible d'impôt : ils représentent, par conséquent, à peu près deux cents dirhem ou drachmes ; de même vingt-deux riàl (du mot espagnol *real* ou pièce royale), plus un quart ; et aussi vingt-deux tàler ou écus au lion, figure que les Arabes ont prise pour un chien : de là le nom de *abou-l-kelb*, la pièce *au chien*.

NOTE 109. — PAGE 372.

Les femmes arabes et beaucoup d'hommes de condition ordinaire, ou même de grade élevé dans la hiérarchie religieuse, se teignent les bords des paupières au moyen d'une substance noire en poudre très-fine appelée *keuh'l ;* c'est l'alquifoux. On mêle cette substance à une matière grasse légère, ou seulement à de l'eau, et l'on a ainsi, à peu de frais, un cosmétique palpébral très-recherché. C'est aussi un médicament tonique pour les maladies des paupières, lorsqu'elles sont dans un état de gonflement ou de relàchement atonique. Je l'ai souvent conseillé, surtout pour les enfants.

On se passe le keuh'l entre les deux paupières, à l'aide d'un petit bàton appelé *miroued* et ordinairement en bois parfaitement

poli. Le miroued n'a guère que deux ou trois millimètres de dia-
mètre. On tourne ce bâtonnet dans un *makh'al*, ou petite boîte à
keuh'l, qui a la forme d'un étui ou d'une burette, et on glisse
le miroued, à partir du côté du nez, une fois ou deux entre les
deux paupières que l'on tient rapprochées, et leurs bords se
trouvent ainsi teints en noir.

Le plus généralement on prépare le noir ou keuh'l, en mettant de l'oliban dans un petit vase de terre que l'on recouvre d'un
second vase pareil, mais renversé sur l'autre, de manière à en
adapter assez exactement les deux ouvertures. On allume l'oliban
avant d'apposer les deux vases bouche à bouche. L'oliban brûle
ainsi renfermé, et les fuliginosités qui se produisent par la com-
bustion lente s'attachent aux parois des vases. On recueille ensuite
ces fuliginosités qui, du reste, ont quelque chose d'onctueux,
et on les conserve, ou seules ou mêlées d'un peu d'eau de rose
ou d'une huile aromatique légère, dans des boîtes étroites et al-
longées ou dans de très-petites burettes. On y plonge le miroued
pour se teindre ensuite les bords des paupières de la manière que
je viens d'indiquer.

NOTE 110. — PAGE 396.

Les ventes et achats anticipés ont lieu très-souvent en Égypte,
en Syrie, etc. même entre les chrétiens et les musulmans. Les
négociants ou marchands chrétiens achètent à l'avance, plusieurs
mois, un an même avant les récoltes, des cotons, des fèves, du
riz, du blé, de l'orge, du sésame, etc. Une somme est payée au
moment de la conclusion du marché, lorsque l'on a fixé le prix
d'achat, la quantité des produits à livrer et l'époque à laquelle
ces produits seront livrés.

NOTE 111. — PAGE 410.

Les produits agricoles, les troupeaux, les mines, sont désignés
sous le nom de *biens apparents* (*amouâl d'âhéra*). Les *biens inté-*

rieurs (*amoual bât'éna*) sont les valeurs en numéraire, en objets d'or ou d'argent.

Le souverain ou imâm souverain de l'État est l'intendant suprême, le protecteur des biens extérieurs ou *apparents*; il a le droit de procuration et de surveillance sur ces biens. Mais les biens *intérieurs*, c'est-à-dire connus du propriétaire seul, sont à la discrétion seule de ce propriétaire.

NOTE 112. — PAGE 417.

Ouak'f a le même sens que *h'abous* ou *h'abès*, et les deux racines verbales de ces mots veulent dire *arrêter*, la première dans le sens simple, la seconde dans le sens de *priver de la liberté*. Ces deux termes, *ouak'f* et *h'abous* ou *h'abès*, seront employés dans le même sens. On donne le nom de *ouak'f*, en général, à toute immobilisation. Mettre un bien, une valeur en *ouak'f*, c'est en neutraliser le droit de propriété, de manière que la valeur ou le bien ne puisse plus être vendu, ni donné, ni transmis héréditairement.

Les *ouak'f* sont, essentiellement, des immobilisations pieuses ou fondations pieuses, faites parfois dans le but de soustraire une propriété à la convoitise ou à la rapacité du pouvoir régnant. Car la religion est encore l'asile inviolable chez les musulmans.

La question des *ouak'f* fournira un chapitre spécial. Voyez le travail déjà cité de M. Worms, surtout les pages 288, etc. 447, etc.

NOTE 113. — PAGE 424.

Par *les temps du paganisme*, que les Arabes appellent *djâhéliéh* ou époques d'ignorance, on entend les âges qui ont précédé l'apparition de l'islamisme. Ces temps de l'antiquité arabe ont été peu étudiés. J'en ai fait l'objet de nombreuses recherches pendant mon séjour en Égypte, et j'ai recueilli tout ce que les chroniques arabes m'ont présenté de souvenirs de ces siècles reculés. Les récits traditionnels qui ont sauvé de l'oubli la vie, l'histoire et les mœurs des Arabes de l'antiquité païenne, les ont transmises avec leur couleur native et leur allure originale. Ces récits sont entremêlés de vers ; car les chroniques anciennes des peuples ont toujours les formes de la poésie ; les vers, appris et répétés partout dans les tribus arabes, étaient la voie, je dirai providentielle, de conserver ce passé... Je publierai les récits intéressants et naïfs de ces légendes anciennes.

Les livres des musulmans savants disent que, dans l'antiquité, les Arabes avaient l'habitude de cacher leurs richesses sous terre, afin de les dérober ainsi à l'avidité de leurs ennemis. Le fameux Djélàl-ed-Dîn-es'-S'ouïoûtî, qui a laissé un nom si brillant dans la littérature et les *sciences* arabes, raconte qu'un individu vit en songe le Prophète, qui lui dît : « Va à tel endroit ; il y a un trésor enfoui ; creuse et prends ce trésor, et tu ne payeras pas le cinquième que la loi ordonne comme impôt. » L'individu, dès le grand matin, s'empresse d'aller au lieu indiqué, creuse et trouve le trésor..... Il y eut consultation solennelle entre les savants du temps, et il fut décidé que, conformément à la parole expresse du Prophète, l'individu ne payerait pas le cinquième de son trésor.

Les objets précieux en or ou en argent, trouvés à la surface du sol ou sur le bord de la mer, tels que figures, statuettes, etc. d'or ou d'argent, appartiennent sans partage et sans prélèvement à celui qui les a trouvés.

NOTE 114. — PAGE 426.

L'expédition des Éthiopiens contre la Mekke est maintes fois rappelée, dans le K'oran, avec le miracle qui sauva la Mekke et son temple. De petites pierres tombées du ciel tuèrent les ennemis.

NOTE 115. — PAGE 426.

Par objets transformés, métamorphosés, les musulmans, même les plus savants, désignent les antiquités égyptiennes principalement. Ils croient avec une foi sincère que toutes les figurines et figures d'animaux, ou d'hommes, ou de femmes, ou de monstres, ont été jadis des êtres vivants que Dieu, en punition de leurs désordres et de leurs péchés, a métamorphosés en figures de bois, de pierre, de cuivre, d'or, d'argent, etc. Les ustensiles sont aussi des résultats de métamorphoses; ainsi, lorsque Moïse s'enfuit d'Égypte avec les Hébreux, tous les objets, même les nourritures des Égyptiens, furent métamorphosés en pierres, ou en marbre, ou en albâtre, ou en or, ou en argent, ou en cuivre, etc.

NOTE 116.— PAGE 428.

Il n'est presque pas de musulman ou d'individu qui habite les pays musulmans à titre de sujet payant la capitation, ou d'habitant déjà ancien et payant un droit de sauvegarde ou de sûreté, qui ne cache en terre ou dans les murs des habitations, une partie plus ou moins considérable des valeurs en or et en argent, ou des bijoux qu'il possède. Le motif principal est de ne point tenter la cupidité et l'injustice des chefs et des gouvernants. Nécessairement ces habitudes sont cause qu'en Orient un bon nombre d'individus meurent sans avoir indiqué à personne le lieu où ils ont déposé et caché leurs économies ou leurs richesses.

Des musulmans prétendent avoir des recettes pour faire réussir les tentatives de recherches, lorsqu'il y a réellement des valeurs à trouver. Le Prophète, disent les ulémas, avait la science de ces découvertes; car c'est un don que Dieu accorde parfois à certaines personnes.

NOTE 117.— PAGE 428.

L'ambre, appelé *a'nbar* par les Arabes, vient, disent les doctes musulmans, d'un poisson de mer appelé aussi *a'nbar*, et dont la peau sert à fabriquer des boucliers que l'on nomme également *a'nbar*. On n'a appelé le poisson *a'nbar* que parce que l'on trouve l'ambre dans ses entrailles. El-Châfé'i rapporte à ce sujet l'anecdote que voici :

« Un individu m'a raconté, dit-il, que, voyageant sur mer, il arriva par hasard à une île. Là, il remarqua un arbre raccourci en cou de mouton, et dont les fruits étaient de l'ambre... Nous laissâmes ces fruits; nous nous proposions de les cueillir lorsqu'ils seraient plus gros. Mais un grand vent s'éleva qui les emporta tous à la mer. »

Puis El-Châfé'i ajoute : « Ces fruits sont avalés par des poissons et autres animaux marins; car ces fruits, à l'état frais, sont tendres. Mais poissons ou autres habitants des mers qui en mangent, périssent infailliblement, tant est grande la chaleur qui alors se développe en eux. Lorsque les poissons qui ont avalé de l'ambre sont pris à la pêche, on le leur trouve dans les entrailles. C'est là ce qui a fait croire que l'ambre s'engendrait dans les poissons; mais il n'en est point ainsi. L'ambre est un produit végétal, un fruit qui croît et se développe comme les fruits de tous les autres arbres. »

NOTE 118. — PAGE 430

Hâchem est le bisaïeul de Mahomet, fils d'A'bd-Allâh, fils d'A'bd-el-Mout't'aleb, fils de Hâchem. Les descendants directs, en ligne mâle, de Hâchem, formaient la branche la plus illustre de la grande tribu des K'oraïchides. Les descendants de Hâchem, par ses filles, n'entrèrent point dans cette illustration, comme étant nés d'une paternité étrangère au sang hâchemite mâle. Car, en général, la noblesse se caractérisait par la voie mâle.

La branche si illustre des Beni-Hâchem, qui fut celle de Mahomet, ne fut point admise au partage des aumônes fournies par les prélèvements, afin de ne pas dégrader ou abaisser tant de noblesse. Mais les Beni-Hâchem avaient le cinquième du quint légal dû au souverain sur les dépouilles enlevées aux ennemis de la foi.

Les descendants de Mou't'taleb, frère de Hâchem, ne sont pas compris dans l'exclusion du droit de partage. Ici le texte de Khalîl semble indiquer le contraire; j'ai suivi, pour la traduction, la rectification donnée par les commentateurs.

NOTE 119. — PAGE 431.

Un domestique, homme ou femme, n'est pas, en Orient, une indication d'aisance dans une famille. Souvent un domestique sert un maître pour une rétribution très-minime. Les jeunes domestiques n'ont ordinairement pour tout avantage et profit que leur nourriture et quelque grossier vêtement, surtout dans les familles peu aisées; en argent, on ne leur donne guère qu'une valeur équivalant à 1 franc 25 centimes, ou 1 franc 50 centimes par mois.

NOTE 120. — PAGE 444.

Le *feï* est ainsi défini par Màouerdî : Le fonds du *feï* se compose de ce qui se prélève pacifiquement et sans combat, par exemple, des tributs payés pour les trêves ou les traités de paix, des produits de l'impôt territorial, du droit de capitation imposé aux sujets non musulmans, des dîmes ou douanes payées par les commerçants et les marchands. Voyez l'ouvrage cité de M. Worms, page 203.

Les commentateurs que j'ai entre les mains expliquent simplement le mot *feï* par *beit-el-mâl*, le trésor public.

NOTE 121. — PAGE 450.

Nous avons parlé, note 104, de la mesure de capacité, connue sous le nom de *s'â*. On l'appelle spécialement le *s'â* du Prophète, *s'â-en-nébî*.

L'impôt dont il s'agit dans cette section du livre de Khalil est presque appliqué et ordonné à tous les musulmans. Il est d'obligation positive pour quiconque peut le donner; et la loi, en le fixant à une faible mesure, a voulu par là mettre en communion générale tous les musulmans. C'est une image de la pâque.

La mesure ou le *s'â* de fruits ou de grains est une aumône pour les corps, disent les docteurs de l'islamisme. Elle est, ou en entier ou en partie seulement, due aux indigents par tout musulman qui peut la donner, par l'esclave et l'homme libre, par l'homme et par la femme, par le grand et par le petit. L'esclave, l'homme, la femme, dans les classes peu aisées de la société, donnent une portion de s'â seulement. Cette aumône est appelée *fit'reh* ou aumône pour le fit'r. La deuxième année de l'hégire, Mahomet, le jour de la fête de la rupture du jeûne, envoya un héraut crier dans Médine: « L'aumône du fit'r est un devoir pour tout musulman. »

NOTE 122. — PAGE 450.

On sait que les musulmans commencent la première heure du jour ou des vingt-quatre heures au coucher du soleil. *Le soir de la fête* signifie donc *au moment où commence le jour de la fête*, c'est-à-dire, au coucher du soleil.

NOTE 123. — PAGE 457.

Comme les Arabes et tous les musulmans suivent les mois lunaires pour la division du temps, ils ne peuvent être bien sûrs du jour qui commence un mois, que lorsqu'ils ont la preuve que le mois précédent, dont ils ont, d'ailleurs, constaté le premier jour, est écoulé, et que, par déduction, ils ont passé un nombre de jours tel qu'il n'est pas possible que le mois ne soit pas achevé. Ainsi, lorsqu'ils ont bien déterminé le 1er du mois de cha'bân, il est de toute nécessité que, quelle que soit la marche de la lune dans ce mois, le 30 cha'bân soit au moins le dernier de ce mois, et le jour suivant sera forcément le 1er de ramad'ân.

Ce moyen de s'assurer du commencement ou premier jour du mois par *à fortiori* s'applique quand le ciel est nébuleux. Si le ciel est pur, il faut que l'on aperçoive le croissant de la lune et que le fait soit confirmé par le témoignage de deux hommes de conscience. De même, ce mois ne sera terminé que lorsqu'on aura aperçu le croissant de la nouvelle lune du mois suivant ou mois de chaouâl, ou bien lorsque trente jours de jeûne auront été accomplis, à moins, cependant, que l'on ait commencé le jeûne un jour trop tôt.

Ramad'ân est un mois tout plein de bénédiction; alors les portes du paradis sont constamment ouvertes, de sorte qu'il y a bonheur à mourir dans ce mois: personne ne va en enfer. Chacun est purifié par la sainteté du mois.

Le nom de ramad'ân vient d'un verbe qui signifie *pleuvoir à la fin de l'automne;* la sainteté de ce mois *lave* donc les péchés du corps et *nettoie* les impuretés du cœur. La même racine verbale signifie aussi *brûler;* alors, selon ce sens primitif, le mot de *ramad'ân* veut dire: qui purifie, de la même manière que par le feu, les péchés des fidèles; car le feu purifie tout.

Le jeûne de ramad'ân a été établi la deuxième année de l'hégire. C'est une pratique purificatoire fondée sur ce qui arriva au premier homme après qu'il eut mangé le fruit défendu. Le repentir et la pénitence d'Adam ne furent acceptés de Dieu que trente jours après le péché commis, c'est-à-dire seulement après que le corps d'Adam fut débarrassé tout entier de ce que le péché y avait introduit. En souvenir de ce fait, toute la postérité du premier homme fut condamnée à un jeûne consécutif de trente jours chaque année.

NOTE 124. — PAGE 458.

Le jeûne satisfactoire est d'obligation divine. Il consiste à remplacer (voyez chapitre iv, section III, §§ 1, 5) les jours de jeûne omis involontairement, ou par nécessité légitime, ou par erreur.

Le jeûne expiatoire est d'obligation canonique et consiste à remplacer même un seul jour de jeûne omis volontairement, par soixante jours consécutifs de jeûne. Mais ces soixante jours d'abstinence ne sont pas la seule expiation du péché commis. Il n'est donc pas assez exact de dire jeûne expiatoire; il est mieux de dire pratiques expiatoires, peines expiatoires, pour les infractions au jeûne solennel du mois sacré ou ramad'ân. Il y a d'autres jeûnes expiatoires de quelques jours pour certains actes, par exemple pour un faux serment.

Pour les œuvres réparatoires relatives aux infractions du jeûne, voyez section III, §§ 1 et 2, chapitre iv.

NOTE 125. — PAGE 461.

Nous avons déjà vu que le jeûne de ramad'ân n'a lieu que pendant la journée, non pendant la nuit.

Les musulmans appellent *jour douteux* et *jours de défense,* les cinq jours de grande fête dans l'année, savoir: celui de la fête du fit'r ou rupture du jeûne, et les quatre jours de la fête des immolations. Pendant ces cinq jours, il est défendu de jeûner, à moins de circonstances particulières que Khalîl signale.

NOTE 126. — PAGE 462.

Si deux individus inconnus déclarent, en présence du k'âd'i ou de toute autre autorité compétente, qu'ils ont aperçu le croissant de la nouvelle lune de chaouâl, leur déclaration n'est pas acceptée sans contrôle. On fait donc venir deux musulmans de probité et de conscience, et, s'ils certifient que les deux individus sont hommes sincères et probes, la déclaration est acceptée comme valable, et la fin du jeûne est décidée et proclamée.

NOTE 127. — PAGE 464.

Le jour de l'*a'choûrâ*, les musulmans préparent une bouillie particulière dans laquelle ils mêlent plusieurs ingrédients, de la farine de blé et d'orge, du blé vert décortiqué et séché, du riz, des fèves concassées, des lentilles, du blé, des dattes, des amandes, des noisettes, du raisin sec, etc. et ils s'en envoient réciproquement en cadeau. Rendre des visites, aller voir des malades et les consoler, jeûner, faire des aumônes, prendre un bain, se mettre du keuh'l aux paupières, se tailler les ongles et la barbe, lire mille fois la soûrat de l'*Ikhlâs'* ou de l'unité de Dieu (ou soûrat cent douzième du K'oran), et composée de ces mots, « Dis : Dieu est un ; c'est le Dieu éternel ; il n'a point enfanté et n'a point été enfanté ; il n'a point d'égal, » sont des actes recommandés comme méritoires le jour de l'a'choûrâ.

Le jour de l'a'choûrâ, Adam se repentit de sa faute ; l'arche s'arrêta après le déluge sur le mont Djoûdi ; Moïse sépara les eaux de la mer Rouge et le Pharaon fut noyé ; Jésus vint au monde ; Jonas sortit du ventre de la baleine ; Joseph fut retiré du puits ; les Ninivites firent pénitence ; Abraham fut mis au monde et, plus tard, fut conservé intact au milieu de la tour de feu où l'avait fait précipiter Nemrod ; Jésus fit son ascension au ciel ; Idris fut enlevé au ciel ; Job fut guéri ; David reçut le pardon de son péché ; Jacob recouvra la vue ; et, ajoute-t-on encore, c'est le jour de l'a'choûrâ ou jour correspondant au 10 d'un mois de moharrem, que Dieu créa Adam, le plaça dans l'Éden ; c'est le jour où, avant cela, furent créés les cieux, la terre, le soleil, la lune, les étoiles, l'*A'rch* ou l'Empirée, le trône éternel et le paradis. La première pluie qui tomba des airs tomba le jour de l'a'choûrâ. Ce fut encore le jour de l'a'choûrâ que

tous les animaux, grands et petits, même les insectes, jeûnèrent
jusqu'après le coucher du soleil. Ce jour-là un homme alla dans
le désert et trouva une foule d'hommes qui égorgeaient des bœufs
et des moutons. « Pour qui donc, leur dit-il, égorgez-vous tous ces
animaux? — C'est qu'aujourd'hui les bêtes sauvages jeûnent. »
Quand on eut fini, on s'en alla dans un grand jardin et on at-
tendit. A trois ou quatre heures de l'après-midi, voilà qu'arrivèrent
en foule les bêtes sauvages, venant par bandes de tous côtés. Elles
entourèrent le jardin, se tenant la tête levée; mais nulle d'entre
elles ne toucha aux viandes jusqu'à ce que le soleil fût disparu
de l'horizon. A ce moment toutes se précipitèrent sur les viandes
et les dévorèrent. (Voyez le commentaire arabe du cheikh Ibrahim
El-Chabrakhîti.)

NOTE 128. — PAGE 467.

Les musulmans aiment beaucoup à mâcher de l'oliban, de la
myrrhe, du mastic et autres parfums solides de cette nature. Les
femmes, surtout, mâchent presque constamment de l'oliban, le
retournant dans la bouche pendant des heures entières.

NOTE 129. — PAGE 475.

Le serment de répudiation dont il s'agit ici est appelé le *serment de répudiation par trois.* Après la répudiation par trois,
c'est-à-dire, *par trois actes simultanés ou successifs,* le mari ne
peut plus reprendre sa femme ainsi répudiée, que lorsqu'elle a
été mariée à un autre individu et que ce nouveau mariage a
été pleinement consommé.

NOTE 130. — PAGE 475.

Les erreurs dans lesquelles peut tomber un individu qui s'ex-
pliquerait mal ou saurait mal les règles qui constituent la vali-

dité d'un jeûne de ramad'ân, sont de diverses natures. Telle serait l'erreur d'un individu qui, ne cherchant point d'explications éloignées et inadmissibles sur les devoirs du fidèle relativement au jeûne, se dirait, dans le cas de souillure majeure dont il n'aurait pu se débarrasser avant l'apparition de l'aurore : « Je ne suis pas en état de pureté ; par conséquent, je ne puis pas jeûner. » Si l'individu, qui s'explique ainsi simplement la circonstance dans laquelle il se trouve, mange ou boit, il n'a pas à subir de peine expiatoire, mais seulement un jeûne satisfactoire. Il n'en serait pas de même pour l'individu qui, allant chercher des explications éloignées sur la rigueur, ou la possibilité, ou la rationalité de son devoir, déciderait qu'il n'y a rien de rigoureusement légal dans ce devoir, et qui s'abstiendrait d'en subir l'obligation.

Des exemples d'*explications rapprochées* ou *simples*, et d'*explications éloignées* ou *recherchées* exprès pour motiver la dispense du jeûne auquel on veut se soustraire, sont donnés dans le paragraphe même auquel se rapporte cette note.

NOTE 131.— PAGE 489.

Le jeûne votif n'est pas très-fréquent chez les musulmans. Les plus dévots même n'ont qu'un goût médiocrement prononcé pour le jeûne.

Les jeûnes votifs sont des vœux de dévotion pure, ou des promesses de jeûnes en cas de succès dans les affaires temporelles, dans des entreprises, etc.

NOTE 132.— PAGE 495.

La retraite spirituelle proprement dite et ses différentes formes sont rares aujourd'hui. La retraite ordinaire consiste à passer au plus dix jours et dix nuits de suite dans une mosquée. La retraite votive n'a pas moins d'un jour et d'une nuit, ou vingt-quatre heures de suite. Il y a encore une sorte de retraite

moins rigoureuse, que j'appelle *station spirituelle*. Elle consiste
à passer, à discrétion, un certain temps dans une mosquée. Ces
pratiques correspondent aux *neavaines* individuelles et aux re-
traites des chrétiens.

NOTE 133. — PAGE 503.

Jadis, les grandes mosquées avaient presque toutes un asile
pour des malades. Des médecins étaient attachés à ces hospices
et y traitaient ceux qui y étaient reçus. Aujourd'hui ces établissements ont presque tous disparu; ils sont heureusement remplacés par des hôpitaux et des hospices séparés, depuis que les
études médicales européennes se sont introduites en Orient.

NOTE 134. — PAGE 506.

La *nuit de la destinée* est une des *sept nuits bénies*, les plus
révérées des musulmans, les plus saintes, et les plus augustes.
Les sept nuits bénies sont :

1° La nuit de la naissance du Prophète, ou la douzième lune
du mois de rébi'-l-aouel, troisième mois de l'année.

2° La nuit de la conception du Prophète, ou premier vendredi de la lune ou mois de redjeb, septième mois de l'année.

3° La nuit du voyage céleste ou assomption de Mahomet, le
17 de la lune de redjeb. Dans ce voyage, les anges offrirent au
Prophète du miel, du vin et du lait, et le Prophète ne but
que du lait.

4° La nuit célèbre, ou quinzième nuit de la lune de cha'bân,
huitième mois de l'année; pendant cette nuit, les anges reçoivent
de nouveaux registres pour inscrire les actions des hommes; et
Arzâîl, l'ange de la mort, reçoit le registre où sont inscrits les
noms de ceux qui doivent mourir dans l'année.

5° La nuit de la destinée, ou nuit de la providence; pendant
cette nuit s'accomplissent une foule de merveilles invisibles;

pendant cette nuit, les mers perdent leur salure, et les prières des fidèles croyants valent les prières qu'ils feraient pendant mille nuits consécutives. Malheureusement on ignore à quelle époque et à quelle date de l'année elle se trouve; Dieu en a gardé le secret. On présume, cependant, qu'elle est une des nuits impaires qui appartiennent aux dix derniers jours de ramad'ân; en conséquence de cette présomption, qui est presque générale, on la célèbre le 27 de la lune de ce mois.

6° La nuit de la fête du fit'r; c'est la nuit qui précède le premier jour de chaouâl, dixième mois de l'année.

7° La nuit de la fête des immolations, ou la nuit du 10 de la lune de zil-h'eddjeh, douzième mois.

Pendant ces sept nuits extraordinaires, les maris ne cohabitent point avec leurs femmes ou avec leurs esclaves, de peur de procréer des enfants difformes ou estropiés. Le sultan seul passe la nuit avec une esclave vierge de son harem, et si elle devient mère, c'est un présage de bonheur pour le sultan et pour l'empire.

Ce fut dans la nuit de la destinée, nuit si féconde et si étonnante en merveilles, que la plus grande partie du K'oran fut apportée au ciel de ce monde ou premier étage des cieux. Le reste en a été envoyé sur la terre, chapitre par chapitre, selon les exigences du temps et les événements qui motivèrent le besoin des autres parties de cette révélation, pendant un laps de vingt à vingt-trois années.

TABLE DES MATIÈRES.

PREMIÈRE PARTIE.

JURISPRUDENCE RELIGIEUSE.

TABLE DES MATIÈRES. 583

INDEX

DES

NOTES ET ÉCLAIRCISSEMENTS.

www.ingramcontent.com/pod-product-compliance
Lightning Source LLC
Chambersburg PA
CBHW060842220326
41599CB00017B/2363